世界危機
The World Crisis
邱吉爾筆下的一戰黑幕

從潛艇戰到全方位封鎖
各國勢力洗牌中！
一個改變歷史的關鍵性決策

(Winston Churchill)
溫斯頓・邱吉爾 著

伊莉莎 編譯

潛艇戰、達達尼爾行動、協約國內部矛盾、技術創新
集中於第一次世界大戰後期，涵蓋 1915～1918 年間的重大事件

邱吉爾揭露一戰轉折
解析戰時決策的壓力與戰略的隱祕角力

目錄

德國潛艇的首次失敗……………………………… 005

日益加劇的緊張局勢……………………………… 015

海灘戰役…………………………………………… 023

登陸之後…………………………………………… 035

政府的垮臺………………………………………… 047

山雨欲來…………………………………………… 067

蘇夫拉灣戰役……………………………………… 085

巴爾幹諸國的毀滅………………………………… 103

放棄達達尼爾海峽………………………………… 121

1915 年的結果……………………………………… 131

血的考驗…………………………………………… 145

法金漢的選擇……………………………………… 163

凡爾登……………………………………………… 177

日德蘭:開端……………………………………… 195

日德蘭:會戰……………………………………… 215

目錄

索姆河戰役⋯⋯⋯⋯⋯⋯⋯⋯⋯⋯⋯⋯⋯⋯⋯⋯⋯⋯⋯243

羅馬尼亞的災難⋯⋯⋯⋯⋯⋯⋯⋯⋯⋯⋯⋯⋯⋯⋯⋯259

美國的介入⋯⋯⋯⋯⋯⋯⋯⋯⋯⋯⋯⋯⋯⋯⋯⋯⋯⋯273

尼維爾將軍的試驗⋯⋯⋯⋯⋯⋯⋯⋯⋯⋯⋯⋯⋯⋯⋯287

在軍需部⋯⋯⋯⋯⋯⋯⋯⋯⋯⋯⋯⋯⋯⋯⋯⋯⋯⋯⋯311

英國擊敗德國潛艇⋯⋯⋯⋯⋯⋯⋯⋯⋯⋯⋯⋯⋯⋯⋯327

德軍在西線的集結⋯⋯⋯⋯⋯⋯⋯⋯⋯⋯⋯⋯⋯⋯⋯343

1918 年 3 月 21 日⋯⋯⋯⋯⋯⋯⋯⋯⋯⋯⋯⋯⋯⋯⋯353

高潮⋯⋯⋯⋯⋯⋯⋯⋯⋯⋯⋯⋯⋯⋯⋯⋯⋯⋯⋯⋯⋯369

舍曼代達姆嶺的突襲⋯⋯⋯⋯⋯⋯⋯⋯⋯⋯⋯⋯⋯⋯379

形勢的轉變⋯⋯⋯⋯⋯⋯⋯⋯⋯⋯⋯⋯⋯⋯⋯⋯⋯⋯389

日耳曼帝國的崩潰⋯⋯⋯⋯⋯⋯⋯⋯⋯⋯⋯⋯⋯⋯⋯403

勝利⋯⋯⋯⋯⋯⋯⋯⋯⋯⋯⋯⋯⋯⋯⋯⋯⋯⋯⋯⋯⋯411

德國潛艇的首次失敗

敘述歷史的關鍵在於遵循年代順序。然而，若有眾多事件同時發生，我們就不得不對它們進行分類選擇。有些事件必須暫時擱置，待主要事件敘述完畢後再提及；另一些事件則可以透過插入的方式，在主要敘述之外提前講述。

前幾章敘述了達達尼爾海峽的戰鬥行動，在此期間，全面的海戰不斷進行。主力艦隊依舊不懈地、警覺地監視著敵方。內閣仍然致力於改善和維持對敵人的海上封鎖，並與大洋彼岸精通海事法的盟友保持連繫。部隊援軍和物資源源不斷地運往法國。最終，海軍部要求保護英國商船隊免受前所未有的新型武器攻擊。第一場與德國潛艇的大戰已經開始，若要以通俗易懂的方式描述這段插曲，我們就有必要回顧過去，並稍微超越我們這個時代來敘述。

1911 年，我加入海軍部時，英國擁有 57 艘潛艇（其中包括 11 艘過時的 A 級潛艇、11 艘 B 級潛艇、33 艘 C 級潛艇和 2 艘 D 級潛艇），而德國僅有 15 艘。然而，除去那 2 艘 D 級潛艇，我們的潛艇只能在沿海區域活動，無法隨艦隊長時間航行於大海；而德國的 15 艘潛艇中有 11 艘至少可以與我們的 D 級潛艇相媲美。在我任職的 3 年備戰期內，潛艇事務由凱斯准將掌管。早在 1912 年，我們便設想利用遠海潛艇這一新型武器加強對德國港口的封鎖，因為驅逐艦和其他水上艦艇已經無法再有效執行這一任務。於是，我們開始致力於研發具有「遠海」甚至「遠洋」航行能力的大型潛艇。我們成功製造了 E 級潛艇，甚至還開發了 1、2 艘更大型的潛艇。然而，技術難題接踵而至，承包商和海軍部門的拖延令人沮喪。較大型潛艇完全處於實驗階段，很多專家懷疑我們能否克服製造超大規模潛艇的困

德國潛艇的首次失敗

難。此外，由於合約已簽，潛艇製造實際上被特定企業壟斷，導致我們在實驗性工作中遇到了相當大的阻力。1912 年，在凱斯准將的建議下，我們決定廢除這些束縛性的合約，將不同型號潛艇的訂單交給克萊德和泰恩兩家公司。同時，我們還從義大利和法國購買潛艇，以便熟悉和了解潛艇的設計。然而，進展卻十分緩慢，每一階段都受到懷疑的困擾。

在大戰爆發時，我們共計製造了 74 艘潛艇，另有 31 艘正在建造中，此外還預訂或設計了 14 艘。德國則已建造了 33 艘，還有 28 艘在建。然而，在英國已完成的 74 艘潛艇中，只有 18 艘（其中 8 艘為 E 級，10 艘為 D 級）被歸類為「遠海」潛艇，而德國的 33 艘潛艇中至少有 28 艘屬於這一類別。因此，當時的局勢是，我們擁有大量潛艇可用於沿海防禦和港口保護，但缺乏足夠的「遠海」潛艇來對黑爾戈蘭灣進行持久的全面封鎖，這方面的潛艇數量不如德國。

若我們假裝對這種情形感到滿意，那是自欺欺人。然而，若在大戰前啟動大規模潛艇製造計畫，我們將激發德國人進行相應甚至更大規模的潛艇製造。這將使我們陷入危險，英國潛艇數量的增加無法彌補這種風險。當前的局勢或許是最理想的結果。

戰爭爆發時，英國和德國的海軍部都未能預見潛艇能夠發揮的全部潛力。直至這種武器在嚴酷的戰爭條件下被實際應用後，它非凡的海上耐久能力才被廣泛知曉。雙方迅速意識到，大型潛艇能夠在海上獨立作業 8 到 10 天，而其船員仍能承受這樣的考驗。兩國海軍立即將海上滯留時間延長至原來的 2 倍甚至 3 倍。即使在惡劣天氣下，潛艇也不必返回港口，而且似乎比其他艦艇更能抵禦風暴。在潛艇中工作需要極大的勇氣和毅力，接受過高度訓練和教育的海軍軍官、水手和工程師們，以令人難以置信的奉獻精神面對了這些挑戰。

在大戰爆發前，潛艇的潛力尚未明確，而指揮潛艇的方式也同樣充滿未知。

到 1913 年末，費雪勳爵已不在任何職位上任職。他在那篇著名的備忘錄中探討了德國人使用潛艇對付商業航行的可能性，並宣告他們必定會毫不猶豫地擊沉商船，因為根據戰爭法，他們無法將商船拖入自己的港口。這篇備忘錄的技術內容相當程度上應歸功於費雪勳爵的密友霍爾上校，但這位海軍老將的觀點主導並支配了備忘錄中的論點。我要求海務大臣們和技術部門立即研究這份備忘錄。

無論是第一海務大臣還是我都不認同費雪勳爵的觀點，即德國人會在沒有事先警告的情況下擊沉非武裝商船，並且不採取任何措施救援船員。這種行為違背了古老的航海規則和傳統做法。路易斯親王在寫給我的信中認為，費雪勳爵的出色文章「由於提到這一點而失色」。

我們曾堅信，一個文明的民族不會採取如此手段。假如他們敢如此行事，這將引發全球的聯合反對。特別是，以這種方式違反法理的國家無法區分敵國商船和中立國商船，這樣的錯誤不僅會引發道德上的憤怒，還會迫使強大的中立國家對這個海盜國家宣戰。費雪勳爵對德國人性格的分析是正確的，而海軍部則是錯誤的。然而，即便我們採納他的觀點，也難以確定在大戰之前我們能採取什麼特殊措施來防止這種攻擊。

在戰爭中，潛艇是唯一不會與同類交戰的艦艇。這並不意味著潛艇之間從未發生過戰鬥，但這種情況非常罕見且通常無關緊要。因此，一方潛艇部隊的實力不應以另一方潛艇部隊來衡量。制約潛艇力量不僅要考慮敵方潛艇的數量，還需考量自身的作戰計畫及國家的特殊情況。假使在戰爭初期德國的潛艇數量是實際數量的 4 倍，她將獲得巨大的優勢，並立即讓我們陷入極大的危險之中。然而，即便我們的潛艇數量同樣增加 4 倍，這也無法防止這種危險，因為這樣做並不能將德國置於相同的危險境地。

若說我拒絕海軍部委員會的指責（戰前我曾主持委員會的潛艇政策），那麼我更不願承認英國的潛艇軍種在技術上和進取精神上比德國人遜色。恰恰相反，我要宣布，而且能拿出證據證明，英國潛艇的績效逐月地證明

德國潛艇的首次失敗

自己具有無可爭辯的優越性。然而，他們面臨一個我們力量無法消除的顯著障礙，那就是缺乏目標。除了幾艘快速軍艦偶爾在海上進行突然飛駛，或是偶爾有 1 艘巡洋艦出人意料地航行 1 圈，德國海軍一直緊閉在防魚雷的海港裡；德國的商船活動範圍不會超越波羅的海。而在另一方面，每個海洋到處都是英國的商船，每天都有幾 10 艘大型船隻到達和啟航，而我們的艦隊在公海上來往頻繁，我們執行巡邏任務的巡洋艦和商用巡洋艦保持時刻不斷的和遠距離的封鎖。

如果換一個位置，假如我們允許自己攻擊沒有防衛能力的商船，那就會取得更為可怕的成果。這不是憑空臆斷的事情，有事實可以證明。只要說一說英國潛艇在馬爾馬拉海的戰績就能明瞭，當時僅 E11 號這艘潛艇 3 度穿越極端危險的 10 號重雷區、納加拉網區和漫長而守備嚴密的達達尼爾海峽地帶，在馬爾馬拉海總共停留了 96 天（一次 47 天），就獨自擊沉 101 艘艦船，包括 1 艘戰鬥艦、1 艘現代驅逐艦和 3 艘炮艇。榮獲維多利亞十字勳章的納史密斯指揮官創造的輝煌功績在潛艇戰爭歷史上還從未被人超越過，雖然指揮 E14 號潛艇的維多利亞十字勳章榮獲者博伊爾已經接近這個紀錄。

1915 年 2 月 4 日，德國海軍部發布宣告如下：

謹此宣布，大不列顛及愛爾蘭周遭所有水域，包括整個英吉利海峽，均被劃為戰爭區域。自 1915 年 2 月 18 日起，凡於此戰爭區域內發現的任何敵對商船將一律摧毀，並不會因為船員和乘客的存在而使其免於危險。

在戰爭區域內，中立國的船隻同樣面臨危險。由於英國政府在 1915 年 1 月 31 日下令可以任意使用中立國的國旗，此外，由於海戰中可能發生不可預見的意外，中立國船隻難免會被誤認作敵船並遭受攻擊。

當前的局勢與費雪勳爵在 1913 年備忘錄中的預測如出一轍。然而，這並未使海軍部感到極度恐慌。據我們的情報顯示，德國能夠封鎖不列顛群島的潛艇數量不會超過 20 至 25 艘。鑑於這些潛艇需要分 3 班輪流執行

任務，實際同時在行動的潛艇最多只有 7 艘或 8 艘；考慮到英國各大港口進出船隻的巨大數量，我們可以確信，只要我們的船隻繼續勇敢地出海，潛艇封鎖對我們的貿易不會產生顯著影響。另一方面，我們相信，德國發布此類宣告以及由此對中立國造成不可避免的事故將會激怒美國，甚至可能將美國拖入戰爭；此外，無論如何，我們實施封鎖德國的立場將顯著增強。我們預期，來自美國政府要求我們放鬆封鎖的壓力將明顯減輕，我們在爭論中強化我方立場的理由也更加充分。連續數日，我們在海軍部進行了長時間、細緻的討論，隨後我宣布我們將每週公布被德國潛艇擊沉的商船數量，同時也公布進出英國港口的船隻數量。

與此同時，我們在海軍部不遺餘力地增加我們的準備，以應付潛艇的進攻，同時策劃各種反擊策略。

我們將穿越英吉利海峽的交通視為首要且至關重要的問題，因此我們在多佛爾海峽布置了防潛網，並建立了全面的拖網漁船和驅逐艦巡邏制度。幾乎每週都有新的師團需要穿越海峽前往法國，我們為此提供了指導和時刻需要的複雜且精細的護航任務。我們還特別關注北方海峽（蘇格蘭和愛爾蘭之間）、南安普敦——阿夫雷護航線以及其他敵方潛艇可能潛伏的海灣和隱藏地。我們也向英國商船的船長們發送了詳細的指示，告訴他們如何應付或躲避潛艇的攻擊；此外，我們還採取了其他許多措施，這些措施在官方海軍史中均有記載。

除了依靠龐大的輕型快速艦隊進行武裝和作戰之外，我們還有兩種重要的武器來消滅德國潛艇：伯徹姆防潛網和偽裝成貨船的 Q 船。防潛網是一種輕質且靈活的細鋼絲幕簾，網孔大小約為 6 至 10 英呎，鋪展開的長度可達 200 碼。將這些網連線起來，可以形成橫跨特定水道的防線，由武裝拖網漁船負責監視這些浮標。我們冒險使用自己的一艘潛艇進行試驗，結果非常理想。當玻璃浮標沉入水中，或者鈣光燈自動點亮時，潛艇便會立即暴露。拖在後面的網會纏住潛艇，可能會纏住其推進器，同時，繫在

德國潛艇的首次失敗

網上的一根長線上的指示浮標會浮在水面，使得獵潛軍艦能夠據此追蹤敵方潛艇的動向。1915年初，我們至少訂購了1,000英哩長的這種防潛網；到1915年2月13日，17英哩長的多佛爾海峽已經被這種防衛網封鎖。理論上如此，實踐中自然遇到了許多困難和失望。

偽裝貨船的發明其實相當簡單。這個想法的產生過程如下：去年9月，1艘在聖馬洛和南安普敦之間定期航行的小型運載水果和蔬菜的輪船遭到了德國潛艇的襲擊。樸次茅斯的指揮官、海軍上將赫德沃思・穆克斯爵士因處理一般事務來到海軍部與我會面，談話中他提到可以將大炮隱藏在小船的水果和蔬菜中。於是我們便付諸實踐。雖然這種方法一直沒有機會使用，但隨著潛艇戰範圍的擴大，我們再度面臨威脅，便重新想起了這個策略。1915年2月初，我下令裝備一批船隻，用以誘捕和伏擊德國潛艇。這些船大多是普通無固定航線的貨船，但也有一些是按照挪威漁船的結構和樣式特別建造的。這些船安裝了隱蔽的大炮，透過一個巧妙的活門和活動遮板，大炮可以突然發射。海軍部各部門在發展這個想法過程中展現了極大的創造力，正因為使用了這些船隻，才能在後來的海戰中出色、大膽地施展策略。

此外，我們還孜孜不倦地探索各種應付潛艇的科學方法。能夠探測遠距離潛艇螺旋槳聲音的感測器或水下聲納設備已經問世，但當時仍處於試驗階段。穿甲彈、集束炸彈和反潛網（或稱爆炸鏈）也在緊鑼密鼓地同步研發。科學家、發明家和潛艇指揮官之間建立了緊密而高效的合作，海軍中的菁英們都在集中精力研究這一問題，無論是技術上的還是戰術上的建議都不會被海軍部忽視。

德國的潛艇戰，也稱為不列顛群島封鎖戰，於1915年2月18日如期展開；就在那天，1艘英國商船在海峽被魚雷擊中。到第1週週末，共有11艘英國船隻遭到攻擊，其中7艘被擊沉。在這段期間，抵達或離開英國海港的商船不少於1,381艘。進攻開始後的第2週，他們一無所獲，只有

3 艘船隻遭到攻擊，但全都逃脫了。進出的船隻共計 1,474 艘。到了 1915 年 2 月底，我們已確信我們行動的基礎無懈可擊：英國的貿易照常進行，運輸船隊載著 1 師又 1 師的軍隊不間斷穿過海峽運往對岸。在整個 1915 年 3 月分，我們始終堅持發表每週的統計數字。在那個月的 4 個星期裡，多達 6,000 艘船隻抵達或離開英國海港，其中只有 21 艘被擊沉，合計只有 65,000 噸。4 月分鞏固了 3 月分得出的結論：在 6,000 餘艘抵達和離開的船隻中，只有 23 艘被擊沉，其中 6 艘是中立國的船隻，英國的只有 11 艘，合計為 22,000 噸。因此，德國潛艇戰的失敗已是舉世皆知。

與此同時，德國自身也為其政策付出了沉重代價。他們有限的潛艇中至少有 4 艘被摧毀。1915 年 3 月 1 日，在達特茅斯附近的斯塔特灣，1 艘潛艇被防潛網纏住，次日被一顆散花彈在水下炸毀。4 日，在多佛爾海峽，U8 號潛艇被防潛網和驅逐艦發現、跟蹤並擊毀，艇內人員全部獲救並被俘。6 日，1 艘敵方潛艇在阿伯丁外海被發現，後來證實是 U12 號。我們的小軍艦展現了驚人的追擊精神和嫻熟技藝，經過 4 天的追逐最終將其摧毀，俘虜了 10 名倖存者。16 日的事件更為矚目：德國潛艇指揮官韋迪根曾於 1914 年 9 月在荷蘭海岸外擊沉 3 艘巡洋艦，因而成為德國民族英雄。他在愛爾蘭南部海岸外擊沉 1 艘商船，並從商船上取走 1 門小炮作為戰利品。18 日，他在返回德國途中，駛至彭特蘭灣附近，遇上正在演習的大艦隊。第 4 戰鬥中隊在斯特迪將軍指揮下，由「無畏」號戰艦掛旗。將軍在福克蘭群島戰役中的好運顯然未離他而去，憑藉艦長和導航軍官的高超技巧以及「勇往直前」號的配合，「無畏」號在 10 分鐘內擊中了潛艇。當潛艇頭部豎起露出水面時，發現其編號為 U29，這艘潛艇連同所有人員永遠沉入海底。「克雷西」號、「阿布基爾」號和「霍格」號的毀滅者就這樣被消滅了。

返回德國的其他潛艇大多只能報告一些坎坷艱辛的經歷。1 艘潛艇在多佛爾海峽被防潛網纏住，經過一番驚險才得以脫身；另 1 艘潛艇被偽裝

德國潛艇的首次失敗

巧妙的「索迪斯」號商船擊中，最終艱難地帶著重傷返回；第 3 艘潛艇被驅逐艦「古爾卡」號追逐了 3 個小時，最後才幸運逃脫。類似的事件還有許多。

我們的主要精力集中在多佛爾海峽。在這裡，我們取得了最為徹底的成功。1915 年 4 月初，U32 號潛艇被防潛網困住，寧願繞道蘇格蘭北部返航，也不願再冒險穿越海峽。她向德國海軍參謀部報告了多佛爾海峽的防禦狀況，結果所有潛艇被嚴令禁止嘗試穿越海峽；所有駛向我們西海岸的潛艇都必須繞行蘇格蘭。這項禁令持續了 1 年多。自此，海峽東部水域變得異常安全，1915 年 4 月中旬後，海峽內再沒有船隻被擊沉的事件發生。不過，我們並未意識到，這些防禦措施及胡德將軍的努力，取得了多麼顯著的成效。那個月中旬，根據費雪勛爵的建議，我調派胡德將軍擔任其他職務，這對他是不公正的；接替他的是培根將軍，這個重要位置需要培根的機械才能和科學造詣。直到 1915 年 5 月中旬，透過不斷研究情報，我才明白胡德將軍的工作有多麼出色。此時，我在海軍部的任期只剩幾天了。然而，糾正這種不公正還來得及，我任命胡德將軍為第 3 戰鬥巡洋艦中隊司令，這是我最後一次行使職權。他欣然接受了這個重要任命。不幸的是，這項任命導致他在日德蘭戰役中光榮犧牲。

回顧 1915 年 4 月的情勢，顯而易見，德國不僅未能阻礙英國的貿易、軍隊和物資供應，反而使其至關重要的潛艇遭受了嚴重且不成比例的損失。進入 1915 年 5 月，他們不成熟且脆弱的潛艇戰已被徹底摧毀，儘管在接下來的 18 個月中偶有悲劇事件發生，但我們並未遇到顯著的困難。然而，為應付這種前所未有的攻擊方式，我們所採取的所有措施和建立的所有組織，無一不是經過艱苦卓絕的努力才得以發展和完善的。我們的商船船長們已愈發熟悉各種應付或躲避潛艇攻擊的方法。我們日益增多的輕型快速艦隊的警惕性和創新精神得到了豐盛的獎勵。防潛網獲得改進並投入大規模生產。不懈的科學研究努力試圖透過水下測音器揭示潛艇存在的

祕密。最終，偽裝商船的數量不斷增加，它們的伏擊戰和計謀已達到出神入化的境界。我們將這次失敗的潛艇戰及其後我們所做的努力，以及我們安全度過注定要經歷的艱難歲月，歸因於上帝的旨意。

在我們與美國的關係中，我們總是能獲得對我們有利的結果，我們封鎖中歐帝國的全面效果依賴於這種關係。自從大戰爆發以來，英國與美國及其他中立國之間出現了一些涉及國際法的問題，但本文無意討論這些嚴肅而複雜的議題。雙方的爭論是技術性的且無休止，整個圖書館都可以被這方面的文獻塞滿。在這些法律爭執和策略背後，存在著血緣關係和對我們懷有的好意以及對協約國現況的同情，還有對法國懷有感情和對德國表示義憤等重大因素；這些因素一直搖擺並最終成功地支配著美國的行動。但是儘管如此，當時我們很有可能被迫放棄整個封鎖，以免與美國關係破裂。

最近，一股強烈的趨勢正在顯現，即低估美國在當前階段如果採取相反決定所帶來的真實危險。美國的民族傳統對我們並不有利。1793年與普魯士簽訂的捍衛「航海自由」條約，奠定了美利堅共和國最早的國際關係基礎。1812年的戰爭因中立問題爆發，美國人對此銘記於心。國際法的既定條款並未涵蓋大戰中出現的各種情況。戰時，軍隊和國家之間的界限大部分已消失，使得限定禁運品的概念受到影響。事實已表明，潛艇的出現使得舊的封鎖法不再適用。我們的行動總是難以完全符合嚴格的法律條文。這一點引發了一系列微妙且令人困惑的討論，大西洋彼岸那些頑固的法學家在此問題上立場堅定。此外，還有一些嚴重的政治危險：愛爾蘭和德國的影響強大而活躍；美國參議院內有一個頗有勢力的集團肯定持反英立場；有人嫉妒地盯著美國國務院，唯恐它偏袒英國。在此關鍵時刻，對待美國的策略若有一點差錯，就會引發最大的危機。避免這個危險是愛德華・格雷爵士在英國駐華盛頓大使塞西爾・斯普林・賴斯爵士的幫助下，做出最不可磨滅的貢獻。英國對美國的感激之情也說明了對美國駐倫敦大

德國潛艇的首次失敗

使佩奇先生的懷念，他的睿智和慷慨風度捍衛了英語國家及其命運免受難以估量的傷害。

在這些問題上，德國最初的潛艇戰在客觀上對我們提供了最大的幫助。德國的宣告不僅威脅了英國的商船，也威脅了中立國家的商船，這完全改變了我們與美國爭執的整體情況。我們很快就感到如釋重負。1915年2月底，一艘從美國啟程為荷蘭政府運輸石油的挪威商船「貝爾里奇」號被魚雷擊中，這是另一個使美國人的憤怒從英國實施的封鎖政策轉移到德國暴行上的事件。整個工會裡親協約國的力量活躍壯大起來，而德國的影響相應減弱。我們可以對德國採取更嚴厲的措施，而不會擾亂我們與這個偉大的美利堅共和國不穩定的平靜關係。在佩奇先生的幫助和指導下，愛德華·格雷爵士才能以忍耐、機敏與和解的手段維護我們的立場，在整個1915年3月和4月間不與美國人爭吵；而5月卻發生了一個具有決定意義的事件。

日益加劇的緊張局勢

1915年4月是在痛苦和惱人的懸念中度過的。伊恩‧漢密爾頓爵士的部隊在亞歷山大整頓；德‧羅貝克中將的注意力全都集中在登陸的準備工作上。土耳其人在不斷地集中、組織和加強。義大利和巴爾幹國家戰戰兢兢地保持平衡中立。我們與美國的關係極為微妙。俄國的前方和後方都令人深感擔憂。陸軍部供應軍火的方法，顯然將面臨全面失敗。政治局勢緊張了起來。

1915年3月18日之後，第一海務大臣的態度已趨向超然。由於陸軍現已接手重任，他感到如釋重負。我與參謀長為他起草的任何業務電報他均予批准。最終，只要是為陸軍提供適當的支持，無論採取何種步驟，他均表示同意。儘管他對派遣陸軍的每一個行動都表示歡迎，但對於任何形式的海軍支援增加，他都要抱怨。他多次試圖將我的關注從達達尼爾海峽轉移到北方戰場，然而，在接下來的幾個月裡面，我們不可能在北方戰場上主動進行任何重大海軍行動。但他對北海的局勢愈發關切。

儘管我不像費雪勛爵那樣對北海表示真實或假裝的擔憂，我卻認為1915年4月是一個關鍵的月分。德國人肯定知道我們已經從主力中抽調了一支相當龐大的艦隊前往海軍的決定性戰場，其中包括我們幾艘最先進的軍艦。如果他們相信我們在達達尼爾的海軍力量比實際更為龐大，其實，這正符合我們的期望。為此，我們曾派出幾艘假戰鬥艦前往地中海，希望藉此引誘敵人在北海主動作戰。

經費雪勛爵批准，戰時參謀部發出進攻達達尼爾海峽的命令，其中有這麼一段文字：「一些商船經過改造偽裝成『無畏級』戰鬥艦和巡洋艦，從距離3至4英哩外無法區別其真偽⋯⋯使用它們需要有適當的預防措施，

日益加劇的緊張局勢

以免暴露真實面目；應將它們作為艦隊的一部分安置在達達尼爾海峽入口處之外，彷彿它們是後備力量。它們可以使德國人誤認為英國領海軍力的轉移。」

如今我們明白，這些船隻徹底欺騙了土耳其人，他們將其中一艘誤認為「猛虎」號並向德國報告。當我見到第一海務大臣熱情贊同這一引誘戰術時，我便明白不能過於在意他那種泛泛的憂慮。若是海戰爆發，他完全清楚我們具備足夠的戰鬥力，這正合我們心意。

此刻，我已設計並完成了戰鬥巡洋艦隊的組建。這支艦隊由3個中隊構成，每個中隊包含3艘戰鬥巡洋艦，並由1支輕型巡洋艦中隊護衛。輕型巡洋艦中隊由4艘最先進、最快速的輕型巡洋艦組成，此外還配備了由最快速驅逐艦組成的M小艦隊。這支艦隊的核心概念是速度，體現了速度與力量的結合，遠超德國人可使用的任何海軍力量。首先，大多數輕型巡洋艦屬於「城市」級，航速最大不過27節；然而，「曙光女神」級艦艇很快將開始服役，這將有效提升中隊的速度。為了組建這支艦隊，我向澳洲聯邦政府發去電報，請求將「澳洲」號撥給我們使用。出於對共同利益的善意與忠誠，他們欣然同意了。

1915年4月7日，第二、第三和第四海務大臣撰寫了一份備忘錄，要求費雪勳爵重新對某些戰爭指揮的關鍵點做出保證。大艦隊應始終處於能夠迎戰敵方整個艦隊的狀態，並保持足夠的實力，以確保結果的肯定性。我們並未將這一原則置於危險之中，不知他對此是否感到滿意？他們還詢問：從高層次的政策角度來看，進攻達達尼爾海峽可能完全正確，但我們是否能夠承受軍艦的損失和彈藥的消耗？這些海務大臣在結尾處要求費雪勳爵保證他完全贊同整個政策，並對此感到滿意。

同日，費雪勳爵以備忘錄形式正式回覆，宣告他完全贊同維持大艦隊實力的基本原則。

達達尼爾作戰行動，(他繼續寫道)，毫無疑問是一種行動，如果成功，

其政治效果足以彌補一些物資和人員的犧牲；它必然能縮短戰爭時間，因為除了能打通黑海通道外，還能在東方戰場為我們贏得新的盟友，並且摧毀德國——土耳其聯盟的支柱。

鑑於此次行動所能調動的軍艦有限，鑑於彈藥及炸藥的匱乏，鑑於軍艦在進攻陸地堡壘及受其保護的雷區時必然會頻繁面臨的不確定因素，我對執行這項任務時感到遲疑。

然而，正如你們所言，高層次的政策問題必須由內閣決定；在這件事上，我們可能獲得的實質利益使我最終認同他們的看法，但前提是動用海軍力量必須受到嚴格限制，以確保我們在北海這個主要戰場上的地位和任何一個軍種都不會受到損害。

目前，我的看法是，儘管我們抽調了一部分海軍力量，但在領海內的優勢地位依然穩固。如若德國的公海艦隊出動，我們仍有能力取得決定性的勝利。然而，我也認為我們已達到了極限，不論勝敗，我們都已無能為力，因為我們已經無法再提供任何形式的支持。我已明確向海務大臣表達了這一觀點，若內閣對此持反對意見，我將請求海軍同僚們支持我的立場。

第一海務大臣已明確表明了他的立場。他在公開場合正式且有意地表達了對這次行動的支持。當議會提問第一海務大臣是否同意 1915 年 3 月 18 日的進攻，在備忘錄送達時，費雪在手稿上批覆：「如果費雪勳爵不同意此次行動，他便不再是第一海務大臣。」這表明在關鍵問題上已無爭議。既然事已至此，就不能再出現 1915 年 4 月 12 日信中所說的「我不會再給任何東西」的情況。巨大的責任已然降臨；最嚴峻的戰鬥迫在眉睫；陸軍即將登陸，急需適當的支持。除了確保北海安全這個最高要求外，凡是需要的、能合理調配的，我們必須提供。德·羅貝克中將向多位軍官發電報，請求他們支援登陸行動。費雪勳爵勉強同意，但希望對「伊莉莎白女王」號、「阿加曼農」號和「納爾遜勳爵」號的使用附加限制，這些限制在相當程度上削弱了他們對陸軍的支持。我確實不能認同這種做法，我的

日益加劇的緊張局勢

觀點最終被採納。然而，如果達達尼爾海峽所需要的任何軍官、士兵、軍艦或炮彈等議題都會引發摩擦，我必須不僅向第一海務大臣，還要向他的海軍同僚們爭取，這實在是令人疲憊不堪。儘管最終我不允許任何艦隊提出的請求被忽視，但這個過程令人身心俱疲。我毫不懷疑許多請求在送達我手中之前已被更改調整，或根本未提交，因為大家知道這類請求不受歡迎。任何時候我們都有充足的彈藥供應和強大的海軍增援，支援不會影響北海的安全。事實證明：海軍部新團隊隨後提供的支援遠超當前規模，結果也未出現不良後果或不應有的風險。

1915 年 4 月 11 日，我致信費雪勳爵：

老友，坦白說，你如此迂迴曲折、挑剔並帶有惡意地刁難你當初原則上同意的行動，這難道不顯得有些不公平嗎？如果你繼續這樣，我會感到很困擾 ── 每天總有新挑戰；對於你，對於我們共同追求的偉大事業而言，這並不值得。

你明白我有多麼渴望與你共事。若不涉及達達尼爾行動，我們的搭配將合作無間。此刻製造些許麻煩或增加我們這些日子必須承受的負擔是不恰當的。

恕我冒昧，但作為朋友我享有此權利，作為同事我肩負此責任。

次日，他依舊坦率地回應我：

我一生中從未如此犧牲自己的信念，只為了做一些我認為會讓你高興的事！── 這是事實！……立即派遣「納爾遜勳爵」號和「阿加曼農」號完全是我單獨提出的建議（希望他們能掩護「伊莉莎白女王」號和「不屈」號！）。德·羅貝克將會把他的旗幟懸掛在「納爾遜勳爵」號上，而不是懸掛在他以前的旗艦「復仇」號上，這一點你可以相信。就眼下正在做的工作來說，「復仇」號最適合於近戰。然而我沒有多說。外界都認定是我在逼迫你，而非你逼迫我！但據我所知，唯有首相一個人持相反的看法。這件事我沒有對任何人提過一句，除了克里斯、威爾遜、奧利弗和巴爾托洛

梅，這4個人絕對值得信賴，不會洩漏任何資訊！

自始至終，我都是透過菲茨傑拉德間接地激勵基奇納。

我相信此次行動將會取得成功，但我認為我並非捨不得那些舊軍艦，而是應該珍惜非常寶貴的官兵，將他們用於決定性的戰場上。

1915年4月25日，他再次寫道：

我對我們的潛艇和水雷感到極度厭惡，不對齊柏林飛艇開火這一點也讓我非常不滿（它們絕不可能飛得超過2,000碼高，輕型巡洋艦肯定能將其擊落）。說真的，若不是達達尼爾海峽的事件迫使我與你共同面對困難，我早就離開海軍部再也不回來了，並寄給你一張明信片，讓斯特迪立刻接替我的職務。要那樣你會高興壞了！

自那年年初以來，戰時會議的幾位核心成員對陸軍的軍火供應日益感到憂慮。勞合·喬治先生和貝爾福先生堅決認為，陸軍部採取的措施遠遠未能滿足我們的需求。1915年1月分，基奇納勳爵與我同勞合·喬治先生和貝爾福先生一起，成立了一個調查這個狀況的內閣委員會。成千上萬的應徵者已經開始接受訓練。儘管制定了將英國陸軍擴充到70乃至100個師的計畫，但超過三分之二的步槍尚未訂購。火炮的訂購量也嚴重不足。新的和特殊的軍需品仍未引起足夠重視。甚至尚未有計畫建立規模化的機槍生產有效組織。各種類型的炮彈，特別是高爆彈的供應，以及中型和重型火炮的供應，都極為匱乏。迫擊炮、炸彈和手榴彈的生產幾乎尚未開始。

當怨言傳到基奇納勳爵那邊時，這位戰時國務大臣和他的顧問們回應說，所有工廠和供應部門都在全力運作，發出的訂單已大大超出生產能力，即使減少交貨數量，仍會有大量拖欠。情況的確如此，但並未到絕境。有人敦促陸軍部必須採取全然不同的措施以拓寬供應管道。陸軍部答覆，他們已盡可能做了所有事，努力的成果需要數月才能顯現。他們列舉了大量行動的例項，並出示了向國外，尤其是美國和日本，訂貨的訂單。

日益加劇的緊張局勢

儘管如此，這些仍被認為不足，雙方爭論愈演愈烈。

批評者認為，陸軍部的武器合約部門完全沒有能力根據需求規模來組織軍火生產，這些部門規模太小，力量不足，無法應付製造業所需的巨大而複雜的問題。對此，陸軍部回應稱，他們無權將如此重要的任務從職業軍人轉交給文官人員、政治家或商人，無論這些人多麼好意和熱情。於是雙方的緊張情緒不斷更新，衝突愈演愈烈，溫度和壓力同步上升。

每週的緊張局勢都在不斷更新。陸軍的需求日益增加。隨著每一個新增的師投入戰場，軍火的消耗量也在迅速上升。國內部隊缺乏裝備的情況愈發嚴重，前線的怨言不斷加劇。與此同時，軍火的產量遠低於承包商的預期。基奇納勳爵擔心將新增的師派往前線，即便這些部隊已經裝備齊全，也因為擔心暴露生產能力的不足。他想盡了各種辦法，但他接受的軍人和行政管理訓練，並不足以應付如此龐大且全新的組織工作。他的助手數量有限，且思想保守，而他本人對軍隊控制的重要性抱有嚴格的看法。

根據1915年4月分我同事隨意透露的那種憤怒情緒，我毫不懷疑人們的情感即將迎來一次極為激烈的爆發。海軍部的處境相對輕鬆。我們穩妥地維持著一支全球無與倫比且規模龐大的海軍，我們的供應來源也同樣豐富。而另一方面，英國陸軍的供應卻是以和平時期小規模軍隊為標準建設的工廠為基礎。海軍在雄厚基礎上擴大了一倍規模；而陸軍則試圖從有限的基礎上擴大約10倍或15倍。大戰爆發之初，我們就向支持艦隊的大企業和造船廠訂購了大量海軍所需的物資。1913年我就採取特別措施讓考文垂兵工廠保持營運，進而為我們的重型大炮生產保留了一個新的額外管道。甚至在1914年11月費雪勳爵進入海軍部之前，我們就已按照慎重考慮的戰前計畫開始了大規模生產。這位海軍老將的幹勁和創意進一步推動了這項工作。到了1915年1月和2月，我們的工作全面展開，整體而言，各個部門的工作都超前完成。我們的任務就難度而言無法與陸軍部的任務難度相提並論。事實上，由於海軍擁有許多現有的軍備生產能力，我們的

效率加重了他們的困難。但話說回來，如果陸軍部不設法解決他們的問題，即使利用現有的所有生產線，恐怕也無法取得什麼成就。

　　日益增長的憤怒和恐懼並不限於戰時會議。基奇納勳爵的困境迫使他對戰場上陸軍急需的各類供應品施加最嚴格的限制。他不得不對機槍、高爆炸力炮彈和重型大炮的比例實行限制性規定，這類規定在那些未能理解他苦衷的人眼中顯得荒誕，甚至近乎不道德。總司令部參謀部和陸軍部之間因此出現了緊張局勢。前線的陸軍將怨言透過數不清的管道傳達給議會和新聞界，雖然愛國主義和新聞審查制度阻擋了這些怨言的公開發表，但焦慮和憤怒的情緒卻日益高漲。

　　倘若在首次緊張對峙的嚴峻關頭，我們能建立一個基於各黨派基礎上的聯合政府，局勢或許會大為改觀。在 1914 年 8 月的那段時間裡，當我們熱愛和平、幾乎毫無武裝的人民奮起抵抗侵略者時，確實展現了前所未有的團結與同志情誼。人人同仇敵愾，沒有時間犯下策略上的錯誤，那時正是宣布組建聯合政府和推行全民兵役的理想時機。這當然是我所期望的。然而，這個時機錯過了。在戰爭氣氛中逐漸壯大的保守黨卻不願承擔監督戰爭中不可避免會出現的錯誤、缺陷、意外事件和令人失望的事情的責任。它的領導層至今一直是精神受壓抑的沉默但熱心的旁觀者。他們再也無法忍受這種壓抑了。於是，無論在陸軍部、海軍部、法國還是在達達尼爾海峽，緊張的局勢從內部與外部演變為危機，而危機又達到了頂點。

日益加劇的緊張局勢

海灘戰役

1915 年 4 月 25 日

　　加里波利半島延伸至愛琴海，長達 52 英哩，最寬處達 12 英哩。然而，其腳踝，即與大陸連線的地峽，在布萊爾村附近僅有 3.5 英哩寬；位於西南端邁多斯對面的脖頸處，寬度也幾乎不足 6 英哩。這個至關重要的地區山巒起伏、地勢險峻、溝壑縱橫。4 座主要山丘矗立在平地之上；環繞蘇夫拉灣的半圓形山鏈高達 600 至 700 英呎；薩里拜爾山的高度超過 1,000 英呎；狹窄段對面的基利德巴哈爾高地的高度在 600 至 700 英呎之間；而距西南端 6 英哩的阿齊巴巴峰高度為 700 英呎。

　　海峽之外適合登陸的地點並不多。山崖陡峭地延伸至海中，偶爾可見狹窄的沖溝。半島表面主要被灌木叢覆蓋，間或點綴著一些耕地。該地區泉水和地下水資源豐富，尤以蘇夫拉灣一帶為最。另一個值得注意的地貌特徵也具有實際意義。從阿齊巴巴到海勒斯角半島尖端的地貌是從海邊逐漸升高的斜坡，而實際上這個至關重要的尖端處呈湯匙形，因此其邊緣在相當程度上能抵擋海軍的直接炮擊。

　　即將展開的這個作戰行動，向雙方提出了戰爭中最難以估測和確定的幾個問題。面對由精銳部隊和現代武器守衛精心構築的防禦工事進行大規模陸軍登陸，這種嘗試從未有人勇於想像，極有可能被證明是完全不可行的。另一方面，兩棲部隊的神祕機動性同樣令防禦者感到威脅和不安。我們已知，利曼·馮·桑德斯將軍了解一支估計有 80,000 到 90,000 兵力的陸軍已經在埃及的穆德羅斯或其附近集結。他們將在何時何地發動進攻呢？顯然，選擇只有 3 個，而每個選擇都可能帶來致命後果——亞洲海

海灘戰役

岸、布萊爾地峽和半島南端。其中，亞洲海岸最有利於大部隊的登陸和運動。如果選擇布萊爾地峽，可以從海路和陸路切斷半島上所有部隊的交通連繫，正如馮·桑德斯所言，可以「提供戰略決策的良好前景」。第3個選擇，引用馮·桑德斯的話說：「將加巴山每一側海岸的狹窄地帶作為登陸地點最適合速戰速決，因為寬闊窪地上只有一個條狀的平緩高地，從那兒筆直指向邁多斯。」此外，在半島南端的海勒斯角附近，有一個登陸點可以通往阿齊巴巴峰，從那裡可以直接控制狹窄地段的堡壘。在這些相距甚遠的重要潛在目標中，敵人根本無法預測即將受到攻擊的是哪一個。為了應付這種不確定且無法預知但又至關重要的局勢，德國指揮官被迫將土耳其第5集團軍平均分為3支部隊，每支部隊有20,000名士兵和50門大炮。無論哪支部隊最先受到攻擊，都必須面對對方優勢兵力堅守2至3天，直到增援部隊抵達。為了盡量縮短危險的間隔，這3處之間的交通條件，正如我們所見，得到了盡可能多的改善。道路已經修建，船隻被集中在海峽上的合適地點。然而，事實依然是，利曼·馮·桑德斯只能首先使用已平分的三分之一兵力來迎擊協約國的全部軍隊；而且在戰鬥打響後，必須等待3天才能有大批土耳其增援部隊到達。

然而，事實上，英國司令官可供選擇的比利曼·馮·桑德斯的選項有限。根據基奇納勳爵的命令，伊恩·漢密爾頓爵士的軍隊不能捲入亞洲的大規模戰役，因為他既無兵力也沒有陸路交通工具來參與這樣的戰役。據評估，海軍的小型艦艇此時不足以維持大批陸軍在距穆德羅斯基地6、70英哩的埃諾斯登陸以襲擊布萊爾。如此一來，協約國軍實際上僅剩半島南端作為進攻選擇。馮·桑德斯不太可能得知這一點，因此必須繼續準備應付所有3處的緊急情況。因此，在戰鬥打響的前夕，問題歸根結柢是可使用的英法聯軍全部兵力（或兩國政府還願意提供的更多兵力）與占領加里波利半島南端的20,000名裝備50門炮的土耳其士兵之間的3天戰鬥情況。伊恩·漢密爾頓爵士的任務是指揮陸軍登陸，然後打垮或制服這20,000

兵力，奪取他們在狹窄地段附近把守的重要陣地；他擁有 60,000 名士兵並得到艦隊威力強大的炮火援助來完成此任務。這是一場殘酷、消耗實力的生死考驗。

首先，難以估測的危險在於，冒著炮火登陸可能會徹底失敗。可以想像，大批士兵在登岸之前可能在船上就被擊中，這是誰也不能否認的事實。然而，若登陸成功，下一重危險便轉移到土耳其人身上：在面對敵方的優勢兵力時，他們不得不盡力堅守至少 3 天。土耳其人無法準確預知對方的優勢到底有多大，這完全取決於基奇納勳爵將動用多少兵力。但是，如果英、法聯軍的兵力不足，而土耳其人的抵抗持續 3 天，那麼優勢將不再傾向協約國。到第 3 或第 4 天，攻擊者將耗盡突襲的有利條件，他們的選擇也將暴露無遺，而這種選擇是無法更改的。土耳其人的大批增援部隊將會趕到，牢固的塹壕也會完成，最終進攻者將不得不面對來自鄂圖曼帝國各地調來的土耳其主力部隊。因此，任何正確計畫成功的關鍵在於一開始就要推進得迅速和果斷。

1915 年 4 月 25 日拂曉時分，伊恩・漢密爾頓爵士發動了對加里波利半島的突襲。這場海灘戰役曾是人們熱議的話題，未來也將繼續引起廣泛討論。在無盡的犧牲和普遍的屠殺的背景下，這次戰役以其鮮明的形象顯得格外突出。作戰行動的獨特性，非同尋常的兩棲戰鬥場面，雙方軍隊同時面臨迅速而致命的危險，關鍵時刻的重大結局，以及士兵們──無論基督徒還是穆斯林──對後果的深刻理解和勝利的決心，所有這些都構成了一段將被永遠銘記的歷史篇章。在這裡不適合詳細描述那一天各兵種的具體情況，若要公正地介紹它們，需要寫下整整一部書：每一場海灘戰鬥都值得寫一章；每一個營都足以寫上一頁。這裡只能追述其主要特點及後果。

伊恩・漢密爾頓爵士的策略是從兩條戰線夾擊半島的南端。首先，第 29 師將在海勒斯角附近的 5 個不同地點同時發起登陸。其次，澳洲和紐西

海灘戰役

蘭軍團將在邁多斯對面的加巴山附近登陸。這兩路中的任何一路若能取得顯著進展，都會支援另一路的攻勢，進而充分利用半島此端僅有 2 個土耳其師防守的有利條件。與此同時，法軍將在亞洲海岸的特洛伊遺址附近登陸，以發揮暫時牽制的作用，而皇家海軍師的運輸船隊則由戰艦護航，佯裝在布萊爾登陸。

利曼·馮·桑德斯描繪了加里波利城的土耳其司令部在接收到當天清晨登陸消息時群情激昂的情景。

清晨前來傳達消息的軍官面色慘白，顯然，儘管敵軍的登陸早在預料之中，但他們突然在多個地點同時登陸，依然使眾人震驚且恐慌不已。

「我的第一個感覺是，」他得意洋洋地補充道（因為他完全被矇蔽，不知道哪一路是真攻，哪一路是佯攻），「我們無需改變我們的部署。敵人選定的登陸地點正是我們認為最有可能被他們選中的那些地方，故而加強了防守。」他立刻前往他認為最危險的地方。「我個人目前必須留在布萊爾，因為此地對於保持半島不被封鎖具有極端重要性。」他還立即下令駐紮在加里波利城附近的第 7 師前往布萊爾。儘管已傳來消息稱半島的另一端正在進行著殊死搏鬥，他仍讓這個師和第 5 師一動不動地把守布萊爾戰線整整一天。直到當天晚上，他才確信集結在克塞羅斯灣的軍艦和運輸船隊只不過是做個假象，但即使此時他也只敢從這一重要地點通過水路派送 5 個營去增援在邁多斯那邊承受巨大壓力的部隊。直到 26 日的早晨，登陸開始 24 小時之後，他才下令第 5 師和第 7 師的剩餘部隊從布萊爾乘船開往邁多斯，而他們在 27 日前無法趕到那裡。因此，用他自己的話說，「克塞羅斯灣的北部幾乎完全沒有了土耳其軍隊。」最後只剩下一個徵兵站的輕工兵連和幾個勞工營占據著沿山梁的空帳篷。「從克塞羅斯灣北部海岸撤走所有軍隊，」他寫道，「就我而言，在當時情況下這是一個認真負責的決定，考慮到半島南部敵人的巨大優勢，我不得不冒此風險。如果英國人注意到這一弱點，他們可能會大大加以利用的。」

無人能與這位才華卓越的軍人相媲美,他在關鍵時刻對土耳其通過地峽交通線的擔憂,最清楚地表明了地峽的重要性。基於這一事實,基奇納勳爵的觀點值得深思——「艦隊一旦通過海峽,加里波利半島上的陣地便失去了其重要性。」

　　我們必須重新審視海灘戰役。就海勒斯角附近的 5 個登陸點而言,第 88 旅所在的「V」海灘,即靠近被摧毀的塞德埃爾巴哈爾堡壘的地方,被認為是最為關鍵的。多達 2,000 名來自都柏林和芒斯特的燧發槍團以及漢普郡團的士兵,擠在專門為登陸部隊準備的「克萊德河」號輪船的底艙內,準備被運送到距離海岸僅幾碼的地方。計劃是使用 2 艘駁船作為橋梁,將它們停在輪船與海灘之間,部隊可以迅速沿著這條堤道登上海灘。同時,剩餘的都柏林燧發槍手則乘小船靠近海岸。抵抗這次突擊的土耳其兵力不過 4、5 百人,但他們機靈地躲藏在懸崖峭壁和廢棄的建築物中,使用大量機槍防守,並得到水中和岸上的炸雷及鐵刺網的保護。當愛爾蘭軍隊從「克萊德河」號底艙衝出,船隻剛觸及埋在水下的鐵刺網時,他們便遭到了四面八方的毀滅性炮火射擊。船隻不是被鐵刺網阻擋,就是因為槳手死傷無法前行。駁船在水流的衝擊下難以固定或停穩。衝出船外的士兵在幾分鐘內就有一半以上被擊倒。登陸船、駁船、跳板、水面以及海灘邊到處都是死傷者。然而,倖存者穿過鐵刺網,奮力向前,少數人抵達海灘。與此同時,都柏林和芒斯特的燧發槍手毫不猶豫地從「克萊德河」號底艙跳入這個屠宰場,直到上級官員下令才將他們阻止。負責固定駁船並實際上負責制定「克萊德河」號使用計畫的昂溫指揮官和少數海軍參謀人員,在槍林彈雨中設法固定駁船並不停地放置跳板,而另一部分士兵以無比的英雄氣概奮力搶救落水和垂死的戰友,或者搭上岸路上的扶手。內皮爾在巴達霍斯海灘上永垂不朽的捐軀,再次展現了壯烈的場面。但一切都無濟於事,整個登陸行動遭到了血腥的阻擋。倖存者匍匐在海灘邊緣,要不是韋奇伍德指揮官指揮的「克萊德河」號船頭裝甲車中隊的機槍火力,

他們可能會全被消滅。旅長內皮爾將軍陣亡，整個登陸行動因此停頓，直到天黑。

在「W」海灘進行的戰鬥同樣是令人恐懼的。在艦隊猛烈炮擊之後，蘭開夏燧發槍團透過幾10隻小艇被拖拽並划向岸邊。土耳其人再次在領隊的登陸船靠岸的瞬間開火，後果依舊是毀滅性的。這支英勇的營隊在步槍、機槍、水雷和地雷造成的重大損失面前毫不畏懼，涉過淺水，穿過鐵絲網，以非凡的紀律在海灘上重新組織隊伍。從這個位置上，他們很難推進，若不是出現意外的幸運，這次進攻本來也會受阻。在左側，滿載一連士兵的登陸船轉向駛往泰凱角凸出部位下方的岩石堆。這裡登陸的士兵傷亡較少，他們攀登上峭壁，迅速撲向正在掃射海灘的土耳其機槍，用刺刀消滅了機槍手。這個營已登上沙灘的其餘士兵得到了救援，設法移向懸崖的隱蔽處，爬上懸崖後穩穩地登上頂點。9點左右，他們在此得到了伍斯特部隊的增援，那天，他們逐步從這個方向贏得的立足點穩步擴展。

皇家燧發槍團在左翼靠近的位置，在「無情」號（艦長洛克耶）的有效支援下，在「X」海灘登陸。緊接著，因尼斯基林斯部隊和博德團也進行了登陸，經過激烈戰鬥和果斷衝鋒，成功占領了泰凱角的高地，並與「W」海灘的登陸部隊建立了連繫。

在「X」海灘左側1英哩處，2個海軍陸戰隊營在「Y」海灘登陸，無一死亡。入夜後他們遭到襲擊，第2天一大早發訊號召來船隻重新上船。然而，他們將臨近的大股土耳其軍隊吸引了過來，進而在一定時間內幫助了其他幾處的進攻。在戰線的另一端，即在最右側被稱作德托茨炮臺的舊堡壘附近的「S」海灘，另一個營輕鬆登陸，守住了一個孤立的陣地。當夜幕降臨時，在「克萊德河」號上的剩餘部隊登上海岸，沒有遭受進一步的損失。他們逐漸占領了「V」海灘的邊緣和兩側的零星陣地。就這樣，隨著這一天結束，攻擊的5處海灘都有了立足點，已有大約9,000名士兵上岸，其中至少3,000人傷亡，倖存者拚命抓住這些來之不易而且尚不穩定

的立足點以及半島的邊緣地帶不放。現在讓我們看看第二路主攻的經過。

安排澳洲和紐西蘭軍團在加巴山周邊登陸其目的是切斷半島通往邁多斯的通路。不同於第 29 師在海勒斯的登陸，這次非同尋常的突襲計畫在黎明前進行，並且沒有預先準備大炮。原本希望在土耳其軍隊於半島頂端與第 29 師交戰時，澳、紐軍團可以在其防禦最薄弱的地方取得重大突破。進攻的安排如下：在驅逐艦的配合下，部隊從船隻和汽艇上分批登陸，每次派出 1,500 名士兵。選定的登陸地點在加巴山以北半英哩的崎嶇地帶，那裡估計防守薄弱。然而，黑暗中長長的牽引船隊迷失了方向，實際抵達的海岸偏北 1 英哩，進入了一個懸崖突出的小海灣，此前稱作阿里布林努，後來改名為安扎克灣。這次偏差使得進攻來到一個敵人完全沒有預料到的地方。實際登陸損失很小，事實證明，懸崖腳下是很好躲避炮火的地方。

另一方面，這次偏差使澳洲部隊的前進路線從加巴山到邁多斯的廣闊窪地偏離，進入了地形複雜的區域，那裡有從薩里拜爾山向四周延伸的深溝。這次偏差也進一步擴大了澳新軍團與第 29 師在海勒斯角進攻之間的距離。

當小艦隊接近海岸時，土耳其的巡邏艇開始分散；然而，澳洲士兵從小船跳入海中或沙灘上，隨即攀爬懸崖峭壁，在逐漸明亮的晨曦中趕走前方的土耳其軍隊。驅逐艦近在咫尺，又運來另外 2,500 名士兵，幾乎不到半個小時就有多達 4,000 名士兵成功登陸。將近日出時，小規模接觸逐漸更新為戰鬥，並向內陸推進，天亮時已取得了顯著進展。到了 7 點半，登陸的士兵總數已達到 8,000 人。儘管來自土耳其的步槍和大炮火力不斷增強，到下午 2 點，澳洲的整個先頭師──超過 12,000 人──和 2 個印度山地炮兵連已登陸並占據了一大片半圓形陣地。包括紐西蘭旅在內的第 2 師也隨後到達，在 24 小時內，總計 20,000 步兵和少量大炮已穩固登陸。

在面對協約國軍隊大規模進攻時，土耳其的 2 個後援師進行了精妙的

海灘戰役

部署。第 9 師的 9 個營被布置在從加巴山到莫爾托灣的海岸線上，防範可能的登陸點；該師其餘的 3 個營與第 19 師的 9 個營則集中在邁多斯附近作為後備力量。在第 19 師內，流傳著一個關於「命運之人」的奇特故事。1915 年 4 月 24 日，穆斯塔法·凱馬爾總督命令他最精銳的第 57 團在次日早晨向薩里拜爾山（971 號山）方向進行野外訓練。彷彿命運使然，凌晨 5 點 30 分，當這 3 個營正要出發時，首次登陸的消息傳來，隨後又有消息稱約 1 個營的英軍已在阿里伯爾努附近登陸，並正向薩里拜爾進軍。南端半島的指揮官薩米帕夏和桑德斯認為阿里伯爾努的登陸僅是伴攻，因而命令穆斯塔法·凱馬爾僅派一個營應付。然而，這位將軍立刻察覺到此次進攻的嚴重性和威脅。他立即以自己的權力命令整個第 57 團及 1 個炮兵連前往迎擊。他親自持地圖，帶領先頭連徒步穿越曠野。路程不遠，過了 1 小時，他遇上了在澳洲軍隊猛烈進攻下敗退的土耳其掩護部隊。他立刻命令先頭連擺開陣勢發動進攻，並親自在陣地上安裝山地炮。他再次毫不猶豫地在未經上級批准的情況下命令第 77 團加入戰鬥。到 10 點鐘，當土耳其總司令騎馬到達戰場時，半島南部的所有後備部隊實際上已經投入戰鬥，10 個營和所有大炮都參與了與澳洲軍的激烈戰鬥。

隨後的戰鬥既慘烈又混亂。四肢頎長、體魄健壯的澳、紐軍團士兵在登陸時一窩蜂地衝出船外，勇氣十足地向內陸所有方向挺進，目的是奪取他們能得到的每一寸土地。如今他們卻遭遇了一支部署周密、指揮果敢的部隊和凶惡猛烈的炮火。在溝壑、岩石堆和灌木叢中，許多小型的血腥戰鬥持續到最後一刻。沒有人乞求活命，也沒有人饒恕對方；幾股被切斷的澳洲軍戰鬥到最後一人；沒有一個受傷的或不受傷的人被土耳其人俘虜。

與此同時，雙方的增援部隊迅速進入了不規則且進退不定的戰線。戰鬥持續整夜，愈演愈烈。實際參戰的士兵中超過一半傷亡。1915 年 4 月 25 日午夜，形勢顯得岌岌可危，戰線後方嚴重混亂。伯德伍德將軍和幾位澳洲旅長建議立即撤回船上，他們認為此時必須做出決定，否則再也沒有

機會了。然而，在這個關鍵時刻，總司令對澳洲部隊士氣的判斷比他們自己最信任的指揮官更深刻。在海軍將領瑟斯比堅定的勸告下，伊恩・漢密爾頓爵士以書面形式下達了明確的命令：「堅持下去，堅持到底。」從那一刻起的幾個月裡，土耳其帝國無力將澳洲和紐西蘭軍隊趕出其領土。

　　1915 年 4 月 26 日整夜，「V」海灘的形勢始終危急。登陸點依然暴露在土耳其士兵的步槍火力下，進一步推進是絕對必要的，否則一切努力將無濟於事。因此，在 1915 年 4 月 26 日凌晨，我方首先以艦隊重炮猛烈轟擊，隨後命令都柏林和芒斯特燧發槍團以及漢普郡團的殘餘士兵進攻塞德埃爾巴哈爾的城堡和村莊。這 2 支英勇的部隊無懼犧牲，克服艱難，已經連續戰鬥了 24 小時，依然精神抖擻，堅定執行命令。他們在早上 9 點攻占了城堡，隨後經過 3 個小時的逐屋爭奪，占領了村莊。前方還有一個防守嚴密的土耳其棱堡。疲憊不堪的營隊在展開新的進攻前稍作停頓，「阿爾比恩」號戰鬥艦對棱堡進行了猛烈而持續的炮擊。當炮擊停止後，英格蘭士兵和愛爾蘭士兵在共同決心的鼓舞下，從分散的塞德埃爾巴哈爾房屋中衝出，在大白天集中力量，奮不顧身地攻下了棱堡，殲滅了裡面的頑固守軍。這些經歷了長時間、不知疲倦戰鬥的營隊士兵，以其堅韌、毅力和吃苦耐勞的精神，創造了軍事上的輝煌成就，這在 2 個島嶼民族的歷史上，即使不是空前絕後，也是極為罕見的。部隊在海邊重新集結，這些成功的突擊行動和精神，與參謀官道蒂・懷利密不可分，他像沃爾夫一樣，在勝利時刻陣亡，陸軍將他為之犧牲的堡壘以他的名字命名。

　　到了 1915 年 4 月 26 日晚，一條弓形防線沿著「V」、「W」和「X」海岸線形成，並成功與「S」海灘登陸的營隊會合，這代表著一次勝利，英軍從各個據點持續對敵施壓的成果。土耳其軍隊已經筋疲力盡、損失慘重且人員處於劣勢，協約國軍隊在獲得 4 個法國營的增援後，於 1915 年 4 月 27 日將占領線變為凹面弓形，並進一步推進至泰凱角以北 2 英哩處與德托茨炮臺之間。加里波利半島的頂端因此被奪取，所有的登陸點都得到了保

海灘戰役

護，擺脫了步槍射擊，並在陸地上建立和鞏固了重要的據點。

第29師的其餘部分、皇家海軍師和法國師於1915年4月26日和27日陸續登陸。28日，伊恩·漢密爾頓爵士下令，從半島頂端向克爾提亞村發起全面攻勢。儘管土耳其軍隊已經開始得到增援和整頓，但他們仍然感覺到這一天危機四伏。抵抗登陸的部隊傷亡慘重，各營人數已減少到略超過500人。到了中午，土耳其的所有後備力量已全部投入戰鬥。然而，英、法聯軍也沒有足夠的兵力迎著土耳其軍的步槍火力推進。一旦進入湯勺地形的凹陷處，軍艦上的大炮便失去了作用，而且他們也沒有時間建立自己的炮兵支援。因此，到1915年4月28日夜晚，戰局已陷入僵持。如果在28日與29日期間能再投入2、3個法國、英國或印度師的生力軍，土耳其的防線必定會被擊潰，關鍵陣地將會落入我們手中。在這段時間裡，布萊爾防線始終無人防守，只要能從海上登陸一支生力軍，它就將成為我們的戰利品。額外的軍團在哪裡？它們是存在的。它們本應參加這場戰鬥，並在這場戰鬥中蒙受重大損失。此刻若能現身，肯定能取得勝利，但它們卻無所事事地待在埃及或英國。

接下來該輪到土耳其人了。源源不絕的部隊正迅速前往，增援那2個受到巨大壓力的師隊。從布萊爾來的各師的先頭團已陸續抵達。第15師由海路從君士坦丁堡前往基利亞利曼。第11師從亞洲海岸橫渡海峽。4月29日和30日就在這種形勢下平靜地過去了。

1915年4月27日上午，我們在海軍部接收了德·羅貝克中將關於戰況的電報。我立即親自將這份電報送交基奇納勳爵。等到他看到電報時，已有29,000人成功登陸，他對此表示滿意。他似乎認為關鍵時刻已經過去，大批部隊一旦登岸，剩下的事情都會順利解決。然而，28日傳來損失慘重的消息，隨後收到的電報都顯示戰鬥形勢非常嚴峻和危急。於是，那一天我和費雪勳爵一同前往陸軍部，我們共同要求基奇納勳爵從埃及調撥大批部隊增援伊恩·漢密爾頓爵士，並要求英國的其他部隊待命出發。費

雪的請求鏗鏘有力，我也盡了最大的努力。基奇納勳爵起初對需要更多部隊持懷疑態度，但我們表現出的明顯焦慮和擔憂打動了他。當天晚上，他向約翰‧馬克斯韋爾爵士（John Maxwell）和伊恩‧漢密爾頓爵士發了電報，指派一個印度旅和當時在埃及的第 42 本土師前往達達尼爾海峽。

為何不在發動進攻之前，將這些部隊及其他一些部隊調撥給伊恩‧漢密爾頓爵士作為後備力量，這無論如何是難以理解的。否則，將他們運往半島的準備工作，原本可以與進攻準備同步進行，並且在海灘準備好接納他們時，運輸船隊便可將他們運抵半島。這些增援部隊總計有 12,000 至 13,000 支步槍，本可以在 1915 年 4 月 28 日投入戰鬥，或在 29 日凌晨重新發起攻擊。然而，印度步兵旅實際上直到 1915 年 5 月 1 日才登陸，而第 42 師的先頭旅則直到 1915 年 5 月 5 日才下船。

與此同時，土耳其人不斷獲得來自各地的增援部隊和從海峽防禦工事撤出的火炮。到 1915 年 5 月 1 日，當地的德國指揮官佐登斯特恩認為，他已經具備了足夠的力量可以發起全面反攻。在 1915 年 5 月 1 日、2 日和 3 日這 3 天裡，他不斷命令那些因行軍或戰鬥疲憊不堪的部隊前進，進行一系列互不關聯的殊死進攻，力圖將協約國部隊趕入大海。然而，即使伊恩‧漢密爾頓爵士的部隊因兵力不足無法推進，他們也不會讓敵人將自己趕出陣地。1915 年 5 月 3 日，土耳其的進攻在遭受重大損失後被徹底粉碎。土耳其的第一批增援部隊已經筋疲力盡，現在輪到敘述協約國軍隊了。灘頭陣地已經建立，大量的補給物資、大炮和彈藥也已登陸。如果此時能得到額外的、與新形勢相稱的部隊，無論如何可以在 1915 年 5 月 4 日和 5 日重新發起對士氣低落的土耳其人的全面進攻。然而，實際情況是直到 1915 年 5 月 6 日之前無法開始進攻，部隊如此短缺，以致伊恩‧漢密爾頓爵士發現必須將澳洲第 2 旅和紐西蘭旅從安扎克地區撤往海勒斯角。

新的戰鬥於 1915 年 5 月 6 日上午再度打響，7 日和 8 日的戰鬥也未曾

停歇。英、法聯軍約有 50,000 名士兵和 72 門火炮，而他們的對手土耳其則有約 30,000 名士兵和 56 門火炮。結果令協約國深感痛苦和失望。他們在整條戰線上僅推進了幾百碼。英軍和法軍的損失極為慘重。從 1915 年 4 月 25 日開始到 5 月 8 日晚間停火，這段時間內英軍的傷亡人數接近 15,000 人，法軍至少有 4,000 人。

　　戰役結束後，局勢變得格外嚴峻。伊恩·漢密爾頓爵士的整個軍隊被緊緊釘在加里波利半島上兩個互不相連的地點。他的 2 支主攻部隊雖然透過海路保持連繫，但在其他方面已完全隔絕。半島上的關鍵陣地一個也不在我們手中。土耳其人的一條綿延不絕的戰壕線橫亙在英軍和阿齊巴巴之間，切斷了澳洲軍通往薩里拜爾山或邁多斯城的道路。這些戰壕不斷增加，形成多條戰線。由於法軍被迫撤出特洛伊，土耳其在亞洲的軍隊可以無阻地增援半島。所有英軍後備力量，包括印度旅和第 42 師全部投入戰鬥，在他們失去勝利機會後，這些部隊均遭重創。每一個營的傷亡都極為嚴重，目前無法補充缺額。即便隨後向投入戰場的每一個師自動提供的百分之 10 的後備力量也未能給予第 29 師。1915 年 5 月 9 日，伊恩·漢密爾頓爵士報告說，僅靠他現有的力量已無法突破土耳其的防線，戰壕戰的態勢已經出現，至少還需要增援 1 個軍團。從國內徵調、補充參戰各師所需的新兵和明確要求增援的新部隊至少需要 1 個月的時間。在這 1 個月裡，隨著協約國軍隊不斷消耗和土耳其力量日漸增強，將會發生什麼呢？主動權和機會已經落到敵人手裡。擺在我們面前的是一場長期且代價高昂的戰鬥，現在無疑需要我們做出更大的努力。

登陸之後

儘管陸軍實際上陷入了停滯,然而偉大的登陸事件仍在整個歐洲產生了深遠的影響。

義大利、希臘、羅馬尼亞和保加利亞理所當然地認為,協約國的主力部隊已經成功登陸,他們不僅能夠而且也將會獲得來自海上的援助,直至徹底摧毀土耳其的抵抗力量。義大利人參戰的決心依舊堅定,而巴爾幹地區的國家則繼續保持觀望態度。在英國,愈演愈烈的政治危機明顯減弱。法國的高級官員曾向反對派領袖透露,登陸行動可能會失敗,軍隊可能會在海灘上被擊退並遭受重大傷亡。當這些預測被證明是錯誤時,他們自然鬆了一口氣,緊張的局勢暫時得到緩解。

1915 年 5 月 5 日,半島上的戰鬥依舊懸而未決,我不得不因重要任務前往巴黎。1915 年 3 月和 4 月間與義大利的談判進入了決定性階段的最後 2 週。1915 年 4 月 26 日,《倫敦條約》正式簽署,義大利根據該條約同意參戰。1915 年 5 月 4 日,義大利廢除了三國同盟協議,宣布其政策的轉變。愛德華・格雷爵士在醫生的建議下,於 4 月初短暫休假,首相在他休假的期間親自與義大利進行談判。當外交大臣歸來時,他積極推動已經取得的成果。促成義大利參戰的那份祕密條約的條款早已公開,這些條款清晰地表明了三個協約國在危機時刻的迫切需求。陷入苦戰的英國和法國面臨俄國崩潰的風險,並且自身也處於危急關頭,為了獲得一個強大的盟友,他們不得不接受高昂的代價。義大利的談判者深知我們的焦慮,下定決心為他們的國家贏得最有利的條件。

義大利從其邊境地區、亞得里亞海區域和土耳其帝國取得領土,收穫是巨大的。還有極為重要的陸軍與海軍協議,以補充這些政治獎勵。英國

登陸之後

艦隊將在亞得里亞海與義大利海軍積極合作，俄國將在加利西亞至少動用50萬軍隊繼續對奧地利展開猛攻。這樣從海、陸兩方面都得到了保證，義大利似乎可以安全地提前支取和占有他要求的鉅額獎品。促成這些安排的希望和計畫很快就落空了。那些出發登上戰爭可怕航船的人，永遠無法事先告訴你航程的長短和前途的凶吉，或者他們最終拋錨的港口。軍事協議簽署剛2週，馬肯森就沿杜納耶茨河進攻俄軍，戈爾利采·塔爾努夫戰役一打響，到處可見俄軍的撤退和後縮。南斯拉夫在戰爭結束時成為一個新興的強國，這就使義大利對亞得里亞海地區提出的索取條件明顯無法實現。

戰後，土耳其在和平條約的災難後重新崛起，實際上完好無損。義大利的政治家們派遣其同胞參加的戰爭並非一場輕而易舉、責任有限且充滿巨大物質利益的衝突。義大利與其他參戰大國一樣，將要經歷血與淚的洗禮。年復一年，他的國土遭到入侵，他的男子永遠離去，他的財富被耗盡，他的生存與尊嚴岌岌可危，他也必須拚盡全力爭取勝利，而勝利卻無法完全滿足他的強烈渴望。儘管政治家的算計失敗了，但義大利民族的慷慨胸懷證明了他能夠承受長期戰爭的磨難和失敗，並在厄運中維護古羅馬的聲譽。

首要之務，海軍協議的簽署不可拖延或擱置。我以英國海軍部全權代表的身分前往巴黎。義大利人憂慮，若俄國因勝利而在君士坦丁堡確立地位，同時塞爾維亞也擴展了其領土，這兩個斯拉夫國家的聯盟可能在達爾馬提亞海岸或其外建立強大的海軍基地。鑑於達達尼爾戰事的前景，俄國將占領君士坦丁堡，迫使義大利盡力保住其在亞得里亞海的地位。若不參戰，協約國的勝利將使其地位遭受無法彌補的損害。因此，我們與法國和義大利就義大利在戰爭勝利後獲得達爾馬提亞海岸海軍基地的問題，進行了2天複雜的討論。義大利提出的所有要求中，最重要的是取得薩比昂賽羅運河的所有權。這條位於兩個長形島嶼之間的狹長良好錨地，可容納最

大船舶，位於通往亞得里亞海的中途，炮火無法從岸上擊中，確實具備建設義大利海軍基地的理想條件。其他要求還有許多。每當協商令義大利人感到灰心時，我們就拿出英國的主要武器作為談判籌碼，不僅答應他們對巡洋艦和小艦隊的要求，還同意提供一個戰鬥艦中隊。由於德·羅貝克中將已明確放棄強攻達達尼爾海峽的努力，其艦隊顯然有多餘的軍艦。最終，三國海軍當局達成完全一致的協議。義大利人堅持要英國的戰鬥艦，法國人對此表示不反對，並同意用相同數量的法國軍艦替代從達達尼爾海峽撤下的英國海軍中隊。

我在 1915 年 5 月 7 日清晨離開巴黎，計劃在返回英國的途中在約翰·弗倫奇爵士的司令部停留 1 天。當日晚我抵達聖奧梅爾，獲悉了兩個消息。首先，伊恩·漢密爾頓爵士的電報顯示他正深陷激戰，半島戰役仍未有定論。其次，約翰·弗倫奇爵士打算聯合其右翼與蘇謝陣地作戰的法軍，對奧伯斯山脈發起全面攻勢。這個重大行動於 1915 年 5 月 9 日黎明展開。因此，我決定留下來觀摩這場戰役，不再考慮其他事務。

讀者們應該明白，我當時堅信交給英軍和法軍的任務是不可能完成的。前線的德軍兵力與他們幾乎相當，而且構築了嚴密的防禦工事，並作好了充分的準備。英軍在進攻前用榴霰彈轟炸鐵絲網，這就向德軍明確展示了進攻部隊的突破口，毫無疑問，德軍已經做好了萬全的準備，準備以火力消滅他們。不僅如此，英軍的炮彈供應極其有限，而能夠摧毀德軍戰壕所需的高爆炸力炮彈幾乎沒有。我在觀戰時盡量避免冒無謂的風險。但是無論是從遠處高聳的教堂尖頂，還是靠近敵人的火力網邊緣，除了炮彈爆炸和煙霧之外什麼也看不見。不親自參與進攻就無法估計到真實的情況。要了解真實情況必須親身去體驗，而體驗到的還可能不是真實的。身處戰鬥之外什麼都不了解，投入戰鬥則會被個人的特殊經歷所左右。這正是戰爭最痛心的特徵之一。許多高級將領不了解戰場的形勢就命令自己的部隊作戰，而且又不對他們採取有益的補救措施。

登陸之後

在這個夜晚，我親眼目睹了戰鬥高潮中的一個大規模傷員清理站的恐怖場景。超過1千名遭受各種嚴重創傷的人中，有燒傷者、有肢體碎裂者、有被子彈穿透者、有咽喉梗塞者、以及奄奄一息者，根據他們的傷勢被分成不同組別，並送往梅維爾修道院。修道院入口處，機動救護車川流不息，每輛車都送來4、5個四肢斷裂、飽受折磨的傷員。每隔一段時間，就有屍體從修道院的後門被抬出，送往一直在工作的掩埋隊。有一間屋子擠滿了已無法再送往其他地方的重傷員，他們已無任何治癒希望，甚至沒有優先動手術的資格。其他房間擠滿了痛苦不堪但仍能走動的傷員，但大多數人的精神狀態還不錯。他們可以得到一杯茶、一支菸和另一趟長途巴士旅行。手術室外排著長長的一隊急重傷員，手術室門敞開著，我經過時看到一位傷員正在進行開顱手術的恐怖場面，到處是血和沾有血汙的布片。在外面，戰場傳來的轟轟炮聲宣告著死亡與殘殺的過程仍在高潮。

「盧西塔尼亞」號沉沒的消息也是近幾日傳來的。這艘巨大的郵輪恢復載客業務已有數月，作為客輪已多次橫跨大西洋。在1915年5月的第一個星期，她載著2,000名英國和美國平民從紐約返航利物浦。她的貨物中包括少量步槍彈藥和約173噸重的榴霰彈炮彈。在「盧西塔尼亞」號啟航之前，紐約就流傳該船將被擊沉的警告，事後查明是德國政府所為。在1915年5月4日和5日，當她接近不列顛群島時，據報導，德國潛艇在愛爾蘭海峽南部入口處擊沉了2艘商船。1915年5月6日又收到潛艇在該區域活動的進一步報告。隨後，海軍部在瓦倫西亞的無線電臺反覆發出特別警告和消息。

1915年5月6日凌晨零點零5分，致全體英國船隻。

……避開所有海岬。全速穿越各大港口。航行於海峽中央航線。法斯特內特海域有潛艇出沒。

1915年5月6日晚7時50分，致「盧西塔尼亞」號。

愛爾蘭南部海岸外出現潛艇活動。

1915 年 5 月 7 日上午 11 時 25 分，致所有英國船隻。

在愛爾蘭海峽南端發現有潛艇活動。最近一次的報告位置是在科寧伯格燈塔以南。務必通知「盧西塔尼亞」號了解這一情況。

1915 年 5 月 7 日下午 12 時 40 分，致「盧西塔尼亞」號。

上午 10 時，在克利爾角以南 5 英哩處發現一艘潛艇正向西行進。

這些電報均已及時收到。

根據 1915 年 4 月 16 日的海軍機密備忘錄，其中記載了一段如下內容：

戰爭經驗顯示，快速輪船採用曲折航行的方法能顯著降低潛艇突襲成功的機率。換言之，透過短暫且無規律的間隔改變航向，例如每 10 至 30 分鐘改變一次。戰艦在已知有潛艇活動的水域巡航時幾乎都使用這種航線。潛艇在水下的速度非常緩慢，如果無法事先得知或預測目標船隻的航線，進入合適的襲擊位置將變得極為困難。

儘管有這些警告和指示（海軍部貿易處在這方面的貢獻值得稱道），「盧西塔尼亞」號並未採用規避航線，而是以略高於平時四分之三的速度沿著常規貿易航線航行。1915 年 5 月 7 日下午 2 點 10 分，在舊金塞爾外海 8 英哩處，她被施魏格指揮的德國 U-20 潛艇發射的魚雷擊中。2 枚魚雷先後發射，第 1 枚擊中船體中部，發出劇烈爆炸聲，幾分鐘後第 2 枚命中尾部。20 分鐘後，船頭向下沉沒，隨之沉沒的有 1,195 名乘客，其中包括 291 名婦女和 94 名嬰幼兒。德國潛艇的這一暴行在全球引起強烈回響。美國損失慘重，國民憤怒聲震撼全國，四面八方的強硬派都發出贊成著武裝干預的訊號。然而，訊號並未發出，戰爭繼續在毀滅性的均衡狀態中進行。不過，從此以後，美國的協約國朋友們獲得了一件使親德勢力軟弱無力的武器，在這種情況下，經過一段哀傷期，這種冷漠無情的政策注定走向終結。

幾乎在得知這場可怕悲劇的最初時刻，我便意識到了它的深遠意義。唯有在對這場大戰的歷史進行反思時，其慘痛教訓才能從當時的喧囂與混亂中浮現出來。德國政府在兩大事件上表現出極端的殘酷和喪失人性，它

登陸之後

以罪惡的決心精心策劃，蓄意切斷了維護世界文明和人類社會（儘管存在爭吵）的根本紐帶。入侵比利時和無限制潛艇戰均依賴於專業技術作為求勝的唯一手段。正是這些行為直接導致了德國的毀滅。這些原因把強大而無形的力量引入反德的鬥爭，並無情地耗盡了德國的實力。在大戰的第1年，若非入侵比利時，德國將必勝無疑；在大戰的最後1年，若非無限制的潛艇戰，沒有力量能否定勝利將屬於他。導致德國垮臺和我們得救的原因，不是他的人數優勢，不是他的資源或智慧，不是他海陸軍將領在公開戰鬥中犯了錯誤，不是他的盟國虛弱無能，肯定也不是他的人民或軍隊在勇氣或忠誠上有缺陷，而是他犯下的這兩樁大罪和歷史大錯。

同一時間，達達尼爾的旗艦上展開了最激烈的討論。

自1915年3月18日以來，海軍的高層圈子裡流行著兩種截然不同的觀點。激進的一派比以往任何時候都更堅信，摧毀堡壘、清除雷區並最終打通海峽是可以實現的目標。他們毫不懷疑艦隊能夠穿越海峽進入馬爾馬拉海。他們不斷提醒海軍上將，努力完成這項任務是海軍的職責所在。他們對陸軍所遭受的慘重損失感到深切悲痛，尤其難以忍受的是，在海軍接到命令並被賦予任務後卻無所作為。因此，他們敦促中將向海軍部提議恢復海軍的進攻行動。

所有這些壓力和陸軍受折磨的景象對有膽識的德·羅貝克中將產生了作用。他終於下決心向海軍部發了一份電報，表達了自己願意恢復海軍進攻的意願。這份電報蓋有好幾個人的印章，也包括持反對意見者的印章。但是很顯然，正如我們現在知道的，所有出席「伊莉莎白女王」號會議的人都相信海軍部在收到此電報後會立即下達作戰命令。法國司令官蓋普拉特上將打電報給海軍部長，表示他充分期待參加決定性的進攻，並要求增加一艘更強大的軍艦來增援法國中隊。因此，海軍的所有參謀人員和指揮人員都等待著一項偉大而莊嚴的決定，為了執行這項決定，他們會做好面對一切危險和忍受一切損失的準備。

德‧羅貝克中將致海軍部

1915 年 5 月 10 日

加里波利半島局勢。

漢密爾頓將軍告知我軍隊受阻，每次向阿齊巴巴的推進僅能前行數公尺遠，擔憂會重現法國北部的局勢。因此，我在 292 號電報中所提及的情形已經出現：

「若陸軍在向基利德巴哈爾推進時遭遇阻礙，海軍是否應在未摧毀沿岸堡壘的情況下強行通過狹窄地段？此問題完全取決於艦隊在推進過程中能否最有效地支援陸軍。艦隊可以從恰納克萊下方推進，確保交通線的完整無損；也可以從上方推進，但這樣會切斷與基地的連繫。」

儘管海軍在向前進中的陸軍提供援助時，可以有效壓制敵方炮臺的炮火，但其效果並未達到預期；當陸軍面臨戰壕和機槍的阻礙時，海軍的支援力度有限；然而，恰恰是戰壕和機槍在阻礙陸軍的推進。

根據敵人抵抗的力度，艦隊進入馬爾馬拉海未必會產生決定性影響，因此達達尼爾海峽在艦隊通過後重新被封鎖的可能性同樣存在。如果敵人的抵抗能夠迅速被制服，進而避免艦隊因補給不足而被迫撤出，那麼海峽即使重新封鎖也不會顯得十分重要。

若艦隊駛入馬爾馬拉海，協助陸軍進攻的職責將交予巡洋艦及部分老舊戰鬥艦 —— 其中包括不適於大規模轟擊狹窄區域的法國軍艦 —— 此類支援的效果顯然會遠遜於現階段整個艦隊所提供的支援。

半島上土耳其陸軍的士氣顯示，艦隊即使強行穿越達達尼爾海峽，並出現在君士坦丁堡近海，這一行動本身也無法產生決定性作用。

關鍵點似乎在於：

首先，海軍強行突破達達尼爾海峽是否能夠確保戰鬥的勝利？

其二，若海軍遭遇失敗，勢必將是一次重大的打擊，可能導致陸軍局勢極為嚴峻，甚至危及整體戰局嗎？

登陸之後

　　這份電報值得仔細分析。其目的顯然是直接提出恢復海軍強攻達達尼爾海峽的問題。在電報中，德·羅貝克中將仔細權衡了利弊，總體上更強調了不利的一面。然而，他同時也明確表示，如果海軍部下達命令，他隨時準備執行。這份電報令我感到不安。我當然一直主張恢復海軍進攻。但是目前的形勢與3月和4月的情況已截然不同，若要執行德·羅貝克中將3月2日的決定，我們就必須採取另一條政策路線。在此期間已發生了3件重大事件。

　　首先，陸軍付出了近2萬兵力的代價才成功登上加里波利半島。儘管當前陸軍進展受阻，但基奇納勳爵告訴我，他計劃為伊恩·漢密爾頓爵士增援1個軍團，應付當前需求。在炮火下進行登陸行動一向是戰爭中最具挑戰的情境之一。現在登陸已經成功，既然土耳其人未能在這一階段阻止我們，那麼他們很可能也無法阻擋陸軍的進一步推進。關鍵在於：大量的增援部隊必須迅速投入戰鬥。因此，如果能夠迅速派遣足夠的增援部隊，陸軍取得戰鬥勝利的可能性將大大增加。

　　其次，義大利即將參戰。根據最近簽署的英、義協議，我們必須派遣4艘戰艦和4艘輕型巡洋艦加入駐紮在亞得里亞海的義大利艦隊。我之所以採取這一行動，是因為自1915年3月22日起，德·羅貝克中將已明確放棄了海軍進攻，我們已決定動用陸軍力量來解決問題。儘管法國增援的軍艦能發揮緩解作用，但從德·羅貝克中將的艦隊中抽調這些戰艦，與進行堅定甚至拚命的努力、單獨以軍艦強攻達達尼爾海峽的決定是不相容的。

　　第三，我們長期以來擔憂的事情終於發生了。德國潛艇已經進入愛琴海。有多次報導指出，在達達尼爾海峽附近水域出現了1艘、2艘甚至3艘潛艇。「伊莉莎白女王」號的位置變得極其危險，且整個艦隊在達達尼爾海峽的安全都受到了不可忽視的影響。不僅如此，即便艦隊成功強行通過海峽抵達馬爾馬拉海，它也會在那片水域遭到德國潛艇的騷擾。儘管此事尚無定論，但艦隊的行動可能會受阻，假設海峽在其身後被封鎖，它在

策略上發揮作用的有效期將會在一定程度上縮短。

此外，由於陸軍已經登陸並持續進行激烈戰鬥，艦隊的責任顯著增加。正如奧利弗將軍所言——「1915年3月18日時海軍還是單身漢，現在它在岸上有了妻子。」

我腦海中思考的全是這些問題，它們對我的影響日益加深。顯然，如果德‧羅貝克中將堅持他的決心推進決定性的攻勢，我們或許能在幾週內重新創造條件來支持他的進攻。我們的海軍資源極為豐富，幾乎每日遞增。到1915年6月中旬，我們將能夠顯著增強艦隊實力，並完成所有攻勢準備的細節。此外，到那時我們將了解如何應付愛琴海的德國潛艇，並確定其威脅的嚴重程度。因此，目前反對海軍採取果斷行動的理由仍然非常有力。

另一方面，我極其渴望採取有效的軍事行動。我希望海軍能夠攻擊狹窄地段的堡壘，以驗證我們收到關於敵人彈藥短缺的報告是否準確。在進攻的掩護下，我希望能清除凱佩茲的雷區，使其不再阻礙航行。現在，掃雷部隊已經完全組織起來，這些行動是完全可行的。儘管達達尼爾艦隊規模已縮小，但完成這一任務仍綽綽有餘。清除凱佩茲雷區本身就會直接威脅到土耳其在半島上部署陸軍的交通線。

然而，我明顯地察覺到費雪勳爵處於極度的疲勞狀態。74歲的高齡使他難以承受壓力。在我前往巴黎參加英、義海軍協議談判期間，他顯得筋疲力盡。他毫不掩飾地表達了對獨自承擔海軍部工作的不滿和憂慮。毫無疑問，當時的巨大壓力和情勢的發展讓這位年邁的海軍上將幾乎陷入瘋狂。德‧羅貝克中將的電報尤其令他焦慮。他預感到即將面臨他最害怕的要求：恢復海軍作戰，並且要一直戰鬥到最後一刻。

1915年5月11日上午，我們共同探討了當前的形勢。我一再努力闡明，我想要做的一切是恢復對狹窄段堡壘的攻擊，並在炮火掩護下清理凱佩茲雷區；我無意促使大家全力進攻達達尼爾海峽或深入馬爾馬拉海。然而，

登陸之後

我未能打消費雪的顧慮。毫無疑問,他認為如果行動成功,將大大增強在後一階段發動重大進攻的理由;事實也確實如此。凱佩茲雷區是土耳其人的第一道也是最後一道防線。在我們交談之後,費雪勛爵同一天「極不情願地」給我送來了一份正式的備忘錄,在這份備忘錄中,他全面而有力地重申了對達達尼爾軍事行動的看法,他的結論是:

在任何情況下,除非兩岸已經被有效占領,否則我不會支持德·羅貝克中將發動穿越達達尼爾海峽的進攻……因此,我希望大家明白,我與這類計畫毫無關聯。

當天我便回覆他:我絕不會建議他進行任何「突擊」達達尼爾海峽的行動,這點我們意見一致。我再次提出,為了支援陸軍行動,可以考慮要求德·羅貝克中將攻擊堡壘並清除凱佩茲雷區。我重申,希望我們在任何實際問題上始終保持團結。我向他呼籲:

我們如今肩負著歷史上最重要的水陸兩棲作戰的重任。你對此絕對責無旁貸。要將此任務推向成功,需要極致的同袍之誼、智慧、毅力和耐心……

翌日,他致信告知我,因我未明確放棄陸軍占領狹窄段兩岸後再讓海軍攻擊雷區的設想,他已經將給我的備忘錄副本遞交首相。

關於你所說我絕對負有責任的話,我只能說,你必須明白(還有首相也一樣),我勉強預設的範圍沒有擴展到那種進一步的冒險,如:在陸軍完成其任務之前重複 1915 年 3 月 18 日的行動。

由此可見,1915 年 3 月 22 日之後,海軍部與海軍總司令再未能同步作出進攻決議。21 日時他們尚能保持一致,但此後熱情冷卻。在 1915 年 3 月 23 日和 24 日,海軍部在未下達實際命令的情況下強烈要求進攻,而戰區的海軍中將則拒絕了。1915 年 5 月 10 日,當戰區的海軍中將願意進攻時,海軍部卻表示反對。1915 年 8 月 18 日,受到蘇夫拉灣慘敗的影響,海軍部再次提出進攻,並授權海軍中將最大限度地使用舊戰鬥艦,但此提議遭到了海軍中將有理有據的拒絕。最終,在撤退即將來臨之際,剛接手

指揮權的威姆斯將軍，基於凱斯准將起草的詳盡進攻達達尼爾海峽計畫，熱情呼籲批准執行，但又被海軍部拒絕了。

此刻，壞消息不斷從俄國、法國以及達達尼爾海峽傳來。根據我在陸軍戰場上所獲得的印象，我向海軍部各個部門發出如下總備忘錄：

致戰時國務大臣及海軍部委員會成員

1915 年 5 月 11 日

請通知海軍部各部門首腦，依據目前的評估，此次戰爭預計不會在 1916 年 12 月 31 日前結束。海軍部制定的一切安排與計畫均應以此為依據。任何在此日期之前能增強海軍實力的措施均應予以考慮。這一點適用於有關人員、艦艇、武器和儲備的所有問題，以及艦隊、船塢的組織與維護，所有這些都必須適應戰爭的長期不斷發展而不致過分緊張。我期待各部門提出發展與擴大它們計畫的建議。

W. S. 邱吉爾

1915 年 5 月 12 日晚，1 艘由德國海員操控的土耳其驅逐艦在達達尼爾海峽用魚雷擊沉了「歌利亞」號。這一事件促使費雪勳爵決定召回「伊莉莎白女王」號，並向我提出了最強烈的反對意見。我本人並不反對這麼做。最初的 2 艘配備 14 英吋大炮的重炮艦（當時命名為「斯通沃爾·傑克森」號和「法拉格特上將」號）已準備就緒；如果派這 2 艘重炮艦和其他的炮艦、2 艘「鄧肯」級戰鬥艦以及另外一些輔助軍艦去替代「伊莉莎白女王」號，那麼她可以返航回國。我同意了第一海務大臣的意見。我的表態令他大大鬆了口氣並深表感激。我們正處於非常艱難的處境。他希望不惜一切代價減少損失，並從令人厭惡的境況中解脫出來。而我則致力於推動這個雄心勃勃的計畫，並全力支持在艱苦戰鬥中的陸軍弟兄，這不僅源於信念，也出於榮譽的召喚。

我不得不向基奇納勳爵通報這個消息。我邀請他於 1915 年 5 月 13 日晚來到海軍部參加會議。我們圍坐在八角形的桌子旁；基奇納勳爵坐在我

登陸之後

左側，費雪勳爵坐在我右側，其他高級官員也在場。當基奇納勳爵得知海軍部決定撤回「伊莉莎白女王」號時，他立即大發雷霆，往日面對艱難考驗時的冷靜自若已蕩然無存。他以往面對內心痛苦的自制力也消失了。他強烈抗議這種在他看來是在最危急時刻拋棄陸軍的行為。另一方面，費雪勳爵的憤怒更是無以復加。他堅持「伊莉莎白女王」號應立即回國，最好當晚就返航，否則他將立刻辭職。如果我們能在這關鍵時刻交換這兩位傑出人物的位置，讓基奇納掌管海軍事務，而派費雪去陸軍部批評增援政策，他們會感到滿意，一切也會順利進行。但這樣的解決方案超出了我們的能力範圍。我同意第一海務大臣的意見，並竭盡全力向基奇納勳爵解釋，說明重炮艦可以提供同樣有力的支持，而海軍實力受損的風險卻要小得多。我還向他介紹了我們將派出的軍艦，並作出最鄭重的保證——這個保證得到了海軍參謀部的支持——我們決定以最有效的方法支持陸軍。我想他在離開之前有些放心了。

因此，在一系列的電報中，我與費雪勳爵達成共識。我們指示德‧羅貝克中將在絕對保密的情況下，以最快速度將「伊莉莎白女王」號調回國內。我們告知他，「埃克斯默思」號和「崇敬」號將立即歸入他的艦隊，並且他將在月底之前接收首批 2 艘最新型的重炮艦，作為對「伊莉莎白女王」號調回的補償。首批 6 艘重炮艦從造船廠交付後，將被派往其他地點。等到他所指揮的法國中隊戰鬥艦總數達到 6 艘時，他要將「女王」號、「倫敦」號、「無情」號和「威爾士王子」號在瑟斯比海軍少將的指揮下，同樣祕密地派往馬爾他，準備與義大利艦隊在亞得里亞海共同作戰，以履行英、義海軍協議中的條款。我們還通知德‧羅貝克中將，我們認為海軍獨立行動強攻狹窄段的時機已過，在現有條件下不可能再出現；因此，他的職責是支持推進中的陸軍。

發送完這些電報——這是我們共同發出的最後一批電報——費雪勳爵和我在那晚便分道揚鑣。

政府的垮臺

　　1915 年 5 月 14 日召開的戰時會議充滿緊張氣氛。當前的現實是：伊恩・漢密爾頓爵士的部隊在加里波利半島上難以推進，他們已陷入險境，增援他們困難重重，撤離他們更是難上加難。艦隊已經失去了作用。費雪勛爵堅決主張撤回「伊莉莎白女王」號；德國的潛艇即將進入愛琴海，而我們為支持達達尼爾戰事在那裡的大量艦隻完全沒有保護。與此同時，英軍在法國對奧伯斯山脈的進攻已經明確失敗。約翰・弗倫奇爵士損失了近 20,000 人卻收效甚微，因此總指揮部自然要求增加人員和彈藥的供應。炮彈短缺的危機已迫在眉睫——當天上午的《泰晤士報》披露了炮彈短缺的情況——在這場危機背後又出現了另一場高層的政治危機。俄國的虛弱與潰敗日益明顯。這次會議的特點是官場上的彬彬有禮掩蓋了與會者內心的強烈焦慮與極度憤怒。

　　基奇納勛爵一開始便發表了一系列莊重而令人敬畏的抱怨。他表示他之所以被誘導參與達達尼爾作戰行動，是因為海軍曾保證能攻占達達尼爾海峽。然而，現在海軍卻放棄了進攻。尤其是，無與倫比的「伊莉莎白女王」號對他的判斷產生了重大影響。如今這艘軍艦即將撤回；在他已經將陸軍部隊投入加里波利半島的大規模戰鬥，並且他的部隊正背對大海殊死戰鬥的關鍵時刻，她卻即將撤回。說到這裡，費雪勛爵插話道，他從一開始就反對達達尼爾作戰行動，這一點首相和基奇納勛爵都很清楚。他的突然插話引起了一陣沉默。隨後，戰時國務大臣以極其悲觀的語氣概述了其他戰場的情況。駐紮在法國的陸軍消耗炮彈的速度之快，給軍事後勤部門帶來了前所未有的壓力。訂購各類軍火的訂單全部延期。俄國的逐漸虛弱可能使德國隨時將軍隊調往西線，恢復對我們的進攻。第三，他繼續詳述

政府的垮臺

如果英國本島被入侵的危險。他無法預見將會發生什麼。必須不惜一切代價保衛英國，如果其他方面失誤，保衛英國就更加緊迫。鑑於當前的狀況，他不能將先前承諾給約翰‧弗倫奇爵士的 4 個師派給他，這 4 個師必須留下來守衛家園。

他一說完，會議的焦點立即轉向了我，幾乎是在向我發難。我於是開始據理力爭，所提出的論據讀者現在應該已經熟悉，這些論據構成了本書的主要內容。如果 3 個月前就知道在 1915 年 5 月分可以有 8 萬至 10 萬人進攻達達尼爾海峽，海軍單獨進攻的方案就絕不會被採用。儘管許多事情搞砸了，讓人非常失望，但我們沒有理由灰心喪氣或驚慌失措，更不應將情況描繪得比實際更糟，或採取不理智的行動。海軍在達達尼爾海峽作戰並不依賴於「伊莉莎白女王」號，而且從來沒有依賴過這艘軍艦。制定計畫時並不知道這艘戰艦也會加入作戰。現在要將她撤出是因為潛艇對這艘價值高昂的軍艦構成了威脅。取代她的是重炮艦和其他一些專門設計的軍艦，這些軍艦在許多方面更適合於炮擊，而且基本上不怕潛艇攻擊。因此，海軍對陸軍的支援絲毫不會受到影響。誇大「伊莉莎白女王」號的價值或認為一艘軍艦可以左右這樣一場大戰役，沒有任何好處。至於炮彈的匱乏問題，只要我們竭盡全力生產，在兵力、大炮和彈藥方面未占充分優勢之前避免草率進攻，這個問題可以補救。最後，妄談入侵有何意義？海軍部不相信任何武裝登陸能夠實現：即便實現了，敵人也很難維持下去。敵人目前正全力以赴地對付東面的俄國，根本沒有理由假設他們會轉過身來調回軍隊入侵英國或進攻西線。他們能調動多少軍隊？調動軍隊需要多長時間？在準備好新的部隊和積貯充足的彈藥之前，我們應該停止在西線發動這種無益的攻勢。集中可以得到的部隊增援達達尼爾海峽，儘早供應他們在那裡進行決戰所需要的軍火彈藥。拋棄那種關於入侵島國的恐懼，英國已不再像 1914 年那樣缺乏軍隊，而是到處布滿武裝人員，還掌握先前從未夢想過的情報來源，並有比大戰之初強大了許多的艦隊守衛。讓約

翰・弗倫奇爵士得到他要求的新增幾個師，但還是要在法國採取守勢。

描述我們之間的對話時，我並未直接引用原話，而只是提及談話的核心內容。簡要的回顧涵蓋了全部要點。我的觀點似乎對戰時會議產生了顯著影響。儘管我們沒有在會上作出任何決議，但幾週後成立的聯合政府幾乎完全採納了我的論證，所有的推測也都被事實證實。「伊莉莎白女王」號的撤退並未影響海軍對加里波利半島陸軍的支援，也未妨礙陸軍的海上補給。在接下來的3年中，英、法聯軍在法國發動的攻勢接連失利，導致血腥屠殺愈演愈烈，我們新組建的陸軍被無意義地消耗殆盡。德國人並未停止對俄國的攻擊，他們實際上正處於最緊張階段的前夜。德國並未向西推進，在接下來的幾個月裡也沒有物資條件這樣做。他們沒有入侵英國；在這段時期，他們從未考慮過入侵英國，即使有此意圖也無法實現。

然而，英國政界此時發生了出人意料的大事，這注定了達達尼爾海峽的成功希望將成為泡影，也排除了迅速結束戰爭的任何可能性。

會議結束後，我向首相寫了以下這封信函，我相信這封信準確地傳達了我的立場：

邱吉爾先生致首相

1915 年 5 月 14 日

我必須提醒您注意費雪今日的言辭，他聲稱「他反對且始終反對達達尼爾作戰行動」，其言大致如此。第一海務大臣對指導軍事行動的執行電報均有書面同意紀錄：若這些電報成功執行，那應歸功於他。然而，我對此並無不滿。我喜歡這位老兄，與他共事是極大的樂趣。我相信他也有同感。依我之見，當戰地的海、陸軍將領們希望並要求冒險，以艦隊進行大規模決戰時，這些戰役中或許會出現勝利的機會。若我同意他們，我便需批准決戰，我不能允許這樣一位朋友的否決使我無法行動——這位朋友無論結果如何，一定會說，「我一直反對達達尼爾行動。」

政府的垮臺

您會明白，在這種情形下總得有人負起責任。我可以負責——前提是我的決定必須被執行——否則免談。

基奇納在增援問題上的態度令人不快，我們完全被他掌控。我從未見過他如此反常或不理智。基奇納想要懲罰海軍部，計劃從漢密爾頓的部隊中削減幾個師，因為我們撤出了「伊莉莎白女王」號；費雪威脅若不將「伊莉莎白女王」號撤回國，他就辭職。

只要我們以耐心和決心克服困境，便能在世界歷史上創造出偉大的成就。

然而，我現在必須向您澄清一件事：那些一再聲稱「我拒絕為失敗負責」的人，絕不可能是對成功至關重要的措施的最終決策者。

那天，我花了一個下午的時間擬定了幾條建議，目的在為海軍增援達達尼爾海峽以及護航即將增援伊恩．漢密爾頓爵士的2個師做準備。儘管我完全清楚所需的海軍增援類型，但我不願讓費雪勳爵感到震驚。因此，當晚我去了他的房間，與他全面探討了整個局勢。我們的談話非常友好。他並未對建議中的具體措施提出反對意見，但像往常一樣，他不希望我們的資源被逐步消耗，也不希望達達尼爾行動日益增大的需求對我們的整體部署產生間接影響。我告訴他，這樣做是不公平的：先阻撓在達達尼爾海峽採取必要的措施，一旦失敗，又反過來說，「我早就告訴你，我一直反對這次行動。」他用奇怪地眼神看著我說：「我想你是對的——這樣做不公平。」然而，他還是接受了備忘錄，隨後我們便和和氣氣地分手了。

在進入這個特殊時期後，緊張的局勢接踵而至，令人眼花撩亂，此時又發生了另一件事。那天晚上大約10點，我在房間裡重新開始工作，這個習慣是在費雪勳爵進入海軍部之後養成的。此時義大利的危機達到了頂點。由於反對參戰，義大利政府已經辭職。2個星期前我們幾乎認為已成定局的這件重要事件，現在似乎再次變得不可預測。臨近午夜時分，義大利海軍武官——一位熱心支持協約國事業的軍官——要求見我。奧利弗將軍手持一疊文件陪同他前來。海軍武官說羅馬目前動盪不安，一個星期

前在巴黎商定的海軍合作計畫必須立即實施。根據合作計畫，我們需額外派遣 4 艘輕型巡洋艦前往亞得里亞海支援義大利艦隊。這些巡洋艦原定於 1915 年 5 月 18 日拂曉抵達塔蘭托。海軍武官要求將抵達日期提前。如果巡洋艦能在 16 日上午抵達，英國與義大利之間明確的海軍合作將成為既成事實，而這個事實很可能有決定性的效果。

由於我親自參與了在巴黎與義大利人進行的海軍協議談判，對於其中的所有細節我自然了然於胸。協議的所有條款，包括派遣 4 艘巡洋艦在內，我都徵得了第一海務大臣的同意。派遣哪 4 艘巡洋艦也已經確定。在文件第 2 頁的顯著位置有費雪指示巡洋艦航線的綠色首字母簽名。讓巡洋艦提前 48 小時出發既不涉及原則問題，也不違背費雪和我之間已經建立的工作安排，即採取重大步驟須經協商。我當時根本沒想到這件事會被如此重視，參謀長也沒有建議我們應該叫醒第一海務大臣。他大約在早晨 4 點開始辦公，那時他便可以得到這些文件。因此我批准了立即讓巡洋艦出發，像以往處理此類公務時那樣，我寫道：「事後請第一海務大臣閱」。

十多年來，我始終堅信這句話是引爆導火線的火星。然而，費雪勛爵的傳記作者使我們相信，他在辭職前從未見過這份關於義大利的文件。海軍上將培根在其所著的《費雪勛爵傳》中，依據克里斯上校的第一手證據明確指出，當晚我向第一海務大臣建議，除了我們已同意增援的力量外，再額外派遣 2 艘潛艇前往達達尼爾海峽，這件事實成為最終導致關係破裂的「最後一根稻草」。如果事實確實如此，那麼這個藉口同樣顯得牽強。本章可能已經明白地向讀者解釋了這個藉口背後的原因。這位海軍老將一大早醒來，再次面對那些建議增援達達尼爾海峽的備忘錄，他知道自己無法拒絕這些建議。他發現自己越陷越深，捲入了一場他既不相信也不喜歡的事業。他覺得這個事業瀕臨失敗的邊緣。他還看到一位文官大臣，儘管兩人之間有許多友誼紐帶，但這位大臣正日益成為支持這個不討喜的軍事行動所需的一切工作的嚴厲監工。他看到保守黨對炮彈匱乏和戰爭現狀普

政府的垮臺

遍的嚴重不滿。他還看到身穿軍服的陸軍元帥擔任大臣，而他自己儘管在全國聲名顯赫，卻屈居次位，在這個位置上他受到各種理由與壓力的逼迫，需要為他所深惡痛絕的軍事行動承擔責任。他無法抗拒，但從未停止表達憤慨。現在爆發的時刻終於到來了。

翌日是星期六，早晨醒來後，我發現第一海務大臣並未如往常般將上午的信件送達。這種情況極為異常，因為他幾乎總是在清晨時分將他對局勢的見解透過信件告知我。大約9點，我必須前往外交部並在那裡稍作停留。返回途中，當我經過近衛軍騎兵旅司令部的閱兵場時，馬斯特森·史密斯神色焦急地匆匆朝我走來——「費雪辭職了，我想這次他是認真的。」他遞給我了第一海務大臣寫的這張便條：

1915年5月15日

海軍大臣：

經過一番更加焦灼的自省，我不幸得出結論：我無法繼續與你合作。出於國家利益，不必深究原因——喬伊特曾說：「千萬不要解釋」——然而，我發現自己愈發難以在日益複雜的達達尼爾海峽戰役中調和你的觀點。正如你昨日所言，我總是執意反對你的建議。

這不僅讓我感到極度不快，對你而言也同樣不公。

我即將啟程前往蘇格蘭，以避開旁人的種種詢問。

你忠實的夥伴 費雪

起初，我並未對此事加以重視。我記得今年早些時候，因為空襲一事，我曾收過一封措辭非常正式的類似信件。在過去的4、5個月裡，為了各種大大小小的事情，他已多次透過書面和口頭方式威脅或暗示要辭職。我總是相信，只要與他友善地談一次話，就能化解問題。然而，當我回到海軍部時，他已經不見蹤影。他不在大樓內；也不在住所裡。他的下屬們全然不知他身在何處，只聽說他打算立即前往蘇格蘭。他給其他幾位海務大臣也送去了信件，他們正聚在一起討論那封信。

我去見首相，向他彙報了事情的詳細經過。阿斯奎斯先生立刻命令祕書帶著書面命令，以國王的名義敦促費雪勳爵回來履行職責。幾個小時後，第一海務大臣才被找到。他堅決拒絕重返海軍部或承擔任何職務，並重申他立即前往蘇格蘭的決心。然而，最終他還是接受了勸告，同意回來見首相。他們談話時我不在場。談話結束後，阿斯奎斯先生告訴我，他認為費雪勳爵的態度有所動搖，但仍然很煩躁。他建議我寫封信，並說：「如果你能使他回來，那就萬事大吉；否則事情就會變得非常棘手。」我盡了最大的努力。在信中，我反覆勸說勳爵，但毫無效果。

　　他在回信中提到：

　　你堅決要進攻達達尼爾海峽，無論如何都無法阻止你──絕對無法。我對你太了解了！我真的希望能支持你，最好的證據就是在達達尼爾這件事上，我始終陪伴在你身邊，直到最後一刻，而你無視我在達達尼爾防務委員會備忘錄中所表達我一生中最堅定的信念。

　　你要留下來，而我不得不離開──這樣對我們都好。我永遠不會忘記，在你應當掌握你的政治生涯時，卻為了我而採取的那些值得讚賞的立場。實際上，我也盡我所能地為你努力工作以作為回報。然而，現在的問題已經超越了我們之間的私人情誼。我向你保證，進一步的談話只會增加痛苦。我已經通知首相我必須離開，這個決定我絕對不會更改。無論如何，我不會改變主意。你滿懷真情地說，沒有我你會感到無比悲傷──我完全相信這一點。你心裡很清楚，自從去年 10 月我與你合作以來，沒有人比我對你更忠誠。我已經竭盡全力了。

　　再繼續勸說已無濟於事，於是我開始考慮新的組合。對於另外 3 位海務大臣是否也會辭職，我心裡毫無把握。然而，星期天上午我得知幾位海務大臣去與亞瑟·威爾遜爵士商議，他告訴他們，堅守職位是他們的職責，他們沒有理由辭職。基於此事實，我問亞瑟·威爾遜爵士是否願意填補第一海務大臣的空缺。他要求考慮 1 個小時，隨後，令我感到欣慰且有

些驚訝的是，他通知我說他願意擔任此職。到了星期天中午，我已經開始從各方面考量重建海軍部委員會。接著我便驅車前往鄉間拜見首相。我告知他費雪勳爵的辭職已成定局，如果他想要有任何改變，我的去留任憑他裁決。他說：「不，我已經考慮過這件事，我不想有所改變，但你能組建一個新的委員會嗎？」於是我告訴他委員會的其他成員將留任，亞瑟·威爾遜爵士將取代費雪勳爵的位置。我當時的理解是他已同意這種安排。後來他的私人祕書在談話中提到：由於炮彈匱乏的情況被披露和費雪勳爵的辭職造成的形勢十分嚴峻，首相認為在採取措施之前有必要和保守黨領導人協商。由此我看出這場危機無論如何不會局限於海軍部。阿斯奎斯先生邀請我留下來共進晚餐，我們在那麼多的麻煩事後度過一個愉快的夜晚。當天夜裡我返回倫敦。

星期一上午，我請貝爾福先生前來海軍部。我告知他費雪勳爵已經辭職，並且認為首相將批准由亞瑟·威爾遜爵士擔任第一海務大臣的新海軍部委員會的重組。我還告訴他亞瑟·威爾遜爵士願意接受這一職務，委員會的其他成員將繼續留任。我說，如果首相在當天下午最終批准這一安排，我將立即向下議院宣布這一決定並要求辯論。貝爾福先生對費雪勳爵的辭職表示憤怒。他說這件事會讓他的保守黨朋友們深感不安，他將親自向他們解釋以穩定情緒。他的態度極其懇切和堅定。那天上午剩下的時間，我都在準備向議會發表的宣告，預期會有一場嚴峻的挑戰，但我相信我會成功。對於在我周圍和背後醞釀的劇烈政治風暴，我卻一無所知。

我手持一份完整的新委員會名單來到下議院，準備迎接一場激烈的辯論。見首相之前，我先拜訪了財政大臣的辦公室。勞合·喬治先生當時向我透露了以下情況：反對黨領袖已經完全掌握了炮彈短缺的事實，並已要求議會進行辯論。在此關鍵時刻，費雪勳爵的辭職引發了一場政治危機。勞合·喬治先生堅信，唯一的解決辦法是組建全國聯合政府。因此，他已通知首相，除非立即組建聯合政府，否則他將辭職。我告訴他，我一向支

持組建這樣的政府，並且一有機會就提出這個主張，但我現在希望能稍微推遲，直到我重建委員會並掌握海軍部。他堅持認為必須立即採取行動。

之後，我依計畫去見了首相。他以隆重的態度接見了我。我向他呈遞了新委員會的名單。他說：「不行，這樣安排不可行。我已決定與保守黨組成全國聯合政府，需要進行大規模改組。」他告訴我基奇納勳爵將離開陸軍部，在稱讚了我幾句後，他接著問：「我們該為你做些什麼？」我立即明白我將離開海軍部，於是回答，為了保持最大程度的連續性，貝爾福先生可以接替我；我已經讓他參與所有的機密事務，了解我們正在進行的一切；任命他是最佳選擇。聽完我的建議，首相顯得非常滿意，顯然他也是這樣考慮的。他再次回到個人問題上，問我「願意在新政府中擔任職務還是去法國指揮軍隊？」就在這時，財政大臣走進房間。首相轉而徵求他的意見。勞合·喬治先生回答：「為何不派他去殖民部？那裡有大量工作。」我沒有接受這個建議，正當討論繼續時，祕書進屋傳遞消息：「馬斯特森·史密斯來電，有非常重要的消息。你必須立即回海軍部。」我告訴了兩位同僚，然後沒有多說便離開了他們。

返回海軍部只需短短 5 分鐘。抵達後，我得知整個德國艦隊正在全面出動，包括 3 個戰鬥艦中隊、2 個偵察艦隊及 70 艘驅逐艦。德軍總司令在發給艦隊的電報中提到：「預計白天發動攻擊。」此時，政治危機及我個人在危機中的命運幾乎完全從我的腦海中消失了。由於第一海務大臣不在，我立即派人召來參謀長奧利弗上將和第二海務大臣弗雷德里克·漢密爾頓爵士，並共同向主力艦隊及所有可調動的艦隊下達了出海指令。我決定，一旦戰鬥爆發，必須全力以赴並切斷敵人的退路。當晚 8 點，複雜的協調工作基本完成時，我向約翰·傑利科爵士發出了一份電報：

明天或許就是「那一天」。祝你一切順利。

細細審視我們手頭的力量，不難發現當時我們的處境尤為有利。我們的優勢在各個方面均達到了頂峰。我要求亞瑟·威爾遜爵士和第二海務大

政府的垮臺

臣弗雷德里克·漢密爾頓爵士在海軍部我的辦公室過夜，以便能共同應付黎明時可能出現的危機。我沒有再回到下議院，而是一直待在海軍部。那天晚上很晚的時候，首相的紅匣子送達，裡面有一份通知，告知他已決定成立聯合政府，要求所有大臣當夜提交辭呈。我同意了這個要求，並補充道：

……我非常支持組建全國聯合政府，在當前的危急關頭，沒有任何個人的要求或利益能夠妨礙它的成立。離開海軍部我會感到遺憾，在那裡我處於最前線，但我始終相信，您會對我在海軍部的工作給予公正的評價。

完成這件事後，我便上床休息了。這一天實在令人疲憊不堪：上午準備迎接議會中最苛刻的審查；下午經歷了我政治生涯中的重大危機；晚上還要策劃一場海上戰役。

黎明初現，我便前往作戰室。自凌晨3點起，我們的無線電定向電臺開始捕捉敵方艦隊的訊號。敵方的主力艦於凌晨2點09分時位於北緯53°50，東經4°20。因此，主力艦的位置距離黑爾戈蘭灣以西126英哩，離泰爾斯海靈島約40英哩。整個艦隊已經出海。我們的大艦隊在其他中隊和小艦隊的伴隨下迅速向南航行。蒂里特准將率領哈里奇小艦隊，在多佛爾的一些驅逐艦和11艘潛艇的支援下，離開監視狹窄海域的泰瑟爾島。敵人只有在南部海域才能有效發動攻擊，例如企圖封鎖加來或布洛涅。如果這是敵人的意圖，哈里奇的海軍可以在夜晚對其發動攻擊，或在白天引誘他們向南追趕，就會進入我們的潛艇防線。無論採取何種策略，只要能將德國艦隊拖在南部海域，大艦隊就有機會在泰爾斯海靈島附近或在前往黑爾戈蘭灣的東部航道上攔截他們返回德國港口的路線。因此，黎明後的局勢一度顯得極為關鍵。

在早上7點之前，我們未能進一步探測到敵人任何的活動跡象。隨後，敵人似乎改變了航向，轉向東南而非西行。我們的神情頓時黯然。除非敵人回頭向我們駛來，否則我們難以將其引入我們的陷阱。整個上午的局勢

變幻莫測。9 點鐘，我們獲悉德國輕型巡洋艦「但澤」號在北緯 54° 40、東經 7° 5 發生事故 —— 可能觸碰到了水雷。壓抑的氛圍籠罩了作戰室。事故地點非常接近德國海岸。最終，在 10 點半左右，確切消息表明德國艦隊已在返航途中。事實上，據我們目前所知，德國艦隊一直在掩護多格灘的布雷行動，自即日起那片海域出現了雷區。完成任務後，德國艦隊在我們潛艇到達攔截陣地前重返黑爾戈蘭灣，這一事件就此結束。我們的各艦隊和中隊沮喪地離去，重新開始長期的緊張守衛任務，而我也再次面對這場政治危機。

然而，我的時光已然逝去。當天午後，尤其是次日，我從可靠的消息源獲悉，那些掌權者對我的立場愈發不滿。我被排除在祕密會議之外，這些會議每小時都在熱列進行。在這個關鍵時刻，出面援助國家的保守黨領袖並未提出政策修改的要求，而是要求分享一半的職位和特權。於是，阿斯奎斯先生不得不將他目前的同僚遣散一半。凡是在戰爭指揮中被認為導致這個不利局面的那些人，自然成為自由黨圈子裡的眾矢之的。直到星期一晚上，已決定基奇納勳爵應調離陸軍部，另任一個不亞於總司令的重要職務。然而到了星期二，人們意識到他對維持國民信心至關重要，任何一屆政府都離不開他。到星期三，阿斯奎斯先生發表了安民告示，宣布基奇納勳爵和愛德華．格雷爵士全都留任原職。

在 1915 年 5 月 21 日星期五，諾思克利夫勳爵發表了一篇措辭嚴厲的文章，猛烈抨擊陸軍大臣，反而導致英國許多地區爆發了自發的公眾憤怒浪潮。那份引起公憤的報紙在交易所被焚燒。在這種情緒的推動下，基奇納勳爵順理成章地獲得了尚未頒發過的嘉德勳章，並同時榮獲了比利時利奧波德勳位的大綬帶，終於徹底解脫政治危機。而我則獨自成為所有不安和不滿的替罪羊。

劇烈而嚴重的肉體創傷在人們猝不及防時，往往能夠令人驚訝地忍受。在恢復知覺之前，總有一段時間的短暫間隔，長短不定。突如其來的

政府的垮臺

打擊會使人暫時麻木，但不會完全失去知覺：傷口可能會流血，卻不會立刻感到劇痛。當厄運降臨，許多人喪生時，情況亦是如此。在我意識到自己在政治上成為眾矢之的之前，我已辭去海軍部大臣的職務。然而，星期三晚上的事件深深影響了我的情感和判斷力。一位海務大臣告訴我，已經臨時擔任第一海務大臣的亞瑟·威爾遜爵士寫信給首相，表示除非我擔任海軍大臣，否則他將辭去第一海務大臣的職務。

亞瑟·威爾遜爵士致首相

1915 年 5 月 19 日

敬愛的阿斯奎斯先生：

閱讀了今晨報紙上有關政府改組的報導後，我覺得有必要告訴您，我之所以同意在邱吉爾先生領導下擔任第一海務大臣，是因為我認為在面對這種不幸局面的情況下，這樣做是維護政策連續性的最佳途徑。我無意在任何其他海軍大臣的手下任職，因為在這種環境下的壓力超出了我的承受能力。

請相信我，

您最誠摯的　A. K. 威爾遜

這位海軍老將對我的完全信任令我大為驚訝，因為他過去總是表現出一種令人難以接近的矜持。我對他如何看待我和我的工作完全不知情。但毫無疑問，我從未期望過從他那裡得到哪怕一絲一毫的支持或讚美。

這件事使我心神不寧，現在要離開海軍部，我感到非常困難。儘管要面對公眾的譴責、媒體的猛烈抨擊、議員的憤怒以及同僚的指責，但無論如何，這裡有一位支持者；他既有能力又有教養，並且處事公正；他以行動而非言語宣告我不僅無罪，而且是正確的。我非常清楚，如果亞瑟·威爾遜爵士的行為公開，將會讓公眾對海軍產生深刻印象。這種印象將立即消除因媒體攻擊（無法辯解）而造成的負面影響，進而恢復被破壞的信任

關係。有人不斷指控文官部長魯莽且無知地干涉海軍作戰行為，但沒有其他方法能給予決定性的反駁。獲得了他的支持，我覺得有足夠的力量將我們肩負的偉大任務推進，直至取得最終勝利。我相信與威爾遜和奧利弗的合作，以及第一海務大臣和參謀長之間的團結如昔，我們將在海軍部的最高層重新建立起團結、合作和權威；只要有了這種團結、合作和權威，我們就能夠承擔風險，做出努力，走向勝利之路。這個消息是祕密透露給我的，我不能向公眾宣布。但首相並沒有向我透露這個消息。

我深信，倘若首相沒有屈服於財政大臣關於成立聯合政府的要求，而是在兩院的祕密會議上對海軍和陸軍的現狀進行詳盡的介紹，那麼他及其政策本可以贏得大多數人的支持。對陸軍部在基奇納勳爵領導下所取得的成就進行生動而詳盡的闡述，將極大地緩解人們對其長期被忽視的怨氣。而我堅信我能夠證明海軍部政策的正確性。更何況，1915年5月23日義大利對奧地利宣戰的消息傳來，這一消息壓倒了國內的紛爭。首相在此事上發揮的巨大個人作用顯而易見。我相信，如果他選擇戰鬥，他本可以贏得勝利；如果他勝利了，那時他可以有尊嚴並以真正的權威邀請反對黨協助他，而不是拯救他。在這種信任、友愛和尊重的基礎上，才能建立進行戰爭所需真正的全國聯合政府；阿斯奎斯先生本來可以避免不信任同事的介入，避免分裂或互相指責的協商，避免坐失良機，進而避免直到1916年12月才結束這段插曲。

在此我希望記錄以下意見：議會是政府賴以運作的基礎，特別是下議院在所有重大政治改革時刻應有知情權並參與討論。內閣成員作為執行共同政策的代表，去留應經過下議院充分辯論並投票決定，這是唯一穩妥的方法。偏離這些基本原則，將在關鍵時刻導致整個政府領導及戰爭機器的崩潰。這種延誤在需要果斷行動的時刻，將迅速顯示出其致命的後果。

阿斯奎斯先生的《回憶錄》直至1928年才出版，這才使得費雪勳爵向政府發出的最後通牒得以曝光。這個最後通牒極其明確且冷酷無情地揭示

政府的垮臺

了戰爭壓力對這位老海軍將領造成的思想痛苦和難以形容的精神激動。它也生動地描繪了我們長期生活和制定重大戰爭決策與政策的這座火山。

費雪勳爵在他的最後通牒中寫道：

如果能達成以下6項條件，我有信心能夠成功結束這場戰爭，並徹底消除潛艇的威脅。

我想補充說明，1885年彭勳爵曾意欲任命我為海軍大臣，但在我的請求下，改為委任我為海軍軍械與魚雷局局長。隨後，我在海軍部的9位大臣麾下工作了17年，因此對海軍的情況略知一二。

1. 溫斯頓·邱吉爾先生不能繼續留在內閣，以免他總是限制我的行動。我也不願意在貝爾福先生的領導下工作。

2. 鑑於我將全力反對轟擊黑爾戈蘭灣及類似的輕率計畫，威爾遜爵士必須離開海軍部、帝國國防委員會和戰時會議。此外，他的政策與我的政策背道而馳，若他繼任我的職位成為第一海務大臣，必然會推行與我觀點完全相反的政策。

3. 需要成立一個全新的海軍部委員會，其中包括幾位海務大臣和財政祕書（現任毫無用處）。新措施需要新人。

4. 我將全面負責海戰的專業事務，並負責艦隊的獨立部署及各級軍官的任命。

5. 海軍大臣的職責應嚴格限制在政策制定和議會程序的執行，他的角色對我來說應該如同坦南特先生之於基奇納勳爵（他表現得非常出色）。

6. 所有新設施和碼頭工程應完全由我獨自掌控，並且海軍的所有民用機構也應在我的全面管理之下。

費雪

1915年5月15日19時續寫：

過去為了9位海軍大臣，我耗費了6成的時間和精力，我希望未來能全力以赴完成戰爭。因此，我提出了6個條件，這6個條件必須原封不動

地公布，以便艦隊明瞭我的立場。

毋庸多言，對這份震驚的文件的回應便是迅速地接受費雪勳爵的辭職。

新政府的組建過程步履維艱。依照被人們戲稱為「自我否決法令」的規定，各黨派領袖一致同意，所有正在前線服役的黨派議員不得加入政府。然而，調整各黨派和個人的要求時，卻遇到了大量難以克服的障礙。雖然我獨自留在海軍部，但對這複雜且毫無意義的過程卻瞭如指掌。我不願在此揭露這些事情，我們可以放心地讓格雷維爾和克羅克這樣的人記錄這段歷史。後代，甚至我們這一代人對此不會毫不知情。

在這個新舊政府交替期間，我有幸接受了基奇納勳爵禮貌性的拜訪。起初我並不清楚此次拜訪的目的。在最後一次戰時會議上，我們對許多問題的看法存在嚴重分歧。此外，在這個過渡期間，對海軍和陸軍事務進行重大決策幾乎不可能。我們談論了一些當前的局勢。他發表了一些一般性的看法後，便問我是否確定要離開海軍部。我回答說是的。他問我接下來有什麼打算。我回答說還沒有考慮過，一切都尚未確定。他友好地提到了我們之間的合作。顯然，他並沒有意識到他幾乎也面臨與我相同的命運。起身告別時，他以那種慣有的感人且近乎威嚴的態度轉身對我說：「好吧，有一樣東西，他們無論如何也無法從你這裡奪走。艦隊隨時可以使用。」說完他便離開了。在隨後的幾個月裡，我們仍在新內閣中共事，我注定經常與他意見相左，反對他、批評他。然而，我仍不會忘記他這次出於樸實的善意、出於熱心的禮貌，前來看望我。

到了1915年5月21日，政府決定由貝爾福先生接管海軍部。據我所知，這是首相的意願，我極力勸說亞瑟·威爾遜爵士在他手下任職。他仍然固執己見。無論什麼理由都不能打動他。他痛苦地解釋說，他的決定並非出於對我的個人關心，而是因為他感到沒有我的幫助他無法勝任此職。儘管他這麼說，但在他的行為中似乎有一種非同尋常的友好之情，這一點在一年以後議會對達達尼爾行動進行調查時得到了證明。當時他不僅舉出

政府的垮臺

了對我有最大支持的證據,而且用了一個通宵起草了一份有說服力的文件,從大炮射擊的技術角度出發論述了我們制定的那個計畫的正確,以他的權威來庇護當時人人急欲譴責的達達尼爾行動計畫。

1915 年 5 月 21 日晚間,我向首相報告:

我已極力勸說亞瑟·威爾遜爵士遵循貝爾福先生的安排,但未果。在此情況下,我推薦亨利·傑克森爵士。

這項建議獲得了批准,與此同時,組閣過程也逐漸完成。阿斯奎斯先生出於好意,任命我擔任蘭卡斯特公爵郡大臣。這是一個閒適而高貴的職位。按理說我不應接受,但由於首相允許我成為內閣戰時會議的成員,我認為占據這個位置,我便能利用所獲得的知識來幫助達達尼爾遠征,以我未被剝奪的一切有效手段支持這次行動,這是我的責任所在。只要有這個條件,我便留在新政府內。

直至 1915 年 5 月 26 日,新政府才公布完整名單,大臣們調整職位,並進行親吻國王之手的儀式。在權力交替之際,民眾焦慮不安。未召開討論戰爭事務的會議,所有政策問題皆交由新內閣決定。沒有再派遣部隊前往達達尼爾海峽,僅能一天天做出決策。缺乏第一海務大臣。在此情況下,我竭盡全力做好工作。

1915 年 5 月 26 日是我在海軍部工作的最後一天。清晨便傳來噩耗,「凱旋」號在達達尼爾海峽被德國潛艇的魚雷擊沉。然而,我的使命已然完成。在動身前往白金漢宮之前,我給即將接任海軍部工作的那位政治家寫了一封信:

邱吉爾先生致貝爾福先生

1915 年 5 月 26 日

我交給您一個急需處理的艱鉅任務,即確保達達尼爾海峽的艦隊免受潛艇襲擊。切勿低估這一危險的嚴重性。若無法應付,將會導致無盡的後

患。因為我已經近 2 週沒有重大決策的權力。您的創新思維和冷靜判斷力，將為海軍部帶來必要的推動力。我提出以下值得注意的事項：

　　1. 軍事行動重在迅捷，以便縮短危險的時間。一切必要的、能節省的和可以動用的力量應當立即派遣，立即全部派遣。

　　2. 在恢復陸上決戰之前，艦隊必須安全地停泊在穆德羅斯港內或蘇伊士運河中。由於陸軍需要這些軍艦的掩護，在裝網駁船到達之前，艦隊應由小艦隊和緊密圍繞的空運輸船保護。

　　3. 有必要盡快提供具備防禦魚雷攻擊能力的軍艦。正如我在本月 13 日致第一海務大臣的備忘錄中特別提到的，9 艘重炮艦只要準備妥當就應立即啟航；4 艘裝有防雷裝置並裝備中型火炮用於**轟擊目標**的「埃德加」級戰艦應立即派遣。由於這裡的人事變動，派遣 4 艘「埃德加」級軍艦的計畫被耽擱了近 2 個星期。在這些軍艦抵達之前，鑑於沒有準備進行陸上決戰，軍艦應盡量減少暴露。

　　4. 至少需派遣 100 艘拖網漁船和流網漁船，並攜帶 100 英哩的防潛網，還需派出 8 艘驅逐艦（這些驅逐艦應在途中為運輸船隊提供護航）；至於我們已經採取的其他措施，會有人向您彙報。

　　5. 為了防範潛艇，必須在加里波利半島頂端周圍設定大範圍的網區，並由大量隨時待命的武裝拖網漁船和海上飛機進行守衛。我在此要強調一點：作戰行動必須規模宏大且氣勢磅礴。我們已經進行了許多類似的行動。

　　6. 當前我們正在執行的任務包括：在亞得里亞海的出口進行監視和設網；搜尋小亞細亞的潛艇基地，在可能成為基地的地點布設水雷，並不遺餘力地建立情報系統。您必須加快推進這些措施。

　　7. 面對損失必須堅毅地承受。

　　壓在你肩上的任務令人焦慮不已，而你卻忠誠且勇敢地承擔起這份責任，我由衷期盼你能圓滿達成。

政府的垮臺

我的海軍部任期至此結束。在經歷了 34 個月的備戰和 10 個月的戰爭之後，我承擔了主要責任並行使了主要行政權力。堅持讀到這裡的讀者，可以了解我在處理工作中的困難、犯下的錯誤和完成的任務。皇家海軍未來仍將面臨不確定的時期、諸多的不幸、巨大的艱辛、痛苦的失望以及領導人最終被解除職務的命運。但是現在，我有資格在書中記錄下當時的形勢和狀況，在這種形勢和狀況下，我將我們海軍的強大隊伍交給了我的繼任者。

較之於英國以往的歷次戰爭，我們享有的制海權從未如此全面，制海權的獲得也從未如此迅速，損失也從未如此之小。不僅敵人的軍艦已從世界各大洋上被徹底清除，不僅敵人在北海的艦隊被擊敗或被迫躲入海港，而且，甚至連敵人新採用的野蠻的潛艇戰也遭到了挫折與遏制。在隨後的 1 年多時間裡，德國公海艦隊很少離開海港，即便偶爾離開，他們也不想打仗，他們暗地裡希望能夠不被發現或平安無事地返回。在 18 個月中，敵人的潛艇戰實際上已經停止。儘管對現代經濟封鎖的複雜性已有了解釋，但對德國的經濟封鎖仍以最嚴格的標準建立和維持著。凡海軍授權攔截的任何船隻幾乎沒有 1 艘能通過警戒線。供應法國和東方部隊的補給每個月以不斷擴大的規模運往，這項工作主要依靠海軍進行，它們在運輸途中沒有遇到哪怕是最小的實質性阻礙，這一點我們在前線的司令官都很清楚。英國及其協約國的商船隊可以自由地在各大海洋航行，百分之一的保險費為政府基金帶來了豐厚的收入。自 1915 年至 1916 年的最後一個季度，情況一直如此。在戰爭史上，如此不受挑戰的制海權是前所未有的。

英國海軍的實力在持續且迅速地增長。大戰前後，我們每個月都能見證辛勤工作的成果。1、20 艘戰鬥艦、戰鬥巡洋艦和輕型巡洋艦，幾 10 艘潛艇，幾百艘驅逐艦，數千艘小型艦艇正在建造和裝配，並以不斷擴大的規模投入現役。為滿足這一龐大的生產需求，我們提前一年就完成了人員的培訓和安排。現代海軍科學所需的一切——從大炮、魚雷、炮彈、

炸藥、推進器，到煤、石油及其他輔助設施，我們都已預見並以與海軍擴展相協調的速度提供。在海軍部，我們熱衷於追求與戰爭相關的各種重大發明和構想；在這一領域，我們已遠遠領先於其他國家，無論是敵人還是盟友。坦克、煙幕彈、魚雷飛機、定向無線電發射機、密碼術、水雷防護器、重炮艦、防雷艦、掃雷器——所有這些都在積極推進和發展。我們唯獨沒有發展毒氣，但這並不是因為我們對其缺乏了解。甚至對於新出現的潛艇戰，我們已設計了主要的防禦措施，我們的艦船已有近18個月未遭攻擊；大量艦艇正在建造；偽裝船也在發揮作用。

此外，一位真正的海軍領袖已從和平時期的功績等級中脫穎而出；在貝蒂、凱斯、蒂里特、帕克南之間，我必須提到路易斯·貝利——儘管他暫時還不為人所知。我們擁有能夠與敵人在海上爭鋒並攻擊敵人海岸的突擊專家，他們的功績足以與以往的海軍名將相媲美。現在唯一需要做的就是設計和完善海軍的進攻計畫，這些計畫既依賴於現代科學和發明，又不完全依賴於它們，這些計畫將釋放我們海軍官兵被壓抑的技能和勇氣。目前海上還有很長一段時間的風平浪靜，趁著這段時間，我們可以憑已有的經驗和深思熟慮的研究制定出每一種計畫。

費雪和我被剝奪了這些回報和機會，費雪因自身的衝動和決定性的行為，而我則由於本書中揭示的各種原因。我們只能徘徊，成為無望的旁觀者。直到風平浪靜的時期結束，國家的命運再次陷入驚濤駭浪之中。

政府的垮臺

山雨欲來

新政府於 1915 年 5 月 26 日首次召開會議。作為戰爭的工具，它從一開始就暴露出諸多缺陷。原來的大臣因壓力迫使，而非因功勳，將位置讓給政敵。新任大臣對其前任的工作有著根深蒂固的偏見。假如他們以前就負責這些工作，無疑也會犯下類似但稍有不同的錯誤。保守黨人對首相毫無信任可言。事實上，他們最激烈辯論的問題之一是，應否同意他繼續擔任政府首腦。勞合‧喬治先生，這位炙手可熱的政治家，他的行動曾促使聯合政府的建立，但成功後卻發現自己處境特別虛弱。他將財政大臣的職位讓給麥克唐納先生，卻在主要由他建立的新內閣中，發現了一批極度厭惡他政治生涯的保守黨領袖。保守黨下議院領袖博納‧勞先生原本可能覬覦這個顯赫的位置，雖然他本人並未受私心影響，但他的朋友們一直為此感到惋惜。上一屆政府在處理戰爭重大事務時，只需徵求 4、5 位大臣的意見，而現在至少要與 10 幾個人商討，這些人權力大、能力強、個性突出，且都堅持自己的主張。

因此，管理公務的過程變得極其疲憊且令人煩惱，雖然真誠的愛國主義和忠誠精神能夠糾正這些缺陷，但最終的結果仍然難免令人失望。那些見多識廣的人會為過去辯護；那些沒有戰爭責任的人也缺乏戰爭經驗。每當討論一件重大事務時，至少會出現 5、6 種不同的意見，每做出一個實際行動的決議都要經過一場漫長的、離題的、令人筋疲力盡的討論。最常見的情況是，大家辛辛苦苦熬了很長時間，最終達成一個誰都不滿意的妥協方案。與此同時，毀滅性的戰爭卻在無情地大步向前發展。

即使失去了實權，我依然受到了新內閣的禮遇。我依然坐在基奇納勳爵左側的舊座位上。我被提名加入一個由 9 位大臣組成的委員會，該委員

山雨欲來

會名為達達尼爾委員會，實際上就是之前的戰時會議。我被推舉負責起草關於海軍和整體局勢的報告，海軍部為我提供了整理和核對事實的各種便利條件。委員會也要求基奇納勳爵從陸軍部的角度向新內閣提交類似的報告。這些文件以最快的速度準備完畢。與此同時，我們繼續安排新任大臣們熟悉內部和中央的觀點，並初步理解政府掌握的一些機密和特殊情報。輿論顯示人們越來越支持執行達達尼爾宏偉計畫，這基本上與我對軍事問題的看法一致。然而，直到1915年6月7日下午，達達尼爾委員會才召開第一次會議。出席會議的有首相、基奇納勳爵、蘭斯多恩勳爵、博納‧勞先生、貝爾福先生、寇松勳爵、塞爾伯恩勳爵、克魯勳爵和我。

儘管勞合‧喬治先生也是委員會的一員，但他並未參加此次會議。事實上，從那時起的幾個月裡，他一直專注於軍火生產，全身心地投入到這項工作中。

委員會鄭重討論了伊恩‧漢密爾頓爵士於1915年5月17日發來的電報中所提出的增援請求。基奇納勳爵以最堅定的語氣表示，他支持全力推進達達尼爾戰役。除了原本命令出發的低地本土師之外，他還計劃從新軍中調派3支師部增援伊恩‧漢密爾頓爵士。他強調，如果放棄進攻加里波利半島，他將不會再對戰爭行動承擔任何責任。委員會對這一明確的指導方針感到既寬慰又滿意，意見完全一致。以下是會議的結論紀錄：

（1）將新第1集團軍剩餘的3個師派遣支援伊恩‧漢密爾頓爵士，並預備於7月的第2週展開攻勢。

（2）部署以下海軍艦艇，這些艦艇相比德‧羅貝克中將指揮的軍艦，具備更優越的反潛攻擊能力：

「恩底彌昂」號與「忒修斯」號（最近配備了防潛船底的「埃德加」級輕型巡洋艦）；

4艘配備了14英吋巨炮的重型戰艦；

6艘配備9.2英吋火炮的重型炮艦；

4艘配備6英吋火炮的重炮艦，其中1艘隨後派遣；

4艘小型護航艦；

2艘「E」級潛艇，現正航行中；

4艘「H」級潛艇。

　　由此可見，新的海軍部委員會和新的戰時會議所決定的海軍措施，原則上與我之前竭力推行的、費雪勳爵辭職前的政策相一致，只是規模略有擴大。然而，有關陸軍行動的決策則遠遠超出了基奇納勳爵迄今為止所贊同的範圍。除了計劃在1915年5月17日和5月30日分別派出的2個師（其中1個已經出發）之外，又增加了2個師；在派給伊恩‧漢密爾頓爵士的4個師中，有3個是新軍師，當時認為這支部隊比本土師更為優秀，這種看法或許並不公正。

　　達達尼爾委員會1915年6月7日會議的決議在6月9日送交內閣；圍繞達達尼爾宏偉計畫究竟是繼續推進還是應當偃旗息鼓以「減少損失」的基本原則，展開了激烈的辯論。實際上，辯論範圍超出了達達尼爾委員會決議的允許程度。然而，內閣的看法總體上與委員會一致，最終決定增派3個師給伊恩‧漢密爾頓爵士。

　　然而，內閣始終存在兩派意見分歧，雖然這種分歧並非按黨派劃線，但卻如同黨的分裂。因此，在達達尼爾作戰行動的後期，每個階段都引發了嚴重困擾。假設首相擁有或能夠獲得完全的權力，假設他能夠在1915年5月和6月不受干擾地行使這種權力，我相信，憑藉他對日常事務的了解，他本可以採取措施，那麼即使在這個階段我們也能取得決定性的勝利。然而，自聯合政府成立那天起，權力便被分散，決策出現分歧，每一項軍事決策都必須經歷同樣的權謀、拖延和精力消耗的過程，這種情況在和平時期只有下議院討論一項引起尖銳爭議的財政預算時才會發生。談論這些事實，目的並非是提出指責，因為大家都懷著同樣的真誠和良好意願，而只是解釋事態發生令人沮喪的轉變事實。

山雨欲來

　　1915年6月9日，我們終於做出了令宏偉計畫得以成功的決議。為何在接到伊恩・漢密爾頓爵士1915年5月17日的電報後的48小時內未能立即下決定，而要拖延至1915年6月7日和6月9日才作出決策，這無法用任何軍事上的理由來解釋。所需的一切事實在1915年5月17日那天我們已經掌握，所有部隊同樣已準備就緒，所有論點也已經完全呈現。這一延誤並非因敵人所致，而是國內統治機構自身混亂所致，導致我們白白損失了2到3週的寶貴時間。

　　結果是嚴重的。時間是首要因素。正如前文所述，兩棲部隊的力量僅在嚴格限定的時間內才能展現出高度的機動性和突擊性。進攻是否能取得突然、迅速和猛烈的效果，完全取決於敵人在特定時期內的準備狀態。一方採取行動，另一方就會採取反制措施。在這種對抗中，時間與力量幾乎同等重要，二者在相當程度上可以等同。喪失1週的時間大約相當於喪失1個師的兵力。2月分時，3個師就能輕而易舉地占領加里波利半島。1915年3月18日以後則需要5個師才能占領半島。到了4月底，用7個師也不夠，必須動用9個師才能完成任務。7月分可能需要11個師才能達到目的。而到1915年8月7日，即便用14個師的兵力也可能不足。更甚者，一次延誤會導致更多的延誤接二連三地發生。

　　加里波利半島的大規模進攻日期取決於兩個因素：新部隊的到達時間和月亮的狀態，後者較為次要。我們認為，在無月夜晚進行突然登陸更為容易。因此，如果錯過了7月的月黑期，我們只能等到8月的同一時期來臨時再行動。達達尼爾委員會於1915年6月7日決議，考慮將進攻日期定在1915年7月的第2週，因為他們相信那時3個新增派的師已經抵達，時機最為有利。如果在收到伊恩・漢密爾頓爵士的電報後立即決定，或者在總政策決策前派遣增援部隊，這個計畫是可以成功的。然而，實際情況是，為1915年7月進攻派出的增援部隊並未能及時抵達。事實上，等到新軍的3個師完全抵達，7月已經過去。因此，安扎克和蘇夫拉灣的戰役

發生在 1915 年 8 月的第 2 週,而非 1915 年 7 月上半月,但原本在 7 月上旬進攻是完全可行的。在從 7 月初到 8 月初無端失去的 1 個月裡,根據我們現在的確切了解,土耳其向半島守軍新增援了 10 個師或相當於 10 個師的兵力,還增派了一些重要的特遣部隊。因此,最終我們決定增派的幾個師尚未到達,其作用已被抵消,假如這些師能及時抵達,我們原本可以穩獲優勢。更糟的是,在這段政府交替期間,由於疾病和傷亡,我們的陸軍已遭受重大損失,艦隊也一直受到德國潛艇的威脅。德國人對土耳其軍隊的控制不斷加強,顯著改善了防衛體系的組織。1915 年 6 月至 7 月間,俄國在加利西亞的潰敗對半島上的土耳其人士氣產生了顯著影響。被迫進入俄國主戰場的伊斯托米涅將軍的軍隊從巴士姆撤出,使土耳其得以騰出相當一部分部隊,原先土耳其人不得不將這些部隊集中在米迪亞或其周圍以防敵軍登陸。1915 年 6 月尚未過半,我們已清楚增援部隊無法及時到達達達尼爾海峽參加 1915 年 7 月的戰役。1915 年 8 月第 2 週是最早的進攻日期,那時增援部隊已到達且夜間無月亮。

我權衡了所有這些因素,下一波大規模攻勢的問題讓我憂心忡忡。因此,我竭力動用所有可用的手段,以期獲得更多的增援,特別是促使援軍盡快出發。

1915 年 5 月和 6 月,俄國大撤退開始。直到 1915 年 3 月末,興登堡和魯登道夫的策略目標一直是包圍並俘獲俄國的全部陸軍。他們起初計劃在 1914 年 11 月向華沙進軍,但僅憑德國和奧地利的力量無法實現這一宏偉目標,最終他們的企圖被尼古拉大公巧妙地粉碎。於是,1915 年 1 月間他們策劃了第二次進攻,這次是向北進攻俄國在東普魯士的軍隊。儘管德軍在馬祖里湖區的嚴冬戰役中俘獲了近 10 萬俄軍,但當德軍收緊包圍圈時,俄軍主力已悄然撤出,德軍未能取得策略性結果。這次計畫是好的,動用的軍隊也足夠,但選錯了季節,冬季戰役的困難被低估了。至 1915 年 3 月初,東部戰線再度陷入僵局,轉為塹壕戰。1915 年 3 月 22 日,俄

山雨欲來

國南部集團軍群攻占了普熱梅希爾，使俄國得以抽調大量兵力進攻匈牙利。興登堡和魯登道夫第二次嘗試在東部決戰的計畫再次失敗。此時，奧地利參謀長康拉德·馮·赫岑多夫提出突破某段防線，將俄軍驅逐出塹壕的建議。興登堡和魯登道夫仍希望重現坦能堡戰役，不同意奧地利的方案；儘管上次遭遇挫折，他們仍期望透過從北部發動更大規模的包圍戰以獲得策略性成果。為發動這場戰役，德國總指揮部卻缺乏必要的人力和彈藥。1915年4月4日，接替毛奇擔任德國參謀長的法金漢決定接受奧地利的計畫，依照康拉德·馮·赫岑多夫的建議，在戈爾利采和塔爾努夫之間進行突破。塔爾努夫位於加利西亞，靠近克拉科夫，位於比亞瓦河與杜納耶茨河交會處；戈爾利采位於喀爾巴阡山脈北側，在塔爾努夫東南約25英哩。攻擊面選擇了俄軍加利西亞防線凸出部位的南側，因此相當一部分俄軍防線位於德軍推進路線以西，如果突破成功，俄軍這部分防線將面臨被切斷的危險。這是由下往上的一擊。

德、奧聯軍的攻勢於1915年5月2日展開，此次行動由馬肯森主導。在毒氣和猛烈炮火的支援下，進攻迅速取得成功。俄軍的第一和第二道防線相繼淪陷，驗證了康拉德·馮·赫岑多夫的策略構想的準確性，因為尼古拉大公並未讓兩側的部隊進行側翼防守，而是撤下了這一段防線的所有部隊。在接下來的幾個月中，德軍反覆使用對有限地段防線進行突襲的戰術，每次進攻都迫使俄軍大規模後撤，最終整個加利西亞和波蘭的俄軍被徹底清除，俄軍依賴的所有要塞和城鎮也相繼陷落。

我們的地圖在1915年6月和7月之間每日記錄這種令人沮喪的進展，基奇納勳爵愈發焦慮，擔心俄國可能會全面崩潰，繼而德國會將大批部隊從東線調至西線。他多次相信這種調動已經開始，認為敵人在法國的攻勢迫在眉睫。由於上文已充分解釋的原因，我對這些憂慮並不以為然，每當有機會我都會努力消除它們。我堅信俄國人能夠在前線無限期地牽制大量奧、德軍隊。我不認為德國人會放棄對俄國的進攻並返回西線重新發動攻

勢。最後，我一再強調，達達尼爾戰役的勝利是我們能夠實現並扭轉不利局面的唯一且最佳的解決方案。

正值國內大臣更迭及內閣陷入討論之際，達達尼爾海峽和加里波利半島的局勢已經經歷了數個關鍵階段。1915 年 5 月 19 日，土耳其人得知德國潛艇到達的消息後，發動了最堅決且重大的進攻，試圖將澳、紐軍團趕入大海。在這次進攻中，土耳其投入了 4 個師共計 3 萬名步兵，戰鬥在黑夜和白天持續了數小時。這場進攻在各方面均被徹底擊退。戰鬥結束後，土耳其人至少損失了 5 千人，3 千具屍體躺在澳、紐軍團的戰壕前沿。相對而言，英國的損失不超過 6 百人。次日，土耳其指揮官請求停火以便掩埋屍體和收集傷員，伊恩·漢密爾頓爵士同意了這項請求。

「1915 年 5 月 19 日之後，」土耳其陸軍部在戰鬥結束後表示，「我們了解到英軍在安扎克的防守非常堅固，若無重型火炮和充足彈藥，我們對其攻擊將無法達成任何目標。鑑於我們的防禦陣地也相當穩固，因此將戰鬥力較弱的 2 個師留在戰壕中，其他 2 個師則撤回。」

此後，安扎克的陣地再未遭受進攻。

1915 年 6 月 4 日，英、法聯軍沿著海勒斯全線展開全面進攻。參與此次戰鬥的部隊包括第 29 師、第 42 師、第 2 海軍旅以及 2 個法國師。協約國共投入了 34,000 名步兵，而土耳其軍隊則有 25,000 人。儘管炮火和彈藥匱乏，英軍依然猛烈攻擊土耳其的中央防線戰壕。法軍在右翼取得了一些進展，但隨後被土耳其的反擊擊退。這暴露了海軍旅和第 42 師的側翼，使得他們不得不放棄已取得的多數戰果。最終，協約國軍隊在整條戰線上僅推進了 2、3 百碼。雙方為此戰鬥付出了慘重代價。土耳其損失了 10,000 人，而協約國方面，僅英國的損失就相當於此。正如半島上爆發的所有戰鬥一樣，勝負的天平總是搖擺不定。土耳其人在僅 2 公里長的戰線上至少有 25 個營（或營的殘部）混雜在一起，組織混亂，情況極度糟糕。在這種困境下，土耳其的師長報告稱，他們已經無法抵擋英軍的再次

山雨欲來

進攻。在一次激烈的會議上,土耳其參謀長建議將整個防線撤退到阿齊巴巴。敵人交了好運,在極度困難中於 1915 年 6 月 7 日夜晚用一個新的土耳其師替換下了這些混雜的部隊。

1915 年 6 月 21 日,法軍再度發起一次重要戰役,他們士氣高昂地進攻了海勒斯防線的右翼,成功占領哈里科特和雷道特,並獲得顯著進展。次日,土耳其展開反攻,奪回了部分失地。

一週之後,即 1915 年 6 月 28 日,英軍獲得了第 52 師的支援,向海勒斯防線的左翼展開全面攻勢。他們占據了 5 條戰壕,推進了約 1,000 碼。土耳其動用了 38,000 名步兵、16 門野戰炮和 7 門重型火炮。在這場戰鬥中,軍艦的炮擊效果顯著,攻勢的成功再次在土耳其指揮部引發了激烈的爭論。負責南部戰區指揮的德國將軍韋伯希望將整個防線撤至基利德巴哈爾高地。然而,利曼·馮·桑德斯否決了他的建議,要求迅速發起反攻。為此,土耳其又向前線增派了 2 個師,並於 1915 年 7 月 5 日黎明前發動了一場猛烈的突襲。土耳其人被擊退,死傷 6,000 人。

卡爾韋爾將軍以其冷靜且富有教誨意義的風格總結了這次戰役,「古羅在右翼發動進攻後,左翼隨即爆發了 1915 年 6 月 28 日的戰鬥,這表明在這一關鍵時刻,如果有足夠的後備力量投入海勒斯戰線,就能占據心理優勢並有助於發動堅決的進攻,以奪取克里提亞這個令人垂涎的村莊及其後的高地,甚至可能奪取阿齊巴巴;然而,我們並沒有這樣的後備力量。」在組建聯合政府和使新大臣熟悉業務的時期,英國行政機構癱瘓,以致錯失了良機。

第三次全線進攻發生在 1915 年 7 月 12 日至 13 日之間,所有的彈藥和部隊均投入了這場戰役。全線推進了 200 至 400 碼,但未能取得重大戰果。自 1915 年 7 月初以來,土耳其人顯然獲得了大量增援。反觀英國陸軍,由於傷亡慘重,兵力大幅減少。到 1915 年 5 月中旬,經過首場戰鬥後,伊恩·漢密爾頓爵士的 5 個步兵師僅剩 23,000 人,比戰時編制低了 40%。陸軍

部派出的特遣部隊始終未能彌補這一缺口。第 52 師和其他一些小批增援部隊在 1915 年 6 月陸續補充，但只能抵消損耗。儘管新增的幾個師正在海上，但原有的幾個師不斷削弱。在 1915 年 5 月、6 月和 7 月期間，英國在半島和安扎克的兵力從未超過 60,000 人。

辛普森·貝基將軍表示，彈藥短缺比部隊減員更具挫折感。在 1915 年 6 月和 7 月這 2 個月內，海勒斯角的 18 磅炮彈總數從未達到 25,000 發。在每次進攻之前，炮彈數量通常達到頂峰，約為 19,000 發至 23,000 發之間。由於必須保留 6,000 至 10,000 發炮彈作為後備，以防土耳其人的反攻，18 磅炮彈的總數被限制在約 12,000 發左右。除了 1915 年 6 月 4 日使用的 640 發高爆炸力炮彈外，並無其他 18 磅高爆彈可用，因此我們只能使用榴霰彈。眾所周知，榴霰彈對摧毀敵方戰壕作用有限。到 1915 年 7 月 13 日，海勒斯的野戰炮炮彈僅剩 5,000 發。我們被迫停止了主動出擊。

在加里波利半島上，為支持英軍任何一次進攻而備用的野戰炮炮彈總重量從未超過 150 噸。為了能夠衡量大炮使用炮彈的規模，我們不妨將其與同年 9 月末的盧斯戰役進行比較，在那次戰役的頭 2 天就發射了超過 1,300 噸的炮彈；而在 1918 年 8 月的攻勢中，2 天內經常發射 25,000 噸炮彈。在每次戰役中，防守一方的步槍與機槍火力一直是穩定不變的因素。因此，加里波利的軍隊必須承擔更加艱鉅的任務，而勝敗往往取決於士兵的勇敢與奉獻精神。

在此期間，英國艦隊既未發起進攻也未對狹窄段的堡壘構成威脅，更未嘗試清除雷區。於是，德國與土耳其的指揮官們利用這一機會，將守衛海峽的中型機動大炮集中調配，以支援正進行殊死戰鬥的土耳其第 5 集團軍。首批大炮於 1915 年 4 月 27 日開始轉移。1915 年 4 月 26 日，海軍上將馮·烏澤多姆接管了達達尼爾海峽堡壘及所有海上防衛力量的指揮權，並在 1915 年 5 月 23 日報告德皇稱，至此時，已不顧反對將以下大炮移交給第 5 集團軍：

山雨欲來

　　總共擁有49門火炮，包括6門8.2英吋迫擊炮，8門6英吋野戰榴彈炮，2門4.7英吋速射野戰榴彈炮，9門4.7英吋野戰榴彈炮，12門4.7英吋攻城炮以及12門野戰炮。

　　在1915年6月和7月間，土耳其第5集團軍陷入困境，使得海峽炮兵防禦力量愈發嚴重受損。馮・烏澤多姆上將致信德皇，表達了他對海軍大炮被挪作他用以及堡壘防禦體系和第5集團軍急需德國軍火的擔憂。他寫道，如果得不到德國的軍火，第5集團軍的抵抗將無法持久；土耳其必須全力透過巴爾幹國家獲取德國的軍火。

　　這方面的努力未能奏效，馮・烏澤多姆在1915年8月16日向德皇的報告中提到：「將訂購的德國軍火透過羅馬尼亞運送的嘗試全部告吹。」因此，他不得不在這種岌岌可危的局勢下苦熬1個月又1個月。然而，我們必須意識到，土耳其軍火短缺的原因並非他們所能控制，而英國軍火短缺的原因，完全是由於我們在各個戰場分配現有軍火時缺乏正確的決策。

　　應付德國潛艇攻擊我們海上運輸的策略，基本上依循了那些已被證明完全有效的原則。艦隊駐紮在穆德羅斯港內；戰鬥艦僅在執行特定任務時才會暴露。1915年6月分，我們僅使用驅逐艦和輕型軍艦為陸軍提供一般性的海上火力支援。

　　如此行事已然足夠。每週軍艦炮火的觀察與射擊準確性皆有提升。這一過程持續不斷，直至海軍在加里波利半島與陸上部隊的協同作戰成為戰鬥最為重要的因素。1915年7月，重炮艦和裝備「防潛船腹」的巡洋艦開始抵達。自此，土耳其亞洲沿岸的大炮受到控制，並大多被壓制。至1915年7月底，戰場上已有4艘配備14英吋大炮的大型重炮艦、4艘配備9.2英吋或6英吋大炮的中型重炮艦，以及4艘裝有「防潛船腹」的巡洋艦（即「忒修斯」號、「恩底彌昂」號、「格拉夫頓」號和「埃德加」號）。若在最初向費雪勛爵建議時即採取行動，這些軍艦的到達日期可提前3週有餘。然而，這些耽擱並未對陸軍造成嚴重不利，當整個重炮艦艦隊抵達後，海軍

對陸軍的支援不僅完全恢復，且大大增強。

與此同時，我們持續不斷地利用大量小型淺水船向軍隊運輸物資，因此到 7 月中旬，海勒斯角和安扎克岸上的所有軍隊已經累積了 24 天的後備物資。從國內派遣的增援力量在海軍護航下抵達目的地，儘管幾支運輸隊遭到魚雷襲擊，其中一次造成上千人喪生，但值得注意的是，所有重炮艦、「防潛船腹」的巡洋艦和淺水艦艇從未遭到潛艇的嚴重襲擊或威脅。最後，大面積的區域設網被證明是制止潛艇進攻的有效手段。雖然在設網區域內不斷有各類軍艦往來，但在整個戰役期間這些軍艦從未一次遭到防潛網的干擾。由此可見，只要在一定規模上應用恰當的防範措施，我們就能夠完全排除那些似乎具有潛在致命威脅的險患。

隨著德國潛艇對英國海上運輸線的攻擊被挫敗，我們對敵人施加了一種更具威脅的壓力。1914 年 12 月，海軍少校諾曼‧霍爾布魯克駕駛 B11 號潛艇潛入達達尼爾海峽的雷區，擊沉了土耳其巡洋艦「梅蘇迪赫」號，並因此榮獲維多利亞十字勳章。1915 年 4 月 17 日，為了配合伊恩‧漢密爾頓爵士即將展開的登陸行動，E15 號潛艇也試圖進行類似的冒險。然而，此次行動以失敗告終。潛艇在達達諾斯附近的海峽擱淺，艇長布羅迪少校陣亡，大部分船員被俘；經過一番激烈的爭奪戰後，潛艇的殘骸最終被英國巡邏艇發射的魚雷摧毀。1915 年 4 月 25 日，登陸行動進行時，澳洲的 AE2 號潛艇不顧前車之鑑，勇敢而機智地穿越雷區，成功潛入馬爾馬拉海。從 1915 年 4 月 25 日至 30 日，她在這片海域襲擊了土耳其船隻，並擊沉了 1 艘大型炮艇。然而，1915 年 4 月 30 日，由於受損無法正常潛水，經過 2 小時的戰鬥後，AE2 號被土耳其的 1 艘魚雷艇擊沉。然而，我們並未因此而止步。儘管這條通道危險重重，但並非不可穿越。損失 2 艘潛艇令費雪勳爵憂心忡忡，但未能阻止海軍堅韌不拔的精神。1915 年 4 月 27 日，博伊爾少校指揮 E14 號潛艇下潛 95 英呎穿過布雷區，冒著堡壘的炮火，在 22 英呎的水下穿過基利德巴哈爾，在加里波利附近用魚雷擊中

山雨欲來

了 1 艘土耳其炮艇。自此，直至戰爭結束，1 艘或多艘英國潛艇始終在馬爾馬拉海作戰，他們幾乎憑藉自身力量攻擊土耳其的海上運輸線，給敵人帶來了毀滅性的打擊。

從 1915 年 4 月 27 日至 5 月 18 日，E14 號潛艇一直駐留在馬爾馬拉海。她不斷遭到魚雷艇和其他巡邏艇的追擊，頻繁的炮擊使她幾乎無法有喘息之機為電池充電以繼續航行。儘管如此，她依舊對土耳其的運輸船造成了重大破壞。1915 年 4 月 29 日，她攻擊了 2 艘運輸船，擊沉了其中 1 艘。5 月 1 日，她擊沉了 1 艘炮艇。5 月 5 日，她攻擊了另 1 艘運輸船，並迫使其他運輸船返回君士坦丁堡。10 日，她攻擊了由 2 艘土耳其驅逐艦護航的 2 艘運輸船，並向這 2 艘運輸船開火。第 2 艘運輸船是 1 艘滿載軍隊的特大型船隻，被魚雷擊中後發生了可怕的爆炸，迅速沉沒。整整一個步兵旅和幾個炮兵連，總計 6,000 名土耳其士兵葬身大海。這場災難實際上阻止了土耳其的海上運兵行動。E14 號潛艇的魚雷已經耗盡，1915 年 5 月 17 日她接到無線電命令返航。18 日，她再次冒著堡壘的交叉火力，下潛 22 英呎，認為是在雷區底下通過。然而，根據情況，她肯定是冒著極大的危險穿過幾道水雷防線返回的。

次日，納史密斯中校操控 E11 號潛艇駛入馬爾馬拉海。他的潛艇最近配備了 1 門 6 磅大炮。在幾天的巡航中，她捕獲了一艘帆船，擊沉了 1 艘炮艇和幾艘其他船隻。1915 年 5 月 25 日，納史密斯中校的 E11 號潛艇實際上已潛入君士坦丁堡水域，並用魚雷擊中停靠在兵工廠邊上的 1 艘大船。E11 號有幾次擱淺，極為困難地逃出敵人的港口。她現在帶給馬爾馬拉海一片恐怖，她攻擊戰鬥艦「巴巴羅薩」號但未獲成功，她與驅逐艦戰鬥，擊沉好幾艘軍需船和輪船，幾次死裡逃生。1915 年 6 月 7 日，她穿過雷區回歸，途中纏住一枚水雷，她在左側水平舵拖著水雷冒著兩岸堡壘的猛烈炮火行駛了很長一段距離。她在馬爾馬拉海逗留了 19 天，擊沉 1 艘炮艇、3 艘運輸船、1 艘彈藥船和 3 艘軍需船。

1915年6月10日，博伊爾少校第2次進入馬爾馬拉海，停留23天，擊沉1艘大型輪船和13艘帆船。E12號（布魯斯少校）和E7號（科克倫少校）分別於1915年6月20日和6月30日穿越海峽，共摧毀7艘輪船和19艘帆船，並多次炮擊沿岸的公路和鐵路。

這條航道如今又增添了新的危險。7月中旬，土耳其人完成了納加拉防潛網的部署。這道防潛網的網孔達10英呎，由金屬線編織並加固，除了小小的出入口外，這條超過220英呎深的航道被完全封閉。5艘裝載深水炸彈並特意安裝了多門大炮的摩托炮艇守衛著這道屏障。

1915年7月21日，博伊爾少校駕駛E14號潛艇第3次穿越海峽。在狹窄地段附近，一枚水雷擦過潛艇，但未爆炸，她憑藉幸運通過了納加拉防潛網的出入口。7月22日，她在馬爾馬拉海與E7號潛艇相遇，2艘潛艇繼續共同攻擊船隻。所有醫療船不在攻擊範圍內，儘管這類船隻數量的增加顯示他們正被用於軍事運輸。博伊爾少校最後一次返航是在1915年8月12日，這是他第6次穿越雷區。他如此描述這次返航：

我錯過了出入口，撞上了防潛網。防潛網現在可能已經擴展到幾乎封鎖整個航道。在3秒鐘內，我從80英呎深處被提升到45英呎，幸運的是僅偏離航線15度。只聽到一陣巨響，伴隨著摩擦、撞擊、撕裂和轟隆的聲音。聽起來彷彿有兩個不同的障礙物，第1聲巨響快結束時又響起了第2聲。顯然我們2次受阻。我們用了20秒鐘才穿過防潛網。在繞過基利德巴哈爾時，我遭到了轟擊，一枚魚雷從恰納克射來，落在我們後面幾碼處。在離恰納克西南1英哩處，我們擦到了一枚水雷，但並未被阻擋。在我浮出水面後，我發現有一些雙絞電線纏在推進器上……船體的許多部位有電線劃痕。

1915年8月5日，E11號潛艇在納史密斯中校的指揮下，再次穿越海峽。當她在70英呎深處航行至凱佩茲海外時，一枚水雷猛烈撞擊了她的側舷。為了突破納加拉的防潛網，她下潛至110英呎，然後迅速通過。防

山雨欲來

潛網纏住了船首，潛艇被劇烈地向上拉。在巨大的拉力下，防潛網的金屬絲斷裂，潛艇才得以脫困。1 小時後，她向 1 艘運輸船發射魚雷；整天都受到巡邏艇的騷擾；次日黎明，她遭到水上飛機的炸彈襲擊。稍晚，她又向 1 艘炮艇發射魚雷。1915 年 8 月 7 日，她與沿海岸公路上的軍隊交火。8 日，她用魚雷擊沉了「巴巴羅薩」號戰鬥艦，當時蘇夫拉灣戰役正在進行，這艘戰鬥艦在 2 艘驅逐艦的護航下正急速駛向加里波利半島。在接下來的 29 天內，這種冒險和成功不斷延續，最終，E11 號平安歸來，總計擊沉或摧毀了 1 艘戰鬥艦、1 艘炮艇、6 艘運輸船、1 艘輪船和 23 艘帆船。

危險任務的連續執行者包括：E2 號、E7 號、E12 號、H1 號（皮里海軍上尉）和 E20 號（克萊福德·華倫海軍少校），以及法國潛艇「綠松石」號。這些潛艇穿越納加拉的總次數達 27 次，每一次航行本身都堪稱一部史詩。試圖進入馬爾馬拉海的英、法潛艇共有 13 艘，其中 8 艘被擊毀，4 艘潛艇的船員全部或幾乎全部喪命。E15 號和 AE11 號的命運前文中已述及，除此之外，科克倫的 E7 號在 1915 年 9 月 4 日被納加拉的防潛網捕捉。經過 16 小時的深水炸彈轟炸，她下潛到 240 英呎的深處，試圖突破網底，最終科克倫浮上海面，卻發現被網纏住無法掙脫，於是下令水手棄艇，親手將潛艇沉沒。科克倫被土耳其人俘虜後逃脫的歷險故事，充滿了勇氣與堅韌。法國潛艇有 3 艘在入口處被摧毀或在防潛網中被俘獲：「藍寶石」號在 1915 年 1 月，「焦耳」號在 1915 年 5 月，「馬略特」號在 1915 年 7 月 26 日。「綠松石」號是唯一通過海峽的法國潛艇，但她進入馬爾馬拉海後不久即失去活動能力，並於 1915 年 10 月 30 日被俘。敵人在「綠松石」號艇長的船艙內發現了未銷毀的筆記本，記載了「綠松石」號將在 1915 年 11 月 6 日與英國潛艇 E20 號會合的地點。德國潛艇 U14 號此時正在君士坦丁堡修理，隨後按計畫赴約，E20 號誤以為是友艇，結果被敵方魚雷炸毀。

英國潛艇在馬爾馬拉海共擊毀了 1 艘戰鬥艦、1 艘驅逐艦、5 艘炮艇、

11艘運輸船、44艘輪船和148艘帆船。土耳其的海上運輸幾近完全癱瘓，給敵方帶來了極大的困擾；至1915年6月底，土耳其軍隊的糧食和彈藥供應已降至最低點。憑藉在關鍵時刻的巨大努力，才組織起陸路運輸以渡難關。自此，加里波利半島上的所有供應都依賴於牛隊在唯一一條100英哩長的道路上運送，而這條道路也極易遭到海上攻擊。

在英國海軍史中，最輝煌的一章無疑是關於達達尼爾海峽中英國潛艇英勇事蹟的紀錄。他們以無畏、機智、堅韌和不懼風險的精神創造了非凡的成就，成為整個戰爭中潛艇作戰的最佳典範。此外，他們的功績也因嚴格遵守公認的戰爭規則而著稱。這些官兵被禁錮在鋼鐵製成、雪茄形狀的潛艇內，內部擠滿了複雜的機器；他們在海底深處的神祕障礙物中摸索碰撞；四周堆滿了爆炸物，只要碰上其中一個就會毀滅他們；一旦上升到陽光之下，立刻成為大炮和魚雷的靶子；他們遭受深水炸彈的襲擊、炮艇和驅逐艦的追逐、德國潛艇的跟蹤；每時每刻都有可能在海底被炸死、窒息而亡或在絕望中餓死；但儘管如此，他們仍然愉快地接受一次長達數週的任務；他們一次次從死神手中逃脫卻毫無畏懼。當我們想到他們的英勇壯舉和奉獻精神，而他們卻未能享受勝利的喜悅時，我們確實感到痛苦。

在1915年7月的首個週末，基奇納勳爵決定派遣第53和第54本土師，以支援達達尼爾海峽。

所有力量應當為戰爭而集中——在所有建立的軍事原則中，沒有一條比這條更為重要。軍事史上的教訓、歷代名將的實踐以及教科書中自古以來的忠告都強調這一規律。我們觀察到，拿破崙在每一次戰鬥之前總是急切搜尋他能得到的每一個人，無論多麼微小的資源他都不會忽略，欣然接受其他方面的風險，並滿足於人力能掌握的任何有價值的東西。

顯而易見，基奇納勳爵在此次準備工作中，缺乏深謀遠慮。他遲遲未決是否派遣第53和第54本土師增援達達尼爾海峽，直到第2批增援部隊已不可能在戰鬥開始前抵達時才做出決定，導致這2個師必須在經歷3個

山雨欲來

星期的航行後立即投入戰鬥。駐紮在埃及的部隊的策略地位直到最後一刻依舊懸而未決。包括派往達達尼爾海峽的小部隊在內，我們在亞歷山大、開羅和蘇伊士運河一共集結了近 75,000 人。只要我們對君士坦丁堡構成威脅，就不可能有土耳其入侵埃及的危險。還有可能從馬克斯韋爾將軍的部隊中組織額外的至少 30,000 名步兵作為後備力量，可以在關鍵時刻和有限時間內投入加里波利戰鬥。如果馬克斯韋爾將軍得到命令組織這麼一支部隊，如果伊恩・漢密爾頓爵士得知他可以把這支部隊算入作戰部隊之中，那麼在制定戰鬥計畫時，就可以將其考慮在內，這樣這場戰役的前景本來會大為改觀。然而，基奇納勳爵對這個問題的處理方法十分令人費解。他發給伊恩・漢密爾頓爵士的電報已經公諸於眾。電文表明，他時而認為，如果達達尼爾戰役需要，可以使用駐紮在埃及的大量部隊，時而又指責伊恩爵士試圖抽調這些部隊。其結果是，在伊恩・漢密爾頓爵士的部署和計畫中，英國在埃及的駐軍沒有發揮任何作用，這支部隊與其他部隊一樣，投入戰鬥時已為時過晚。

在戰鬥前夕，也就是 1915 年 7 月 29 日，基奇納勳爵透過電報告知伊恩・漢密爾頓爵士：「在即將展開的戰鬥中，我們擁有的部隊總數達 205,000 人。」總司令在回電中表示：「您所提及的龐大數字並未考慮到非戰鬥人員和傷亡人員；總數包括了第 54 師和第 53 師的一部分增援部隊，而這些部隊不可能及時到達戰場；總數還包含了義勇騎兵隊和印度軍隊，但截至今天上午，我還不確定這些部隊是否完全歸我指揮。在即將開始的戰鬥中，實際可用的步兵大約只有您提到的一半，即 120,000 人。」陸軍部對此數字沒有明顯異議。

我未能察覺到增援部隊的不足，也無從得知埃及駐軍是否可以作為後備力量使用，情況顯得模稜兩可。然而，1915 年 7 月分一位來自達達尼爾海峽的年輕參謀抵達倫敦，告知我彈藥短缺的困境，並建議通過鐵路而非水路將軍需物資運往馬賽，這樣可以確保戰鬥開始前及時送達軍隊。因此，

我敦促基奇納勳爵將最近一週的物資全部透過鐵路運輸。儘管他平時對我的請求總是表現出極大的耐心與善意，這次卻認為我的要求不合適。我威脅要向內閣提出此事，我們因此不歡而散。經過一個下午和一個晚上的思考，我通知首相我打算提出這個問題。就在我準備陳述理由時，基奇納勳爵卻突然宣布他已決定下達必要的命令。三列滿載高爆炸力炮彈的火車按時出發。

在這樣的引子過後，正劇才正式上演。

山雨欲來

蘇夫拉灣戰役

回顧英國陸軍漫長而多變的歷史，其中最令人心碎的片段就是蘇夫拉灣戰役。眼見就要取得輝煌戰果，但勝利卻轉瞬間化成泡影；一些人表現得勇敢機智，另一些人卻表現得庸庸碌碌，一些人竭盡全力，另一些人卻麻木不仁。兩個極端同時並存，戰場上展示的厄運是我們歷史上罕見的特色。這段事蹟經常有人談起，本文只想綜述一下戰役的前後經過。

伊恩‧漢密爾頓爵士的首要任務是奪取科雅切門山（971 高地），這座高地是薩里拜爾山脊的最高點，隨後從該地推進，占領從加巴山到邁多斯一線的半島脖子。計畫步驟如下：

（1）由安扎克展開突襲，斷絕土耳其軍隊主力通往君士坦丁堡的陸路連繫。

（2）占領炮兵陣地，以切斷土耳其軍主力與君士坦丁堡或亞洲海岸的海上連繫。

（3）攻占蘇夫拉灣，使其成為澳洲和紐西蘭軍團及附近作戰部隊的冬季基地。

為了實現這 3 個目標，陸軍參謀部在 7 月分制定了 3 個獨立且極其詳細的進攻計畫：首先，由 6 個師中的 2 個師在海勒斯角發動牽制性攻勢，以防止土耳其軍隊從該防線調動任何部隊；其次，由 2 個澳洲和紐西蘭師，在第 13 新軍師、1 個英國旅和 1 個印度旅的增援下，從安扎克向薩里拜爾山脊的主要高地發起大規模攻勢；最後，由第 10 師和第 11 師組成的第 9 軍在蘇夫拉灣登陸，占領阿納法塔山脊，然後與右側安扎克的進攻匯合。

海勒斯角由戴維斯將軍指揮的 35,000 人駐守；伯德伍德將軍指揮 37,000

人的部隊負責安扎克的進攻；斯托普福德將軍指揮 25,000 人的部隊負責蘇夫拉灣的進攻。加上各海島上的後備力量和正在海上航行的部隊約 20,000 至 25,000 人，戰鬥人員總計大約 120,000 人。

土耳其人認為英國軍隊已獲得約 10 萬人的增援，並預計在 1915 年 8 月初登陸的同時會發動大規模進攻。他們已經意識到薩里拜爾山脊是通往狹窄地段的關鍵，因此擔心登陸地點會在庫姆山或布萊爾附近，此外，他們還必須防守亞洲海岸。他們知道蘇夫拉灣和埃傑爾默灣也可能是登陸地點，但認為這兩處不足以讓他們進一步分散兵力。到 1915 年 8 月 6 日夜晚，他們這樣部署兵力：在海勒斯部署了 4 萬步兵和 94 門大炮；在安扎克對面和在安扎克與海勒斯之間部署了 3 萬步兵，並得到 76 門大炮的支援；在布萊爾部署了 2 萬步兵和 80 門大炮；在亞洲海岸部署了 2 萬步兵和約 60 門大炮。總體而言，包括防守各處海岸的小部隊在內，土耳其已經部署了 20 個師，約 12 萬步兵和 330 門大炮，其中實際在加里波利半島上的有 9 萬至 10 萬步兵和 270 門大炮。

由此可見，雙方為這場戰事投入的兵力大致相等。英軍並不具備進攻所需的數量優勢。一旦全面進攻展開，整條戰線全部進入戰鬥，沒有理由期望他們能夠打敗土耳其軍隊。然而，在土耳其尚未排程好全部軍隊之前，英軍有機會可以突然進攻，以搶占重要陣地。事實上，目前的形勢正是 1915 年 4 月 25 日形勢的翻版，只是規模更大而已。海軍的優勢再一次由於耽擱而得不到發揮，而敵人再一次有時間可以集結與我們旗鼓相當的力量；一場驚心動魄而令人懷疑的折磨再一次取代了計劃合理、穩操勝券的戰鬥；獲勝的希望再一次寄託在部隊的獻身精神和領導者的指揮技巧上；所有一切都要再一次任憑時間和機會的擺布。

1915 年 8 月 6 日下午，這場戰爭爆發了，蘭開夏本土師和低地本土師向海勒斯角 1,200 碼外的土耳其軍防線發起進攻。不巧的是，土耳其人剛將 2 個新師調至這條防線。他們實力雄厚，戰壕內擠滿了士兵。一場激戰

隨即爆發，並且愈演愈烈，持續了整整一週。戰鬥以一個葡萄園為中心展開，英軍一開始就占領了這個葡萄園，並頂住了敵人的多次反撲，直到1915年8月12日才被敵軍奪回。次日，英軍又將敵人趕出，並一直據守這個葡萄園直到戰鬥結束。這場付出高昂代價的英勇戰鬥換來的僅僅是這一個戰果。集中在半島南端的土耳其7個師中，只有一個能夠撤出並在戰役的真正危機中發揮作用。

英軍在海勒斯角發動攻擊的同時，澳洲軍隊從1915年8月6日晚間開始對安扎克陣地右側的孤松山脊展開進攻。這次行動本身是安扎克主要作戰的輔助性前奏，目的是迷惑敵人，將其注意力吸引到安扎克的右側，進而在左側進行決定性的戰鬥。日落前，澳洲第1旅開始強攻孤松山脊及其上的防禦工事。土耳其軍的戰壕被粗大的梁木覆蓋，形成完全封閉的地下坑道，由於缺乏足夠的榴彈炮，這些坑道只能靠人力掀開。澳洲士兵從掀開的缺口跳入坑道，消滅或俘虜了其中的守軍。大量土耳其部隊立刻展開了猛烈的反擊。在此，激烈而血腥的戰鬥持續了一整夜。1915年8月7日的戰鬥持續進行，8月9日更是達到高潮，但敵人始終未能奪回孤松山脊，直到戰鬥結束，孤松山脊仍然牢牢掌握在澳洲第一旅手中。其他支援孤松山脊攻擊的類似行動包括澳洲軍對防線中央各防守點的進攻，特別是對被稱為棋盤的棱堡的攻擊。儘管澳洲軍付出了巨大的犧牲，卻未能前進半步，有些進攻部隊幾乎全軍覆沒。

當海勒斯角和孤松山脊的炮火在加里波利半島上空迴盪時，安扎克的總攻正式打響。提前一週，每晚都有大量增援部隊祕密而巧妙地集結在安扎克小灣，他們隱藏在坑道和掩體中。1915年8月6日，伯德伍德將軍的部隊已增至37,000人和72門大炮。在無月夜的黑暗中，16,000人分成兩路縱隊從安扎克陣地的左翼出發，默不作聲地沿海灘艱難的行進了1英哩，然後向右，沿著通往薩里拜爾山頂的3條崎嶇不平、灌木叢生的溝壑發起進攻。這次非凡進攻的第一階段要求奪取3條溝壑兩側設有工事的低地。

負責這些任務的部隊準時成功地占領了兩側的工事，主力縱隊在夜間繼續向山上推進，他們與黑暗、大石塊、灌木叢和敵軍的前哨陣地展開搏鬥。伯德伍德將軍、伊恩・漢密爾頓爵士及其參謀人員都希望在天亮時能看到澳洲和英國縱隊的先頭部隊占領丘努克拜爾和科雅切門山的制高點。這段路程在白天如果不受阻擋，2 個小時內即可完成。考慮到實際情況，給部隊的時間是 6 個小時。然而，由於夜間行軍、路面崎嶇和土耳其散兵的頑強抵抗帶來的種種困難，到黎明時分，部隊尚未完成一半的路程。部隊已經疲憊不堪，在多次努力均告失敗後，決定停下來鞏固已奪取的陣地，使部隊得到休息和整頓，準備在 1915 年 8 月 7 日或 8 日夜間重新展開進攻。

這是一件至關重要且命中注定的事。如果能再派遣一支增援部隊越過疲憊不堪的部隊繼續進攻，中午之前我們完全有可能控制整個薩里拜爾山頂。然而，由於道路狀況和供應問題造成的困難，沒有人認為可以組織這樣的進攻。此時我們進攻的方向和規模已經完全暴露給敵人。

在此，我們不得不審視蘇夫拉灣的局勢。費雪勛爵在 1914 年年底為陸軍設計了一種能夠在敵方海灘登陸的鋼板摩托駁船，如今已經有一批駁船完成並運抵達達尼爾海峽。根據設計，這種駁船一次可以運送 500 名步兵，航速為 5 節，具備防彈功能，船首還配備了登陸橋。因其外形，這些駁船在整個愛琴海被稱為「甲蟲」。第 11 師在前，第 10 師緊隨其後，乘坐 13 艘「甲蟲」，在眾多驅逐艦、駁船和運輸船的護送下，在一個強大的海軍艦隊掩護下，於漆黑的夜晚駛向蘇夫拉灣。午夜前 2 小時，第 11 師的 3 個旅率先抵達海岸，第 34 旅在蘇夫拉灣內的「A」海灘登陸，第 32 旅和第 33 旅在尼布魯內西角以南的「B」和「C」海灘登陸。即使遭遇了土耳其前哨陣地的步槍射擊，並且幾艘「甲蟲」在到達海岸之前擱淺，甚至在「A」海灘附近的地雷爆炸引發混亂，3 個旅仍在 2、3 個小時內順利登陸，損失不大。他們的首要任務是占領已乾涸鹽湖兩側的兩個高地，即 10 號山頭和拉拉巴巴，並奪取北面通往基萊奇泰佩西爾特的高地。接下來，作為第

二步，部隊將從 10 號山頭和拉拉巴巴向巧克力山發起聯合進攻。如果進攻成功，部隊將繼續進攻地形複雜、荊棘叢生的伊斯梅爾奧格盧山。參謀人員認為，除非意外遇到敵人的精銳部隊，我軍很可能在拂曉時占領所有這些陣地。然而，實際結果卻大相逕庭。

在凌晨 2 點，我軍趕跑了守衛拉拉巴巴山頭的土耳其半個營，並成功占領山頭。同一時間，第 34 旅在「A」海灘登陸後，旅長發現海岸附近有一個沙丘，誤以為是 10 號山頭，於是占據後便守到天亮。當真正占領 10 號山頭時，天已大亮，殘餘的守軍逐漸退入平原的灌木叢。如此，第 11 師在 8 月 7 日早晨完成了任務的第一部分。隨著天色漸亮，土耳其的大炮從隱蔽的山丘陣地斷續對各個海灘及登陸部隊進行炮擊。黑暗中，即便是最有經驗的軍隊也感到行動困惑和神祕，參謀人員所制定的時間表顯得過高。然而，部隊的表現也未能達到合理的期望。英國情報部門認為，守衛這段海岸的土耳其軍隊有 5 個營，總計 4,000 人，加上大炮。然而，實際抵擋第 11 師的土耳其部隊僅有 3 個營，其中 2 個營為憲兵部隊，總計約 1,800 人和 20 門大炮。

隨後，希爾將軍率領的第 10 師抵達拉拉巴巴附近的海岸，拂曉時分在零星的炮火中開始登陸。至上午 8 點，第 11 師的 13 個營、2 個山地炮兵連及掩護的軍艦已全部投入戰鬥，隨後第 10 師也有越來越多的部隊登陸。隨著時間推移，部隊人數增至 20,000 人。他們只需從登陸點前進 3 英哩，肅清前方 1,800 名土耳其人殘餘，即可占領這個水源豐富且策略重要的陣地。然而，所有登陸部隊並未採取行動，而是在進攻巧克力山之前，在拉拉巴巴附近無所事事地滯留了數小時，或在鹽湖周圍的沙灘上頂著炎熱行軍達 5 英哩。這些年輕的士兵們飽受乾渴和疲勞的折磨，經過一次猛烈進攻，他們終於在深夜時分占領了巧克力山。夜幕降臨，疲憊的軍隊混雜在一起，供水系統陷入混亂。他們僅完成了初步任務，但已有上千人傷亡，幾乎全屬於 3、4 個營。蘇夫拉灣的頭 24 小時就這樣過去了。

蘇夫拉灣戰役

1915 年 8 月 6 日晚間，利曼・馮・桑德斯將軍在加里波利的總部接到了來自戰場的電話，得知戰鬥已經打響，幾乎同時他也聽到了大炮的轟鳴聲。英軍和澳軍在海勒斯角和孤松山展開了猛烈進攻，而英軍在塞克羅斯灣和米蒂倫對面的佯攻在報告中被視為實際或即將發生的登陸。儘管每分每秒都極其寶貴，但在攻擊者的意圖完全暴露之前，無法採取任何措施。然而，午夜前的消息顯示，大量部隊正從安扎克陣地的左側出動，沿著海岸向北進行，隨後在蘇夫拉灣發現了眾多部隊登陸。因此，2 個在邁多斯的後備師被命令增援薩里拜爾的守軍，這些部隊第 2 天肯定能投入戰鬥。然而，蘇夫拉灣的登陸確實出人意料，在那裡事先進行大規模準備是不合情理的。誰能估量出攻擊的力度？1 個師，還是 2 個師——誰也說不準。但無論入侵者的力量如何，在他們與基雷奇泰佩西爾特、阿納法塔山脊和伊斯梅爾奧格盧山這些重要陣地之間，只有德國少校維爾默率領的 1 個加里波利憲兵營、1 個布魯薩憲兵營和第 31 團的 1 個營以及 20 門大炮。從南面無法提供任何幫助；所有部隊都被那裡全面爆發的戰鬥拖住了。利曼・馮・桑德斯重複了 1915 年 4 月 26 日的做法，命令第 7 和第 12 師立即從布萊爾出發前往蘇夫拉灣，亞洲海岸的所有部隊渡過海峽前往加里波利半島。亞洲海岸和布萊爾的重要防線再次處於實際上無人防守的狀態，如果有新的部隊登陸，就可以輕而易舉地占領這些地方。「這已經是第 2 次了，」德國指揮官說，「塞克羅斯灣的北部已經沒有一兵一卒，整個亞洲海岸只有 3 個營和幾個炮兵連留下來防守。」土耳其第 7 師在 1915 年 8 月 7 日凌晨 3 點 40 分出發，第 12 師在上午 8 點 30 分出發。2 個師的出發地點都在布萊爾周圍，他們將沿著半島的 2 條南向道路行進。從他們的出發地點到蘇夫拉灣的距離超過 30 英哩。

在馮・桑德斯將軍的觀點中，1915 年 8 月 8 日晚之前似乎無法有效援助維爾默少校及其憲兵，因此在隔日早晨前無法展開認真的反攻。而前一天（1915 年 8 月 7 日）的日光揭示了英軍登陸的規模。海灣中擠滿了龐大

的艦隊，軍艦的大炮轟擊各個山丘，部隊一波接一波地湧上海灘，然後在平原上集結。此時，土耳其第 16 軍的第 7 師和第 12 師仍在北方，剛剛開始行動。然而，當天下午，指揮第 16 軍的土耳其將軍費齊・貝報告說，他率領的 2 個師已經日夜兼程，抵達阿納法塔以東的目的地。根據這一消息，桑德斯下令 8 月 8 月拂曉對阿納法塔平原展開全面進攻。當天破曉前，他騎馬來到進攻部署地區，四處尋找卻找不到部隊，最終找到第 7 師的一名參謀，這位參謀報告說正在尋找前哨陣地，第 7 師和第 12 師的大部分部隊還在後方，早晨發起進攻根本不可能。於是，總司令下令將進攻推遲到日落時分。1915 年 8 月 8 日整天，他一直忐忑不安，面對強大的入侵者，他除了幾個精疲力竭且嚴重減員的憲兵營外一無所有。在伊斯梅爾奧格盧山僅剩 400 人，他們是布魯薩憲兵營和 31 團 2 營的殘部。在基雷奇泰佩西爾特僅剩 300 人，他們是加里波利憲兵營的殘部。這 2 個地點之間已經沒有任何部隊。卡瓦克山、泰凱山及 2 山之間的低地完全無人占領。面對這種局面，所有土耳其大炮，除了 1 門外，全都撤到了阿納法塔山脊背後，否則這些大炮似乎注定會被俘。傍晚時，馮・桑德斯將軍從維爾默少校那兒得知第 16 軍尚未抵達部署地區。他召來指揮官，得知部隊已經精疲力竭，無法在 9 日早晨前發起進攻。由於空歡喜一場，他感到被嘲弄，憤怒之下解除了第 16 軍將軍的職務，將鄂圖曼帝國的命運交給了另一位軍官，這位軍官我們以前聽說過──自從「那天晚上，」桑德斯寫道，「我將阿納法塔地區全部軍隊的指揮權交給第 19 師前師長穆斯塔法・凱馬爾・貝。」

此刻，我們有必要重新審視澳、紐軍團與薩里拜爾的局勢。1915 年 8 月 7 日整天，伯德伍德將軍的部隊都在休整，準備在拂曉時再度發起進攻。由廓爾喀部隊、英國部隊和澳、紐軍團組成的防線橫跨山坡，距離山頂尚有三分之一的距離。然而，山頂上的守軍現在已是前 1 晚的 3 倍。

1915 年 8 月 8 日拂曉前，部隊從安扎克再次發起進攻。右側縱隊和

蘇夫拉灣戰役

中間縱隊從羅多登德倫山嘴出發，向丘努克拜爾發動攻擊。左側縱隊則從 3 條溝壑的最北端出擊，目標是 Q 山頭，這個山頭位於主山脊上的一個圓丘，被科雅切門山的凹地隔開。這是進攻初期的戰線態勢。一場激烈戰鬥隨即展開，連續 3 天的廝殺不停。天亮後不久，右側縱隊的紐西蘭軍占領、控制並堅守住了丘努克拜爾西南端的重要陣地，進而在主山脊上站穩了腳跟。左側縱隊和中間縱隊由於無法獲得蘇夫拉灣的任何支援，進展甚微。隨著夜幕降臨，血腥戰鬥暫時停息。同時，土耳其的新部隊不斷抵達防線，進攻方卻由於積水和地形崎嶇導致的困難，無法在進攻中獲得增援。

1915 年 8 月 9 日的戰鬥依然如往常般激烈。澳洲和紐西蘭軍團的右翼繼續堅守丘努克拜爾，而左翼則持續進攻 Q 山頭。中央部隊則試圖占領山脊，以便將左右兩側陣地連線起來。自戰鬥開始前，艦隊和陸軍的所有大炮就已經開始炮擊，並一直未曾停歇。由於夜幕降臨和地形複雜，左翼進攻被拖延，導致行動開始較晚，未能成功占領 Q 山頭。儘管如此，第 6 廓爾喀旅和第 6 蘭開夏師的 2 個連隊在中央部隊的努力下，成功向上推進，占領了丘努克拜爾和 Q 山頭之間的關鍵山脊。領導此次進攻並指揮第 6 廓爾喀旅的勇敢軍官塞西爾·阿蘭森上校，記錄了在隨後悲劇中他的經歷。那一夜，從 8 月 8 日到 9 日，他在硝煙四起的山中渡過。

在距我軍大約 35 度方向、100 碼遠處，土耳其人守衛著……當晚將級指揮官發來電報，命令在清晨 5 點 15 分進攻 971 號山頭，並安排從 4 點 45 分到 5 點 15 分由海軍炮擊山頂。我必須調動所有周圍部隊進行配合……由於只能獲得英軍 3 個連隊，只得將就……只剩 15 分鐘；預先的炮擊聲震耳欲聾；那個幾乎垂直的山頭似乎要被炮火炸飛。我意識到如果我們想在炮擊停止時登上山頭，現在就應該行動。我將 3 個英軍連隊與戰壕裡的士兵編在一起，告訴他們只要見我持一面紅旗向前衝，每個人就開始進攻。我掏出手錶看了看，5 點 15 分。我從未見過這麼猛烈的衝鋒前炮擊；

敵人的戰壕被炸得粉碎；由於我們就在戰壕下邊，炮擊的準確率讓人驚嘆。到了5點18分，炮擊還沒有停止，我懷疑我的手錶是否有問題。5點20分炮聲平息了；我又等了3分鐘，以確保炮擊確已停止，因為風險太大了。然後我們就聯合衝鋒，全都手牽著手……陣勢壯觀，無與倫比……在山頂上我們與土耳其人相遇；勒馬尚德倒下了，刺刀穿透了他的心臟。我的大腿也被刺了一刀，在之後大約10分鐘的時間裡，我們與敵人展開肉搏，用牙咬，用拳擊，把步槍和手槍當成棍棒；隨後土耳其人掉頭逃跑了，我感到無比驕傲。整個加里波利半島的重要陣地落入了我們的手中，與結果相比，我們的損失不算太大。

　　海峽就在我腳下，通往阿齊巴巴公路上的各類車輛清晰可見。環顧四周，我發現並沒有增援部隊，於是認為最好的解救辦法是追擊前方逃跑的那些土耳其人。我們朝邁多斯方向衝鋒，但只前進了約100碼，我們海軍重炮艦射出的6發12英吋炮彈就落在了我們身上，頓時一片混亂。這場災難讓人心碎不已！我們顯然被誤認為土耳其人，無奈之下只得撤退。那場景怵目驚心：第一發炮彈擊中了一個廓爾喀人的臉；瞬間血肉橫飛，慘叫聲此起彼伏。我們全都逃回了山頂，進入了山頂下方的舊陣地。我和其他大約15人留在山頂上；景色美得令人陶醉：下方是達達尼爾海峽，增援部隊正從小亞細亞一側穿越海峽，汽車在道路上疾馳。我們已經掌控了基利德巴哈爾和阿齊巴巴的後方以及所有通往他們軍隊駐地的交通線……腿上的傷痛使我跛行，獨自落在後面，傷口大部分已結痂。我看到敵人進攻蘇夫拉灣的企圖已經失敗，雖然無法確定面對的敵人是否超過1、2千，但我看到大量土耳其援軍正在朝那個方向湧去。我的電話線已經被炸斷……我現在正下山回到昨夜的戰壕。包紮好傷口後，我開始尋找我們團的所在位置；我及時把他們集合起來，等待支援，以便再度登上山頂。天啊！增援部隊根本沒有來，我們得到命令，要在1915年8月9日直至10日夜晚堅守陣地。那天下午，從5點到7點這段時間，土耳其人對我們發

蘇夫拉灣戰役

起了5次猛烈反撲,但他們沒有一次能到達我們防線15碼以內……托姆斯上尉和勒馬尚德的屍體都安葬在丘努克拜爾的最高點……我奉命回去報告情況。我已經虛弱不堪,感到昏昏沉沉……我向將軍彙報,告訴他,除非我們能得到強大的增援並獲得食物和水,否則我們必須撤退,但如果撤退,我們就會放棄加里波利半島的關鍵陣地。將軍隨後告訴我,各處的進攻幾乎均告失敗,次日凌晨我們團可以撤向較低的山丘。

1915年8月10日清晨呈現出一幅捨生忘死但徒勞無功的奇觀。12,000人已經倒下,其中至少有一半人參與了激烈的戰鬥,各個高地雖然烈焰四起卻仍未被征服。然而,澳洲和紐西蘭軍團的右路增援部隊堅守著丘努克拜爾的重要陣地,土耳其人正祕密集結後備力量,試圖奪回這個陣地。

我們已經了解利曼·馮·桑德斯將軍如何度過1915年8月8日當天,他在阿納法塔後方的山丘上焦急地等待布萊爾援軍的抵達。與此同時,蘇夫拉灣正在發生些什麼呢?在英國的軍事史中,無論是過去還是現在,都有許多令人欽佩的真實紀錄。

第9軍司令,中將弗雷德里克·斯托普福德爵士於1915年8月7日白天與其參謀人員乘坐「長壽花」號抵達。他留在船上以利用無線電和訊號通訊的便利條件。1915年8月8日下午,他上岸進行了檢視。斯托普福德將軍是一位和藹可親、頗有教養的紳士,15年前曾參加南非戰爭,在雷德弗斯·布勒爵士手下任軍事祕書。擔任倫敦軍區司令後,他於1909年退役,直到大戰爆發前一直身體欠佳,過著不愉快的隱退生活。隨著陸軍大規模擴張,他也擺脫了隱居生活。基奇納勳爵任命他在英國訓練一個軍團,這是他生平首次擔任高級職務並直接指揮作戰。在這種環境下,我們當然有理由期望他盡最大努力完成任務。

想到在夜間於敵方海岸登陸,他的心情自然感到不安。剛因登陸成功而鬆了一口氣,然而,新的嚴重問題又接踵而至。敵人的數量可能超出了

參謀部的預估；敵人的戰壕可能比偵察飛機報告的更多。不僅如此，敵人隨時可能恢復對幾個海灘的無差別炮擊，這種炮擊在 1915 年 8 月 7 日夜晚逐漸停止。面對這種局勢，他認為當務之急是整頓已經登陸的部隊，改善他們的補給，尤其是水的補給，挖掘戰壕以確保已占據的陣地，並盡可能多地將大炮運上海岸，以支援軍隊進一步前進。1915 年 8 月 8 日，部隊在這些占領的陣地上安然度過了登陸後的第 2 個 24 小時。參謀長里德將軍與他的司令觀點完全一致，他起草了命令，安排在 1915 年 8 月 9 日拂曉開始進攻。「第 9 軍在蘇夫拉灣的第 2 天，」當時任陸軍部作戰局長的卡爾韋爾將軍如是寫道，「從戰鬥的角度來看，實際上是休息的一天。」讓我們來看看在這個 8 月陽光燦爛的午後，雙方戰線的場景。一邊是一位溫文爾雅、謹慎小心且年邁的英國紳士，他指揮著 20,000 名士兵散布在海灘各處；前線的士兵們坐在淺淺的戰壕頂端，有的在抽菸，有的在做飯，偶爾能聽到 1、2 聲槍響；另外幾百名士兵則在碧藍的海灣裡洗澡，偶爾有一顆炮彈打破平靜，戰艦在海面上起伏。另一邊，一位老謀深算的德國人焦急地跺著腳，他期望增援部隊能迅速抵達，時刻擔心自己那少量的掩護部隊會被消滅；與此同時，怒氣沖沖的凱馬爾正激勵著他狂熱的士兵們奔赴戰場。

　　伊恩・漢密爾頓爵士作戰處的參謀官阿斯皮諾爾上校接到命令，要向總司令彙報蘇夫拉灣的局勢。總司令將於 1915 年 8 月 8 日上午抵達。他對自己目睹的寧靜景象進行了生動的描述。他沿著海岸巡查一番，消除了最初的疑慮後，便登上了「長壽花」號，總司令仍將這艘軍艦作為指揮部。

　　……斯托普福德將軍見到我便說：「嘿，阿斯皮諾爾，大家都幹得很棒，真了不起。」我回答說：「但是他們並沒有占領那些山丘，先生。」他說：「是的，但是他們已經上岸了！」我回應道：「我敢肯定，如果總司令知道部隊並沒有依照命令到達控制海灣的高地，他會感到失望的。」我提醒他，

蘇夫拉灣戰役

儘早向前推進是至關重要的，否則敵人的增援部隊會搶先一步登上那些山頭。斯托普福德將軍回答道，他完全明白爭分奪秒的重要性，但在士兵們得到休息之前不可能進攻。他計劃次日進行新的進軍。

接著，我登上了將軍的旗艦，並向總司令部發出以下電文：

「我剛踏上岸邊，發現一切寧靜。既無槍聲，也無炮火，顯然沒有土耳其人的蹤影。第 9 軍正在休整。我堅信絕佳的機會正在流失，我認為局勢十分嚴峻。」

在發出這份電報後不久，我獲悉總司令已經動身前往蘇夫拉灣。數分鐘之後，他抵達海港，並登上了海軍中將的快艇。

總司令的到來打破了蘇夫拉灣傍晚的寧靜。伊恩·漢密爾頓爵士原本聽從參謀的建議，認為在這場三地進攻的大戰役中，他的最佳位置是因布羅斯的正規司令部。1915 年 8 月 7 日整天和 8 月 8 日上午，他都待在那裡研究前線各部分透過電報發來的情報。然而，1915 年 8 月 8 日上午 11 點 30 分，由於蘇夫拉灣沒有消息，他坐立不安，最終決定立即前往蘇夫拉灣。在這場戰役期間，海軍特意將驅逐艦「阿諾」號供他使用，於是他向「阿諾」號發出了立即出發的訊號。然而，當地的海軍少將因鍋爐問題而命人將煤爐從船上拆下，所以 6、7 個小時內船無法動彈。總司令發現自己被 —— 用他自己的話說 ——「放逐到孤島上」，感到既沮喪又憤怒。海軍少將見他抱怨，便建議他乘「三合一」號快艇前往，快艇在下午 4 點 15 分出發。將軍的快艇在 6 點鐘左右抵達蘇夫拉灣。在那裡，他見到了「查塔姆」號上的德·羅貝克中將和凱斯准將。他們對部隊陷入癱瘓狀態深感不安。正討論之際，阿斯皮諾爾上校到來。聽完彙報後，總司令登上了「長壽花」號軍艦，見到了斯托普福德將軍。除了發現將軍在岸上走了一趟後有些疲倦，一切安好。斯托普福德將軍說：「一切順利，進展良好。」他解釋道，士兵們很勞累，暫時無法快速運送水和大炮上岸；他決定將攻占高地的行動推遲到明天，因為攻占高地可能會導致一場正規戰。與此同

時，各旅旅長們都被通知，在避免激戰的前提下占領他們能攻下的陣地，但實際上他們並未占領任何有戰術意義的點。

總司令難以接受這個結果。他清楚布萊爾的敵方援軍正從南方逼近。他堅信阿納法塔山脊並未有強敵把守。他深感憂慮，本應在 1915 年 8 月 8 日晚間輕易占領的地方，天亮後將需付出慘重的代價才能奪取。他極力主張立即向伊斯梅爾奧格盧山和泰凱山推進。斯托普福德將軍提出了諸多反對意見，因此總司令決定親自前往岸上師司令部視察。斯托普福德將軍並未隨行。

師長哈默斯利將軍無法明確地描述局勢，經過一番討論後，總司令決定親自介入。哈默斯利將軍告知他可以動用駐紮在蘇拉日克附近的第 32 旅，該部隊能夠向前推進。基於此，伊恩‧漢密爾頓爵士以最明確的語言告訴這位師長，他希望這支旅能夠前進並在山頂上挖壕固守。哈默斯利將軍顯然同意這一點，後來他聲稱採取行動是他自己的責任，其行動並非直接命令的結果，而是總司令親自表達願望的結果。於是，伊恩‧漢密爾頓爵士返回「三合一」號快艇後，哈默斯利將軍指示第 32 旅集中力量，努力在庫丘克阿納法塔以北的高地上建立一個立足點。他特別提到應召回第 6 東約克郡營並集中。做完這些決策之後，夜幕降臨了。

然而，第 32 旅的情況並不像師長所預想的那般順利。恰恰相反，其中 2 個營展現了極高的積極性，遠遠領先於第 9 軍的其他部隊；他們沒有遭遇抵抗，1 個營在阿布里克雅占據了有利陣地，另 1 個營則已在西米塔山上挖好四面戰壕。令人費解的是，在這寧靜的一天裡，距離不到 2 英哩的師部卻對這些情況一無所知。這 2 個營被從已占領的陣地上召回，然後集中起來向庫丘克阿納法塔推進。這些行動擾亂了原計畫在拂曉時分發起的進攻，同時也放棄了西米塔山的重要陣地，後來無論如何努力也未能重新奪回。此外，第 32 旅直到天亮才得以發動進攻。

1915 年 8 月 9 日拂曉之際，英軍終於恢復了對蘇夫拉灣的進攻。參與

蘇夫拉灣戰役

此次行動的部隊包括第 11 師、第 10 師的第 31 旅以及最近登陸的第 53 本土師的若干營，目標是從左側的庫丘克阿納法塔到伊斯梅爾奧格盧山的高地。然而，利曼・馮・桑德斯在同一時間下令展開反攻。土耳其第 7 師和第 12 師的前鋒部隊已於前夜抵達，敵軍力量是前一天的 3 倍，並且仍在不斷增加。第 6 東約克郡營一旦從西米塔山撤出，土耳其軍隊立即占領了該地。若要有效進攻右側的伊斯梅爾奧格盧山，預先奪取西米塔山是必要的。第 10 師的第 31 旅遂對該山丘發起進攻，但未能重新奪回，導致整個右路進攻受挫。左路的第 32 旅同樣未能實現目標，英軍在整個戰線的若干地段被土耳其新投入戰鬥的部隊擊退，局勢十分混亂。

第 53 師的其餘部隊於 1915 年 8 月 9 日登陸，隔天上午戰鬥重新展開並且持續了一整天。西米塔山和伊斯梅爾奧格盧山曾一度被部分攻占，但在猛烈的反擊下又再度失守。當夜幕降臨戰場時，猛烈燃燒的灌木林火光四射，第 9 軍所占據的陣地與登陸首日相比幾乎沒有進展，大量土耳其軍在重要陣地上築起戰壕並得意洋洋。在蘇夫拉灣，1915 年 8 月 7 日的損失不超過 1,000 人，而 1915 年 8 月 9 日和 10 日 2 天官兵傷亡接近 8,000 人。

現在有必要描述戰役的尾聲。當 1915 年 8 月 10 日早晨陽光再次出現時，來自安扎克的英軍仍然堅守在他們艱難攻占的丘努克拜爾陣地。第 13 師的 2 個營——第 6 北蘭開夏營和第 5 威爾特郡營——替換了這一山脊上疲憊不堪的部隊。他們剛剛在新陣地上立足，就遭遇了一次猛烈的進攻。穆斯塔法・凱馬爾在 8 月 9 日於蘇夫拉灣取得成功後，整夜策劃了一次全力以赴的進攻，目的在奪回這個極其重要的山脊。穆斯塔法・凱馬爾親自指揮這場進攻，參戰的部隊包括從亞洲海岸調來的整個土耳其第 8 師，另有 3 個營，並配有強大的炮兵支援。上千名英國步兵——在狹窄的山頂上本有退路——被這場凶猛的戰鬥吞沒和壓倒。蘭開夏營逃出的人寥寥無幾，威爾特郡營幾乎全軍覆沒。在勝利的鼓舞下，土耳其人越過山頂，以密集的人潮沿著陡峭的山坡洶湧而下，企圖將入侵者趕入大海。

然而，此時他們直接遭遇了來自艦隊和安扎克英軍陣地上所有大炮和機槍的猛烈火力。在這暴雨般的打擊下，大批前進的土耳其軍隊幾乎被全殲。從向海一側山坡衝下來的3、4千土耳其人中，只有幾百人逃回山頂。然而，他們卻一直留在那兒，直到戰役結束。就這樣，第2次試圖奪取達達尼爾海峽的巨大努力，到1915年8月10日終於在各處都未取得重大進展中結束了。

在最終承認失敗之前，又進行了兩次重要戰鬥。第54本土師此時已在蘇夫拉灣登陸，在這個師的支援下，第10愛爾蘭師的2個旅於1915年8月15日和16日對環繞蘇夫拉灣北面的基雷奇泰佩西爾特山脊展開進攻。這些由馬洪將軍指揮的部隊在海軍炮火的有效支援下，起初進展順利，但最終在敵方反擊和炮轟下被迫放棄大部分奪取的陣地。這次戰鬥在英國人的記載中沒有占據太大的篇幅，其重大意義似乎也沒有被充分了解。利曼·馮·桑德斯是這樣敘述這次戰鬥的：

若英軍在1915年8月15日和16日的攻勢中成功奪取並守住基雷奇泰佩西爾特，第5集團軍的整個陣地將會被側翼包抄。屆時，英軍有可能獲得決定性的最終勝利。

1915年8月21日，又一次進攻行動展開，這次的目標是奪取伊斯梅爾奧格盧山。為了達成這一目標，第29師從海勒斯角被調來，而來自埃及的不騎馬義勇騎兵師也被召來增援，以增強已經在蘇夫拉灣登陸的第10師、第11師、第53師和第54師的力量。考克斯將軍指揮的強大的澳、紐軍團左翼部隊也參與了配合。然而，土耳其軍隊已經完全建起了防禦工事，實力強大。英軍用於支援進攻的大炮不足60門，其中只有16門是中等口徑，炮彈供應也非常有限。戰鬥在熊熊燃燒的灌木林中激烈進行，突然一陣不尋常的濃霧妨礙了炮火的轟擊，儘管澳、紐軍團左翼部隊占領並守住了幾個有價值的陣地，但並未取得全面勝利。「這次進攻，」利曼·馮·桑德斯說，「是在土耳其軍隊遭受重大損失，並投入最後包括騎兵在

內的後備力量後才被擊退。」英軍，尤其是最堅定進攻的義勇騎兵師和第 29 師，損失慘重，卻一無所獲。在這個煙霧瀰漫、火焰沖天的不幸戰場上，准將朗福德勳爵、維多利亞十字勳章得主肯納准將、維多利亞十字勳章得主約翰・米爾班克上校等英勇將士永遠倒下了。這是在加里波利半島上發生的最大戰鬥，同時也注定是最後的戰鬥。自從英國發動新的攻勢以來，損失人員超過 45,000 人，而土耳其損失的人員不少於 40,000 人。1915 年 8 月 16 日，伊恩・漢密爾頓爵士就已經打電報給基奇納勳爵，要求再增加 50,000 步兵和 45,000 名特遣部隊，否則無法繼續進攻。英國政府發現無法提供這些增援，原因將在下一章予以闡述。在雙方均遭受重創且精疲力竭的軍隊之間，戰線凝滯不動，完全僵住，戰事也因此陷入全面僵局。

在此次戰役的各個階段，甚至到 1915 年 8 月 21 日的最後一戰，勝負的關鍵始終懸而未決。雙方行動的先後順序稍有變動，便足以改變局勢。然而，第 9 軍在蘇夫拉灣浪費了寶貴的 48 小時，這段時間本可以用來占領那些決定戰役勝負的重要陣地。桑德斯寫道：「我們都認為，自 1915 年 8 月 6 日起英軍一批又一批地登陸，他們的指揮官在海灘上停留的時間太長了，他們應該命令部隊從各個登陸點不惜一切代價向內陸推進。」如果此時英軍能運用富有戰鬥經驗的第 29 師，並從一開始就使用埃及的義勇騎兵隊，英軍幾乎可以穩操勝券。為了替換那些對此悲慘結果負有責任的麻木不仁、能力低下的軍官，一批最得力的指揮官從法國戰場調來，他們是賓、范蕭和莫德，但為時已晚。調派新的將軍們在災難之後已無必要，他們的到來不一定能取得成功。

蘇夫拉灣戰役的許多方面都受到了嚴厲的批評和追責，但歷史判定其失敗的原因不在加里波利半島，而在於錯失良機──機會一旦錯過便難以挽回。然而，儘管在戰事初期我們犯了一些錯誤並遭遇了些不幸，機會依然頻頻降臨。黃金時刻並非在 1915 年 8 月分，而是在當年的 6 月末

或 7 月初。我們無謂地喪失了這個黃金時刻。達達尼爾委員會指出（結論 5）：「在首次登陸後發起的進攻失敗之後，為決定未來命運而制定方針時有過不必要的拖延。伊恩·漢密爾頓爵士在 1915 年 5 月 17 日就提交了報告。但直到 1915 年 6 月 7 日之前，無論是戰時會議還是內閣都沒有討論過這個報告。在這個最為關鍵的時刻進行的政府改組是造成拖延的主要原因。其結果是，伊恩·漢密爾頓爵士在報告中要求增派的援軍被推遲了 6 個星期。」由於拖延，由於忽視了對埃及多餘部隊的利用，我們喪失了人數上的優勢，而這種優勢本可以獲得，並且對於勝利至關重要。從 1915 年 5 月 17 日起我們才採取合理的行動，協約國的 15 個師合起來可以達到 150,000 步兵，他們可以在 1915 年 7 月分的第 2 個星期對總計 70,000 至 75,000 步兵的土耳其 10 個師發起進攻，上面的表格清楚地說明了這一點。與此相反，唐寧街和白廳所犯的錯誤迫使我們在 1915 年 8 月分與敵人進行一場勢均力敵的戰役，陷入極端嚴重的危險，最終導致失敗。戰場上的失誤和不當不能隱瞞，但這些失誤和不當不能與最高層所犯下不可彌補的方向性錯誤相提並論。

蘇夫拉灣戰役

巴爾幹諸國的毀滅

　　信奉基督教的巴爾幹諸國,猶如一群受壓制而渴望反抗的孩子。四個世紀以來,他們在土耳其征服者的奴役下忍辱負重。直到最近一百年,他們才透過殘酷的戰爭恢復了自由。艱難的經歷塑造了他們的民族特性。憲法和王朝正是由這些經歷孕育而生。這些國家的人民生活貧困,性格粗獷而高傲。各國政府因不可調和的野心與妒忌而彼此間隔閡甚深。每個國家在歷史上的某個時期都曾是這個地區的霸主。雖然與希臘的榮耀相比,塞爾維亞和保加利亞的輝煌歷史猶如曇花一現,但他們都將各自的鼎盛期視作衡量其國家權利的尺度。因此,所有國家都同時將幾百年前曾占有過的土地視作自己有權擁有的領土,陷入了無休止的勾心鬥角。

　　正是由於這個原因,它們注定要承受難以言喻的痛苦。對這些小國而言,擺脫這種悲慘處境和危險的泥沼,或尋求一個立足之地,絕非易事。在這些國家中,除了各民族社團相互糾纏之外,每個國家內部還存在著黨派和政治的分歧與仇恨,這些足以使強大的帝國傾覆。每一位巴爾幹政治家通往權力的道路都是曲折的,他必須經歷各種複雜、危險的局面,經歷令人咋舌的變化,這些變化比大國國內鬥爭中暴露出來的狀態更為凶猛、更為激烈。掌握大權之後,他依舊受自己過去的牽制,成為政敵和嫉妒心的攻擊目標;而且,處於困擾之中和地位受到削弱的他,還不得不應付巴爾幹政治多變的聯盟關係,就如受世界大戰巨大衝擊所產生的那種朝秦暮楚的關係。

　　此外,協約國中三個大國的政策也產生了深遠的影響。法國和俄國各自擁有獨特的利益和計畫,並且偏愛不同的巴爾幹國家,在每個國家內也支持不同的政黨。雖然英國並未明確表示希望看到巴爾幹國家團結一致,

巴爾幹諸國的毀滅

但其高尚的中立和超然態度令人費解,再加上巴爾幹各國君主的日耳曼血統及不列顛與日耳曼民族的關係,使得英國難以做出明確的選擇。結果,這一地區的局勢始終動盪不安,各種激烈的觀點此起彼伏,使得英、法、俄三國的政治家從未能成功制定出一種堅定、全面的政策。相反,由於他們單獨的、半心半意且常常互相矛盾的干涉,只對混亂的局面產生了火上澆油的作用,導致這些小國家接連陷入可怕的毀滅境地。

儘管如此,三大協約國和四個巴爾幹王國的核心利益始終如一,只需一項簡單的政策即可確保所有利益的保護和擴展。透過削弱土耳其帝國和奧地利帝國,所有巴爾幹國家的野心都能得以實現。各國皆能獲得豐厚的回報,甚至超出預期。三大協約國的策略應是聯合巴爾幹國家對抗這兩個帝國。若巴爾幹國家能夠團結一致,他們將獲得安全保障;若他們加入三大協約國,必將獲得夢寐以求的領土。巴爾幹國家聯手協約國,勢必導致奧地利和土耳其的崩潰,進而迅速贏得戰爭。每個國家都能獲得切實的利益。羅馬尼亞將獲得特蘭西瓦尼亞;塞爾維亞將得到波斯尼亞、黑塞哥維那、克羅埃西亞、達爾馬提亞和泰梅什堡的巴納特;保加利亞將獲得阿德里安堡和埃諾斯 —— 米迪亞地區;希臘將得到士麥那及其內陸地區;所有這些國家都將獲得安全、財富和實力。

若要獲取這些利益,巴爾幹各國需彼此做出一定的妥協。羅馬尼亞可將多布羅加歸還保加利亞;塞爾維亞可放棄馬其頓的保加利亞區;希臘則可讓出卡瓦拉;作為對希臘的直接補償,賽普勒斯可作為平衡的籌碼。作為最後手段,英國可提供財政支持,而協約國則可決定在該地區動用陸海軍力量。

令人難以置信的是,儘管各方利益一致,且具備多種有效手段和強大激勵措施,但事情仍然無一例外地被搞砸了。假如 1915 年 2 月,或者在 1914 年 11 月土耳其宣戰之後,英、法、俄三國政府能夠在巴爾幹事務上達成共識,並派遣最高級別的全權大使前往巴爾幹半島,與各國在堅定而

明確的基礎上進行談判，那麼我們本可以制定並實施一套統一且連貫的行動方案，進而使各方受益無窮。反之，我們總是根據事態的迅速變化採取一些權宜之計以應付局面。協約國前前後後所提供和所做的一切全都付諸東流，而如果能選準時機一次性做這些工作，目的本來是可以達到的。

在1915年初，巴爾幹國家為協約國的外交提供了最大的選擇空間。然而，沒人像對待一場重大軍事行動那樣認真對待和策劃這件事，而這實際上正是一場大戰。俄、法、英三國的政客們唯一能做的就是採取一些斷斷續續、零散、半心半意、變化無常且互不相關的權宜之計。三國的大眾輿論一致譴責巴爾幹國家及其政治家或君主，這也是不公正的。羅馬尼亞國王猶豫不決，斐迪南國王詭計多端，康斯坦丁國王躲躲閃閃，這一切都源於巴爾幹問題的複雜性和協約國缺乏相應的良策。

塞爾維亞確實進行了盲目的殊死搏鬥，他除了自己的利益之外不考慮其他任何人的利益，結果自身也受害頗深，直到大戰最後勝利才得到彌補。羅馬尼亞的生存自始至終面臨威脅，連他的生存基礎都被動搖。經過長時間的猶豫和討價還價，他終於決定加入戰爭；在打還是不打的問題上，他的決定為時已晚，但他還未曾讓別國把自己打得一敗塗地。保加利亞不僅背叛了自己的過去，也背叛了自己的未來；他辛苦努力，最後卻落得戰敗國的悲慘下場。希臘憑藉其勇氣和智謀在最關鍵時刻獲得拯救，他以極小的代價出現在戰勝國一方，但他舊習難改，把自己所得到的一切又白白浪費了。然而，羅馬尼亞有塔凱·約內斯科，他的觀點總是清晰而正確；保加利亞有斯塔姆布利斯基，他勇於觸怒斐迪南國王，被長期監禁並沒有讓他屈服，他始終傾向英國和俄國；希臘有韋尼澤洛斯，他的政治道路曲折，經受了難以言狀的屈辱，戰勝了難以想像的困難，憑藉個人的努力保全了自己的國家，並且很可能也減輕了歐洲的苦難。

1915年8月，俄國的災難達到了頂峰。到了6月末，德、奧聯軍的進攻使俄軍幾乎從加利西亞──波蘭的整個南半部撤退。俄軍占領的區

域縮減為一個跨度 170 英哩的半圓形，布列斯特——立陶夫斯克位於中心位置，而華沙幾乎處在外圍邊緣。倫貝格已經失陷。馬肯森的戰線幾乎朝向北方，他的前面有 4 條為凸出地區供應物資的鐵路線。1915 年 7 月 13 日，他率領 1 個德軍和 2 個奧軍對最南邊的鐵路線（科韋爾——喬爾姆——盧布林——伊萬哥羅德）發起進攻，韋爾施元帥則在他的左面向東推進。1915 年 8 月 1 日，他已在喬爾姆和盧布林之間穿過鐵路線，4 天後，俄軍撤出伊萬哥羅德和華沙。在新格奧爾吉耶夫斯克集結的 85,000 名二流部隊做了一下防守姿態，但在 1915 年 8 月 20 日即投降。災難並未結束。在北方，立陶宛，興登堡率領的德軍第 8 和第 10 軍在得到南方德軍增援後開始推進，並於 1915 年 8 月 10 日奪取科夫諾。在科夫諾和里加之間的所有俄軍陷入被包圍的危險，開始後退。即便是布列斯特——立托夫斯克這個被吹噓已久的模範要塞也未能長久堅守。1915 年 8 月 11 日該要塞三面臨敵，1915 年 8 月 26 日西南防線的堡壘被攻破後即被放棄。這樣，巨大凸出地區的最後外貌消失，俄國的防線除去防守里加的一段向前彎曲處外，已接近南北一條直線。俄軍雖逃脫被包圍和覆滅的命運，但他們在加利西亞的一切收穫全都付諸東流，失去了波蘭，丟下 325,000 名俘虜和 3,000 多門大炮，以及許多步槍和其他無法替代的裝備。最糟的是，沙皇因此剝奪了尼古拉大公的指揮權並派他去高加索。

自 1915 年 4 月以來，俄國的挫敗對義大利帶來了極為不利的後果。1914 年時，奧地利僅需派遣幾支地方部隊監視義大利邊境。待到義大利宣戰之際，奧地利已成功集結了 122 個營、10 個騎兵中隊和 216 門大炮來應付義大利，這些部隊均為混合編隊，駐守在精心構築的戰壕中。然而，增援部隊隨後從加利西亞戰場源源不斷地抵達。義大利人在 1915 年 6 月和 7 月對的里雅斯特發動了 2 次進攻，即所謂的伊松佐河第 1 戰役和第 2 戰役，但在深入敵境 6 英哩後，義大利人便如同西線的軍隊一樣陷入了壕溝戰的泥沼。義大利人在蒂羅爾展開的幾次軍事行動成果，亦不過是占領了

奧地利領土上的幾塊小凸出地區。繼俄國的災難之後，義大利也陷入了僵局，這2件事對保加利亞人的心理產生了災難性的影響。

然而，在蘇夫拉灣戰役未見分曉之前，巴爾幹人全都把目光聚焦在加里波利半島上。在這場戰役失敗之前，保加利亞人一直舉棋不定，直到整個1915年7月分仍有希望將他們拉入協約國陣營。早先在1915年2月分時，奧地利和德國似乎急於對塞爾維亞發動進攻，但整個夏季幾個月裡卻未見行動。幸運的是，隨著時間的流逝，塞爾維亞內閣中的某些成員所感受到的、並為此深感不安的入侵威脅並未成為現實。我不清楚這次進攻拖延的其他原因，唯一的解釋可能是達達尼爾行動對巴爾幹國家和保加利亞的影響。巴爾幹國家普遍相信英國不會輕易放棄勝利。加里波利半島上的持續戰鬥，人們知道大量援兵不斷抵達，以及即將爆發的另一場大規模戰鬥，這些因素將決定保加利亞的行動；而保加利亞的行動又反過來影響到奧地利和德國對塞爾維亞的進攻。

在1915年7月分，我堅決主張我們不應該將巴爾幹政策的成敗完全寄託於加里波利戰役的結果，儘管我們應全力爭取勝利，但也應努力爭取保加利亞的支持。只要促使希臘和塞爾維亞作出領土讓步，再加上貸款承諾和對達達尼爾戰役勝利的期望，保加利亞是可以被爭取過來的。塞爾維亞面臨重大危機，協約國能提供的保護有限，在這種形勢下他別無選擇只能讓步，如果必要，可以要求他將馬其頓這一無可爭議的地區讓給保加利亞，因為這個地區無論從種族、歷史、條約還是征服的事實來看，都應屬於保加利亞，保加利亞直到第二次巴爾幹戰爭時才失去它。甚至在1914年遭到奧地利第一次進攻時的危急關頭，塞爾維亞仍覺得有必要將大量軍隊駐紮在馬其頓的保加利亞地區以鎮壓當地居民。考慮到讓步的正當性和合理性，考慮到伸張正義的需求，考慮到自身的當務之急，塞爾維亞至少應讓出這個無可爭議的地區。除了在外交上進行一般性的規勸之外，協約國的君主和統治者也發出過特別呼籲。塞爾維亞的攝政王收到了來自沙

皇、法蘭西共和國總統和喬治五世國王的呼籲，要求塞爾維亞做出讓步，這種讓步本身是正確的，對共同事業是必需的，對塞爾維亞的安全至關重要。但是塞爾維亞政府和議會對所有這些呼籲置若罔聞。協約國的外交努力舉步維艱，每一份電報和每一次舉措都要徵得其他協約國的同意，正當協約國決定：除非塞爾維亞答應他們堅持的要求，否則就拒絕向他提供進一步物資或財政援助。入侵卻在此刻爆發了。

關於卡瓦拉，同樣的情況也發生了。韋尼澤洛斯在重大事務上幾乎總能做出準確判斷，他計劃冒險利用自己在希臘的個人威信，並且不惜違背國王的意願，將自己置於非常不利的境地。他宣布，在一定條件下可以將卡瓦拉割讓給保加利亞。如果協約國能保證保加利亞立即獲得馬其頓的一塊無可爭議的領土以及卡瓦拉港口，那麼保加利亞人很可能在 1915 年 7 月分願意幫助我們，開始向阿德里安堡進軍。

即使我們無法獲得所有的這些成果，但在協約國的推動下若能將領土割讓給保加利亞，那麼斐迪南國王不可能將他的國家投入敵人陣營。拉多斯拉沃夫先生用非常坦率的語言，完全真實地描述了這幾個月來保加利亞的立場。然而，我們並沒有採取任何有效措施，而是將所有精力集中在加里波利半島的冒險戰役上。

若不承認愛德華・格雷爵士當時所面臨的獨特困境，實屬不公。他必須協調 4 個大國的外交行動，處理這個敏感且痛苦的問題，即迫使友好的希臘和受俄國特別保護、正在受難的盟國塞爾維亞在領土上做出令他們極為反感的讓步。儘管外交上的一致行動能有所助益，但唯有在達達尼爾取得決定性勝利，才能真正防止巴爾幹各國在俄國慘敗後所引發的恐怖浪潮。

1915 年 8 月的第 3 個週末，迅速在這個關鍵地區取得勝利的所有希望已然破滅。當索菲亞的軍隊領導者完全意識到我們的失敗後，保加利亞國王及其政府終於決意加入德國陣營。從那一刻起，塞爾維亞的毀滅便成了

不可避免的結局。達達尼爾戰役那道長久以來阻擋洪流的堤壩終於崩潰。從此，奧地利和德國軍隊的進攻只是時間問題。儘管塞爾維亞完全明白自己正處於危險之中，卻依然拒絕聽取各方的呼籲，不願做出實際讓步。即便到了最後關頭，他仍占據著征服自馬其頓的保加利亞地區，面對集結準備進攻他的壓倒性軍隊，依舊保持頑強姿態。

一場新的重大事件即將撼動日益惡化的局勢。1915 年 7 月初在加來舉行的一次會議上，英國內閣代表，即首相基奇納勳爵和貝爾福先生，根據內閣多數成員的意見，反對在 1915 年於西線展開進一步的英、法聯合進攻。他們建議協約國在法國和法蘭德斯的作戰行動應該限制在所謂的「攻勢防禦」範圍內，具體而言，就是積極防守。法國方面同意了，霞飛將軍也表示贊同。這是一項公開且正式的協議。正是在此基礎上，我們開始籌備加里波利半島的新戰役。然而，霞飛將軍在離開會議後不久便拋棄了這項協議，平靜地重新制定了對香檳地區發起大規模進攻的計畫，他自信滿滿地認為，此次進攻可以突破德軍防線，將其擊退。直到蘇夫拉灣戰役最終失敗，我們在加里波利半島陷得比以往任何時候都深時，我們才得知這件事。

為了防止祕密文件不必要的外洩，戰時委員會的成員若要閱讀陸軍部的每日電文，必須每天上午前往陸軍部基奇納勳爵的候見廳。我每天在那裡逐字閱讀文件。1915 年 8 月 21 日上午，我正讀著文件，私人祕書通知我，剛從法國司令部回來的基奇納勳爵想見我。我走進他的房間，看到他背對著光站著，側對著我，臉上帶著一種非常奇特的表情。我意識到他有重要的事情要宣布，於是等待著。猶豫片刻後，他告訴我，他已經同意法國人的計畫，準備在法國展開大規模進攻。我立即表示進攻毫無成功的可能。他說這次進攻的規模將超出以往的想像；如果成功，一切都將得到彌補，包括達達尼爾戰役的損失。他的神態透露出一種內心壓抑的激動，彷彿一個人剛做出重大但又非常不確定的決定，正準備付諸實施。他正全力

準備一項宣告,當天上午他將向戰時委員會和內閣宣讀。我始終未被說服。到了 11 點,他開車帶我去唐寧街。

委員會成員已經全部到場。基奇納勳爵顯然已事先向首相彙報此事,會議一開始便請他發表宣告。他對我們表示,由於俄國的局勢,他無法繼續保持在加來與法國人商討時的同意態度,即在西線展開真正的大規模進攻應推遲到協約國做好準備之後。按照他的解釋,他本人也曾敦促霞飛將軍採取進攻。正如我們現在所知,法國人已經計劃和準備了很長時間,而且從未中斷過,由此可見,這一定是未經商定的工作。我立即提出抗議,反對這種背離決議的做法,這個決議是經過內閣充分考慮並由加來會議批准,同時我也反對展開一次只能導致大規模無謂屠殺的行動。我指出,我們既沒有足夠的彈藥,也沒有人員上的優勢,根本無法保證對敵人的牢固防線發起的這麼一場進攻可以獲勝;這麼一場進攻並不能及時有效地解救俄國,不能阻止德國人在西線之外的其他戰場上發動主動進攻;它還將嚴重破壞我們打通達達尼爾海峽的計畫。我的講話保留在如下紀錄中:

邱吉爾先生對此深感遺憾。德軍在西線的兵力並未削減,依舊是 200 萬對協約國的 250 萬。協約國的優勢為 5 比 4,但這點優勢不足以進行進攻。自從上次進攻以來,我們的相對實力未變,而德軍的防禦卻更加穩固。

他似乎認為,為了拯救俄國,為了滿足我們拯救俄國的偉大且發自內心的願望,協約國可能需要付出 20 萬或 30 萬人的生命以及大量彈藥,而這可能僅取得微小的進展。1915 年 5 月 9 日的進攻(費斯蒂貝爾──阿拉斯之戰)已經失敗了,戰線並沒有因此而改變。如果我們以這樣的方式消耗生命和彈藥,德國人就會抓住機會,他們會覺得從東部調回大量軍隊是值得的。經驗中進攻所需要的優勢是 2 比 1,而我們(協約國)並不具備這個條件。

我的這些觀點並未引起重大爭議,但有人極力主張,法國人無論如何

都必須進攻,如果我們不合作,聯盟將會瓦解。基奇納勛爵謹慎行事,沒有提出「決定性勝利」的預期,當被要求對「決定性勝利」下定義時,他引用了我的解釋,即「戰線發生了根本性的策略改變」。他說:「邱吉爾先生所言極有道理,但遺憾的是,我們必須作戰,這是因為我們必須,而不是因為我們願意。」

　　在戰時委員會會議結束後1小時,內閣會議隨即召開。我向內閣懇請,切勿因法國的急躁而讓步,務必重新召開會議,將所有理由詳盡呈現,並最終請求他們放棄進攻。我獲得了其他成員的強力支持。我承認,若法國在聽取我們的意見後仍堅持其計畫,我們自然應當協同作戰。然而,我強烈建議再做最後一次努力,以避免即將到來的無謂且災難性的屠殺。約翰·弗倫奇爵士當時在倫敦,內閣徵詢了他的意見。他亦不願對勝利做出保證,尤其對要求他承擔進攻任務的區域感到極度不滿。他現有的彈藥僅能維持7天的進攻。儘管如此,若接到進攻命令,他將全力以赴。他在蘭卡斯特門過夜,我私下拜訪了他,陳述了我的觀點。他列舉了應與法國人協調行動的慣常理由,隨後透露,霞飛將軍計劃在法國攻擊區域動用至少40個師。儘管我必須承認戰役的巨大規模將問題引入了未知領域,但我仍堅決反對這次行動,憂心忡忡地告別了朋友。我感到我們在東、西兩條戰線上都面臨著失敗的危險。

　　在法國展開全面進攻的決定立即引發了加里波利半島軍隊面臨彈藥和兵員短缺的問題,或至少是不足。儘管大量士兵被派往半島,試圖填補伊恩·漢密爾頓爵士在戰場上的部隊空缺,但這些增援對其他地區來說是重大損失,而在此地卻不足以產生顯著效果。加里波利半島的戰事陷入停滯,土耳其人迅速補充他們的重大損失,修築那些搖搖欲墜、部分已被摧毀的工事。與此同時,疾病和失望情緒開始在我們的部隊中蔓延。差一點就能獲得卻最終失去輝煌勝利的痛苦,國內支持不足的輿論,對政府未來意圖的迷茫,彈藥的短缺,冬季來臨帶來的威脅,官兵生活必需品的缺

乏，這些都使達達尼爾部隊遭受了最為悲慘的折磨。那些數量眾多、勢力強大反對這次行動的人，那些主張撤退的人，以及那些對立方案的倡導者，發現他們已經得到了他們所期望的一切。形勢令人沮喪，只有依靠英國軍隊堅韌不拔的毅力和澳洲與紐西蘭軍團的不屈精神，才能使陸軍的穩固態勢和隨後的存在得以維持。

然而，如今發生了一件極為奇特的偶然事件，令英國政府困惑不已。要在當時確定或解釋薩拉伊將軍的政治勢力及其影響力的根基，絕非易事。這位軍官在 1915 年 7 月間被霞飛將軍解除其使其成名的凡爾登司令職務，但他憑藉深厚的政治勢力，接替重傷的古羅將軍，任命為法國東方部隊的司令。無論對其軍事成就有何爭議，其反宗教信念卻是毋庸置疑的。在法國的統治階層中，對任命他擔任東方一個重要而獨立職務似乎達成了一種默契，這職務給予他獲取軍事殊榮的機會，而法國激進的社會主義分子下定決心讓反教會的將軍們無阻獲得這些殊榮。1915 年 9 月 1 日，當法國進行大規模進攻的準備如火如荼之際，我們在達達尼爾海峽的軍隊所能獲得的兵員和彈藥供應已減至最低限度，海軍部突然從法國海軍武官那兒接到請求，希望我們協助法國海軍部將 4 個新的法國師從馬賽運往達達尼爾海峽。我們的驚訝可想而知！隨後我們得知法國政府決定單獨建立一個由 6 個師組成的東方軍團，由薩拉伊將軍指揮，並在 1915 年 10 月從達達尼爾海峽的亞洲海岸登陸，然後向恰納克堡壘進軍，以配合我們對加里波利半島展開的新一輪進攻。法國人要求我們設法替換下海勒斯角的 2 個法國師，目的是將這 2 個師與新到的 4 個法國師合併，組成一個獨立軍，以執行新任務。一時之間，由於法國政治力量的影響，那些我們無論如何盡心竭力都無法解決的問題似乎迎刃而解。我們陷入困境的委員會頓時迎來了轉機。我們匆忙接受了法國人的建議，基奇納勳爵立即同意派 2 個師去接替海勒斯角的法國部隊。貝爾福先生立即著手籌集所需的運輸船隊，而博納・勞先生和我共同要求增派更多的英國部隊，以便「把事情做

得漂漂亮亮」。英國的內閣啊！他們對事情的本質洞若觀火，他們的基本觀點也毫無錯誤。他們的失敗並非因為判斷失誤，而是因為意志薄弱。在這樣的時代，天國只能用武力奪取。

然而，接踵而至的是疑慮。「霞飛將軍已經同意了嗎？」調查結果顯示，他確實表示了有條件的同意。他的地位尚未穩固到可以無視來自政治左翼的壓力。他被迫調兵遣將，但條件是：在即將爆發的戰役主攻開始之前，以及在戰役是否能取得決定性的結果獲知之前，增援達達尼爾海峽的4個師不能離開法國。在1915年9月11日的加來會議上，當基奇納勛爵詢問確定這一點需多長時間時，他表示在第一個星期的戰鬥結束時無論如何都將會知道；如果到那時仍舊無法迫使德軍在西線全面潰退，所有指定去達達尼爾海峽的部隊將可以離開法國；如果德軍全面潰退，那麼所有的部隊都要窮追不捨。1915年10月10日是確定先頭部隊登船出發的日子。然而，我們發現薩拉伊將軍並沒有聽從基奇納勛爵的強烈要求，趕到達達尼爾海峽在現場觀察形勢並完善他的計畫，相反，他寧願留在巴黎處理一些無疑是很重要的公務。

1915年9月20日，不幸的消息傳到了倫敦：保加利亞即將進行全面動員，這個國家已經加入了中歐同盟國的陣營。次日，保加利亞首相在一次會議上對其追隨者表示，協約國的失敗已成定局，保加利亞不能站在失敗的一方；他還提到，對於戰後被占領地區的處理，4國同盟只向保加利亞提出了一些模糊的建議，但如果保加利亞參戰，同盟保證羅馬尼亞會保持中立。1915年9月22日午夜，土耳其人簽訂協議，同意將傑賈加赫鐵路讓給保加利亞；就在同一天，塞爾維亞發出警報：奧、德軍隊正向他的北部邊境逼近。擔心已久的南進就要開始了。

值得一提的是，儘管保加利亞在決定參戰前曾耐心等待蘇夫拉灣戰役的結果，但在另一場更大規模的戰役即將在法國爆發前夕，他的領導者卻毫不猶豫地表態。德國人不可能忽視大量大炮和部隊在阿圖瓦和香檳地區

的集結，但他們已經充分準備好迎接這次進攻。正是他們對戰爭結果的自信，使得保加利亞參謀部也擁有了相同的信念。

1915年9月26日凌晨，西線大規模戰役爆發。英、法聯軍約30個師從洛斯展開輔助性進攻，而主攻則由法國40個師在香檳進行。為了配合法軍行動，約翰·弗倫奇爵士不得不放棄自己更為正確的見解，接受了進攻任務；但一旦同意執行霞飛將軍的計畫，他便以其固有的決心全力以赴。法軍在香檳的進攻被形容為「全力進攻」，即投入的部隊可以毫無顧忌地推進，充滿信心地期望不僅能奪取已遭炮擊的前沿陣地，還能奪取敵人後方的所有陣地和防禦工事。參謀部在錯誤觀念的指導下荒謬地認為，投入大量騎兵便能取得決定性勝利。遵從致命的訊號，勇敢的士兵們迎著炮火衝鋒。法國步兵的鬥志絲毫不遜色於英國步兵。然而，從未有人懷疑過這一點：德國人對其防線上的敵人力量以及所需兵力的計算是精確的。他們對俄國和巴爾幹的計畫也進展順利。英、法聯軍進攻的第1個星期在各點上僅取得了無關策略的小幅進展，奪得幾10門大炮，俘虜數千人，但代價是超過30萬人的傷亡。

當霞飛將軍決定將部隊調往東方時，他顯然不願承認失敗。他試圖透過持續戰鬥來掩飾希望的破滅，派往達達尼爾的4個師的出發日期一再延遲。與此同時，加里波利半島上的部隊正面臨日益逼近的冬季，巴爾幹地區也陷入災難。

1915年9月25日，保加利亞軍隊開始全面動員。對於英國軍方和法國軍方所提供的有關法國戰況的樂觀描述深信不疑的那些人，是不可能相信德國人能騰出新的兵力去征服塞爾維亞的，因為德國不僅在西線面臨可怕的進攻，而且在廣大的東部戰場上也負擔著巨大的戰爭任務；因此，他們直到最後一刻還懷疑這一點。但在1915年9月的第3和第4個星期，大量奧、德軍隊在多瑙河以北集結已經是確鑿無疑了。1915年10月4日，我們的情報表明，馬肯森已經在蒂米什瓦拉出現。雖然為時已晚，協約國

還是極盡許諾與恫嚇之能事，想拚命制止保加利亞人，但所有這些均碰了釘子，保加利亞軍隊的動員照常進行。斐迪南國王依舊不折不扣地推行他經過深思熟慮的但又十分危險的政策。鐵的紀律控制了農民出身的士兵，無情的鎮壓平息了議會的各派勢力。直到最後一刻仍執迷不悟的塞爾維亞人已經做好迎接毀滅的準備，他們一方面向協約國大聲疾呼，另一方面要在戰場上決一雌雄。

　　我們現在需要仔細研究這些事件的影響。目前，唯一可以迅速援助塞爾維亞的國家是希臘。因此，協約國的所有國家終於聯合起來，請求希臘參戰。希臘曾經兩次向協約國表示願意合作，但兩次都被斷然拒絕。現在輪到協約國向他求助了。根據條約，希臘有義務協助塞爾維亞抵禦保加利亞的進攻。康斯坦丁國王和他的支持者聲稱，這個條約不適用於當前的戰爭，因為塞爾維亞不僅受到保加利亞的進攻，還受到另一個大國的入侵。塞爾維亞根據條約要求希臘支援，同時也呼籲協約國派遣15萬士兵。韋尼澤洛斯透過選舉再次成為首相並且是議會多數黨領袖，他要求協約國派遣軍隊到薩洛尼卡，以便希臘能夠加入戰爭，履行其應盡的義務。作為直接援助塞爾維亞的軍事行動，協約國軍隊此時在薩洛尼卡登陸顯得不合時宜。除非希臘提供支援，否則在有效援助到達之前，集中在塞爾維亞東部和北部戰線上的敵軍將徹底蹂躪這個國家。作為一種鼓勵和敦促希臘採取行動的政治舉措，向薩洛尼卡派遣協約國軍隊是合理的。但是問題在於：從哪裡抽調軍隊？顯然，必須從達達尼爾抽調軍隊，而且只能從達達尼爾抽調。於是，在1915年9月的最後幾天，從伊恩·漢密爾頓爵士的部隊中抽調了1個法國師和1個英國師，只有這2個師能夠及時趕到薩洛尼卡。

　　將達達尼爾的軍隊調出產生了事與願違的作用，能夠了解這個問題實質的讀者對此一定不會感到驚訝。康斯坦丁國王一生受的都是軍事教育。他十分細緻地研究了本國的策略形勢，並在這方面以權威自居。只有完善的軍事計畫才能打動他的心，從協約國那兒他從來沒有得到過這樣的計

畫。當他得知協約國將從達達尼爾海峽撤出 2 個師前去增援的消息時，他得出的結論自然是達達尼爾行動計畫將要被放棄了。他覺得，倘若他加入戰爭，要不了多久，他不僅要對付保加利亞人，而且還要對付目前被拴在加里波利半島上的土耳其主力部隊。他從英國和法國的行動中看出，這兩個國家已經明確承認達達尼爾行動計畫即將失敗，這個行動計畫的成敗在整整一年的時間裡一直主宰著東方的戰爭形勢。要從國王的心中消除這些憂慮是不可能的，何況他對德國原來就頗有好感。這一切終於對他產生了決定性的影響。法蘭西斯·埃利奧特爵士（1915 年 10 月 6 日）說：「部隊從達達尼爾海峽調往薩洛尼卡這件事令陛下感到不安。他認為這是放棄遠征計畫的開始，並將使土耳其的全部軍隊得到解脫，可以去增援保加利亞人。」

這 2 個師已經啟程，英國海軍在薩洛尼卡海港布下了防潛網，而康斯坦丁國王此時卻解除了邀請協約國部隊的韋尼澤洛斯職務。協約國因此發現，原本與他們合作的希臘已經變成了一個親德國家，並決定拒絕履行對塞爾維亞的條約義務。這樣一來，遠征薩洛尼卡的目的便完全消失。然而，英國與法國的那些主張這次遠征的領導者卻執意堅持下去。眼睜睜地看著塞爾維亞人與強敵殊死搏鬥所遭受的苦難，眼睜睜地看著一個弱小的盟國被踐踏而感到的恥辱與悲傷，加之對達達尼爾戰役的厭倦和憂慮，這一切形成了一股不可抗拒的輿論浪潮。我一再指出，達達尼爾海峽是解決問題的關鍵，要想讓保加利亞改變行動計畫，並讓塞爾維亞免遭毀滅，唯一的機會就是使用海軍打通海峽。甚至到了最後關頭，英國海軍進入馬爾馬拉海仍舊可能改變局面。已經動員起來準備向一方發起進攻的保加利亞人有可能會轉而進攻另一方。如果德·羅貝克將軍和第一海務大臣亨利·傑克森爵士願意採取行動，貝爾福先生毅然準備完全承擔主要責任，然而，他覺得自己沒有理由強制他們或用別人替代他們。因此，只有等待災難降臨了。

內閣對這種絕望的局面已經忍無可忍，顯然，法國政府也有同樣的焦慮。人們產生了一種速派部隊去援助塞爾維亞的強烈願望。部隊要及時到達是不可能的，但是解釋這一點也無濟於事。在 1915 年 10 月 6 日星期五這一天，內閣展開了一場激烈而混亂的討論，隨後決定由海軍部和陸軍部的聯席參謀會議認真判斷這種紛亂的形勢。人們向帝國參謀長和第一海務大臣召集的有陸、海軍專家出席的會議提出了一個重大的問題：怎麼辦？整個星期六和星期日這些軍官們一直在考慮和準備他們的報告；在 1915 年 10 月 9 日星期一這天，大臣們開始傳閱一份不同尋常的文件。參謀部與在法國的總司令部忠實地保持一致意見，並根據幾乎所有的正統軍事觀點，建議應該將一切力量集中起來支持洛斯戰役，他們認為這場戰役有可能取得決定性的戰果。在這一點上，不僅在 1915 年的事件，而且之後 1916 年和 1917 年的事件都證明了他們的錯誤。英國軍隊在最大的支持下用最充分的彈藥繼續在那裡戰鬥，但是他們不僅未能突破德軍的防線，而且由於德軍的反擊還喪失了原來的很大一部分戰果。道格拉斯·黑格爵士在 1916 年的索姆河戰役和 1917 年的帕斯琴達爾戰役，耗費了大量彈藥和生命尚且不能取得任何決定性的戰果，約翰·弗倫奇爵士在 1915 年依靠那麼一點進攻力量就能有什麼機會嗎？最好、最正統的軍事觀點此時已經與現實大大脫節，以致參謀部至今還在考慮使用大批騎兵突破德軍的防線。突破防線之後騎兵又該怎麼辦？對此他們卻沒有解釋。

然而，關於法國進攻的廣泛議題以及東方局勢具體問題的討論中，陸軍參謀部和海軍戰時參謀部終於能夠明確反對薩洛尼卡行動計畫，並支持繼續進行達達尼爾戰役。提倡薩洛尼卡行動計畫的人正是那些強烈要求將爭議交由海陸軍專家公正裁決的人，但他們對裁決結果卻完全無法接受。

1915 年 10 月 9 日夜晚，這些問題被呈交給戰時會議（成員已經擴增，爭執雙方的主要人物都包括在內），顯然，薩洛尼卡和達達尼爾之間無法達成任何共識。另一方面，盡快派遣大批部隊增援東方戰場已是雙方共同

的立場。由於部隊調動需要幾個星期的時間，似乎有理由認為，在此期間形勢的發展可能最終會使雙方達成一致。會議的最終決定是從法國撤出 6 個師前往埃及，至於這 6 個師之後的安排問題留待以後再解決。首相感到自己同意這種安排是迫於無奈，在我看來，他的個人意願一直是希望在達達尼爾海峽堅持下去，他竭力耐心地運用各種手段引導大家支持這個觀點，以便能保證儘早做出必要的決策。操之過急有可能會導致政府破裂。我始終強烈認為，讓內閣垮臺也許會更好，與其保留所謂的「全民團結」而犧牲至關重要的實際行動，還不如讓內閣中這個或那個派別完整地貫徹自己的主張。然而除此之外，還有與法國人之間出現的麻煩。

　　法國政府此時全力推行薩洛尼卡計畫。他們宣稱計劃派遣薩拉伊將軍的部隊前往薩洛尼卡，而不是達達尼爾，並要求我們全力支持。內閣因此圍繞這一提議展開新一輪爭論，該提議要求將已奉命前往埃及的部隊轉向薩洛尼卡，進而放棄在達達尼爾海峽的大規模行動。再次求助軍事專家後，參謀部在一份文件中指出，拯救塞爾維亞人已無可能，薩洛尼卡行動是危險且無效的，會導致軍隊力量分散；後來的事件完全證實了這一觀點。基於陸海軍專家的明確結論，內閣拒絕了法國的建議，堅持按照協議將英國增援部隊派往埃及，以更換亞熱帶裝備等。為此，法國政府派遣霞飛將軍前往英國。香檳戰役失敗後，他已無力抗拒自己政府的強烈傾向，也不願讓薩拉伊將軍留在巴黎。抵達英國後，由於首相生病無法見他，他會見了內閣主要成員。我因被排擠未能參加這次會議，因為大家都知道我肯定不會支持他的主張。會議結束後，內閣得知霞飛將軍堅信他的軍事判斷無誤，確認薩洛尼卡遠征是必要且可行的，並威脅稱如果英國不予以有效合作，他將辭去法軍司令職務。儘管英軍參謀部堅決反對，態度坦率，但內閣在這種威脅下屈服了。

　　英國政府的最終政策儘管在方向上有誤且為時已晚，仍具有其崇高之處。1915 年 10 月 12 日，英國向羅馬尼亞和希臘發表了以下宣告：

唯一能有效援助塞爾維亞的方式是羅馬尼亞和希臘立即對奧地利、德國及保加利亞宣戰。如果宣戰，英國政府將毫不猶豫地與羅馬尼亞簽訂軍事條約，根據條約，英國將保證在巴爾幹戰場上投入至少 20 萬人的軍隊，這不包括已駐紮在加里波利半島的部隊。如果法國也派遣部隊——他們目前正在考慮這一點——他們將派遣 20 萬人；若他們不派，英國政府將獨自提供全部兵力。

這支部隊將由幾個最精銳的師組成，他們將代表我們協約國堅守戰場直至任務完成。一旦運輸條件允許，部隊將陸續且源源不斷地運送過去。我們預計到 1915 年 11 月底，將有 15 萬人抵達，到年底，20 萬人將全部到達。

軍事條約將明確規定這支部隊各單位的抵達日期。我們會再次向希臘重申這一提議，如果羅馬尼亞準備立即採取行動，我們將敦促希臘立即履行其對塞爾維亞的條約義務。

倘若在 3 個月前能展現這種精神，我們原本可以避免這場災難。正因大難臨頭，才激發出我們的這種精神。若在 1915 年 8 月或 9 月間向加里波利半島或亞洲海岸派遣這樣一支軍隊，我們就能擊潰已經疲憊不堪的土耳其軍隊，進而逆轉整個東方的戰局。現今我們提出這些優厚的條件，並非出於先見之明，而是因形勢所迫。遺憾的是，這些優厚條件已無人理會，對羅馬尼亞和希臘完全無效。

由於未能挽救塞爾維亞，在這痛苦的掙扎中，愛德華·卡森爵士辭去了職務。因試圖拯救塞爾維亞未果，德爾·卡塞先生也辭去了職位。

1915 年 10 月 9 日，一場毀滅性的風暴席捲了巴爾幹半島，馬肯森率領 9 個德、奧師團渡過多瑙河，從北面進入貝爾格勒。2 天後，保加利亞軍隊從東面入侵塞爾維亞。這種兩面夾擊幾乎無法抵擋。烏日策在 1915 年 10 月 22 日陷落，尼斯在 1915 年 11 月 2 日淪陷。再過 1 個月，比托拉也被攻陷，到 1915 年 12 月中旬，塞爾維亞軍隊不是被消滅就是被逐出塞爾維亞。

巴爾幹諸國的毀滅

　　由於保加利亞人無情的追擊，潰敗的塞爾維亞軍隊和民眾飽受戰爭與寒冬的摧殘。無數失去庇護的塞爾維亞人喪命，整個國家遭到蹂躪，陷入了被徹底征服的境地。與此同時，大批集結在薩洛尼卡的英法聯軍成了這些事件的旁觀者，加里波利半島上的協約國軍隊被閒置，達達尼爾海峽的英國艦隊依然無所作為。

放棄達達尼爾海峽

前一章所描述的事件直接導致了放棄攻打達達尼爾海峽的行動計畫。首先,德國與土耳其之間即將開放的交通線,似乎能使土耳其人獲得大量的物資供應,特別是重型火炮和彈藥。我們駐紮在加里波利半島上的部隊,由於無法區域性撤離陣地,將面臨敵人大大增強的炮火威脅。其次,薩洛尼卡遠征必定進一步影響達達尼爾行動,加速削弱那邊已經陷入困境的軍隊力量,分散或轉移原本應提供給他們的增援和物資。到處瀰漫著臨近失敗(期望不是最終災難)的憂慮。撤離加里波利半島和放棄整個行動的計畫之所以被延遲,只是因為我們擔心士兵會在海灘上被屠殺,部隊因此損失慘重。作為撤離的第一步,基奇納勛爵在1915年10月11日發了一份電報給伊恩・漢密爾頓爵士:

若我們決定撤離加里波利半島,並以最謹慎的方式執行撤離計畫,你預計部隊可能會面臨什麼樣的損失?……

伊恩・漢密爾頓曾言撤退「難以想像」,他於1915年10月12日的回電如下:

經過理智的計算,我們撤出加里波利將會損失必須使用到最後的大炮、保存物資、軌道設備和馬匹之外,還可能使部隊折損過半……我們或許會非常幸運,損失會比我預估的小得多。

1915年10月14日,政府決定召回伊恩・漢密爾頓爵士,派遣門羅將軍接替其職務。門羅將軍曾在法國指揮部隊,他深受西方思維的影響。在他看來,這場戰爭的最高策略目標就是「消滅德國人」。任何能夠消滅德國人的方法都是好方法,而不能消滅德國人的方法則毫無價值,即便這些方法能夠幫助他人消滅更多的德國人,或者防止德國人有能力消滅我們。

放棄達達尼爾海峽

在他這種人心目中，占領君士坦丁堡只是小打小鬧，摧毀土耳其的軍事力量或將巴爾幹國家團結在協約國周圍不過是些政治手段，所有軍人都應對此嗤之以鼻。內閣並不了解門羅將軍的這些獨特觀點，何況他以往所談的都是純軍事性話題。他將面對以下問題發表見解：加里波利半島應當放棄還是應再次嘗試占領；需要多少軍隊才能——

（1）占領半島

（2）確保海峽暢通

（3）攻占君士坦丁堡

在這場根本上屬於兩棲作戰的行動中，他的話未提及艦隊可能發揮的作用。大量軍隊正從法國出發前往東方戰場，如何部署這些軍隊仍然懸而未決。形勢緊迫，眾人焦急地等待著門羅將軍的報告。

然而，無需再有任何懸念。門羅將軍是一位果斷的軍官。他來到這裡，進行了考察，並決定投降。1915年10月28日，他抵達達達尼爾海峽，次日他和他的參謀人員討論的唯一話題便是撤退。1915年10月30日，他在加里波利半島登陸。門羅將軍並未深入海灘以外的地區，而是用了6個小時的時間熟悉了安扎克、蘇夫拉灣和海勒斯角長達15英哩的戰線情況。在每一個指揮點，他都向主要指揮官們丟擲幾句令人氣餒的話。他在各個軍指揮部召集師長們，逐一詢問類似的問題：「如果你再也得不到任何增援，而土耳其人卻不斷從德國獲得重炮和彈藥的補給，你還能撐多久？」透過這種方式，他收集到了一些含糊其辭的答覆，帶著這些答覆他返回了因布羅斯。從那以後，在他的指揮期間，他再也沒有踏上半島一步。他的參謀長也是撤離的堅定支持者，但同樣從未踏足半島。1915年10月31日，門羅將軍發來電報，建議全面撤離加里波利半島，徹底放棄這場戰役。根據他的評估，除了整個戰役宣告失敗外，部隊將損失30%到40%，即約4萬名官兵。這是他願意接受的結果。2天後，他動身前往埃及，將達達尼爾的指揮權暫時交給伯德伍德將軍。

門羅將軍發來的要求「撤離」的電報，對基奇納勳爵而言無異於晴天霹靂；儘管震驚，他還是重新振作起來，這一刻他展現了我們民族性格中堅韌不拔的特質。

基奇納勳爵致伯德伍德將軍

絕密

1915 年 11 月 3 日

門羅送來的報告你應該已經知悉。我將前往你那裡，明晚出發。我已經見過凱斯艦長，相信海軍部會同意由海軍強行通過達達尼爾海峽的計畫。我們必須盡力協助他們，我認為我們的軍艦一旦進入馬爾馬拉海，我們就能奪取布萊爾地峽，如果土耳其人依然堅持到底，我們可以利用這個地點向海軍提供物資。

在克塞羅斯灣頂端的沼澤地附近細緻地尋找最佳登陸點，以便我們能夠開闢一條貫穿地峽的通道，使軍艦能在兩端駐守。為了調集軍隊執行這項任務，我們將不得不將戰壕中的士兵人數降至最低，或許我們還需要撤離蘇夫拉灣的一些陣地。我們將召集所有精銳戰士，包括你的安扎克士兵和我在埃及能集結的所有軍人，讓他們在穆德羅斯港集結，準備執行這個行動計畫。

海軍指揮層或將迎來部分變動，此次行動將由威姆斯擔任海軍指揮官。

關於陸軍指揮權，所有部隊均由你負責，需謹慎選擇指揮官和部隊。我推薦莫德、范蕭、馬歇爾、佩頓、戈德利、考克斯這幾位人選，其他人繼續堅守防線。請制定行動計畫，或提出你認為最佳的替代方案。這次我們必須成功。

我堅決不會簽署撤退命令，因為我認為撤退將會引發極為嚴重的災難，並導致我們的戰士大量傷亡或被俘。

門羅將會被委任指揮薩洛尼卡的軍隊。

這正是基奇納的真面目。無論布萊爾是否是最好的選擇，但透過這封炙熱的電報，我們看到了一個堅決、自信、富有創造力且擁有雄獅膽魄的人。不列顛帝國對他充滿信心，數以百萬的人信賴他。

遺憾的是，翌日：

基奇納勳爵致伯德伍德將軍

1915 年 11 月 4 日

我即將按照計畫啟程……我愈深入探討這個問題，愈感到無解，因此你最好私下擬訂一個撤出半島部隊的計畫。

我們能夠再度利用我們獨特的優勢，透過敵方防線，洞察德國當局如何評估局勢。1915 年 10 月 31 日這天，正是門羅將軍向基奇納勳爵發出請求撤離電報的同一天，德方的馮・烏澤多姆——讀者會記得他是負責指揮達達尼爾堡壘和海峽所有海軍防衛力量的那位海軍上將——向德皇發送了一份緊急報告，彙報過去 1 個月內局勢的發展。

他撰文道：

由於 1915 年 8 月 7 日在阿里布努防線以北的新登陸點發起的進攻被阻擋，我們一直預期的陸上戰線大規模進攻並未發生。至 1915 年 9 月底，有關敵軍部隊和車輛調動的報告增多。來自薩洛尼卡的情報證實，軍隊正從達達尼爾戰線調往該地。然而，我並不認為敵人會在未經激烈戰鬥的情況下撤離陣地。為了將敵人趕出，我們必須準備全面且徹底的炮擊，但為達此目的，戰場上現有或可提供的彈藥數量是不足的。

他進一步闡明了削弱海峽要塞防禦力量的危險做法：整個防禦系統所依賴的可移動火炮，尤其是榴彈炮，正不斷被撤走。除了 1915 年 5 月和 6 月撤走了 49 門榴彈炮和可移動火炮連同炮彈之外，1915 年 8 月和 9 月他還被迫讓出了 21 門最有價值的榴彈炮和可移動火炮。整個至關重要的中間防線堡壘，此時僅存 20 門可移動榴彈炮和迫擊炮。

此刻，德·羅貝克中將的參謀長凱斯准將已經對達達尼爾海峽的局勢感到極度不滿。他始終堅信，艦隊在充分準備後能夠以充足的力量突破達達尼爾海峽，進而進入馬爾馬拉海。夏季時，海軍參謀部在他的指導下，為此次行動制定了詳盡的計畫。這些計畫已經完成，凱斯准將宣稱自己對計畫的成功充滿信心。在他看來，他得到了威姆斯少將的全力支持。後者實際上資歷比德·羅貝克中將更深，但由於前文中已解釋過的狀態，在1915年3月18日戰鬥前夕，他被任命為副司令。他在戰爭中的卓越表現和判斷力注定他將從海軍少將晉升為第一海務大臣。在這個高級職位上，他最終承擔了大戰最後14個月的重任。因此，回顧過去，他的觀點具有高度的權威性。然而，德·羅貝克中將並未採納參謀長和副司令的共同意見。於是，凱斯准將請求解除他的職務，以便回國向海軍部委員會展示自己的方案。德·羅貝克中將表現出寬宏大量的姿態，要求凱斯保留職位，並給予他假期和完全的自由，以便凱斯能在「公正的地方」陳述自己的想法，但明確表示，他在任何情況下都不再對下一步的海軍行動負責。於是，凱斯准將立即啟程，並於1915年10月28日回到倫敦。

　　凱斯方案以大膽的舉措引起了廣泛關注。方案摒棄了逐漸推進的方法，而迄今為止，只有這種方法才能獲得海軍的全面認可。方案將艦隊分為4個中隊，其中3個中隊負責進攻，第4個中隊為陸軍提供支援。第2中隊由約8艘舊戰鬥艦和巡洋艦組成，4艘非常舊的戰鬥艦負責供應任務，另外盡可能多地使用偽裝的戰鬥艦，並用一些商船運輸煤和彈藥。所有這些艦船都需安裝水雷防護裝置。第2中隊由4艘最好的掃雷艦開道，並由8艘驅逐艦和2艘偵察艦護航，在黎明前不久進入海峽；天亮前要避開照明區域，天亮時中隊以最高速度穿越狹窄段。凱斯准將提議親自率領這個中隊。他堅信，配備經過改進的掃雷艇和水雷防護裝置，藉助煙霧和黑暗，只要能出其不意，中隊的大部分艦隻肯定都可以到達納加拉上方。未被擊沉的戰鬥艦可以立即從敵人暴露無遺的後方攻擊狹窄段的堡壘。

放棄達達尼爾海峽

同樣在黎明時分，第1中隊將從凱佩茲雷區下游同時發起對狹窄段堡壘的進攻；這個中隊包括「納爾遜勳爵」號、「阿加曼農」號、「埃克斯默思」號、2艘「愛德華國王」級、4艘法國軍艦、「光榮」號和「老人星」號，並由8艘小型護航艦和10艘驅逐艦掃雷。第3中隊的任務是掩護陸軍，並從加里波利半島的另一邊配合對狹窄段堡壘的進攻；這個中隊由2艘重炮艦和「速捷」號以及5艘巡洋艦和輕型巡洋艦組成。3個中隊對狹窄段的堡壘一起開炮，掃除被第2中隊經過時攪亂了的雷區，工作要一鼓作氣刻不容緩地進行。參謀人員擬定的一份深思熟慮的備忘錄規定了這次進攻的每一階段的行動，在命令第1中隊經由狹窄段最後推進之前，這次進攻很可能要持續2天，如有必要則為3天。簡而言之，凱斯方案原則上與老方案相同，即在掃除水雷的同時採取遠距離和連續的炮轟制服堡壘，但是所增加的是運用最舊的軍艦在進攻前出其不意迅速突擊，其目的是為了打亂敵人的防守，清掃並突破雷區和獲得可以從那裡以相反方向炮擊敵人堡壘的位置。凱斯准將寫道：「（在參謀的備忘錄中）建議的這次行動採取了起始突擊與堅決和陸軍進攻相結合的辦法，它代表了許多有經驗軍官的普遍觀點，他們強烈主張使用海軍進攻達達尼爾海峽，並對勝利抱有信心。如果取得勝利，加里波利半島上的土耳其軍隊將完全依賴於布萊爾地峽供應一切。而這條交通線將會被日夜騷擾。」這個方案最後還包括詳細的安排，為成功進入馬爾馬拉海攻擊土耳其交通線的軍艦進行維修。

1915年11月2日，首相重新組織了戰時會議，即人們常稱的達達尼爾委員會。新的機構命名為「戰時委員會」，成員僅包括首相、貝爾福先生、基奇納勳爵、愛德華·格雷爵士和勞合·喬治先生。在保守黨的壓力下，10天後又增加了博納·勞先生。我被排除在外。據稱，這個新的委員會將負責指導整個戰爭並向內閣報告。1915年11月3日，新委員會召開會議討論從達達尼爾海峽撤退的問題。基奇納勳爵的立場已經在當天給伯德伍德將軍的電報中明確表達。他此前還給門羅將軍發過電報，詢問半島

上的軍事首長們是否贊同他的意見。得到的回覆是：賓將軍支持撤退，他認為只要能在德國大規模增援到達之前撤離蘇夫拉灣，我們不會遭受太大損失；負責海勒斯角指揮任務的戴維斯將軍同意門羅將軍的看法；但安扎克部隊的指揮官伯德伍德將軍反對撤退。負責指揮埃及部隊的馬克斯韋爾將軍也單獨發來電報，主張應進一步堅持。因此，陸軍內部意見出現了分歧。委員會還將由威姆斯少將簽署的凱斯准將的方案交給他們研究，海軍戰時參謀部對此未作決定。凱斯當時只是掛准將軍銜的上校，被認為是一位智勇雙全的軍官，但他沒有擔任高層指揮的資歷，無法壓倒德·羅貝克中將的消極觀點。如果在此關鍵時刻，他能獲得委員會的重任，這場大戰的歷史或許會大大縮短。

在當時的情形下，對於新的戰爭委員會而言，推遲最終決策的艱難日子並非難事。基奇納勳爵前往達達尼爾進行實地調查，並提出了進一步的建議。這位戰時國務大臣於 1915 年 11 月 4 日離開倫敦，顯然非常認同凱斯准將的計畫。在途經巴黎時，他極為堅定地宣布並指示凱斯准將向法國海軍部長拉卡茲上將解釋該計畫，然後全速趕往達達尼爾。拉卡茲上將完全支持此計畫，並立即同意增派 6 艘舊法國戰鬥艦來執行該計畫。

基奇納勳爵於 1915 年 11 月 9 日抵達達達尼爾海峽。在親自視察了部隊和防禦情況後，他認為除非德國大量增援，否則部隊能夠堅守陣地，而近期內這種可能性甚低。然而，幾次與德·羅貝克中將會晤後，他放棄了恢復海軍進攻的想法，儘管凱斯准將未能出席。取而代之，他構思了一個新的計畫，打算在亞歷山大勒塔灣的阿亞什登陸，目的是阻止土耳其入侵埃及並掩護即將開始的加里波利半島撤退。但此計畫事先既未提交給海軍部，也未提交給戰時委員會。這兩個部門已經在處理達達尼爾和薩洛尼卡的戰事，自然不願意承擔一個新的、獨立且僅能達成次要目標的複雜計畫的責任。於是，他們通知基奇納勳爵不同意他的觀點，並宣布已決定將加里波利問題交由幾天後在巴黎召開的大會做最終裁定。

放棄達達尼爾海峽

　　1915年5月底,我離開海軍部後,在新政府中獲得了一個職位,隨後我一直認為自己有責任全力支持達達尼爾戰役,並希望藉助自己在戰時會議中的席位來實現這一目標。這是我接受這個名義職務的唯一條件。現在這個條件已經不復存在。我的觀點與大多數人的觀點發生了衝突,而首相最終屈從於他們的意見。意見分歧和猶豫不決讓我感到困擾,這種對立在當時屢見不鮮,導致作戰指揮總是陷入癱瘓。凱斯准將和威姆斯少將的方案遭到拒絕更令我感到絕望。我確信,既然打算撤離加里波利半島,那麼撤離必然會成為結果。

　　這個決定蘊含著巨大的風險,若不從海上或陸地展開大規模軍事行動,執行這個決定將無可避免。與其讓部隊在缺乏支援的情況下逐漸被消耗殆盡,不如讓他們提前撤退。假如英國內閣或海軍部無法承擔海軍進攻的責任,那麼此時進行進一步的陸軍行動仍不算太晚。集結在近東、埃及和薩洛尼卡的幾支重要新軍可以在貝希卡灣登陸,然後沿亞洲海岸推進;或者在塞克斯灣的某處登陸,切斷布萊爾地峽。這兩處登陸都需要大量額外的小船,如拖網漁船、駁船、「甲蟲」。只要德國的大炮和彈藥的供應尚未使駐守加里波利半島的協約國軍隊失去防守能力,任何地點的登陸行動都是可行的。在任何情況下,土耳其都缺乏足夠的後備部隊來抵擋新的入侵。無論協約國軍在何處取得勝利,集結在加里波利半島的土耳其全部20個師都將被殲滅或俘虜,而我們的14個師將因此而獲得解放,成為一支新生力量。保加利亞已站在敵對陣營,塞爾維亞已遭踐踏。然而,我們仍然可以爭取希臘和羅馬尼亞的支持,依舊有機會占領君士坦丁堡,恢復與俄國的交通連繫,並將土耳其逐出歐洲──即使不能完全將其逐出戰爭舞臺。

　　然而,無視占據上風的多數意見而只顧宣揚自身觀點,這種策略毫無意義。即便我在戰時委員會中贏得一席之地,也無濟於事。理智的做法是,應當給已占據主導地位的策略和政治思想一個機會,讓其信奉者將其

充分付諸實踐。我了解得太多，且過於敏感，因此無法接受內閣的職位，也不能為我認為完全錯誤的作戰概念承擔責任。於是，在1915年11月中旬，我請求退出政府。

當時，議會中已經無法就本章揭示的這些嚴峻而痛苦的論點展開討論。我心中沒有其他想法，只有對同僚和首相的深厚友誼，任何可能給他們或國家帶來麻煩的話我都不說。在我們的事業如此糟糕時，我無法再保留這個高薪的掛名職務，放棄它讓我感到心安理得。

我試圖揭示這場悲劇中各方勢力活動與各種事件後果之間的交錯影響。可以撰寫大量文件來說明和解釋悲劇各階段的情況，但若包括許多小插曲，只會引起混亂。然而，透過已有的文件，我們不難理解，那些竭力忠實、認真履行重大職責的人（無論其觀點如何）所面臨的可怕困難和痛苦困惑。我已記錄了自己當時的看法。未來如何尚不得而知。沒有人能掌握一切。專家常常出錯，政治家則常常正確。外國政府的願望經常與我們的政策背道而馳，他們自己也被與我們同樣的內憂困擾。沒有真正的成就作為資本，就沒有權力發號施令，進而贏得絕對尊重。權力廣泛分布在許多重要人物手中，這些人在這段時期組成了統治機器。大家對情況的了解程度也很不同。人們對所有這些複雜問題的各個方面會產生無數片面的爭論，而局勢本身在不斷劇烈動盪。我們從未有過主動權，總是被局勢牽著鼻子走。我們從未能跟上或掌握局勢。簡明的解決辦法始終存在，這些辦法可以迅速帶來寶貴勝利的果實。

作為本章的結尾，我或許可以重新闡述那些具有普遍重要性的言辭，這些話語是我用來解釋我辭職的原因：

沒有理由對戰爭的過程感到灰心喪氣。我們正在經歷一段艱難時期，在形勢改善之前可能會更加艱難，但只要我們堅持不懈，局勢必將好轉，我對此深信不疑。過去的戰爭是由各個階段的戰役所決定，而非戰爭的整體趨勢。在這場戰爭中，趨勢的重要性遠超階段性的戰役。即便我們未能

放棄達達尼爾海峽

在戰役中取得輝煌勝利，仍可贏得這場戰爭。即便我們遭遇一連串令人失望和沮喪的挫折，仍有機會勝利。我們無需為了贏得這場戰爭而迫使德國人後撤，逼他們放棄所有占領的領土，或試圖突破他們的防線。儘管德國的戰線延伸至遠離其邊界的地方，儘管他們的旗幟在被征服的首都和被奴役的省分中飄揚，儘管表面上他們似乎在耀武揚威，但如果協約國軍在戰爭的第 1 年就進攻柏林，而不是在前線對抗，那麼相比之下，德國在戰爭第 2 年或第 3 年的失敗便是必然的。

……毫無疑問，看到像保加利亞這樣的國家政府，在經過全面調查後仍然相信勝利將屬於中歐同盟國，我們不免感到憂心忡忡。所有的小國家都被德國軍隊的壯麗和精準所迷惑。他們看到的是耀眼的外表和歷史的片段，他們沒能看到或理解與德國人交戰的那些古老而強大的民族所具備的能力——他們能夠忍受逆境，能夠面對失望與失誤，能夠恢復力量和振奮精神，能夠在極度的苦難中以無比頑強的意志走向事業的成功。

1915 年的結果

在達達尼爾戰役接近尾聲之際，我正服役於拉旺蒂附近的近衛步兵第1團第2營。我透過內閣和總司令部的朋友們獲得了有關戰局進展的消息。那段時間，我與那些傑出的軍人們共同探討了他們在整頓軍紀和陸軍壕溝戰中的卓越方法，並在冬季的嚴酷條件和敵人炮火的威脅下，共同度過了艱辛的日常生活，這使我倍感安慰。我在近衛師體驗軍旅生活期間得到了熱情接待，對此我將永遠銘記心中，感激不盡。在1915年11月的一個夜晚，我首次帶領一個近衛步兵排穿越一片通向我們戰壕的溼地，途中看到大炮此起彼伏的閃光，間或聽到流彈呼嘯的聲音。這時，我心中產生了一個無比堅定的信念：這些純樸的士兵和他們的指揮官們，為了共同的事業，最終將能夠以自己的美德彌補參謀部、內閣、海陸軍將領們和政治家們的錯誤和無知，當然也包括我自己的許多錯誤和無知。然而，為此要付出多少毫無必要的代價啊！在獲得勝利之前，這些已經經歷了許多個腥風血雨的官兵們，在未來無盡的磨難與困苦中，還要經歷多少次屠殺！

1915年11月22日，阿亞什灣方案被否決後，基奇納勳爵批准撤離蘇夫拉灣和安扎克。他依然希望保留海勒斯角，而德·羅貝克中將也強烈主張這一點。然而，戰時委員會決定放棄所有據點。對此，德·羅貝克中將表示了異議。他進一步反對撤離蘇夫拉灣和安扎克，當1915年11月25日有人特意問他是否同意撤離海勒斯角時，他坦率地表示「不明白這個決定」。然而，由於他對使用艦隊的態度，局勢已無法挽回。長期辛勞使他的健康欠佳，因此他請了一段時間的假，立即動身回家。

指揮權現已移交給威姆斯將軍。新任海軍總司令並未因過去的挫折而氣餒，為了扭轉局勢，他竭盡全力。在一系列電文中，他強調了冬季撤離

1915 年的結果

的風險。他深入研究了撤離的難題，認同門羅將軍的判斷，即撤離時可能會損失 30% 的兵力；他呼籲再做一次努力，以期反敗為勝。秉持皇家海軍無可挑剔的精神，他堅定主張艦隊應發揮其作用，即便陸軍無法配合，他也決定貫徹凱斯方案，憑藉海軍單獨力量奪取達達尼爾海峽。

這一強硬決策徹底顛覆了一切。內閣對新戰時委員會的決議表示反對。最終達成的共識是，在與法國方面進一步磋商之前，以及在新的協約國常務委員會於 1915 年 12 月 5 日在加來召開會議之前，不作決定。基奇納勳爵重新振作起來。他與英國參謀部立場一致，堅決反對整個薩洛尼卡遠征計畫。1915 年 12 月 2 日，他向門羅將軍發去以下電報：

敬啟，機密。

內閣整日討論加里波利的局勢。鑑於其政治影響，對撤離，甚至是部分撤離，存有強烈反對意見。普遍認為我們應當保留海勒斯角。

倘若薩洛尼卡的 4 個師由你統領，並由你發起一次目的在改善蘇夫拉灣防線狀況的攻勢，這樣的行動能否迅速開展？是否能夠占領更高的陣地並向縱深推進，進而確保蘇夫拉灣的防守？海軍將會配合你的行動發起進攻。

與此同時，英國潛艇在馬爾馬拉海的活動幾乎徹底切斷了土耳其軍隊的海上交通，並且阻礙了他們沿馬爾馬拉海岸的陸路補給。在最近這 2、3 個月裡，危險構成威脅的局面顯著、穩步且迅速地逼近。為了應付這種危險境況，德國參謀部在土耳其的鐵路主幹線上新建了一條支線，通向塞克羅斯灣頂端的卡瓦克。這條支線在關鍵時刻完成，當海上運輸線失效後，它成為加里波利半島上 20 個土耳其師唯一的補給和增援通道。從新建的卡瓦克鐵路終點站，所有物資都透過牛車或駱駝沿穿過布萊爾地峽的道路運送，而這條道路經常遭到艦隊炮火的襲擾。1915 年 12 月 2 日，威姆斯少將利用「阿加曼農」號、「恩底彌翁」號和一艘重炮艦的炮火成功摧毀了卡瓦克橋的 3 個中央橋孔。道路也被炮火炸得彈坑纍纍，帶輪子的交通工具完全無法通行。土耳其第 5 集團軍陷入了嚴重困境。英國獲取的情

報顯示，由於傷亡、疾病、物資短缺、嚴冬氣候和海軍炮火的日益猛烈，敵軍士氣日漸低落。我們現在知道這些情報是確實的。敵軍的食品、衣物、靴子和彈藥都極度匱乏。土耳其士兵一週又一週地堅守在戰壕中，他們經常光著腳，衣衫襤褸，飢腸轆轆，這使得他們的德國主子在驚詫之餘動了惻隱之心。當時的德國駐君士坦丁堡大使梅特涅伯爵在利曼·馮·桑德斯的陪同下，於1915年12月視察了半島上的土耳其防線。戰後他談起這些事情時說：「假如你們當時知道土耳其軍隊的處境，我們的處境就不妙了。」然而，我們並不是缺乏情報，我們缺乏的是將情報化為戰果的集體意志力。

　　威姆斯少將及其參謀部如今堅信，即便不強攻海峽，他們的力量不僅能夠阻止德國運來大規模的大炮增援，還能對加里波利半島上的全部土耳其軍隊構成嚴重威脅。如此一來，戰場上的希望再次燃起。就在此時，當強而有力的海軍指揮部首次宣稱有把握贏得勝利之際，上層卻做出了缺乏遠見的撤離決定。1915年12月8日，聯合參謀會議在法軍總司令部召開，一致決定立即組織保衛薩洛尼卡並撤出加里波利。至此，英國政府的困惑告一段落。他們堅定不移地遵守這一怯懦的決定。然而，得到凱斯支持的威姆斯少將並未輕易屈服；這2位海軍將領如今要與內閣、戰時委員會、英法聯席會議、海軍部和陸軍部的聯合力量抗爭，這成為未來英國海軍歷史學家津津樂道的一段插曲。為了為皇家海軍主持公道，至少必須將威姆斯少將1915年12月8日的電報記錄如下：

　　海軍正在策劃占領達達尼爾海峽，並計劃長久控制該海峽，切斷土耳其人從馬爾馬拉海透過水路運送到半島的供應，或者從亞洲沿岸跨越達達尼爾海峽抵達歐洲沿岸的所有補給。剩下的唯一運輸路線是通過布萊爾地峽的道路，而這條道路幾乎完全可以從馬爾馬拉海和塞克羅斯灣進行控制。因此，我們能夠向陸軍提供的支援就是切實、全面地阻斷土耳其人的所有運輸線路，並摧毀達達尼爾海岸上的大量儲備物資。

1915 年的結果

首先，我堅決主張海軍進攻應與陸軍攻勢同時進行，我們對陸軍的唯一要求就是在有利時機時發動進攻。海軍已準備好進行這次戰役，並且有十足的把握能夠成功。如果您能提供 1915 年 11 月 24 日信中提到的那些部隊，勝利的希望將大大增加，同時可能的損失將大幅減少。

我可以肯定，海軍部 422 號電報提到的軍方一致意見顯然受到了查爾斯·門羅爵士軍事評估報告的巨大影響。儘管我未曾閱讀這些報告，但透過談話，我已掌握了報告的核心內容。我知道，軍長們對撤離持有極大的懷疑態度。正如我在電報中概述的那樣，強攻達達尼爾海峽的提議從未提交給他們討論過；我相信，考慮到海軍進攻勝利可能帶來的一些成果，尤其是考慮到半島上土耳其軍隊的士氣低落（對此我們已有充分證據），海軍會支持按照上述指導方針發起的進攻。

我堅信，德國在整個近東地區發動大規模宣傳攻勢，投入巨資，其目的絕不僅僅是將近東戰事當作歐洲戰爭的附屬。

兩大主要戰場的戰線陷入僵持，似乎是當前局勢的必然產物。希臘軍方的高層同樣地表達了這一觀點，顯然是受到了德國方面的鼓勵——這一點尤為值得關注。

在勝利即將到來之時若放棄陣地，無異於協助敵人奪取戰場，敵人一旦控制戰場，就能在已經展開的消耗戰中削弱協約國。

成功的進攻能夠徹底驅散疑慮，釋放大量的船運資源，並解決希臘和埃及的問題。

我不清楚君士坦丁堡的事務是如何裁定的，但若向土耳其人解釋我們進入馬爾馬拉海是為了阻止德國人占領君士坦丁堡，那他們內部必定會產生裂痕，進而削弱他們的力量。

我擔憂若未曾戰鬥便撤退，將對海軍造成不利影響。

儘管除了一些親近的參謀和海軍高級將領，我未曾向任何人提及過「進攻」一詞，但我確信，所有官兵都會認為，我們尚未充分發揮海軍這

支最強大武力,便過早地退出了戰鬥。

　　局勢極其危急,已無暇顧及禮節,我建議立即讓負責進攻或撤離的伯德伍德將軍進行局勢評估。

　　由此推理得出的結論是:選擇撤退或強攻達達尼爾海峽。我認為,從戰術和策略角度來看,撤退將是災難性的,而進攻則是可行的,只要部隊駐紮在安扎克,進攻就能產生決定性作用。

　　我堅信進攻的最佳時機已經到來,我對勝利充滿信心。

　　1915年8月18日,海軍部曾發電報給德‧羅貝克中將,授權並隱晦地鼓勵他使用艦隊中的老式戰鬥艦進攻達達尼爾海峽,但德‧羅貝克中將婉拒了此提議。如今情勢發生了逆轉。1915年12月10日,同一海軍部委員會回覆稱他們無意授權海軍單獨進攻狹窄段。這個冷淡的否決再也無法推翻。

　　在特定環境下,人們準備冒險時,往往會展現出某種異常的心理:為了躲避災難,他們會鼓起一點點勇氣,而這點勇氣通常能帶來成功。以英國政府和海軍部當前的選擇為例:一方面,根據專家們的意見,撤退可能會損失40,000人,即便撤退成功也意味著戰役的徹底失敗;另一方面,進攻可能會損失一支舊艦隊和少數人員,但若進攻成功,戰局將逆轉。然而,我們發現,內閣和海軍部在面對第一種選擇時能夠坦然接受,而在第二種選擇面前卻猶豫不決。當時間充裕、前景樂觀、成就不可估量時,他們反而謹慎小心、躊躇不前、不敢採取行動。在戰局不利、前途渺茫時,他們卻做出孤注一擲的決定。當一切充滿希望時,他們放棄了積極的行動;當形勢令人絕望時,他們只想著逃跑;能夠取得勝利的能量和信心在逃跑方案的考慮中消耗殆盡。

　　英國政府決心堅定,願意不惜一切代價做出讓步。海軍部重申撤離蘇夫拉灣和安扎克的命令。1915年12月12日,威姆斯少將「懷著最大的遺憾和憂慮」屈從於這些命令。人們用了1個月的時間仔細制定出的撤離計

1915 年的結果

畫現在已經完成，少將確定 1915 年 12 月 19 日或 20 日夜晚為撤離行動的日期。

希望完全破滅。在撤離蘇夫拉灣和安扎克的命令中，政府同意暫時保留海勒斯角，這樣就保留了重新發起海軍進攻的可能性。為了確保海勒斯角，少將親自在那兒坐鎮指揮，並在戴維斯將軍的全力配合下，精心制定了由艦隊和陸軍對阿齊巴巴發起聯合進攻的方案。對於重炮艦和帶「防潛船腹」的幾艘「埃德加」級軍艦的火力控制和炮擊準確性，已達到很高水準。戴維斯將軍寫道：「在進攻中進行合作現在已成為現實。」因此，這 2 位戰地海陸軍指揮官的意見完全一致。沒有必要預測這次進攻行動的前景，因為此時門羅將軍從薩洛尼卡返回。自從他對加里波利半島視察一天後又去埃及逗留了一下，他就一直待在薩洛尼卡。1915 年 12 月 1 日他就禁止伯德伍德將軍和各軍指揮官在未經他允許下與海軍少將協商。12 月 10 日，他斷然禁止伯德伍德將軍與海軍少將討論任何軍事問題。12 月 14 日，他向國內發電報，宣告他與海軍少將的觀點無關，並抗議威姆斯海軍少將對陸軍事務發表意見。然而，他也同意海軍和當地陸軍的觀點，即不占領阿齊巴巴，海勒斯角就不可能無限期保留下去。由於占領阿齊巴巴被認為是不可能的事，完全撤離加里波利半島就這樣最終決定下來了。

1915 年 12 月 19 日夜晚，這次重要的撤離行動在沒有流血的情況下順利完成。我在法國得知這一消息時，心情既憂鬱又如釋重負。最高的榮譽應歸於那些嚴格按照計畫完成任務的海陸軍軍官們，以及那些全面成功執行計畫的海陸軍將領們。這一切都依賴於天氣，在關鍵的 48 小時裡天氣一直保持良好，土耳其人完全沒有察覺。確實，當黎明到來時，那些付出巨大代價才奪得的戰壕和著名的陣地上已經空無一人，寂靜得如同它們周圍的墓地，面容憔悴的土耳其士兵和他們堅定不屈的長官幾乎無法相信自己的眼睛。他們的地位、國家的地位以及他們英勇保衛的首都，瞬間從極度危險中轉變為煥然一新和充滿生機。儘管他們在人數和資源上處於劣

勢，儘管他們的地位從策略上看具有天然的危險性，但高級指揮部堅定不移的信念、決心和爭取勝利的意志為他們贏得了保衛戰的勝利。他們壓倒性的潛力和資源、實際的人數和裝備、勇敢的精神、奉獻的精神以及他們遭受的巨大犧牲，這一切都使他們有權獲得勝利。我們的權力頂層缺乏這樣的品格，導致進攻者未能贏得對全世界有重大意義的應得勝利。

1916 年 1 月 8 日，海勒斯角的撤退行動同樣有條不紊，運氣也同樣令人滿意，達達尼爾的這一階段終於畫上了句號。一些見識淺薄且不明真相的人對此結局歡呼雀躍，彷彿取得了勝利。

然而，不僅需要敘述接下來發生的事情，還需要概括這些事件所帶來的深遠影響。

達達尼爾戰役的各個階段，都因法國和英國最高指揮部反對從主要戰場調動部隊和物資，而承受了供應不足和戰力嚴重削弱的痛苦。放棄達達尼爾海峽導致了協約國軍事力量的重新配置，其規模之大超出了最熱情支持者的預期。塞爾維亞已經被摧毀；保加利亞加入了敵方陣營；羅馬尼亞和希臘因恐懼而保持中立，不敢有所行動。然而，只要英國的旗幟在半島上飄揚，英國的艦隊在海峽外巡邏，土耳其的主力部隊就會被牽制，陷入癱瘓。撤退使得土耳其在半島上的 20 個師得以解脫，從此土耳其可以在色雷斯與保加利亞組成共同戰線，進攻俄國，援助奧地利，威脅羅馬尼亞。土耳其同時還有能力威脅埃及和增援美索不達米亞。

撤出的 13 個英國師在休整過後，仍需防範最後的兩種新威脅。法國和英國從法國戰場調配了總計 7 個師的新軍，這些部隊將被派往防守薩洛尼卡。除了澳洲和紐西蘭軍團之外，協約國的這 20 個師在戰爭的其餘時間裡幾乎沒有與德國軍隊交戰。在將近 6 個月的時間裡，這些師幾乎沒有與任何敵人直接接觸。而在同一時期，20 個解脫的土耳其師中有 13 個師加入了其他戰場的敵軍，其中 11 個師前往高加索，2 個師前往加利西亞，這兩股力量增加了俄國的壓力。因此，我們可以用不同的方法來計算撤離

1915 年的結果

加里波利半島的初步結果：協約國的總損失達 30 到 40 個師，其中一半為精銳部隊。顯然，僅僅由於這個原因，戰爭必定會延長許多時間。

一旦對土耳其帝國的核心解除壓力並給予其喘息之機，其廣泛的四肢便會在德國的刺激下恢復並增強力量。在薩洛尼卡、埃及和美索不達米亞已經或即將爆發的 3 場戰役迅速發展為大規模戰事，這 3 場戰事持續到大戰的最後一天，致使英國耗費了大量資源。法國也消耗了一定資源，儘管不及英國那麼多。到了 1918 年，英國和印度的 7 個師組成了一支 27 萬人的部隊（不包括後續補充人員）在美索不達米亞作戰。起初是守衛蘇伊士運河，後來透過入侵巴勒斯坦攻擊土耳其，發展成為一場獨立的戰爭，這場戰爭若發生在其他任何時期，都將引起世人矚目。我們不直搗土耳其的心臟君士坦丁堡，不攻擊她的腋下亞歷山大勒塔或肘部海法，而是從她的指尖向北進攻。我們緩慢而艱難地前進，無盡地消耗自身力量，以人力與組織的驚人成就穿越沙漠，在幾百英哩的炙熱沙漠上用身體刻劃出一條條人工河流。我們歷經千辛萬苦，在戰鬥中 1 英哩 1 英哩甚至 1 碼 1 碼地推進，從加薩到耶路撒冷，從耶路撒冷到大馬士革，但從未能讓敵人付出超過我們三分之一的代價。大戰停火時，由 12 個英軍師組成的將近 28 萬人的軍隊（不包括後續補充人員）陷在巴勒斯坦和敘利亞作戰。薩洛尼卡戰役同樣擴大得令人恐懼。到 1917 年末，12 個英、法師和 2 個義大利師正在聯合對付土耳其軍和保加利亞軍；如果達達尼爾戰役堅持下去，這些土耳其軍隊早已被逐出戰爭舞臺，如果我們採取及時和謹慎的政策，這些保加利亞軍隊就可能站在我們這邊。協約國這次大規模部署唯一的額外收穫就是，在國家毀滅之後從海上過來的 6 個塞爾維亞師，及韋尼澤洛斯先生與康斯坦丁國王決裂後召集的 4 個希臘師。最後，守在薩洛尼卡前線上的協約國部隊達到了 63 萬人。

為了維持這 3 次遠洋航行，英國的海上資源始終處於極度緊張的狀態，加上德國的無限制潛艇戰，至 1917 年春季，我們幾乎瀕臨徹底崩潰。那

些只關注大艦隊的海軍將領和只關心主力部隊的陸軍將領們，現在應當明白，拒絕命運之神最初提供的良機，最終會遭遇何等嚴酷的報復。

儘管方法上顯得迂迴且浪費，但推動東方政策的策略概念最終被驗證為正確；經過 3 年的戰鬥後，保加利亞的崩潰成為中歐同盟國整體崩潰的預兆。

隨著達達尼爾戰役的結束，與俄國建立直接和持續連繫的希望徹底破滅了。曾經可以建設一條通往摩爾曼斯克的 1,200 英哩鐵路，並將符拉迪沃斯托克的增援物資經過 4,000 英哩運送過去；在人員與軍需物資方面進行密切合作，並大量出口南俄小麥，擴大充滿活力的貿易活動，這些都只能透過黑海的門戶才能實現，但現在這一切機會已經永遠失去了。

放棄加里波利半島使俄國人的希望破滅。在最艱難的時期，當俄軍在魯登道夫的猛烈攻勢下失去波蘭和加利西亞時，當她的軍隊在災難中掙扎，經常手無寸鐵地面對死亡，當生活成本在他那廣袤而封閉的帝國中不斷攀升時，俄國一直以君士坦丁堡這個巨大的戰利品來激勵自己。然而，現在俄國各階層人民都已深感失望，那種根深蒂固的疑慮也隨之而來。英國人並非真心想攻占達達尼爾海峽。從英國同意俄國對君士坦丁堡的要求起，她就沒有全心全意要奪取這座城市，他已經失去了對這次行動的興趣。他的行動不堅定，意見出現分歧，這些都源於這個國家內心隱藏的祕密動機。而這一切都發生在俄國經歷一場人類歷史上任何民族都未曾經歷過的殘酷戰爭之時，俄國正在流血犧牲。這些原是人們的竊竊私語，但德國人熟練的宣傳機器使它生上翅膀，現在已遍布沙皇的整個領土，緊隨其後，各種顛覆勢力從中獲得力量。最後，戰爭不可避免的延長證明對俄國是致命的。在我們終於注定要打一場被吹捧為軍事思想的最後啟示消耗戰時，俄國率先倒下，他的垮臺本身或許就會掀起使數百萬人遭受災難的浪潮。直到今天我們依舊感受到這些事件產生的後果，它將在我們子孫後代的世界投下陰影。

1915 年的結果

達達尼爾遠征的失敗對基奇納勳爵而言是致命的。在整個 1915 年，他單獨掌管英國的全部陸軍事務，到 1915 年 11 月之前所有重大決策都必須遵循他的意見。與舊內閣中的主要成員一樣，新內閣如今也已經對他的戰爭領導力失去了信任。加里波利戰役的指揮，清楚地揭示了這位偉大人物在晚年面對嚴峻形勢時，作為一名組織者和執行者的局限性。他提議在法國發動攻勢，結果卻在洛斯和香檳遭遇顯著失敗，這些都被載入史冊。加里波利撤退帶給他的痛苦使得他的意志力明顯崩潰，他在處理這個棘手問題時做出的一系列自相矛盾的決定，凡是知情者都看得明白。

在 1915 年 11 月分，基奇納已遭到冷凍。他計劃在亞歷山大勒塔灣重新登陸的方案，雖然是他在實際戰場上制定的，但仍被內閣新成立的戰時委員會和協約國會議果斷否決。一連串電報毫不含糊地表明這種意圖：鼓勵他將前往達達尼爾的明確任務改為對東方的廣泛視察。他迅速返回倫敦，顯示出他已察覺自身地位的變化。自蘇夫拉灣和安扎克撤離後，他所決定的英軍在東方的部署無助於挽救其日漸衰落的威望。埃及在他心目中尤為重要，這是自然的，他幾乎一生都在那裡度過，其聲望也是在那裡建立。如今他相信自己心愛的國家正面臨土耳其大規模入侵的威脅。為了抵禦這種想像中的威脅，他不斷將一個又一個師派往埃及，當然也考慮到即將到來的保衛蘇伊士運河的殊死搏鬥。早在 1914 年末至 1915 年初，土耳其就計劃派 2 萬人威脅蘇伊士運河，盡可能製造更多的混亂，以拖延協約國，將軍隊從印度、澳洲和紐西蘭調往歐洲戰場。然而，隨著東地中海戰場全年戰鬥規模的不斷增大，這種行動的意義和可行性已不復存在。德國和土耳其的參謀人員滿足於威脅和吹噓，以公開宣揚其意圖來取代真正的調兵遣將。恩維爾帕夏在 1915 年 12 月揚言：「埃及是我們的目標」。這麼一個簡單的騙局就使英國熱切地在埃及實施兵力集中。

最關鍵的一點在於美索不達米亞局勢的逆轉，而基奇納勳爵對此並無直接責任。湯申德將軍率軍進攻巴格達，戰時委員會相信基奇納本人是這

次行動的主要策劃者。美索不達米亞的總司令尼克森將軍並未通知戰時委員會，他那位冒失但此前戰績輝煌的下屬已經書面記錄了對這次行動的擔憂。在此次行動中，湯申德的大約 2 萬人的部隊在伊拉克泰西封激戰後，於 1915 年 11 月 25 日被迫撤退，經過快速但損失慘重的撤離，才得以逃到庫特的一個臨時避難所。

1915 年 12 月 3 日，戰時委員會決定在陸軍部重建一個高效的帝國參謀部。這是一個重要的決定。陸軍元帥擔任戰時國務大臣的嘗試已經告終。儘管基奇納勳爵仍然掌握著陸軍部的大印，但他那種全面統領大臣和職業軍人雙重身分的權力如今被限制在一定範圍內，這種受限的權力是擔任國務大臣職位的政治家所能接受的。在法國的參謀長威廉·羅伯遜爵士被召回白廳，樞密令為他確認了明確而廣泛的權力和責任。這樣一來，不僅基奇納勳爵享有的特殊個人權力被取消，而且他職位所固有的一些權力也被廢除，對此他表示同意。

他的卓越生涯即將走向終結。他漫長的一生充滿了鬥爭，透過不懈努力獲得了輝煌的成就，極少有英國人能夠掌握如他一般巨大的權力。他享受了大英帝國所能給予的一切尊重和榮譽，但如今這一切正逐漸被陰影籠罩。那一夜，巡洋艦突如其來的爆炸導致它沉沒。使他和他的聲譽注定要駐留在北方的深水域，而非停留在淺灘之地。

與其在岩石上漸漸腐爛，倒不如轟然一聲墜入海底。

他作為英國安全守護者的莊嚴時代已經終結，在他的領導下，未受過軍事訓練的人們也都做好了戰爭準備。像戰士般死去是他盡忠職守一生的最佳結局。在大戰期間，作為策略家、行政長官和領袖，他的成就將不會由我們這一代人來評判，而是留待後世子孫去評價。我們希望他們能銘記，在最艱難的歲月裡，他的性格和個性曾為他的同胞帶來巨大的安慰。

要詳細列舉一系列錯失的重大機會是不可能的，這些機會的喪失阻止了對達達尼爾海峽的進攻，卻沒有引起恐慌。回顧整個過程，前後出現過

1915 年的結果

十幾次敵人無法掌控的局面，只要我們能掌握其中任何一次，做出不同的決策，就能穩獲勝利。倘若在決定發動海軍進攻時我們就知道可以得到陸軍的協助，那麼當時就可以在陸軍的支持下對加里波利半島展開一次海、陸聯合突襲。假如不派陸軍參戰，在 1915 年 3 月 18 日受阻後，有良好組織的掃雷設施的海軍也可以恢復進攻；假如恢復進攻，我們就能迅速耗盡土耳其堡壘的彈藥，並清除雷區的水雷。假如第 29 師的派遣命令沒有在 1915 年 2 月 20 日撤銷，假如這個師準備就緒登上運輸船，一登陸就能投入戰鬥，伊恩·漢密爾頓爵士在 1915 年 3 月 18 日之後幾乎立即就可以進攻加里波利半島，並會發現防守相當薄弱。1915 年 6 月與 7 月的戰鬥非常激烈，給進攻部隊以實質性的增援將發揮決定性作用。1915 年 5 月分組織聯合政府期間行政工作的癱瘓，使英國的增援部隊推遲了 6 個星期才到達，這使土耳其的軍隊力量增強了一倍。1915 年 7 月初的有利時機因此喪失。1915 年 8 月分的蘇夫拉灣戰役中，戰爭中同時發生了幾件不尋常的壞事。倘若不是真實發生的事故，那麼英國第 9 軍和整個蘇夫拉灣登陸戰的遭遇是令人難以置信的。費雪勛爵辭職，我又被解職離開海軍部，而達達尼爾戰役由於無知而不受歡迎，這使得海軍部委員會中的繼任者心有餘悸，不敢承擔必要的風險責任。1914 年希臘要求與我們結盟並提供軍隊卻遭拒絕；1915 年我們請求與他結盟並提供軍隊也未成功；俄國人不顧一切地排斥希臘；保加利亞在做出重大決策時依賴那種微妙平衡；1915 年 9 月巴黎的特殊環境導致任命了薩拉伊將軍，並促使法國政府建議派一支大規模遠征軍去占領達達尼爾海峽的亞洲海岸，這是一項具有許多成功機會的政策，但隨後又被廢棄；在 1915 年臨近結束時，又把所有可用部隊從達達尼爾海峽和君士坦丁堡這樣極為重要的目標派往參加薩洛尼卡戰役，結果損失巨大，而且近 3 年無果；當土耳其軍隊的處境已經非常危急而英國海軍信心十足之際，我們卻做出了撤離加里波利半島的最終決定——所有這一切構成了一幕幕獨立的悲劇。

達達尼爾戰役的結束象徵著大戰第二階段的終結。在陸地上，我們除了消耗戰外一無所獲，不僅軍隊疲憊不堪，國家也同樣如此。戰爭不僅缺乏策略指導，戰術運用也極為罕見；雙方在不斷葬送生命中逐漸衰弱，陷入單調的消耗戰之中，只有不斷增加武器以加速彼此的力量消耗。綿延不絕的戰線不僅從阿爾卑斯山脈延伸到海邊，還橫跨巴爾幹半島、巴勒斯坦和美索不達米亞。中歐各帝國成功保衛了其南翼，即巴爾幹國家和土耳其。它們的勝利同時也消除了任何攻擊其北翼波羅的海的企圖。這些想法已經全部破滅。現在軍事藝術唯一的表現就是簡單直接的正面進攻，以及單純的「殺德國佬」口號，讓勇敢的士兵面對鐵絲網和機槍。其結果是協約國軍被德軍殺死的人數成倍增加，然後召喚40歲、50歲甚至55歲的人和18歲的青年上前線，將傷員反覆送入戰場。最終，3年之後，那些曾在僻靜辦公室中得意洋洋地操縱這場戰爭的官員們，將勝利獻給精疲力竭的國家，此時，這個勝利對勝利者來說不過是比失敗者的災難稍微小一些。

1915 年的結果

血的考驗

　　1916年，新年的曙光照耀在這個瘋狂而悲慘的世界，揭示了歐洲廣袤戰場的全景。基督教世界中最崇高的民族正陷於互相殘殺的混亂局面。可以確定，這場戰爭將持續到徹底毀滅為止。雙方龐大的武裝力量勢均力敵，因此在戰爭中彼此造成的損害將是無可估量的，誰也無法倖免。兩大聯盟的所有參戰國都深陷罪惡的泥潭，無法自拔。

　　在遭受德國入侵並被其占領下的法國北部諸省，法國人民在強烈的抗戰激情驅使下，下定決心將敵人逐出自己的國土。前線的壕溝並非沿著國界延伸，而是穿越了法國的核心地帶；若是沿國界延伸，或許還能進行談判。肅清法國領土上外來壓迫的呼聲已經深入人心，堅定了每個公民的決心；另一方面，儘管德軍幾乎遍布其征服的領土，但浴血奮戰也未能達到預期效果，無法逃避因初始誤判而應付出的代價，更難以彌補其錯誤。不論哪個提出明智而公正的非戰方針之德國政權都將被推翻。因此，法國的失利與德國對其領土的征服同樣迫使兩國繼續進行戰爭。類似的因素也影響了俄國；此外，戰爭失敗意味著國內有可能發生革命，這個推論判斷堅定了所有當政者繼續作戰的決心。在英國，對其受難的盟國，尤其對比利時所承擔的光榮義務，不容許有絲毫鬆懈或退縮。面對這個決定性的光榮任務，島國人民的心中迸發出自拿破崙垮臺以來蘊藏著的、受抑制的強烈激情和決心，不惜一切代價，不畏任何風險去爭取勝利。

　　統御其他國家參戰力量的渴望同樣迫切。義大利最近參戰的主因在於獲得了令人心動的承諾，這些具體的承諾載入了《倫敦條約》。奧匈帝國作為一個大國，若不徹底崩潰，絕不會甘心接受所給予的條件。英、法兩國接受了俄國對君士坦丁堡的主權要求，這實際上宣判了土耳其將面臨類

似的命運。因此，對奧地利和土耳其這兩個帝國而言，失敗不僅意味著一敗塗地，還意味著國家的瓦解。至於保加利亞，他只能寄希望於協約國的勝利，期待收回過去被塞爾維亞奪走的那些微不足道的領土。

因此，利益關係對各方而言至關重要，甚至具有致命性。兩大聯盟的成員國都被牢牢連結在各自的聯盟內，每個成員國又透過無形的紐帶與敵人相連。這種無形的紐帶唯有透過戰火才能熔化或摧毀。

本章需要讀者在 1916 年戰事爆發前，從大致的統計資料中了解西線戰爭的全貌，並審視戰爭主要片段的特徵、力量對比及其相互關係。

戰爭的概況自然可劃分為三個時期：第一階段，1914 年；第二階段，1915 至 1917 年；第三階段，1918 年。即：初期的震驚，中期的僵持和終期的瘋狂。第一階段極為簡單且緊張。德國和法國訓練有素的部隊首先發起猛烈進攻，隨後展開激烈搏鬥，再短暫脫離接觸並進行毫無效果的迂迴包抄；多次短兵相接、殊死搏鬥，又多次脫離接觸；之後，兩軍在從阿爾卑斯山到北海的漫長戰線上氣喘吁吁、虎視眈眈，均不知下一步該如何行動。沒有一方擁有足以壓倒對方的兵力，也沒有一方掌握發動有效攻勢的優勢戰術和方法。在這種情況下，雙方相持超過 3 年，均未能展開決定性的戰役，更不用說進行策略推進。直至 1918 年，雙方主力部隊才再度投入類似 1914 年的決戰。簡而言之，西線戰事可分為兩個激烈戰鬥階段，中間夾著一個持續 3 年的僵持期。

1914 年最初衝擊波的規模和強度，即便是受過良好教育的法國公眾也未能完全理解；而在英國，公眾對此更是茫然無知。起初，各參戰國都對傷亡人數進行了嚴格的新聞封鎖。後來，當戰況逐漸為更多人所知時，人們在新的危險中無暇回顧早期的狀況；而自戰爭爆發以來，公眾從未獲得過真實的資訊。英國人的目光始終集中在列日之戰、蒙斯之戰、勒卡托之戰、巴黎近郊的馬恩河戰役的一部分以及伊普爾周圍的激烈戰鬥上。其餘戰鬥則常被掩蓋，直到現在才為人所知。

自 1914 年 8 月末至 11 月下旬的頭 3 個月實際戰鬥中，德軍對沿海峽各港口發動的猛烈進攻已經結束，首次大規模入侵被有效遏制，法軍陣亡、被俘及受傷人數達 854,000 人。同期，英軍僅僅是法國戰鬥部隊七分之一的規模，卻損失了 85,000 人協約國軍隊損失總計 939,000 人。相比之下，德軍同期損失為 667,000 人。儘管德軍入侵，採取明顯的進攻態勢，其殺敵人數卻超過己方損失人數。這個事實應歸因於法軍在理論、訓練和戰術方面的嚴重失誤，以及霞飛將軍不健全的策略部署。法軍超過五分之四的損失是在戰力最薄弱時遭受攻擊所造成的。從 1914 年 8 月 21 日主要衝突爆發，到 1914 年 9 月 12 日馬恩河戰役勝利明確結束（近 3 週期間），法軍死亡或被俘近 330,000 人，這個數字占整整 52 個月戰爭期間戰死和被俘總損失人數的六分之一以上。上述永久性損失應加上 280,000 名傷員，在上述的短期內，僅法軍傷亡總數已逾 600,000 人；在這怵目驚心的總數中，有四分之三的損失是在 1914 年 8 月 21 日至 24 日、9 月 5 日至 9 日這不到 8 天的時間內蒙受的。

　　即便考慮到俄國在戰爭初期遭受的幾次重大災難以及 1918 年西線戰事的最後階段，也沒有任何參戰國在如此短的時間內經歷過如此集中的屠殺。法軍本不應從這種駭人聽聞的屠殺中倖存下來。儘管犯下了導致屠殺的重大錯誤，忍受了長途跋涉的艱辛撤退，他們仍保持了令人驚嘆的戰鬥能力，能夠重新集結軍力。這無疑是他們堅韌意志和獻身精神最有力的證明，理應被載入史冊。假如這支英勇的軍隊在最初的衝擊中得到審慎的指揮，有一個深謀遠慮的策略計畫指導，並且對現代火器效力及鐵絲網和壕溝的運用有實際的了解，毫無疑問的，德軍將在入侵法國疆界 30 至 50 公里處遭受巨大損失後就會停滯不前。然而，戰事的發展表明，法軍在最初數週的戰爭中受到了近乎致命的創傷，且長期難以治癒。

　　在上述損失中，最為嚴重的是大量正規營團軍官的喪失，他們以無限忠誠捐軀奉獻。許多營在初期幾次戰鬥後僅剩 2、3 位軍官倖存。整個法

軍的幹部因受過專業訓練的職業軍官大量死傷而遭受嚴重損害。法軍在隨後幾年中蒙受的損失，無疑因作戰單位缺乏軍事知識而更加嚴重。儘管德國人經常哀嘆其初期戰鬥中軍官的重大損失，但他們的損失並未如此慘重。在魯登道夫發動的幾次攻勢結束前，他們一直擁有必要的專業參謀指導和管理陸續接納的新兵。

1914 年 11 月底形勢穩定後，西線進入了長期的壕溝戰。德軍在法國和比利時領土上，沿著選定的鐵路網路線，建設了防禦工事；而協約國軍在 3 年多的時間裡，試圖突破德軍防線並迫使其撤退，但均告失敗。

協約國軍隊共發動了 5 次大規模攻勢：

（1）1915 年春季和初夏期間，法軍在香檳和阿圖瓦地區發起行動。

（2）1915 年深秋至冬季，法軍在香檳發動攻勢，同時英軍在洛斯展開進攻。

（3）1916 年 7 月至 10 月，英、法兩國軍隊在索姆河聯合發動攻勢。

（4）1917 年 4 月至 7 月，英軍在阿拉斯發動進攻，法軍在埃納河展開攻勢。

（5）1917 年秋冬之際，英軍事實上在帕森達勒獨自發動了進攻。

在 1915、1916 和 1917 年的幾次攻勢中，法軍和英軍無端消耗了自身力量，傷亡幾乎是德軍的 2 倍。在此期間，德軍僅進行了一次大的反攻，即 1916 年春季法金漢向凡爾登發動的持久進攻。此次軍事行動的特點，將在適當的地方詳述。

這些持續數月、規模巨大的血腥衝突，常被不嚴格地稱為「戰役」。從不同時間參戰的人數、所使用的大量火炮等武器、以及駭人聽聞的傷亡總數來看，這些衝突若視為一個整體，理應屬於軍事史上最重大的戰事。然而，我們切不可被術語誤導。稱之為「戰役」只是一般表述方法，儘管無可指責，但會混淆視聽。然而，軍事指揮官和一部分作家曾試圖將這些持久的戰事稱為堪與歷史上決定性戰役相比擬，且規模更大、意義更為重

要的戰役。聽從這一貌似有理的論斷，實則必然陷入對軍事科學和第一次大戰實際發生事態的完全錯誤觀念之中。

什麼是戰役？1918 年 3 月 5 日，我寫道：「在勢均力敵的對抗中，應當有一系列的關鍵時刻，所有的賭注都集中在這些時刻；所有的力量都投入其中，從中可以獲得決定性的勝利或失敗。這些關鍵時刻被統稱為戰役。戰役的本質在於，在單一的軍事行動片段中，任何一方將所有資源集中用於打擊敵人。」戰役的規模必然與兩軍的整體戰鬥力成適當比例。7 個師的軍隊出動 5 個師作戰，可以形成一場戰役。但 70 個師的軍隊若進行相同規模的戰鬥，儘管雙方的傷亡數相等，也只能算作小衝突；連續發生此類小衝突只會增加傷亡數量，卻不會提升戰事的規模。

此外，準確地說，在考慮是否為一場戰役時，時間因素不可忽視。擊潰敵軍的右側，我軍便能占據進攻其中央暴露側翼或後方的有利位置；若突破敵軍中央，則有可能包抄其兩翼；奪取某個山頭，則能控制其交通線。然而，若初步軍事行動耗時過長，敵軍便能重新部署，例如縮回被攻破一側的防線並加築防禦工事；在山頭失守後若能先撤退軍隊，敵方依然能控制其交通線，這樣原本的優勢便不復存在。如果敵軍爭取到時間，有效採取這些措施，那麼第一次戰役即告結束；第二階段即為第 2 次戰役。敵軍所需時間並非無限。完成新陣地的掘壕與重新部署，一個晚上便足夠；48 小時內，鐵路便可將大量增援人員與大炮運送到任何受威脅的地點。因此，進攻方將面臨新的形勢、不同的問題、一個獨立的戰役。將這些不同環境下重新開始的進攻稱為原先戰役的一部分，或將一系列此類不連續的戰事描述為一場長期戰役，均屬用詞不當。由若干個互不相連的片段組成、延展數月、其間又被許多全新形勢所間隔的戰事，不論其規模多大，切不可與布萊尼姆戰役、羅斯巴哈戰役、奧斯特利茨戰役、滑鐵盧戰役、葛底斯堡戰役、色當戰役、馬恩河戰役或坦能堡戰役等相提並論。

大戰的真正戰役，從長長一連串不完整但代價高昂的戰事來看，其特

點不僅在於傷亡人數巨大，還在於雙方同時參戰的師團數量之多。1914 年，自 8 月 21 日至 24 日，共 4 天內，德軍 80 個師與法軍 62 個師、英軍 4 個師和比利時軍 6 個師交戰。在 1914 年 9 月 6 日至 9 日的馬恩河戰役的決定性 4 天內，捲入了為數相當的兵力；實際上雙方投入了全部後備兵力，軍隊能利用的全部力量達到極點。1915 年春，阿圖瓦戰事歷時 3 個月，法軍付出 45 萬人的代價。在任何一次戰鬥中，雙方從未同時投入超過 15 個師的兵力。1915 年 9 月 25 日展開的洛斯——香檳戰役，法軍 44 個師與英軍 15 個師（共計 59 個師）對德軍約 30 個師發起進攻，但僅 3 日內，其決戰期已過，英法聯軍參戰兵力銳減。1916 年爆發了凡爾登戰役和索姆河戰役，戰鬥幾乎持續全年；英法聯軍與德軍傷亡逾 250 萬人。僅在 1916 年 7 月 1 日一天，協約國軍在索姆河畔參戰兵力即達 22 個師。即便索姆河戰役其他日子裡，屠殺依舊猛烈，每次戰鬥協約國軍參戰兵力不超過 18 個師。大多數戰鬥中，英、法軍參戰兵力在 3 到 4 個師之間，敵軍兵力不到其半數。在整個所謂「凡爾登戰役」中，法軍和德軍參戰兵力之和從未超過一天 14 個師；幾乎決定凡爾登堡壘命運的關鍵初始進攻，是由不超過 6 個師的德軍對 2、3 個法軍師的攻擊。1917 年，尼維爾將軍上任法軍統帥後，試圖發起一次決戰，一日內投入 28 個師，然而是災難性的結果。此後的多次軍事行動再次淪為毫無意義的血腥屠殺。英軍在法蘭德斯發起的秋季戰事，是以 5 到 15 個師的一連串進攻。

1917 年 10 月，我曾寫道：「在有限的時間內，憑藉我軍攻勢的規模與強度，我們有可能取得成功。我們的目標是擊潰敵軍，而非占領敵方陣地……兩軍間如此均衡的消耗政策，絕對無法決出勝負。要削弱敵人的後備力量，必須以極快的速度進行消耗，使其潰散的部隊無法恢復與補充……除非這個問題能夠得到滿意解決，否則我們只能在大規模的消耗中互相折磨，付出巨大的犧牲而一無所獲。」

直至 1918 年 3 月 21 日，戰爭進入第三階段，即最後階段之初，魯登

道夫才重新發起大規模戰役。此時，德軍在西線集結了大量火炮，足以同時對協約國軍發動 3、4 次大規模進攻；而每次進攻的威力都展現了魯登道夫指揮作戰的突然襲擊特點。儘管經歷了 4 年的大屠殺，他依然如同最初入侵時那般冷酷無情。他指揮並投入大量後備部隊，沿整個西線左右展開，導致對方部隊及其所有攻防組織的結構緊張到了極點。德軍攻勢在 7 月分達到頂峰。魯登道夫嚴厲地使自己的軍力徹底耗盡，疲憊不堪；隨後，協約國軍在等量火炮的支援下開始反攻。隨著攻勢的發展，所有軍隊都捲入了持續的運動戰；在許多天裡，協約國軍近 90 個師同時與德軍 70 或 80 個師交戰。好在最終勝負已定。

上述戰況的基本比率，若以每週替代每天為檢驗標準，將更為明顯。因此，我們可以用師的數目乘以這些師在某一週內積極作戰的天數來計算。

從 1914 年 8 月 21 日至 28 日的「邊境戰役」約為 600 個師／日；從 1914 年 9 月 5 日至 12 日的馬恩河戰役，總數接近 500 個師／日；

1915 年 9 月 25 日至 10 月 2 日的洛斯——香檳戰役，總數約為 100 個師／日。凡爾登戰役，第 1 週的持續戰鬥強度為 72 個師／日，之後再未達到這一水準；索姆河戰役的首週也是最重要的 1 週，為 46 個師／日，

1917 年 4 月，尼維爾將軍的進攻在 1 週內達到 135 個師／日。帕森達勒戰役的任何 1 週內按戰鬥日累計的師數，從未超過 885 個。

魯登道夫 1918 年的攻勢在 3 月 21 日至 28 日達到 328 師／日；1918 年整個夏天，多個星期的參戰軍隊總數達到 300 個師／日；最後，福煦在 1918 年 8 月、9 月和 10 月的總攻擊中，最高強度達到每戰鬥日為 554 個師，在戰鬥最激烈的 1 個月，每週保持平均強度逾 400 個師／日。

戰爭期間，英軍和法軍的參謀們慣於宣稱：他們的進攻給德軍的重創遠大於己方所遭受的損失。敵軍也發表類似的宣稱。魯登道夫持有與英、法軍高級司令部相同的職業軍人的觀點。甚至在戰爭結束之後，根據他記

憶中的實況或他刻意找尋並予以處理的材料，他寫道：「在兩種策略中，進攻要求較少的兵員，這樣不會造成較大的損失。」我們可以將3大交戰國軍事學派的推測及理論置於血腥的考驗之下，觀察它們的冷酷無情，依次派遣他們的勇敢士兵走向毀滅。從停戰以來，事實已經昭然若揭；但在列舉具體數字之前，進行一次概括性的考察是合理的。

德國的人口不足7,000萬，但在戰時動員了1,325萬人參軍；根據最新的德國官方統計，包括俄國戰線在內的所有戰線，死亡、受傷或被俘者超過700萬，其中近200萬人死亡。法國擁有3,800萬人口，動員了超過800萬人，其中包含了不少非洲部隊，這些部隊並不屬於法國人口基數。約500萬人死傷，死亡人數達到150萬。大英帝國則從6,000萬白人人口中動員了近950萬人，死傷人數超過300萬，其中近100萬人喪生。

英國的傷亡總數無法直接與法國和德國的傷亡數進行比較。英軍中有色人種部隊占據了相當大的比例。在西線以外的戰場上，以及在海軍服役的非白人死亡人數都非常多。

然而，法軍和德軍的傷亡數字需進行特別仔細的對比。自戰爭伊始，兩國軍隊便全力以赴。兩國均對其人口進行了最大限度的動員。在這種情況下，法國和德國發布的官方數字相當準確，並不令人意外。德國動員了其人口的19%；而法國雖有額外的非洲兵源，本身也動員了21%。考慮到非洲兵源，不難看出，在這場決定生死的戰爭中，德、法兩國對成年男子提出了同等程度的要求。如果這個基本論點成立——它顯然合理——那麼法國和德國的傷亡數與動員人數的比較是明顯一致的。德軍傷亡數與動員總數的比例是10：19；而法軍的這一比例為10：16。德國和法國的死亡與受傷人數之比幾乎完全相同，均為2：5。最後，這些數字反映了西線德軍與所有其他戰線德軍的損失情況（死亡、受傷、失蹤、被俘）約為3：1。所有計算均基於以下列表中的數字，這些數字所計算出的比例具有權威性，並且不同組資料所得到的計算結果是一致的。

1922 年 3 月，英國陸軍部發布了《大戰期間不列顛帝國軍事貢獻的統計資料》在這部卷帙浩繁的彙編中，有一部分詳細記載了 1915 年 2 月至 1918 年 10 月期間，西線英軍戰區內英軍與德軍的傷亡對比資料。英軍的資料根據陸軍部的官方紀錄彙集而成；德軍的資料則取自波茨坦聯邦檔案館。計算結果總結如下：英軍「軍官」傷亡總數為 115,741 人，德軍「軍官」傷亡總數為 47,256 人；英軍「其他軍階」傷亡總數為 2,325,932 人，德軍「其他軍階」傷亡總數為 1,633,140 人。因此，英軍「軍官」傷亡與德軍「軍官」傷亡的比例約為 5：2，英軍「其他軍階」傷亡總數與德軍「其他軍階」傷亡總數的比例約為 3：2。

沒有理由質疑這些官方權威計算結果的基本準確性及其所展示情況的真實性。自 1918 年以來，德國和英國分別提出了傷亡補充報告；儘管這些補充報告必須被納入考慮，但並不會顯著改變整體情況。

至此，我們根據資料得出結論。這些結論甚至在最精通軍事的專家圈子裡也未曾受到重視。我最簡明地提出兩點。

在整個戰爭期間，德軍在任何作戰階段都未曾遭遇比法軍更為嚴重的損失，且常常使敵方蒙受雙倍於己的傷亡。在法國當局所劃定的任何一個戰鬥時期，法軍從未在傷亡和俘虜方面取得最理想的結果；無論是防禦戰還是進攻戰，結果都是一致的。從德軍入侵的初始突進，到凡爾登德軍的攻勢，再到法軍對德軍防線的大規模進攻，甚至在前線壕溝戰的長期消耗中，法軍總是要付出 1.5 至 2 人的代價才能使 1 名德軍受到相應的損害。

表中提到的第 2 個事實是，英軍在所有攻勢中的損失與德軍相比，從未低於 3：2，且常常幾乎是德軍損失的 2 倍。

然而，若將西線的法軍和英軍對德軍的軍事努力進行對比，就會發現法軍在所有時期，無論哪類軍事行動，所承受的損失總是比對敵人造成的損失更為嚴重；而英軍儘管在所有進攻中損失較大，但在面對德軍進攻時，他們對德軍造成的損失大於自身損失。

血的考驗

在 1915 年春秋兩季,霞飛發動了一系列大規模進攻,導致法軍遭受了近 130 萬人的傷亡;而在同一時期和同一戰事中,他們只給德軍造成了 506,000 人的傷亡。他們既未獲得任何值得一提的領土,也未取得任何策略優勢。這一年是霞飛統率的軍隊面臨形勢最嚴峻的一年。儘管邊境戰事中的錯誤非常嚴重,儘管最初衝擊中的錯誤引人注目,他們依然因愚昧、頑固和理解力的欠缺而毫無進展;在沒有數量上的巨大優勢、沒有足夠的大炮和彈藥、沒有新發明的機械設備、沒有新的突擊或策略手段、沒有取勝的合理希望的情況下,他們繼續驅使英勇但數量有限的法國男子,衝向堅不可摧的敵軍戰壕,衝向無法割斷的鐵刺網和無數冷酷的機關槍。福煦必須分擔造成這一悲慘局面的次要責任;奉霞飛之命,作為一名熱情的信徒,他指揮了阿圖瓦最無功而損失慘重的長期春季攻勢。

在 1916 年的索姆河戰役中,英軍承擔了主要的戰鬥任務,因此法軍和德軍的損失相差不大。然而,另一方面,他們在凡爾登採取的「僵化防守策略」(這個問題馬上會討論到),使得法軍遭受的損失遠遠超過了進攻的德軍。

面對已經發表並列入上述表格中的官方資料,有關「消耗戰」論點的正確性如何?如果在我方進攻敵方防守的戰鬥中,我方軍官的損失是敵方的 3 到 4 倍,士兵的傷亡也接近敵方的 2 倍,我們如何能夠削弱敵人呢?歷次進攻的結果使我們相對於敵人變得更弱,有時甚至弱得多。從 1915 年至 1917 年,歷次戰役的累計結果(減去德軍進攻凡爾登時雙方的損失)是:法國和英國共計死傷 4,123,000 人,而德軍死傷總數為 2,166,000 人。這是真實的資料,也反映了部隊的真實能力。在進攻中倒下的是最勇敢的人,最優秀、最英勇的戰士損失最大。在防禦戰中,傷亡均勻地分布在暴露於火力下的全體部隊。消耗過程確實在發揮作用,但其削弱的結果落在我方,而不是德軍一方。

或許有人會主張,若一方在兵力上遠超對手,則可期望以傷亡率削弱

敵人，如同格蘭特所為在 1864 年里士滿一役之前那樣，甚至不惜以 2：1 的傷亡率消耗南方邦聯軍以獲得成功。然而，這一論點並不適用於西線的戰爭。首先，協約國軍並沒有足夠的人員優勢來承受如此懸殊的傷亡；其次，德軍每年的徵兵數量足以彌補其任何年度的永久損失。

必須透過陣亡、失蹤、被俘和受傷人員的名單來了解軍隊的永久性損失情況，即失去繼續參戰能力的人數。為此，我們統計了所有陣亡、失蹤、被俘人員以及僅占 1／3 的受傷人數。根據這些資料，德軍在西線 3 年僵持戰期間的永久性損失總數如下：

1915 年…………………………337,000 人
1916 年…………………………549,000 人
1917 年…………………………510,000 人
總計……………………………1,396,000 人

（不包括德軍未公布的傷亡數，充其量有 8% 的變化）

在 3 年的相持階段，德軍在西線的年均損失為 465,000 人。德軍每年從青年男子中徵兵超過 80 萬人。由於需求迫切和青年的從軍熱情，每年的徵兵數大大超額。自 1915 年正常徵兵月——5 月至年底，他們徵兵 107 萬人；1916 年同一時期，額外徵召的士兵不少於 1,443,000 人；1917 年，他們僅徵募了 622,000 人。然而，即使是以上數字中的最低值，也遠遠超過了協約國軍在幾次進攻中造成的消耗量。到 1918 年，德軍接受的新兵人數降至 405,000 人。如果全國的抵抗尚未崩潰，那麼 1919 年的徵兵人數可能會上升，因為德國每年達到適齡的青年穩步增加至 80 萬人。3 年僵持期間，德軍的損失和補充數字如下：

	西線損失	補充總數	各戰線餘額
1915 年	337,000	1,070,000	733,000
1916 年	549,000	1,443,000	894,000

1917 年	510,000	622,000	112,000
總計	1,396,000	3,135,000	1,739,000

從上述資料來看，哪裡能發現純消耗戰能結束戰爭的跡象？根據 1915、1916 和 1917 年的情況，德國的人力資源足以無限地維持下去。在協約國軍於西線進攻的 3 年間，德軍實際補充的兵力比損失數多出 1,739,000 人。正如我在 1918 年 3 月初所寫，事實上我們只是在以世界上前所未有的規模交換生命，且這種方式因缺乏創新，無法決定戰爭的勝負。

這種情況直到 1918 年德國犯下致命錯誤才發生改變。英軍與德軍之間的戰事經歷了一個損失顯著逆轉的時期。這一時期的來臨，可能並非如粗心讀者所期望的那樣，出現在我軍奪取陣地、攻擊壕溝防線、摧毀設防村莊、俘獲戰俘和戰利品的時候，也不是當國內外宣傳機器急於宣稱勝利浪潮來臨的時候；而是出現在大多數人心目中，可能象徵西線戰爭最痛苦和最令人驚慌失措的階段，即德軍取得重大勝利而英軍處於最悲慘境地的日子。在 1918 年魯登道夫的攻勢中，特別是在 3 月 21 日後的多次戰鬥和利斯河戰役中，德軍官兵的傷亡，尤其是被擊斃的數量，特別是軍官的損失，首次急遽上升，超過了他們以為是被他們擊敗而我們知道是被迫後撤的軍隊損失。

德軍的進攻，而非我們的行動，最終導致了他們的崩潰。他們的削弱並非由霞飛、尼維爾或黑格造成，而是出自魯登道夫之手。再細看 1918 年 3 月 21 日至 6 月底那些冷酷的數字。短短 3 個月內，德軍在與英軍的交戰中，便損失了 16,000 名軍官。士兵的死傷人數達到了 419,000 人。幾乎在同一時間，他們僅在與英軍作戰中就有 3,860 名軍官陣亡；而在此前的整整 2 年裡，被英軍擊斃的軍官總數才 3,876 名。在相同的 3 個月裡，主要在最後 5 週，與法軍作戰中，德軍損失官兵 253,000 人。在 13 週內，

總傷亡人數達到了 688,000 人。在戰爭末期的短時間內，這些傷亡人員中很少有人能重返前線。戰爭的最後 9 個月裡，德軍的兵員補充減少至 405,000 人。因此，在相對的補充兵員不超過 150,000 人的期間內，他們消耗了近 700,000 人。德軍的削弱正是在此時發生，這一時期恰逢德國民族精神因 4 年的過度消耗和封鎖的累積效應而衰退。德軍的削弱導致了西線的撤退，導致向安特衛普 —— 默茲河防線的有效撤離，導致喪失了透過撤退尋求任何談判可能性的機會，並最終導致了 1918 年 11 月德軍抵抗的突然崩潰。

然而，有人會提出，人員數量的消耗並非唯一的考驗，士氣的損耗同樣不可忽視。士氣的削弱會持續打擊敵人的意志力，迫使敵軍放棄陣地，損兵折將，遺棄大炮和戰利品；敵軍目睹最堅固的防禦工事被攻破，戰線不斷後撤。儘管每損失 1 名德軍士兵，德軍往往能擊殺 2 到 3 名進攻者，但這種經歷也令其疲憊不堪。不得不承認，在現代戰爭中，防守部隊所受的折磨並不亞於進攻者。然而，對於處於極度痛苦狀態中的士兵，最大的激勵莫過於知道對敵人造成的損失。在承受可怕炮轟的壕溝中，守軍蜷縮在機槍旁，目睹成百上千名敵人一批批倒下，防線中的距離越來越大，士兵心中明白守軍人數已經所剩無幾。士兵知道他們的射擊目標數量眾多。每當擊退進攻，他們便獲得新的信心；而當最後他們自己倒下時，身後的同袍依然清楚地了解戰況，知道哪一方損失更大。

然而，讓我們用事實來審視士氣消耗的情況。德軍的信心及其相對人力，在 1915 年洛斯戰役和香檳戰役擊退英、法軍之後均有所增強，這一點有何爭議？這些戰役是否在某種程度上減輕了他們對俄國的壓力？難道不是在這些戰役期間德軍幾個師征服了塞爾維亞並蹂躪了巴爾幹國家？德軍最高司令部不是在索姆河攻勢高潮中還能從各戰線抽調 10 多個師擊敗羅馬尼亞嗎？哪支軍隊對 1917 年尼維爾的大規模進攻表示歡欣鼓舞？

誰在阿拉斯戰役後的長期戰鬥中表現出最大的信心？帕森達勒戰役結束時，英軍疲憊不堪、七零八落，每師被迫從13個營縮編為10個營；德軍進行訓練和休養，並從俄國地區的部隊得到增援，準備大規模的軍事行動——此時兩軍的相對地位如何？

從整體上審視戰爭，1918年夏季之前，在協約國的英軍或法軍發起進攻時，德軍的力量相對有所增強，這一點是毋庸置疑的。如果德軍沒有在1918年魯登道夫的最大攻勢中大量消耗力量，那麼他們就沒有理由守不住在法國的防線；實際上這條防線整整一年都沒有變化，後來德軍於冬天從容地由此撤退到默茲河。

然而，有人可能會質疑，如果長久以來，每次進攻都會讓攻擊者遭受同樣的創傷，那麼戰爭該如何繼續？如果雙方都堅信誰先發動進攻誰就會失敗，那麼擁有大軍的兩方是否應該停止戰爭，年復一年地互相對峙？這樣的情況是否可行？這種爭論是否經常會得出無效的結論？那麼，應該採取什麼樣的積極策略呢？根本不必極端地認為，協約國軍每次發動攻勢都是錯誤的。事實上，至少有5個短暫的區域性突襲範例——阿拉斯戰役的開端、攻占梅西納山脊、法軍攻克杜奧蒙堡、法軍攻克馬爾邁松以及康布雷戰役的第一天——它們本身都是光輝的戰例。所有這些戰例，如果能以初始突襲的戰果告終，那麼德軍所付出的人員與聲譽代價會比協約國軍更大。確實，憑藉這些插曲，協約國軍的「積極防禦」聲望可能會得到維護。但問題在於：一味追求最大規模的長期攻勢，以期透過消耗削弱敵人，這是一種明智的策略嗎？我們自己在法國不尋求進攻，難道不應該在任何時候迫使敵人發動進攻嗎？如果我們整個策略戰術都指向這一目標，難道不會更早贏得最終勝利嗎？

一旦敵人發起進攻，我們將使他們遭受嚴厲的報復。那時，將是敵方的青年，而不是我方最具奉獻精神的青年，越過鐵絲網，倒在機槍前。戰

爭的敘事是否應在此終結？戰爭並不能簡單地受堅韌性格和教科書格言的限制。對區域性和全域性形勢的深刻理解，以及靈活運用策略、手段和戰術，是大規模部隊指揮官必須具備的素養。

設想法軍和英軍在戰線後方訓練部隊，以達到高度靈活和高效的作戰標準；設想我們擁有鋼筋混凝土的永久性工事和一段配備所有現代化設備的戰線，並且我們絕不從這段戰線上撤退；設想我們早已選定並巧妙地削弱某些戰線部分，以便在這些區域可以讓出 20 至 30 公里的陣地；設想我們在引誘敵軍進攻這些薄弱且準備放棄的區域後，在其後方設定一個袋形埋伏區。那麼，當敵人誤以為他們正向前推進並即將取得最後勝利時，我軍可以透過精密計畫的運輸通道運送大軍，進行最大規模的獨立反攻。我軍不直接攻擊敵人設有工事的戰壕線，而是打擊其側翼不穩定的戰線，這不是更好嗎？如此一來，敵人不僅為我軍的撤退付出慘重代價，還為我軍勇敢善戰、充滿朝氣且訓練有素的部隊提供了突然獲得輝煌勝利的機會，不是嗎？

為何視野必須局限於雙方精銳大部隊相遇的戰場？海軍力量、鐵路交通、以及外交政策，皆可在兩軍僵持區外尋求新的側翼手段；機械科學從鑄造工廠或實驗室為陸、海、空軍事行動提供無窮新穎且驚人的可能性。設想一下，若將 1915 年洛斯──香檳戰役中英、法軍死傷 450,000 人所體現的戰爭力量，運用於奪取達達尼爾海峽或聯合巴爾幹各國，將會如何！

為了培養比例意識，我們暫且離開西線，審視一些戰爭中的「小插曲」──這些情況中許多曾被不公平地評價──以便衡量我們總兵力的分布。陸軍部所作並公布在《軍事努力》統計情況顯然並非基於傷亡數字，而是根據戰場投入的兵力乘以作戰天數計算得出。以下比率即依此統計，現將達達尼爾海峽戰區的兵力配置作為單位 1，列表如下：

兵員／每戰鬥日（軍官除外）	
達達尼爾	1
塞薩洛尼基	6.4
北俄	0.08
巴勒斯坦	12.2
美索不達米亞	11.8
東非	8.2
法國	73

「積蓄力量」難道不是一種優勢嗎？遺憾的是，我們從未獲得這樣的機會。當強敵逼近，我們不得不匆忙擴軍備戰。國家的精華——他的成年男子、企業人員、才智人物都被動員起來。然而，由於缺乏時間進行訓練和組織，他們迅速被消耗殆盡。以劣質金屬製造的笨重且不合格的武器，一旦投入使用便迅速斷裂報廢，然後又被同樣不完善的其他武器所替代。儘管前線必須防守，戰爭必須繼續，但在部隊尚未成熟且未找到對付機槍的有效方法之前，急於進攻顯然是不明智的。如果索姆河戰役中犧牲的英軍——英國最精銳的部隊——能夠保存下來，經過訓練和發展其全部潛力，到1917年夏，或許裝備了3,000輛坦克，或許擁有壓倒性優勢的大炮，完善了各種裝備，設計出科學的進攻方法，並有機會施展最強而有力的一擊，難道就一定不能取得決定性的勝利嗎？

或者問：當法國和英國完善其計畫並積蓄力量時，其他協約國會如何應付？俄國的情況又會如何？義大利是否能夠堅持如此長久？然而，若能打敗土耳其並直接援助俄國，若能引導巴爾幹各國對抗奧地利以援助義大利，這兩國是否也能免於遭受面臨的災難？打一場長期進攻戰，攻方遭受幾乎雙倍於守方的損失卻得不到策略利益，其意義何在？不明智且高昂的代價、削弱自身力量的行動，如何能幫助盟國？此刻，暫時減輕對盟國的壓力，從長期來看不是要他付出雙倍利益的代價嗎？若進攻只會失敗，或

者以自身被削弱2倍為代價來「削弱敵人」,這有什麼意義?戰爭的狂熱,協約國之間缺乏團結和領導,民族情緒的浪潮,幾乎總是迫使各政府或指揮官採取缺乏遠見的行動;但也必須體諒他們知識和能力的局限。英軍指揮官自始至終受到法國情緒和形勢的影響。然而,我們不應掩蓋事實真相。不要將結論建立在錯誤的基礎上。不要把悲慘的結果讚揚為戰爭藝術的完美典範或偉大構想的勝利實現。

血 的 考 驗

法金漢的選擇

　　1916年的序幕在德國總司令部的會議廳裡展開，焦點人物是法金漢將軍——中歐帝國事實上的最高指揮官。1914年9月14日夜，當時的陸軍大臣法金漢被德皇任命為德軍參謀長。馮‧毛奇將軍在馬恩河戰役結局已定時對國王說道：「陛下，我們已經輸掉這場戰爭。」隨即因身心俱疲而從這一職位退下。這位新任德國陸軍指揮官在一段時間內仍兼任陸軍大臣；新年伊始，他交出後者職務，但接任者依然是他自己。因此，法金漢掌握了軍事大權，在將近2年的時間裡行使著無與倫比的權力。他接手了一個殘破不堪的遺產，那是他的前任押上並輸掉的大賭注。對巴黎的突襲、對比利時的蹂躪，以及透過一次對戰結束戰爭的所有希望均告破滅。這使德國在國際上名譽掃地，迫使大英帝國動用財富、海軍和不斷增長的陸軍力量與其對抗。在東方，奧地利軍在朗貝爾戰役的失敗抵消了興登堡和魯登道夫的勝利，導致他們的軍隊停滯不前，領土被封鎖，海上貿易受阻。德國的統治者必須準備與人口和財富幾乎是其2倍的國家聯盟進行一場持久戰；這些國家藉助海軍力量，不僅控制了全球的資源，還掌握了在關鍵時刻、在何處發動下一次打擊的選擇權。

　　戰爭的法則是恆定的。然而，指導這些法則的原則必須依據每場戰爭的具體環境推斷，而環境總是變化的。因此，不可能有一成不變的準則作為所有行動的指南。研究歷史，對於鍛鍊思維和累積知識是非常寶貴的手段；但如果對具體事實及其重點、關係和主次不進行深思熟慮的分析，那就不會有所幫助。

　　如同英國的軍事政策，德軍在整個戰爭期間在兩種對立的策略思想之間搖擺不定。簡而言之，這兩種對立的理論可以表述為：攻其強或攻其

法金漢的選擇

弱。一旦所有針對達達尼爾海峽的嘗試最終被排除在考慮之外，英國幾乎沒有其他選擇，只能攻其強。如果失去巴爾幹各國，那麼在巴爾幹半島或土耳其的決定性影響將要求超過現有海軍力量的兵力規模。勝利果實將因此消失或縮小，未來為取得這些勝利果實需付出的努力將成倍增加到難以想像的地步。但對德國而言，憑藉其中心位置和優良的鐵路系統，一直擁有兩種可供選擇的方針，德國領袖們在困惑中時而傾向於這個，時而傾向於那個。

若認為這兩種理論中有一種是完全正確的，而另一種則完全錯誤，那就是將論點推向了常識的邊界之外。顯然，如果你能夠擊敗敵對聯盟中最強大的敵人，你自然應該攻擊她。然而，若你無法在主戰場上戰勝這個最強大的對手，而她同樣也無法擊敗你；或者你不太可能發動攻擊，或失敗的代價過於高昂，那麼，你必然需要考慮透過擊潰其最弱的或較弱的盟友之一，來實現讓最強敵人垮臺的目標；攻擊弱敵可能帶來某些政治、經濟和地理上的有利條件，進而達到上述目的。每個案例都必需根據具體情況的對錯以及其對戰爭整體影響的關係來進行判斷。這並不是一個可以用簡單言辭表達或直接決定的問題，但建立在深思熟慮基礎上的理論往往具有一種強烈的傾向性，它在衝突和混亂中能成為辨別是非的正確指引。

接下來的論述將使讀者完全明瞭作者的觀點。從始至終，我始終認為，如果兩軍主力在法國陷入僵局，那麼雙方的正確策略應是以最快速度和最大兵力攻擊敵對集團中的薄弱環節。基於此觀點，德國在1914年8月進攻法國是不明智的，尤其是為此入侵比利時更顯愚蠢。她應當先擊敗俄國，讓法國在德國的堅固防線面前束手無策。若如此行事，無論如何，德國在戰爭初期應避免與英帝國交戰，這是對她來說極為重要的作戰階段。德國決定首先進攻最強之敵，導致她在馬恩河和伊瑟河的失敗，因此她被毫不寬容的英帝國日益強大的力量束縛住了手腳。1914年就這樣結束了。

然而，1915 年德國選擇了第 2 種策略，這個決定取得了巨大的成功。德國無視在法國壕溝防線上受創的英、法軍隊，轉而向東推進，率領盟軍直攻俄國；結果在當年秋季征服了俄國大片領土。俄國的所有堡壘系統和策略鐵路系統全被德國人控制，俄國大部分軍隊被擊潰，整個國家滿目瘡痍。

協約國希望拯救俄國的唯一途徑是奪取達達尼爾海峽。這是唯一可能成功的反擊行動。若此舉成功，便可建立俄國與其西方協約國之間的直接且永久的連繫，並迫使土耳其，至少在歐洲的土耳其軍隊退出戰爭，甚至可能使塞爾維亞、希臘、保加利亞和羅馬尼亞等巴爾幹國家聯合起來，共同對抗奧地利和德國。這樣，俄國便可獲得直接援助。此外，聯合起來的巴爾幹諸國會立即對奧匈帝國施加壓力，這也會讓俄國大大鬆一口氣。然而，英國海陸軍將領和法軍司令部的狹隘、區域性觀點，阻礙了這個最有價值策略的實施。這個明確的策略概念不僅未得到參謀部和各位司令權威的支持，反而遭到抵制、阻撓、扼殺。這個失誤使德國爭取到了時間，俄國的失敗又導致了形勢的新發展，使德國於 1915 年 9 月能進一步推行攻擊弱者的方針。法金漢組織了一次對塞爾維亞的進攻。保加利亞被爭取到了德國一邊，塞爾維亞被征服，中歐各帝國與土耳其之間的直接連繫被建立起來。達達尼爾海峽之戰的失敗與最終放棄，不僅決定了巴爾幹各國的命運，也決定了俄國的命運。

法軍和英軍在災難性的香檳之戰和洛斯之戰中的失敗，證明德軍在西部的防線是牢不可破的。德國和土耳其之間建立起直接連繫，透過接納保加利亞把土耳其牢牢控制在手，開啟了通向東方的道路。因此，1915 年是德國大獲成功的一年，法金漢有充分理由宣稱，因為敵人的錯誤和德國本身採取了攻擊弱者的方針，他及時挽救了自己在 1914 年底陷入的災難性局勢。機遇和主動性回到了德國一邊，下一步行動掌握在他手中。未來局勢將如何發展呢？人們在緊張期待中迎來了 1916 年的曙光。

法金漢的選擇

　　德國早已策劃並伺機行動，首當其衝的目標便是羅馬尼亞。這個小國夾在兩個彼此敵對的強大帝國之間，擁有被兩者垂涎企圖攫取的重要省分，必須謹慎制定其政策。在第一次世界大戰前，羅馬尼亞認為自己在1878年俄土戰爭後被俄國奪走了比薩拉比亞。他向匈牙利提出了一系列土地要求，既合乎常理又充滿野心。錫本布林根、特蘭西瓦尼亞以及布科維納（程度稍遜）主要是羅馬尼亞族人的居住區，尤其在特蘭西瓦尼亞，羅馬尼亞民族情感受到匈牙利政府的嚴厲壓制。將這些未回歸的省分統一，讓邊遠的同胞回歸祖國，建立單一民族的大羅馬尼亞，一直是布加勒斯特的最高目標。俄國和奧匈帝國對此目的心知肚明，毫不抱有幻想，時時刻刻全副武裝地注視羅馬尼亞的每一動向。羅馬尼亞在其他邊界上也與兩個巴爾幹國家發生過摩擦。為了最終恢復對蒂米什瓦拉的巴納特的權利，他與塞爾維亞的威脅對抗；利用1912年巴爾幹戰爭的危機，從保加利亞手中奪得多布羅加。羅馬尼亞對俄國和奧匈帝國的成見深厚，此外還增添了對保加利亞復仇的擔憂。

　　上述棘手的外交形勢，由於國內和王朝政治的複雜性而愈加惡化。由馬若雷斯科領導的羅馬尼亞保守黨傾向於德國；由新任首相布拉蒂亞諾領導的自由黨則傾向於法國；在官僚集團之外，著名的政治家塔凱·若內斯科支持協約國，而卡爾普則支持德國。國王不僅是親德的，還身為德國人，忠於霍亨索倫家族。王儲阿帕倫特親法，而其妻子親英。國王及其繼位者都有多位嬪妃。詩作〈卡門·西爾瓦〉在羅馬尼亞廣受讚譽；王后瑪麗的勇氣在風雨中得到了考驗，依然不減。簡而言之，一旦戰爭爆發，羅馬尼亞可以靈活應付危機，迎接輝煌的回報，無論在任何情況下，他都能找到一個願意執行其政策的政黨或王室。選擇將是一場巨大的冒險；但若不做出選擇，停留在無效的中立狀態，可能會錯失羅馬尼亞民族史上最好的機會。

　　在羅馬尼亞積極推行其複雜政策之際，世界大戰驟然爆發。俄國與奧

匈帝國展開殊死搏鬥，此時德意志的閃亮利劍在歐洲舞臺上空高懸。各方競相丟擲誘餌，以獲取羅馬尼亞的支持，期望他能參戰。然而，這些大國所採取的誘惑形式並非割讓自身領土，而是承諾若羅馬尼亞助其獲勝，將會將敵方的領土割讓給他。羅馬尼亞面臨著艱難的抉擇：誰將贏得這場戰爭？這無從斷言：帝國的毀滅或建立，皆繫於正確的判斷。羅馬尼亞在踟躕良久後才做出回應。

自始至終，其同情心傾向於何方是顯而易見的。與所有中立國和超然觀察家一樣，羅馬尼亞深知中歐大國的惡行昭著，以及他們如何嚴重失策。權衡利弊，羅馬尼亞預期從奧匈帝國的崩潰中獲取的利益，遠比從俄國的失敗中所得更為可觀。當時是親法的布拉蒂亞諾內閣在位。塔凱·若內斯科和希臘的韋尼澤洛斯一樣，始終堅信英國必將勝利。其同情心、讚美、關注和情感都傾向於英國、法國和俄國。處於對立面的是國王卡羅爾，他在履行條約的良心與對國家毀滅的恐懼之間掙扎。

過於謹慎必然導致拖延不決，在這種氛圍下，任何關於與奧地利結盟的提議都是不可行的。羅馬尼亞政府效仿義大利的做法，聲稱由於沒有對奧地利進行不宣而戰的攻擊，因此條約中的條款尚未生效。羅馬尼亞宣布中立，國王卡羅爾對此只能表示滿意。隨後，切爾寧對羅馬尼亞的政策進行了尖銳的批評，如果不了解當時羅馬尼亞的困境，很難將這些話當真：「羅馬尼亞政府有意且刻意地置身於兩大強國集團之間，允許自己被各方操控，從各方獲取最大利益，等待能夠看清誰是強者的時候，再去攻擊弱者。」

在老國王在位期間，即使發生了朗貝爾之戰和俄國進入加利西亞的事件，他的影響力仍足以阻止羅馬尼亞向奧匈帝國宣戰。然而，1914年10月10日，國王卡羅爾去世。至此，戰爭將會持續很長一段時間已經顯而易見；對羅馬尼亞人來說，戰爭的結果難以預測。1915年春，德軍開始突破俄軍防線，俄軍遭受巨大損失並被迫撤退，這主導了羅馬尼亞人的情

法金漢的選擇

緒,也使得英、法和俄國的外交活動陷入癱瘓。另一方面,英國對達達尼爾海峽發動攻勢、君士坦丁堡可能陷落,以及英國艦隊抵達黑海,這些都抵消了俄軍失利的影響。整個 1915 年,儘管俄軍節節敗退,但預期英、法會戰勝土耳其,使羅馬尼亞在戰爭中保持中立的信念更加堅定。她接受雙方的金錢,將穀物和石油賣給德國,但她阻止德軍軍火運往達達尼爾海峽,卻不封閉對協約國至關重要的通道。隨著達達尼爾遠征的失敗,保加利亞加入德意志陣營,對塞爾維亞的入侵和占領,以及英軍從加里波利半島撤退,所有的軍事因素都發生了逆轉;到 1916 年初,羅馬尼亞處於孤立境地,並被中歐帝國所包圍。

然而,有一個因素引起了羅馬尼亞的關注。一支以薩洛尼卡為基地的協約國軍隊在保加利亞南部邊境與其對峙。我們已經見證了這次冒險行動奇特的開端;如果這些還值得一提,那麼更不可思議的便是將此次行動交給薩拉伊將軍指揮的原因了。

1915 年 9 月,薩拉伊抵達薩洛尼卡,當時該地及周邊駐紮著 1 個英軍師和 2 個法軍師。塞爾維亞人在德、奧、保三國入侵之前,冒著嚴冬撤退。幾支法軍特遣小分隊奉命沿瓦爾達爾河谷向北推進;然而,無論是薩拉伊還是協約國軍,都已無法對塞爾維亞人提供任何有效支援。薩拉伊缺乏兵力和交通工具,無法採取有效行動。正如英軍參謀部在 1915 年 10 月分謹慎地向政府解釋的那樣,他們無法抽調足夠的兵力,即使能抽調出來,也無法及時在薩洛尼卡登陸;即使成功登陸,也無法在塞爾維亞運輸和駐紮。現有的鐵路和公路,車皮和所有機動車輛,都無法將一支足以干預塞爾維亞危機的大軍運往北方。同時,國王康斯坦丁的態度已經公開親德,導致薩洛尼卡可能成為法國特遣隊的敵對基地。在這種情況下,薩拉伊迅速將部隊召回薩洛尼卡,決定無論如何也要守住這個基地;塞爾維亞軍的殘部最終設法逃到亞得里亞海海邊,在那裡的法國和義大利軍艦接載這些頑強的倖存者,經海路繞道到薩洛尼卡。1915 年 11 月,薩洛尼卡遠

征徒勞無功的第一階段就此告終。

然而，如同後來的事實所證明的那樣，這僅僅是整個事件的開端。儘管塞爾維亞被征服，但其軍隊的餘部已經得以保存；保加利亞則倒向中歐帝國一方；儘管希臘的有效合作變得不可期，但占據薩洛尼卡的政策仍需繼續推行。1915年初，勞合·喬治和白里安都曾有意派遣一支大軍前往薩洛尼卡，以對巴爾幹國家施加壓力。當時他們尚無權力實施這個計畫，儘管該計畫能帶來巨大的回報；然而，當所有可能的有利條件消失之際，這兩位性格相似的卓越人物已掌握大權。他們忠實堅持最初的想法，似乎未意識到計畫成功的機會已大大減少。這2人對重大事件的影響力極大，以至於即使付出巨大代價，也無視軍界的意見，在大多數最初設想的政治目標已消失之後，依然大量調遣協約國軍隊至薩洛尼卡或正在運往途中。起初，反對大規模派遣薩洛尼卡遠征軍的意見占據壓倒性優勢；英國政府中的大多數人反對這一計畫；參謀部也強烈反對，基奇納勳爵多次威脅說若強行實施此計畫，他將辭職。與這兩股聯合勢力對立的是勞合·喬治。海峽對岸的情況類似：霞飛和法軍總司令部反對從主要戰區調兵的建議，克列孟梭也激烈反對；然而，老練且善於辯論的白里安現已擔任總理，並擁有大量支持者。由於香檳之戰的失敗，霞飛的地位已經削弱，於是他與法國內閣達成和解，和解的顯著特點是霞飛擁有在法國的軍隊和薩洛尼卡集團軍的總指揮權；作為回報，霞飛必須在協約國會議上全力支持薩洛尼卡計畫，並有人力、物力、資源供其調遣。於是，團結一致的法國全力向英國內閣施加影響，最終在勞合·喬治的幫助下，說服了英國內閣成員接受這一計畫。

隨著引人注目的事實出現，兩岸關於薩洛尼卡遠征的激烈爭論逐漸平息：中歐帝國的最終崩潰正是在這個備受質疑的戰線上首先顯現。德國最薄弱的盟友保加利亞的消失，在德國產生了巨大回響，這對他們士氣的打擊不亞於他們在西線遭受的最沉重打擊。儘管薩洛尼卡政策對我們的海運

法金漢的選擇

和資源造成了負擔,儘管它轉移了兵力,向羅馬尼亞發出了錯誤的訊號,並且看似是一場無果的軍事行動,但其結果經實際考驗證明基本是正確的。保加利亞對德軍在法國的失敗感到恐慌,與其部隊遭受實際軍事壓力的影響一樣嚴重,成為其崩潰的重要因素。回響是雙向的:德軍的失敗削弱了保加利亞抵抗的基礎,而保加利亞的投降又切斷了與德國聯盟的紐帶。

德軍高級司令部的反應充滿了渴望與焦慮。主要負責人費盡心思地解釋其原因。1915 年聖誕期間,法金漢竭盡全力撰寫了一份備忘錄呈交德皇。這份備忘錄已在他的《回憶錄》中發表。該文件並未給人留下深刻印象,反而顯得有些文過飾非,以迎合上司的口味;不過其論點和結論是明確的。法金漢不贊成但也未試圖否決奧地利進攻義大利的計畫,他不同意在東方對英國發動進攻:「在薩洛尼卡、蘇伊士運河和美索不達米亞,我們取得了勝利,只有這些勝利才能增強地中海沿岸各國和伊斯蘭世界已經產生的信心,使他們認為英國並非不可戰勝,這對我們有利⋯⋯我們在任何情況下都不能指望一舉成功,就像那些主張進行亞歷山大式的印度或埃及遠征,或者在薩洛尼卡發動壓倒性打擊的人所希望的那樣⋯⋯」他反對繼續攻擊俄國的計畫:「根據各方面的報告,『巨人帝國』的國內困難正在迅速增加。即使我們或許無法預見一場大規模的革命,我們也有理由相信,俄國內部的問題將迫使其在較短時間內屈服⋯⋯除非我們再次準備將不相稱的重擔強加於我們的部隊,而這是我們的儲備狀況所不允許的。鑑於天氣和地面狀況,我們想在 4 月分以前在東方取得決定性勝利的攻勢已是不可能了。烏克蘭的富饒國土是可以考慮的唯一目標。」通往該地區的交通工具顯然不足。我們可以假設,要麼取得羅馬尼亞的忠誠,要麼下定決心擊敗他;然而,眼下這兩者都不切實際。即便直接攻打彼得堡,若此行成功,鑑於那裡有數百萬居民,我們也不得不以自身緊張的儲備供養他們,因此此舉也無法帶來最終的勝利。進軍莫斯科則可能將我們引向未知

之地。我們的兵力不足以完成上述任何任務。基於這些理由，俄國必須被排除在我們反攻的目標之外……」法金漢隨後進一步考察西線戰場：「在法蘭德斯，遠至洛雷特山脊，由於地面狀況，任何縱深的軍事行動在仲夏前都無法展開。在該山脊以南，當地指揮官認為大約需要30個師的兵力，而北部的進攻也需要相同數量的部隊。但我們無法在戰線的某一點集結如此數量的兵力……此外，從敵人大規模進攻失敗中得出的教訓是，絕不可模仿他們的戰爭方法。即使擁有高度集中的兵力和物資裝備，大規模突破的進攻面對裝備精良、士氣高昂且數量並不處於劣勢的敵人，也不能認為有成功的把握。防禦者通常能成功地填補缺口；若他決定主動撤退，則能輕而易舉地實現，阻止其撤退幾乎是不可能的。企圖阻止而形成的突出部，大量暴露在側面火力的射程之內，可能成為屠場。指揮與供應被敵包圍的大量我軍部隊，在技術上極為困難，實際上幾乎無法完成。」

「我們必須堅決反對任何以不充分手段進攻英軍戰區的企圖，只有當進攻能實現合理的目標時，我們才會支持這種行動。然而，目前並不存在這樣的目標；我們至少要將英軍完全驅逐出大陸，並迫使法軍退到索姆河後方，如果不能實現這一最低目標，進攻將毫無意義……」

在對所有上述選擇進行了詳盡的討論之後，這位將軍經過深思熟慮，得出了結論：「只剩下法國了……法國的緊張局勢幾乎達到了臨界點……進行一場沒有把握的大規模突破對法國來說是不必要的，這無論如何都不在我們的考慮範圍內。我們在西線的進攻應在我們力所能及的範圍內展開，法軍防線的後方有幾處目標是法軍總參謀部不得不全力死守的。如果法軍選擇死守，他們將浴血奮戰，因為撤退並不在他們的選項之中，不論我們是否能達到目標。如果他們不死守，而我們達到了目標，這將對法國士氣產生巨大影響。對於一次狹小戰線的軍事行動，德國不會被迫集中如此多的精力，因為所有其他戰線實際上都在逐漸收縮。德國能夠自信地應付那些戰線上的敵方可能發起的解救行動，並且希望能有充足的兵力用以

法金漢的選擇

反擊這些進攻，因為她擁有充分的自由，可以隨時根據自己的目的加速或延長進攻，加強或突然停止進攻。」

法金漢表示：「我接下來要討論的目標是貝爾福和凡爾登。這些考量適用於這兩個目標，但必須優先考慮凡爾登。法國在那裡的戰線距離德國的鐵路交通線不到12英哩。因此，凡爾登是（法國人）試圖以較小的軍事成本，導致德國在法國和比利時的整體防線變得無法防守的最堅固支撐點。聖誕節期間，我決定執行由這一推理過程得出的計畫。」

實施法金漢的新政策幾乎需要完全解除對俄國的壓力。興登堡和魯登道夫獲悉，1916年不會再進行任何針對俄國的大規模軍事行動，他們也無法期望獲得任何增援。所有德軍從加利西亞戰線撤往南方，這個既具威脅又有優勢的戰場完全交由奧地利軍隊負責。與此同時，奧地利人無視勸阻，計劃繼續在特倫蒂諾對義大利發動進攻；為此目的，他們還從東線撤出了一些精銳部隊。於是，中歐帝國的北方和南方不再關心東方戰線及其重大問題，而是全力以赴地在西方冒險；這讓俄國在他們背後得以恢復元氣，也讓羅馬尼亞焦急地觀察局勢的發展。

此舉無疑是一個重大的決策，它象徵著法金漢將軍徹底轉變1915年恢復德國局勢的政策。法金漢放棄了對較弱對手的優勢，選擇將1916年德國大規模軍事行動的目標設在最強敵人的最強點。事態的發展證明這是一個災難性的決策。然而，也可能有人早已意識到這是一個錯誤的決定。它首先基於對法國龐大戰線的進攻和法國防禦條件的錯誤評估，以及基於大戰可能在1916年因某一方面的強而有力軍事努力而結束的錯誤信念。其次，它完全從過於狹隘、過於純軍事的觀點來看待德國及其盟國的整體地位。

德國當前的首要任務是必須打破封鎖。除非她能獲得遠超四國聯盟邊境內資源的支援，否則這場全球性的長期戰爭必將以德國的資源耗盡和失敗告終。他沒有打破海上封鎖的機會。中立國的策略或許能削弱封鎖的效

果；然而，糧食短缺和現代軍隊必需物資的匱乏依然在持續且無情地發揮作用。英國艦隊的強大力量矗立在那裡，因此沒有人真正懷疑海上決戰的結果會如何。海軍強國和陸軍強國相互對峙，如果德國不能在海上擊敗英國，他將何去何從？只有一個方向可以解救他，即如果他不能從海上打破封鎖，他就必須從陸上打破封鎖。如果海洋是封閉的，那麼亞洲則是開放的。如果西線被三國軍隊對峙阻擋，但東方沒有任何障礙。只有在東方和東南方以及亞洲，德國才能找到補給之地和生存空間——不，還有人力——沒有這些，其軍事力量無論多麼強大，也不過是一支不斷衰退的防衛力量。軸心國只有將其邊界擴展到新的廣大地區，中歐帝國才能成為功能齊全的自給自足的有機體；只有成為這樣一個有機體，他們才能剝奪敵人的最終致命武器——時間。

1916年，德國前方唯一可行且確實的政治目標是徹底擊敗俄國，並爭取羅馬尼亞加入中歐帝國。這兩個目標相輔相成，前者的成功將促進後者的實現，而羅馬尼亞對於德國的重要性不可忽視。魯登道夫在談到1916年10月的局勢時寫道：「沒有羅馬尼亞的穀物和石油，我們無法生存，更談不上繼續戰爭，這一點我現在非常清楚……」然而，如果說在年底羅馬尼亞被入侵、征服並重創後對德國至關重要，那麼在開始時擁有豐富資源和強大兵力的羅馬尼亞作為盟友則更為寶貴。1915年，德國與羅馬尼亞的一次會議確保了羅馬尼亞向日耳曼大國供應穀物和石油，這些物資對德國至關重要。到1916年1月，德國順理成章地尋求更有利的發展，保加利亞已經加入中歐帝國，達達尼爾海峽已安全封閉，俄國搖搖欲墜。因此，羅馬尼亞幾乎被包圍，俄國的進一步崩潰將使她完全孤立。如果羅馬尼亞覬覦匈牙利的特蘭西瓦尼亞，難道不想要俄國的比薩拉比亞？在這一關鍵時刻，德國若有遠見的政策，便可對羅馬尼亞恩威並施，以高額獎勵和極端脅迫，誘導她與鄰國聯合。

接踵而至的1916年，德國的真實策略意圖在於控制黑海和裡海。這

法金漢的選擇

些地區對他來說唾手可得，不需要耗費太多精力。德軍繼續向俄國南方推進，深入烏克蘭，直逼敖德薩，以較小的代價為日耳曼民族獲取充足的糧食。在德軍的支持下，德國將領組織的土耳其軍隊北進，可以征服高加索。透過德軍科學臨時組建的大小艦隊，可以輕鬆控制這兩片內陸海域。控制這些水域將導致 5,000 英哩海岸線上的各點都受到威脅。每個德軍士兵收編 10 名消極抵抗的俄國士兵，幾乎可以無限地增加繼續推進的機會。完全被包圍的羅馬尼亞，被保加利亞和土耳其切斷了來自法國和英國的援助，奧德聯軍從朗貝爾向敖德薩推進，切斷了他與俄國軍隊的連繫，他別無選擇，只能加入中歐帝國。巧妙運用 15 至 20 個德軍師，激勵奧地利和土耳其軍隊的戰鬥力，德國的控制範圍將輕易擴展，直到 1916 年夏末，包括整個東南歐、黑海、高加索和裡海。只需投入比守住現有東方戰線稍多一點的兵力，奧德對俄國的戰線就可以從里加延伸到阿斯特拉罕。每個階段的大規模聯合軍事行動都會增加對俄國及其敗軍的壓力。在每個階段，俄軍及其盟軍如試圖阻擋洶湧而來的敵人，都將被擊潰；在法國，向德軍壕溝發動瘋狂攻擊的法國人則紛紛倒斃於槍林彈雨之中。

這僅僅是德國軍事力量得以進行陸上擴張和策略威懾過程的一個階段。一旦海軍掌控裡海，波斯便會成為垂手可得的廉價戰利品，無需像亞歷山大大帝那樣率領大軍遠征東方。實際上，數千名德軍即可掌握波斯北部，從波斯繼續東進便是阿富汗，可威脅印度。德國實施這一方針的結果，必然使英國在其印度帝國所進行的所有戰爭努力陷入癱瘓。在埃及、美索不達米亞和印度的所有英軍和印度軍將被迫無奈地處於即將到來的入侵和叛亂的陰影之下，而日耳曼之鷹的榮耀和即將到來的變革，將傳遍整個亞洲各民族。

然而，德國被誘惑離開了東方所能提供的一切成功機遇。原本可以實現俄國的徹底崩潰、羅馬尼亞的屈服與轉變，以及接連征服的糧倉和油田。英帝國在亞洲的殖民地會受到無期限的威脅，進而導致英軍的注意力

被分散。然而，這一切都因法金漢幾句枯燥乏味的話而被放棄。他要求德國集中所有可以進攻的力量，攻擊由森林覆蓋的群山和永久性防禦工事構成的凡爾登堅固堡壘。實際上，德國用在進攻凡爾登上所浪費的一半軍事努力和四分之一的人員傷亡，完全可以克服烏克蘭土地上交通不便的問題；在南方，俄軍在勃魯西洛夫指揮下取得出人意料的勝利之前，德軍本可以將其消滅；此外，擁有 50 萬大軍和寶貴的糧食、石油資源的羅馬尼亞，本可以作為盟友參戰，而不是後來作為敵人參戰。然而，公式派戰勝了事實派，職業軍人的思維傾向壓倒了務實傾向，對理論的服從取代了對現實的探究。進攻最強者的最強點，而不是最弱者的最弱點，再次被宣稱為德國軍事方針的指導原則。

自從得知盟軍全面撤離加里波利半島後，德軍總參謀長馮·法金漢將軍本應抓住這個良機提到「羅馬尼亞」，但他卻說出了「凡爾登」。

法金漢的選擇

凡爾登

　　凡爾登的戲劇性事件或許始於 1915 年 6 月，當時法國議會軍事委員會的一個代表團視察了那裡的要塞。代表們聽到謠傳說，因為德國皇太子的軍隊就在前方，那裡的安全性令人擔憂。接待代表團的是指揮東方集團軍群的迪巴伊將軍和凡爾登地方長官庫唐索將軍。迪巴伊將軍解釋說，經歷了列日之戰和那慕爾之戰後，永久性堡壘的實際使用價值已經消失。它們能被重榴彈炮摧毀，因而僅僅是當地駐軍吸引炮彈的設施。凡爾登唯一有效的防禦保障是一支扼守環要塞延伸防線的野戰軍。根據這個有充分理由的想法，堡壘的裝備已經拆除，亟須的槍支、駐守部隊和倉儲物資已分散到各部隊。地方長官庫唐索將軍生性魯莽，發表了不同意見。他認為堡壘仍具備很高的價值，應該與陣地防禦一起發揮重要作用。迪巴伊將軍對其下屬如此插言勃然大怒，並對他進行了非常嚴厲的斥責，以致代表團返回巴黎之後認為，必須籲請陸軍部長保護這位勇於直言的將軍，使他免遭懲罰與羞辱。然而事實上，相隔數週之後，庫唐索將軍被調離，原凡爾登地方長官之職，由埃爾將軍接替。1916 年 2 月初，在德軍開始進攻的前夕，包括凡爾登守軍在內的軍隊指揮權從迪巴伊將軍轉移給德朗格勒‧德‧卡里將軍指揮的中心軍群。因此，忽視該地區全面擴展防務的責任，也就難以追究了。

　　從軍事角度來看，凡爾登對法國軍隊和德國軍隊都沒有特別重要的意義。凡爾登要塞的火力裝備已經被拆除，也沒有真正的彈藥庫；它對任何有策略意義的地點都無防護作用。它距離巴黎 220 公里，即使德軍攻占該地，也不會對首都或整個防線的安全產生重大影響。但法金漢和魯登道夫都認為，它是一個危險的出擊點，威脅到不到 12 英哩外的德國主要鐵路

凡爾登

交通線。然而,由於凡爾登只有兩條不太好的鐵路線,而德軍在這段戰線的占領區已經擁有不下於15條鐵路的補給,因此德軍準備在凡爾登的出擊應該是輕而易舉的事。而攻占凡爾登充其量只是對德軍軍事上的方便,對法軍也只是造成小程度的不便。

然而,那時人們對凡爾登懷有一種依賴情結。一位法國歷史學家表示:「它傲然屹立在梅斯的宏偉要塞前,幾個世紀以來,它的名字不斷迴盪在德國人的腦海中。作為法國最先進的城堡,也是法國東部邊境的主要防禦工事,它的陷落將震動整個歐洲,使得馬恩河和伊瑟河的勝利黯然失色。」

這正是當時法金漢決定讓德軍進攻凡爾登的理論基礎。對凡爾登的進攻目的並非在「突破」,進攻者不會陷入四面受敵的困境。他們將對法軍陣地進行火力壓制,不斷向法軍誓死捍衛的陣地發起攻擊。奉命執行任務的19個德軍師和大量火炮將使法國部隊疲憊不堪,「血流成河」。凡爾登將成為一塊砧板,法國士兵將在德軍炮火的猛烈轟擊下被摧毀。法軍懷著愛國熱情堅守陣地,可能會在那裡被炮火炸得四分五裂。當然,如果法軍不願意進行如此慘烈的犧牲,如果他們認為,不值得為幾個防禦工事的山頭付出巨大代價,那麼,德國人的精妙計畫也必然會失敗。

我不願將這個論述延伸過多。凡爾登是一座勝利的紀念碑。面對德軍的挑戰,法軍必須傾盡全力應付;然而,如果每個階段都以讓敵人付出最大代價為唯一目標,那麼應像犧牲兵員一樣犧牲土地。給予防禦更大的機動空間可以顯著減少法軍在整個戰役中的損失,並減弱支持法金漢將軍計畫所需的論據。然而,這位德軍司令儘管在其他方面多有失誤,卻準確掌握了法蘭西民族的心理。

在1916年8月撰寫文章時,我曾竭力表示並剖析驅使德軍進攻凡爾登的潛在動機。

……如若你在眼前開啟了一個缺口,你會如何應付?你會透過這個缺

口直奔巴黎嗎？假如你攻破了防線，但其他地方的敵軍尚未被擊敗，接下來將會發生什麼？你真的會冒險把頭探進那個洞口嗎？

「不，」司令部回應道，「我們並不那麼愚蠢。我們的目標既不是凡爾登，也不是炸開一個缺口，更不是透過這個缺口進軍。我們的策略完全不同。我們目的在耗盡敵人的力量，而非製造一個缺口；我們要摧毀的是一個民族的精神，而不是他們的防線。我們選擇凡爾登，是因為我們確信法國人會不惜一切代價保衛它，我們可以將大炮部署在他們戰線周圍的制高點，用優勢射程和火力對敵人最關鍵的陣地進行猛烈打擊，迫使敵人不斷派遣部隊到這片戰場上，任憑我們攻擊。」

法金漢將凡爾登選為德軍進攻點的策略意圖，主要是基於心理上的考量，而在戰術上，則混合了他去年在戈爾利采 —— 塔爾努夫對俄國成功攻擊的經驗。德軍在較為平靜的戰線上發起猛烈攻勢，隨後進行包圍行動，並在集中炮火和毒氣彈的支援下，迫使俄國防線全面撤退。這種戰術德軍已多次使用。法金漢計畫進攻凡爾登，採用精銳部隊和前所未有的猛烈炮火，對狹窄的戰線進行猛烈突擊，試圖在固定陣地的鐵砧上重創法軍；若成功，則向對方戰線的兩翼延伸作為輔助發展。為實施此計畫，他特別調撥近 2,000 門大炮給皇太子，包括各種最新型火炮和大量彈藥，但僅為防線上的德國第 5 集團軍增援 4 個軍。他明確規定了進攻正面的寬度和規模，並嚴格限制這些有限的部隊在可進攻的範圍內行動。

法軍壕溝呈現半月形，向前突出至凡爾登永久堡壘前方 5,000 至 60,000 碼，該陣地被默茲河分隔為不均等的兩部分，河面在這個季節寬達近 1 公里。因此，存在左岸防禦工事（西岸或法軍左翼）和右岸防禦工事（東岸或法軍中心）之分；向東較遠處（法軍右翼）則是沃夫爾平原和默茲河東岸高地的防禦工事。法軍中心防地位於默茲河與沃夫爾平原之間，是敵人猛烈進攻的方向。德軍司令部相信，如果法軍中心被突破到一定深度，兩翼守軍將隨之自動撤退，或進一步施壓可輕易迫使他們撤退。德軍

凡爾登

在戰前對地形進行了戰術研究，他們認為，除非法軍中心的撤退導致其左翼陣地受損，否則該陣地異常堅固，難以攻破。所有這些結論和決策都被及時告知皇太子和以克諾貝爾斯多夫將軍為首的第5集團軍參謀部。

在戰爭的狂熱與宣傳中，皇太子曾遭受嚴苛的批評。他同時被描繪成愚昧的傻子和殘虐的暴君，不成熟的青年和摩洛神。被指責為不負責任的路人甲和難辭重大災難性軍事錯誤之咎的指揮官，上述互相矛盾的指責均與實際情況不符。無論指揮集團軍或軍團的德帝國皇子皆受到嚴格控制。行動由總參謀部決定和管理一切，無論是主要事務還是區域性事務。這位倒楣的德皇繼位人的職能主要是承擔參謀們錯誤計算的臭名和在戰爭頭2年接受他們的謙恭禮儀。隨著長期矛盾的加深，連這些禮儀也變得形同虛設。然而，皇太子還是有其勢力的，他常以兒子的身分受到父皇的召見。無論在哪位位高權重的將軍面前，他都有權發表觀點，提出問題並要求給予回答。他最早知道皇帝的確切觀點。他是國家的擁有人。大戰中所有戰鬥人員都在為他的生命、身體和命運冒險；但很明顯對帝國皇位的繼承取決於戰爭的總結局，這點從戰爭開始那一刻起，就對他此前無憂無慮的思想狀態提出警告並引起他的注意。也可以說，沒有其他哪支德國軍隊比他所率領的部隊更能夠一貫地取得成功；有跡象表明，他的個人影響——不管是什麼影響——往往舉足輕重。

皇太子對1916年向凡爾登的進攻感到憂慮。他認為，首先在東方解決俄國問題將是更為明智的選擇。雖然他渴望「再次統領經過戰火考驗的忠誠部隊與敵人廝殺疆場⋯⋯」但他長期受到壓抑。法金漢屢次聲稱法軍必將在凡爾登「流盡鮮血」，這也使他感到不安；他不相信流盡鮮血只會發生在法軍身上，甚至可能波及霍亨索倫王室。此外，馮·克諾貝爾斯多夫將軍及其參謀人員對於進攻戰術的見解大概也激起過皇太子的疑慮；他們的觀點是，如果一定要進攻，應該在更廣的戰線上鋪開，包括在默茲河兩岸同時出擊，從一開始就應當有大批後備軍，以利用主動突然襲擊的有利

條件。皇太子派克諾貝爾斯多夫向法金漢面陳上述主張。法金漢則堅持自己的計畫。他根據自己對整體形勢的理解制定計畫，連最小的細節也堅持己見。凡爾登將成為一塊鐵砧，要在狹小的戰線上發起衝擊，需要一個無比強大的炮隊和正好足夠的步兵以獲得成功。他們將一步一步前進，前進道路上的每一段都用大炮夷平。因此，無論凡爾登陷落與否，法軍都將遭到滅頂之災，法蘭西民族也將厭倦戰爭。這本來是世界範圍重大問題的簡單解決辦法，現在成了法金漢的解決辦法，而他掌有最高控制權。克諾貝爾斯多夫很快被法金漢的決心和上司的權力所說服，此後皇太子受軍事等級制度的支配，機械地與法金漢趨於一致。這些就是事實。今天的報紙引用諸多歷史學家的敘述，聲稱由於他的虛榮心和無情的驕傲，這位帝國皇位繼承人無休止地將德國男子驅入凡爾登的炮火。但是實情完全不同，皇太子對這場屠殺感到震驚和悲哀，他反對這場戰役並不斷運用自身所能發揮的影響力試圖結束這場戰役；據我們掌握的魯登道夫的證詞，當最終做出結束凡爾登戰事的決定時，皇太子表示十分欣慰。

　　最初關於凡爾登防禦未達成準備狀態的警告，透過非正式管道傳達到法國政府。南錫的眾議員德里昂上校，指揮著凡爾登前沿戰線的一批輕步兵營。1915 年 11 月底，這位軍官兼議員前往巴黎度假，並應議會軍事委員會之邀參加聽證會。1915 年 12 月 1 日，他向同事們透露了該要塞缺乏組織和防禦普遍不足的情況。軍事委員會證實了德里昂上校提供的陳述，並將他們的報告送交陸軍部長。警覺的加列尼已從其他管道獲悉類似報告，並於 1915 年 12 月 16 日致函霞飛將軍。他在信中提到，不同消息來源顯示前線的組織狀況存在缺陷，尤其是默爾特河、圖勒和凡爾登等地區。前線大部分壕塹網尚不完備。此種狀況倘若屬實，將面臨嚴重混亂的風險。在這種情況下，一旦防線被敵人突破，不僅霞飛將軍難辭其咎，整個政府也難以推卸責任。近來的戰爭經驗顯示，第一道防線可能被強行突破，但第二道防線的抵抗能夠阻止便是成功的防守。他要求確保在前線各

地至少設計部署兩道防線，並建設所有必要的防禦工事，如鐵刺網、護城河、鹿砦等。

總司令於1915年12月18日迅速回覆，此信在陳舊的官場文件中占據一席之地。他明確指出，沒有任何證據表明政府的擔憂是合理的。他以一種絕非法國軍事高層慣用的特殊職業語氣結束了這封信，並寫道：

鑑於這些擔憂源於聲稱防禦狀況存在缺陷的報告，本人請求閣下將這些報告轉交給我，並明確指出其作者。我無法容忍我麾下的軍人透過其他途徑越級向政府表達對執行我命令的不滿或提出抗議。我也不願對我不知其來源的模糊指責進行辯解。政府鼓勵此類資訊的傳遞，但無論是來自現任議員還是直接或間接來自前線現役軍官的資訊，都應被視為嚴重擾亂軍隊紀律的行為。撰寫報告的軍人應明白，政府將重視他們反對其上司的意見，這些上司的權威會因此受到損害，整個軍隊的士氣也會因這種不信任而受到影響。

我無法容忍這種情況繼續發展下去。我要求政府對我完全信任。若政府信任我，它就既不能鼓勵也不能容忍任何損害本司令部權威的行為；沒有這種權威，我無法繼續承擔這一重任。

顯然，凡爾登前線壕溝中的眾議員德里昂上校正遭受多方面的威脅。

加列尼將軍顯然不打算容忍這種情況，他起草了一封措辭強硬且粗魯的反駁信。然而，同僚們以息事寧人的態度勸阻了他。陸軍部長非常同意安排人手對總司令部各主要負責人進行廣泛調查，但他接受了勸告，將此特殊案例大事化小。最終，他簽署了一份措辭溫和的答辯。霞飛和總司令部證明了他們權威的正確，陸軍部和那些魯莽且多管閒事的議員們也稍安勿躁。但仍有許多涉及德軍的事宜需要考慮。

證據不斷累積，一種隱憂逐漸與尚蒂伊的保證交織在一起。他們派遣的軍官前往視察凡爾登防禦工事，用謹慎的措辭對總司令給陸軍部長的自信回應表示質疑。陣地守軍及其指揮官們堅信他們很快會遭到攻擊，而防

禦工事依然問題重重。議會各委員會的討論愈發頻繁。最終在 1916 年 1 月 20 日，德‧卡斯泰爾諾少將，也是霞飛將軍的實際副司令和潛在繼任者，從薩洛尼卡返回後立即親赴凡爾登視察。他發現防禦存在諸多不足，於是下令採取補救措施。一支工程兵團迅速趕赴現場，提供加強要塞所需的物資，改善交通狀況，各項工作全面展開。但時間已非常緊迫。大批德軍迅速集結，敵人的彈藥日益增加，其重炮的集中也接近完成。

1916 年 1 月初，情報局（二局）開始指出，凡爾登是德軍即將進攻的目標。確切報告顯示，在蒙福孔以北地區和默茲河兩岸，德軍的炮兵和步兵不斷增加，明確跡象表明，「突擊」師已在阿通沙泰勒附近出現，奧地利的大型榴彈炮也已經抵達。情報局局長杜邦將軍堅信，凡爾登將成為迫在眉睫的大規模進攻的目標。

據皮埃爾弗精采的報導，法國作戰參謀部似乎逐漸放棄了他們可能遭受攻擊的懷疑立場。誠然，法軍防線上有多個地點對敵人頗具吸引力。然而，到 1916 年 2 月中旬，懷疑德軍將大規模進攻凡爾登的人已經寥若晨星；參謀部大多數成員最終堅信攻擊時刻已然臨近，所有人 —— 據我們了解 —— 都熱切期盼這一天的到來，並對其結果充滿信心。然而，人們對機械化部隊的猛烈攻擊將會是什麼樣子一無所知。

1916 年 2 月 21 日凌晨 4 點，一顆 14 英吋炮彈在凡爾登主教宮爆炸，象徵著戰鬥的開始；在短暫但極其猛烈的炮擊後，3 個德國軍團向默茲河右岸法軍戰線的最高點推進。前沿陣地受攻部隊，除了向東側運動外，只能被迫後撤至要塞。1916 年 2 月 22 日和 23 日戰鬥繼續進行。勇敢的德里昂上校在掩護其部下輕步兵撤退時，在林地中陣亡。法軍在杜奧蒙附近的山脊重建防線；然而，德軍 6 英吋大炮被牽引車拖進，向新陣地發射的密集炮彈造成一片火海，駐守陣地的法國主力師完全崩潰。1916 年 2 月 24 日下午，負責指揮凡爾登地區的將軍和駐凡爾登的集團軍群司令（朗格勒‧德‧卡里）發電報給尚蒂伊，建議法軍迅速撤退至默茲河左岸，隨後

放棄凡爾登鎮和要塞。

這些突如其來的不幸事件絲毫未使霞飛將軍驚慌失措。他始終保持著那種令人矚目、令人欽佩的鎮定自若。在杜奧蒙山巔，他無疑因這種態度顯得卓爾不群。1916年2月22日，他同意調動第1和第20軍，還同意請求道格拉斯·黑格爵士調出與英國軍隊並肩作戰的法國第10軍去增援凡爾登。在其他時候，他保持著如同奧林匹斯山眾神般的冷靜，他鎮定自若，飲食正常，睡眠酣然，這極大地鼓舞了周圍所有人的信心。不久前，由於英軍的增援，戰線上法軍第2集團軍所受的壓力得以減輕。經過休息和訓練，這支法軍處於最佳狀態。其參謀部尚未受到要求每個參謀軍官與戰鬥部隊輪班值勤這個新規定的影響。其指揮官貝當在戰爭中已獲得最高聲望。德·卡斯泰爾諾必須採取較少超然的立場。1916年2月24日晚，德·卡斯泰爾諾將軍前往見霞飛將軍，建議將第2集團軍全部調往凡爾登，總司令對此表示同意。當夜11時，卡斯泰爾諾在接到最嚴重狀態的報告後，透過電話請求准許以全權代表身分親赴凡爾登。皮埃爾弗對此後發生的情形有所記述。此時總司令已經入睡，他按幾乎一成不變的習慣在10點鐘就寢。當班值勤的軍官聲稱不能打擾司令休息。起初，卡斯泰爾諾遵從了。但幾分鐘後，從凡爾登傳來默茲河右岸全軍即將撤離的進一步消息；卡斯泰爾諾接報，不能容忍再次被阻，親自趕往這位偉大軍人下榻的普瓦雷別墅。侍從武官奉這位少將的明確命令，負責去敲響威嚴的雙鎖大門。最高長官讀完電報後，立即授予卡斯泰爾諾將軍全權，前往宣布不准撤退，然後回臥室休息去了。

卡斯泰爾諾在午夜稍過時即刻出發。在朗格勒·德·卡里的指揮部暨集團軍群中心阿維茲，他平息了那裡存在的悲觀情緒，並從那裡致電凡爾登，宣布他即將抵達，並要求埃爾將軍「遵總司令之命不能放棄陣地，而要堅守陣地」；他還警告對方說，此令若不予執行，「對他（埃爾）來說後果是極端嚴重的。」1916年2月25日白天卡斯泰爾諾抵達凡爾登，他發

現眼前是一片被擊潰的戰線後方常有的那種充滿混亂與騷動的慘景。各種報導都一致認為，卡斯泰爾諾在 1916 年 2 月 25 日的影響和權威，使這場防禦戰起死回生，並暫時恢復了穩定的局面。他無論到何處，決策與命令皆隨之而行。他重申了要不惜一切代價把守默茲河高地和阻止右岸敵人前進的命令。此刻已抵達戰場的第 20 軍和第 1 軍，即遵循這個指示投入戰鬥。在採取這些緊急措施的同時，卡斯泰爾諾已電告貝當，命令他不僅指揮現在正在移動的法軍第 2 集團軍，而且要指揮凡爾登設防區的所有部隊。

1916 年 2 月 26 日清晨，貝當接到了卡斯泰爾諾的戰鬥指示，他繼續指揮戰鬥，同時掌握當地局勢。此前對當下要誓死保衛的要塞陣地和永久性防禦工事缺乏重視，這給法國部隊帶來了嚴重的後患。在永久性堡壘的前方，既沒有連續的壕塹線，也沒有強大有效的火力點系統。電話系統和交通壕極少或者沒有。堡壘本身皆空空如也，裝備已被拆除；甚至它的機槍和頂塔都被拆掉，位於側面的炮臺也沒了。所有這些缺陷現在都必須在緊張的戰鬥中和猛烈的炮火下予以修復。除了指揮戰鬥、部署兵力和迅速增加大炮之外，貝當還做出一系列重大決定。4 條連續的防線立即被嚴密防守。與備受批評的庫唐索將軍的觀點完全一致，貝當指示立即重新占領並重新武裝所有堡壘；每個碉堡他派駐一支守備部隊，備足 14 天的口糧和飲用水，並莊嚴命令絕不許投降。這些碉堡地下坑道的巨大價值，現在將要得到證明，在坑道裡一整營部隊可以絕對安全地生活，直到反攻時刻的來到。最後，這位新司令官建立起凡爾登和巴勒迪克山之間一套極佳的機動車運輸系統，每 24 小時內往返穿梭於該運輸線的車輛不下 3,000 車次，在戰鬥進行的 7 個月裡，每週平均輸送 90,000 人和 50,000 噸物資。沿這條名副其實的「神聖通道」，法軍有至少 66 個師開赴前線接受戰火考驗。

至 1916 年 2 月底，德軍的首次猛烈攻勢已被成功遏制。雙方的主力

凡爾登

部隊在要塞周圍展開激烈廝殺，越來越多的增援和彈藥從法國和德國各地源源不斷地湧向戰場，滿載傷員的列車則像潮水般迅速撤離。這場戰鬥已演變成德、法兩國間的一次力量與軍隊榮譽的較量，血肉橫飛，頭顱滾落。法金漢在聖誕節所寫的文字已蹤跡全無：德國將「完全自主地加速或延長其攻勢。可以隨時加強或中止，這取決於其目標」。如今，這場戰爭攸關他個人的職業、職位和聲響。酒已滿杯，必須一飲而盡。法、德兩軍的士兵皆懷著滿腔怒火繼續廝殺，互相撕裂對方；德軍大炮的威力，日復一日給人數眾多的法軍造成慘重傷亡。

德軍於 1916 年 2 月 21 日發動進攻時，依據法金漢的計畫，僅動用了防線中心的 3 個軍，而將另外 3 個軍部署在兩翼，未立即參戰。倘若所有攻擊部隊一開始便全力投入，原本已岌岌可危的法軍陣地從一開始便難以堅守，這幾乎是毋庸置疑的。1916 年 3 月 6 日，側翼的 3 個軍加入戰鬥，整個 1916 年 3 月和 4 月展開了一系列新的激烈戰鬥，主要目標是占領默茲河左岸的「男子死亡地」山頭和右岸的科特杜普瓦夫爾。然而，德軍的戰果難以與最初進攻時相提並論。戰鬥逐漸陷入僵持，兩軍在布滿彈坑的廣袤戰場上，槍林彈雨中激烈廝殺，成千上萬的德、法步兵同歸於盡。到 1916 年 4 月底，法、德兩軍在這一帶致命地區的死傷人數接近 250,000 人，但這對世界大戰的整體力量平衡並未產生決定性的影響。

在激烈的戰鬥之外，還有宣傳戰和公報戰，而在這方面，法國明顯占據優勢。他們日復一日地公布德軍每次進攻所遭受的巨大損失。由於德軍猛攻壕塹和堡壘，世界上大多數人容易相信德軍的傷亡必定遠超法軍。魯登道夫表示：「直到 1916 年 3 月，人們的印象是凡爾登之戰是德軍的勝利。」但自那之後，輿論發生了變化。當然，在 1916 年 4 月和 5 月期間，協約國和各中立國都相信德國在凡爾登的進攻中遭受了嚴重挫折，並在那裡損失了他的精銳部隊。

我當時也誤以為德軍的損失必定比法軍更為慘重。然而，所有的報導

均顯示，法軍的損失極為巨大。他們不得不防守各類陣地，無論這些陣地的狀況如何，他們在無情的炮火下連續發起反攻，為每一寸土地而戰鬥；顯然，他們不惜犧牲來進行這場防禦戰。我當時寫道：「法軍勇敢而頑強地堅守著不尋常的陣地，他們遭受了比通常防禦戰更為嚴重的損失。對付大炮進攻就像板球手接球一樣：手往後縮，球的震盪就會消散。手稍微後退一些，衝擊力就會大大減弱。儘管德軍頑強、狂熱，懷著光榮犧牲的信念去戰勝法軍，但他們在凡爾登遭受的損失遠遠超過法軍。」

後來，我懷著震驚的心情得知了事實真相，別人聽聞此事，也會同樣感到震驚。從1916年2月至6月的防禦階段，法軍在凡爾登的損失：陣亡、失蹤和被俘者不少於179,000人（不含軍官），263,000人受傷，總計442,000人，令人怵目驚心；若包括軍官，可能高達460,000人。而另一方面，德軍雖然是進攻方，但投入的人力較少，火炮卻多得多；因此，其損失，包括軍官在內，陣亡、失蹤和被俘者不超過72,000人，受傷206,000人，總計278,000人。從雙方公布的傷亡總數中可見，法、德兩軍在戰場對陣中的常見傷亡比為1：8。但無論如何宣傳，也無法改變以下明顯事實：法軍在防守凡爾登時所蒙受的犧牲與進攻方德軍的損失之比約為3.3：2。因此，從這方面說，法金漢方案所依據的戰術與心理概念被證明是正確的。

自凡爾登戰役伊始，霞飛將軍的聲望便急遽下降。防禦工事的準備工作疏忽大意、碉堡群的武器設施被拆除、總司令及其參謀部對如此重要情報的明顯忽視、議會委員會的警告以及他們對這警告的固執和令人厭惡的態度，種種事實已為巴黎政府及各反對派廣泛知曉。霞飛和卡斯泰爾諾在凡爾登局勢初期危機中的表現，也為朝野所熟知。在這一系列事件中，很難找到對總司令及其被譏諷為「尚蒂伊」的龐大總司令部的信任。鑑於上述情況，加列尼將軍做出了若干判斷與決定。首先，他希望將霞飛召回巴黎，讓其在巴黎中心全面指揮法國全軍，無論是在國內還是在東線，這一

凡爾登

職務早已委任給他；其次，加列尼希望晉升德·卡斯泰爾諾將軍為法國國內各軍司令；最後，他提議削弱「尚蒂伊」擅自攫取的不當權力，恢復陸軍部在相當程度上被剝奪的行政職能。加列尼於 1916 年 3 月 7 日向內閣提交了這些建議，只是沒有具體提名卡斯泰爾諾。法國此時有望在主要戰場上獲得對本國及協約國軍隊的軍事領導權，同時還能從霞飛的國際聲望中獲取一切有利條件。

內閣震驚萬分。他們擔憂在凡爾登大戰的關鍵時刻出現最高司令部和政治內閣的危機。白里安巧妙地運用了辯術進行干預，但加列尼將軍已下定決心。然而，加列尼突然病倒，必須盡快接受大手術，因此，他不得不將他視為遺囑的未竟事業交託給同僚。當他的建議被拒絕時，他憤然辭職。他的辭職在幾天內被保密。後來，政府解釋說他的離任是由於健康原因，陸軍部長一職暫由海軍部長代理。當最終確認加列尼的決心不可動搖時，政府選擇了一位毫無生氣但圓滑老練的羅克將軍繼任；此人是霞飛的密友，並且實際上是由霞飛推薦的。因此，霞飛將軍重新獲得權力，使他在凡爾登高價贏得的桂冠上，再添一枚更為珍貴的索姆河勝利紀念章。

至此，加列尼將軍永遠退出了政壇。在辭職後的 2 週內，他入住了一家私人醫院接受手術 —— 在他所處的高危年齡層進行的手術 —— 但若手術成功，他將迅速恢復健康和活力。最終，他因手術引發的多種感染，於 1916 年 5 月 27 日去世。緬懷和記錄他事蹟的不僅有他的同胞，還有他的協約國友人。他們從他的才智、洞察力和傑出人品中獲益，若非他在伸張正義時遭遇失敗，人們本來可以從他那裡獲得更多效益。

在經歷了 1915 年的重大災難後，英、法、俄三國政府積極尋求在 1916 年行動上的協調。白里安一上任總理，便立即提出「統一戰線」的口號，以此概括協約國當時最緊迫和顯著的需求。統一戰線並不意味著統一指揮。儘管許多人對這一思想有所模糊的了解，但它尚未進入實際可行的範圍。統一戰線的意思是應將協約國與中歐帝國交戰的整個廣泛領域視為

一支大軍或一個國家在對抗，必須統一組織；戰線一部分的計畫應與整個戰線其他部分的所有計畫相連繫；摒棄一系列互不關聯的進攻，三大協約國應同時進行聯合努力，以壓倒並摧毀敵方的防線。對於這些明確且合理的思想，阿斯奎斯勳爵、勞合·喬治先生、基奇納勳爵、白里安先生、霞飛將軍、卡多爾納將軍、沙皇及阿歷克謝耶夫將軍，以及所有四國政府和參謀部都達成了完全一致的共識。

為貫徹這一策略，四國決定在 1916 年夏季期間，於東線和西線對德國和奧地利發動一次大規模聯合攻勢。俄軍需至 1916 年 6 月才能準備完畢，英軍則需至 7 月。因此，各方一致同意當年前 6 個月採取等待政策，其間俄軍整頓裝備並擴充兵力，而英軍則完善新兵訓練並集結大量武器彈藥。四大國從此時起全力投入艱鉅的備戰工作。

各大國進一步達成共識，俄軍應盡可能將德軍牽制在東線北部，主要攻勢應集中在南方戰場的加利西亞。同時，或者說與此密切相關的是，決定英軍和法軍在索姆河兩岸協同發動一次超越以往規模的進攻。此舉目的在突破長達 70 公里的戰線缺口；英軍計劃在索姆河以北，自埃布特爾納至馬利庫爾的 25 公里防線上突破；法軍則重點攻擊索姆河兩岸，尤其是索姆河以南，自馬利庫爾至拉西尼的 45 公里戰線。英軍的進攻由艾倫比和羅林森率領的第 3、4 兩個集團軍執行，共計 25 至 30 個師；法軍的第 2、6、3 三個集團軍由福煦指揮，共計 39 個師，負責法軍攻擊區域。上述 5 個集團軍，總計超過 150 萬人，在 4 至 5 千門大炮的支援下，計劃在德軍及其奧地利盟友在東線陷入激戰時向德軍發起猛烈攻擊。這場驚天動地的戰爭初步計畫於 1915 年 12 月在尚蒂伊舉行的協約國參謀部首次聯席會議上制定，最終計畫則在 1916 年 2 月 14 日第二次聯席會議上確定。

這些協議剛一簽署，凡爾登的大炮便開始轟鳴，德軍成功地向法軍長期忽視的防禦工事推進。可以討論的是：法軍本應更為明智地在凡爾登周圍與德軍周旋，盡量保存自己的兵力，在任何必要的地方讓德軍以高昂的

凡爾登

代價占領土地，千方百計將敵人引入不利的包圍圈或陣地。這樣做可以讓德軍遭受慘重損失，而法軍自身則避免巨大風險。我們可以預見，這樣一來他們肯定會挫敗德軍試圖削弱法軍並在砧鐵上將其擊碎的計畫。到1916年6月底，德軍可能會消耗大部分進攻力量，或許在毫無決定性策略意義的地面推進10餘英哩；與此同時，法軍會積聚強大的力量，以壓倒性的優勢兵力進攻索姆河。

然而，法軍的其他意圖占據了主導地位，或者我們可以稱之為激情占據了主導地位，全法國和整個法軍都投身於凡爾登的戰鬥。這一決定不僅耗盡了法國的後備力量，消耗了軍隊的進攻能力，而且極大地削弱了英軍正準備進攻的潛在力量。在德軍進攻開始之前，道格拉斯·黑格爵士已經接管了法軍戰線的一部分防線，我們知道此舉騰出了法國第2集團軍，進而能夠穩定凡爾登的局勢。凡爾登之戰剛開始，霞飛即請求黑格再接防一段新的戰線；這一部署也相應地於1916年3月上旬完成，如此便騰出了法軍整個第10集團軍。而英軍為備戰而整休與訓練的部隊的數量則因此明顯減少。隨著1916年3、4、5月凡爾登戰事的持續與加劇，法軍的戰鬥力和可調遣的後備隊遭受的損失日益嚴重。而當1916年7月來臨時，法軍原計劃投入索姆河區域的39個師縮編至18個可使用的師。這極大地縮短了戰線並減弱了打擊的分量。可使用的人數起碼減少了三分之一，受打擊的戰線必然從70公里縮短至約45公里。儘管原來的想法是由法軍擔任主攻，較少的英軍大力配合，而現在迫於事態的發展，兩者的角色便顛倒過來了：主要軍事行動必須由英軍實施，法軍作為次要角色盡全力配合。

當全球的目光聚焦於凡爾登那令人窒息的戰鬥之時，協約國軍隊對索姆河反攻的重大準備工作也在逐步完善。而此時，東方的重大軍事行動也已經到達一觸即發的臨界點。俄國正不斷地恢復力量，每天、每小時地集結其源源不斷的兵力和日益增多的軍火。那些了解內情的人看到德國在凡

爾登的進攻時，感到難以形容的寬慰。去年冬季，在俄國的後衛部隊封閉其殘缺不全的防線之前，即在秋天的時候，其處境極為艱難。然而，俄國最終避免了致命的打擊，其軍隊得到了拯救，其戰線得以維持。如今，在戰線後方，「整個俄國」正在不辭辛勞地重整裝備和恢復軍力。

在戰爭中的插曲中，很少有比俄國在1916年的復甦、重整武裝和恢復軍力所展現的巨大努力更令人印象深刻的了。這是沙皇與俄國人民在共同陷入毀滅與恐怖的深淵之前，為勝利所做的最後一次光輝努力。在1916年夏季以前的18個月內，幾乎被解除武裝的俄國，1915年連續遭遇一系列慘敗的俄國，透過自身的努力並藉助協約國提供的資源，在戰場上新建立了60個組織有序且裝備完善的軍隊，取代了開戰之初原有的35個軍，並分別部署就位。橫跨西伯利亞的鐵路複線修建了6,000公里，向東最遠延伸到貝加爾湖。一條在嚴冬嚴寒中以無數生命為代價修築長達1,400公里的新鐵路，將聖彼得堡與馬爾曼海岸的全年不凍水域連線起來。透過這兩條管道，英、法、日興辦的工廠生產的，或英國用信貸從美國購得的軍火，源源不斷地湧入俄國；國內生產的各類戰備物資，也同時增加了數倍。

然而，無法否認的事實是，儘管俄國的新軍人數龐大，裝備也比過去精良，但一個致命的缺陷卻無法透過協約國的援助彌補：軍中缺乏受過教育的士兵，缺乏基本的讀寫能力，缺乏訓練有素的軍官和軍士。這種情況可悲地削弱了這支龐大部隊的戰鬥力 ── 綜合戰鬥力由人數、體力、大炮和炮彈、高級指揮官的技能以及愛國部隊的勇敢所構成。俄軍問題的根源不在於缺乏高級軍事科學，而在於缺乏基礎教育；數10萬士兵在執行所有次要和下屬任務時，缺乏獨立思考和高效執行的能力，因此他們的力量損失了三分之二。而這種能力，正是每一個龐大組織 ── 尤其是現代戰爭組織 ── 有效運作的基礎。這個巨人擁有強壯的肢體和清晰的頭腦，忠誠的心靈，但將決心與計畫轉化為行動的神經卻發育不全或完全缺

凡爾登

失。這一缺陷在當時無法彌補,導致了致命的結局,但這絲毫不影響俄國的成就或功績;作為彼得大帝締造的帝國至高無上的紀念碑,俄國的豐功偉業將永垂不朽。

初夏時節,從波羅的海延伸至羅馬尼亞邊境的俄國戰線長達1,200公里,由3大集團軍群防守,共計134個師:北線集團軍群由老將庫羅帕特金指揮;中線集團軍群(平斯克與普里佩特之間)由埃維爾特統領;南線集團軍群(普里佩特以南)由勃魯西洛夫管轄。針對這樣的防禦布局,中歐帝國將興登堡和魯登道夫所屬德軍部署在北線,巴伐利亞王子利奧波德和馮・林辛根所屬軍隊部署在中線和中南線與俄軍對峙,弗雷德里克大公率奧地利3個軍部署在南線。由於凡爾登的消耗和特倫蒂諾的誘惑,德軍已從東線調走或轉移了後備軍和增援部隊以及所有重炮。在普里佩特以南的整個戰線,包括全部加利西亞和布科維納,沒有1個德國師留守以支援奧地利大公的軍隊與勃魯西洛夫的部隊作戰。

最初計畫是1916年7月1日,協約國軍隊將在西線和東線同時發起全面進攻。然而,由於義大利在特倫蒂諾的呼聲和法軍在凡爾登的巨大壓力,俄軍請求沙皇儘早出兵。在1916年6月4日,經過30小時的炮轟,勃魯西洛夫率領超過一百萬大軍,向普里佩特和羅馬尼亞邊境之間350公里的防線發起總攻。這一行動的結果令勝利者和失敗者、朋友和敵人都感到震驚。提前發動進攻的日期本身就讓俄軍相當意外,而這種驚訝在1個月後將不復存在。奧地利軍隊對這次猛烈攻擊的力度、廣度和規模完全沒有準備。東方那漫長而鬆散的戰線根本無法具備西線的那些條件;西線擁有高度集中的大炮、複雜的防禦工事系統、連成一片的機槍火力區,以及密集的公路和鐵路網路,能夠在數小時內將成千上萬的後備兵力投入任何受威脅的地點,這些在東方都不存在。此外,奧地利軍隊中有大量的捷克士兵,他們被迫為一個自己不支持的事業和一個他們希望崩潰的帝國作戰。

沒有任何人比法金漢更為震驚。

他寫道在立陶宛和庫爾蘭的 1916 年 3 月攻勢失敗後，俄國戰線保持絕對靜止……沒有理由不相信，該戰線能夠應付當時與之對峙的軍隊所發動的任何進攻……康拉德·馮·赫岑多夫將軍……宣稱，俄軍在加利西亞所發動的進攻，在我們獲悉來犯時的 4 至 6 週內不可能有任何成功的希望；俄軍的集結至少需要這麼長的時間，這是到達此地所需的準備時間……然而，此類調動的跡象還沒有被發現，更不用說宣布此類調動了，我們的盟友康拉德求援的緊急呼籲已於 1916 年 6 月 5 日到達德軍總司令部。

在勃魯西洛夫將軍的指揮下，俄軍全線進攻，從盧茨克以南的科爾基附近的斯特爾河河灣一直到羅馬尼亞邊界。經過短暫的炮火轟擊後，俄軍從壕溝中衝出，向前推進。在少數幾個地點，他們耐心地集結後備隊，組成攻擊小組。這不僅僅是一場真正的進攻，更應被視作一次大規模的偵察行動。

毫無疑問，勃魯西洛夫有充足的理由低估敵人的抵抗能力。只有在這種前提下，才能進行如這位將軍所謂的「偵察」。在這方面，他的判斷無誤。他在華倫和布科維納發起的攻勢取得了巨大勝利。盧茨克以東的奧匈戰線被全面突破，不到 2 天的時間內，防線上被開啟了一個足有 30 英哩寬的巨大缺口。負責防守該段防線的奧匈聯軍第 4 集團軍的一部分潰不成軍。

「駐守布科維納的奧匈聯軍第 7 集團軍同樣遭遇了慘敗，他全線崩潰，當時無法確定他是否能夠或何時才能再次穩住陣腳……」

「因此，我們所處的局勢已經發生了根本性的變化。這種全域性的失敗顯然是參謀長（即他本人）未曾預料到的。他始終認為這是不可能的。」

俄軍在全線突破了奧地利軍的防線，並在防線上開啟了一個巨大的缺口。在北方，卡列季涅的部隊在 3 天內推進了 70 公里的戰線，前進了不下 50 公里，並占領了盧茨克。南方的列奇茨基部隊成功地向德涅斯特河

凡爾登

與普魯特河一線推進 60 公里，包圍了切爾諾維奇。林辛根所屬的德軍防線在遭受攻擊的地方均能堅守，或因鄰近的奧軍撤退而有序後撤。然而，在進攻開始的一週內，奧地利軍被俘 10 萬人，而在當月月底之前，奧軍的陣亡、受傷、逃散和被俘人數達到近 75 萬。切爾諾維奇和整個布科維納實際上已被收復，俄軍再次雄踞喀爾巴阡山山麓。勝利的規模之大以及敗方在人員、物資和領土方面的損失之巨，均創下東方戰事的紀錄。

奧地利軍對特倫蒂諾的進攻迅速陷入停滯，8 個師被調回以支援東線的破碎局勢。儘管凡爾登戰役正處於白熱化階段，法金漢全力以赴希望在那裡取得精神上的決斷，但當他數週觀察到索姆河一帶烏雲密布、暴雨將至時，仍感覺到必須從法國撤出 8 個德國師，以修補東線那些因疏忽而忽視的防線，或者至少要堵住從四面八方湧來的洪水。興登堡—魯登道夫的幾個集團軍成功抵禦了俄軍對其防線的次要進攻，隨後被命令大規模增援南方；德軍奮力作戰封閉了裂口，並重建了南部防線。到 1916 年 6 月底，寄予厚望的 1916 年奧德聯合軍事行動的失敗已經顯而易見。特倫蒂諾的攻勢陷入癱瘓；用魯登道夫的話說，凡爾登是「人所共知的侵蝕性潰瘍」！原本在東線對日耳曼的進攻展現了最為豐碩的前景，如今卻遭遇了最大的災難，但這還不是終點。當年的主要戰事即將在西線展開，此外，羅馬尼亞目睹乘勝前進的俄軍逼近其國門而憂心忡忡，在迫在眉睫的戰爭威脅下感到前景黯淡。

日德蘭：開端

戰鬥有兩種形式：一種是雙方都希望透過實力和技能進行全面比拚；另一種則是一方不願意將戰鬥進行到底，而希望在沒有對己方造成不利或損失軍威之前退出戰鬥，因為雙方力量差距過大。這兩種戰鬥的性質截然不同。在短暫的遭遇戰中——無論其規模大小——指揮官所面臨的問題和戰鬥的條件，與那種需要對實力進行重大考驗的戰鬥有很大區別。在力量明顯懸殊的兩軍遭遇戰中，弱方的目標是逃避，強方的目標是追捕並消滅弱方。至於雙方傾盡全力、死死咬住不放，直至決出勝負的那種戰鬥而言，指揮官所採用的許多戰術和策略，並不適用於另一種戰鬥，即強者欲咬住弱者不放，而弱者則希望逃避。

這種觀點與日德蘭之戰初期的情形相符。戰鬥的接近方式、艦隊的布陣、火力的配置、應對與規避魚雷艇攻擊的策略，必然要根據對敵方意圖的理解進行調整。如果敵方意圖決戰，己方無需急於行動，應在初期階段盡量減少損失，確保每艘戰艦和每門火炮在關鍵時刻發揮最大效用；反之，如果敵人意識到己方占據絕對優勢並決意逃跑，而己方決心迫使其作戰，就需派出更強大的艦隊冒險追擊。不僅輕型艦隻與快速重型艦隻應向前攻擊，戰鬥艦隊本身也應加速前進，讓速度最慢的中隊和艦隻殿後跟隨。如此一來，追擊的各中隊雖不能同時投入戰鬥，但能逐次參戰。

此外，現代技術為艦隊的撤退提供了新的優勢。撤退的艦隊可以誘使敵艦穿越只有己方掌握的雷區，或進入精心布置的潛艇埋伏區域。它們可以在撤退時布設水雷，向追擊的敵艦航道發射魚雷，而自身則保持在魚雷射程之外。由於這些和其他技術因素，毫無疑問，強迫敵方作戰會給較強一方的艦隊帶來更高的風險，這種風險遠超過雙方都願意接受或追求實力

日德蘭：開端

較量所帶來的風險。在研究日德蘭海戰時，必須首先統一了解的一個問題是：如果英國艦隊希望迫使德艦交戰並摧毀它們，那麼英國艦隊的戰術所帶來的極高強度戰鬥風險，在什麼程度上是可以接受的。如果不考慮整體的海上策略形勢，這個問題是難以回答的。

假如1916年5月31日德國艦隊在日德蘭海戰中被決定性擊敗，協約國將大大減輕壓力，並獲得有利條件。對德意志民族產生的心理影響，雖難以估量，但必定深遠。如果德國戰鬥艦隊被消滅，這對不列顛將是一個重要的寬慰，海軍部所需的人員和物資可轉而支援陸軍。進入波羅的海的可能性立即增加。1916年冬和1917年春，英國海軍中隊在波羅的海的存在能否阻止俄國革命，這是一個值得推測且不可忽視的問題。德國在海上的重大失敗將對其1917年潛艇攻擊戰的準備造成多方面影響。一方面，德國大多數戰鬥艦的消失將使其技術人員和資源更多地集中於潛艇戰的發展；另一方面，英國海軍的解放和海洋控制意識的增強，可能導致海軍部對德國各河口採取更積極的出擊行動，並更早挫敗德國的潛艇戰。然而，這些重要的有利條件，必須與假設英國海軍遭到決定性失敗做比較，並與失敗對英國及其他協約國可能立即產生的後果做比較。如果英國失敗，不列顛島嶼的貿易和糧食供應將陷入癱瘓。我們在大陸的陸軍與基地的連繫將被德國的優勢海軍切斷，協約國的所有交通運輸將處於危險和重重阻礙之中。美國可能不會參戰。飢餓和入侵將降臨到英國人民頭上。最終的徹底毀滅將壓倒協約國的事業。

英、德兩國海軍之間的殊死戰鬥，其後果將產生極大差異，這一點我們絕不可忽視。對於英國人來說，在英、德海軍之間進行一場決定勝負的激戰，我方由於占據優勢，總是能合理地獲得勝利。到1916年春天，我方優勢之大可保勝利無虞。然而，在較早時期，在針對撤退之敵的零星追擊戰中，無論如何沒人敢這樣保證。我們知道，德國人一直夢想成功地將我方艦隊的一部分誘入其布置的水雷或潛艇陷阱，摧毀我方最強大的8艘

或9艘軍艦,並在英軍戰艦主力趕到之前,擊敗其餘艦隻。然而,當海上形勢完全有利於我方時,指揮官沒有理由讓英國艦隊冒此種風險,英國海軍部也無法向海軍將領施壓,要求他們違背自己的正確判斷去獲得驚人的戰績,或者在雙方獵取目標懸殊的情況下冒過分的風險。如果我們能夠無阻礙地在全球任何海域進行所有任務,調動軍隊、供應國民、繁榮商業,這就意味著擁有了制海權。如果這些是檢驗標準,那麼這種至高無上的權威已在我方手中。我方占了上風,我方擁有優勢,我方掌握時間——當時如此,最終證明亦是如此。除非在心理上勝利有十足把握,而嚴重失敗看來絕不可能,否則我們不會被迫進行海戰。一位英國海軍統帥,只要他將這些嚴肅而可靠的判斷作為思考問題的根本和決策的基礎,那麼他就不會受到非難。

在關於日德蘭海戰的激烈討論中,海軍中最具洞察力的將領們對各種跡象進行了分析,權衡了每一個細節,並詳細考察了每艘艦艇在每個時間段內的速度、航線和位置。每位將領在每個時段所掌握的情報都被仔細稽核、衡量和討論。海軍思想與政策的主流派對約翰·傑利科爵士的觀點進行了嚴厲的批評。他們否認自己的觀點中包含任何個人動機;他們斷言,無論何時,如果英國海軍再次參戰,其傳統與未來都需要一種不同的理論和方法,最重要的是要賦予海上艦長們一種充滿活力的精神。他們宣稱,這樣的斷言對公眾而言,比個人感情、保持外表得體、維持表面和諧更為重要;也比在主戰場上承擔巨大責任的總司令所應得到的尊重更為重要。

毫無疑問,約翰·傑利科爵士在資歷和管理能力上,比任何一位英國海軍將領都要勝出一籌。他對自己專業的各領域和細節都瞭如指掌;無論是在軍艦上還是任職於海軍部,他的智慧、精力和效率都贏得了上司和下屬的信任。同時,他是一位出色的海軍軍官,能夠在最艱難的氣候與航海條件下指揮由他負責的龐大艦隊。他在多次戰役中以卓越的勇敢和才能參戰。戰前他就以高超的指揮能力聞名。戰事剛剛開始,他就肩負重任,並

日德蘭：開端

受到舉國上下和海軍的普遍歡迎。將近 2 年的緊張戰爭更加深了部下官兵對他的信任和愛戴。在評論他的工作狀況時，我們必須考慮的，首先是他的認知和觀點，其次是戰爭的特定條件，第三是激勵皇家海軍的精神。

英國大艦隊總司令的地位是無可比擬的。他的職責與其他任何官員都截然不同。在短短 2、3 小時內可能決定戰爭勝負的命令，或許將由他來下達，而非國王、政治家或其他海陸軍將領。如果英國戰鬥艦隊被摧毀，戰局將會發生決定性的變化。傑利科是唯一一個能夠在一個下午內決定戰爭結果的人。最為關鍵的是，總司令始終銘記在心的決心，就是不能讓戰鬥艦隊陷入危險之中。如果冒著魚雷和水雷的風險，英國戰艦的優勢可能會因此消失，這種預測令他憂心忡忡。這種憂慮遠遠超過了對艦載炮火威脅的擔憂，而艦載炮火是海軍部戰前關注的重點。從戰爭開始，大量船隻因水下爆炸瞬間灰飛煙滅的場景不斷加深了這種憂慮。在海軍高層中，只有雷金納德・卡斯坦斯爵士堅持相反的觀點，他不遺餘力地糾正他認為被誇大的魚雷威脅。我多次聽見他爭辯說，在大規模海戰中，魚雷的作用是次要的，關鍵的結果是由火力和策略的結合決定的。日德蘭海戰的結果似乎驗證了這一反主流觀點的正確性。英、德兩軍主力艦隊在海上緊密接觸了 12 小時，在數十艘裝備精良的魚雷小艦隊中，百餘艘軍艦受到威脅，但僅有 3 艘大軍艦被魚雷嚴重擊傷。夜間英軍驅逐艦被命令消極待命，可以部分解釋這一結果。這顯然與英國大多數海軍主要權威人士戰前的預期大相逕庭。

傑利科的首要目標是確保大艦隊的安全，並維持壓倒性的優勢。為此，必須不斷增強實力，並以最大規模和最高效率發展戰鬥艦隊的輔助效能。北方各港口能夠容納的每艘軍艦都必須供其調遣。懷著這一目標，總司令在致海軍部的公函中，以及其他一切可行管道中，反覆強調他可使用軍力的弱點和不足，同時誇大敵人的實力。這是他在和平時期因向政府爭取資金多年養成的心理習慣，現在已在他的性格中根深蒂固。

依照他的看法，敵方的軍艦數量遠超海軍部情報處的估計。他們性能最佳的軍艦重新裝備了威力更強的大炮。這些軍艦的航速比我們掌握的情報更快。幾乎可以肯定，他們還保留了一些令人驚訝、意想不到的武器。在 1914 年 12 月 4 日，他致信費雪勛爵說：「德軍將擁有由 88 艘魚雷艇驅逐艦組成的 8 支小艦隊，所有這些小艦隊肯定將在某個時刻準備就緒；每艘配備 5 顆魚雷，總計 440 枚 —— 除非我能先發制人。」接著他坦言，他的驅逐艦可能已經減少到 32 艘甚至 28 艘。他繼續說道：「你知道在艦隊作戰中避開或不追逐敵人會遇到困難和阻力；但即使被非議，我也一定會堅持我的原則，除非我方魚雷艇、驅逐艦能阻止敵艦行動或使敵艦行動失效。」此時他堅信，海軍部情報處認定的德國魚雷最大射程為 10,000 碼的距離過小；15,000 碼才是他認為可以信賴的安全距離。即使在他的指揮即將結束、大部分美國海軍與我協同作戰、協約國艦隊力量至少 4 倍於敵時，他依然異常擔心戰鬥巡洋艦的相對力量。顯然，事物有一定限度，超過了限度的觀點就不再對贏得戰爭的勝利有任何積極作用。不過這並不影響傑利科主要論點的正確。

傑利科將所有的思慮都集中在未來某一天他必須參與的海戰上。1914 年 10 月 14 日，他致信海軍部，表達了他的堅定信念和一貫意圖。對此，有必要進行多方面的引用。

……德國人已經顯示出他們在相當程度上倚重潛艇、水雷和魚雷；毫無疑問，在艦隊作戰中他們將最大限度地運用這些武器，因為在這些特定領域他們擁有優勢。因此，必須針對這些攻擊形式考慮我們自己的戰術方法……

假如德國海軍的潛艇按照計畫與戰鬥艦隊協同作戰，它們可以採取以下任何一種方式進行作戰：

(a) 同時與巡洋艦或可能與驅逐艦交戰；

(b) 與主力艦隊同步作戰。

在第一種狀況下，潛艇或許會以巡洋艦為前導，進行部署以便在前進中占據對我戰鬥艦隊有利的攻擊位置；在第二種狀況下，潛艇可能會滯留在敵方戰鬥艦隊的後方或側翼，隨著敵方戰鬥艦隊向所需方向移動，以引誘我方艦隊與潛艇接觸。

在(a)情況下的首要行動可由我方巡洋艦擊退，只要我們擁有足夠的巡洋艦，就能以干擾潛艇戰術的速度逼使敵方巡洋艦應戰……

在(b)情況下的第二種應付策略，我的戰鬥艦隊可以透過明智而謹慎的手段來對付敵艦；可以拒絕遵循敵方的戰術，避開其誘導的方向。例如，若敵方戰鬥艦脫離前進中的艦隊，我們應假設其意圖是引誘我們進入布滿水雷和潛艇的區域，因此應拒絕上當。

本人特別希望諸位大臣關注這一點。因為此舉或許會被視為拒絕參戰，預期迅速迫使敵艦交戰的願望很可能因此落空。

這種結果無疑將為全體英國海軍官兵所不容；但必須制定新的戰術來應付新的非接觸性戰爭手段。

在我看來，若這些戰術未能被理解，我可能因此遭受厭惡；但只要獲得諸位大臣的信任，我便會依據自己深思熟慮的見解，無視那些淺薄的意見與批評，採取能夠擊敗並消滅敵人戰鬥艦隊的策略。

局勢非常嚴峻。若稍有閃失，我方戰鬥艦隊的一半尚未開火，便有可能因水下攻擊而失去作戰能力；因此，我認為必須時刻警惕遭受水下攻擊的高風險，並在戰術上做好充分準備以防止其成功。

防範潛艇的策略是在敵方尚未完成部署或炮火尚未開始之前，迅速將我方戰鬥艦隊移動至側翼。

此行動將使我脫離敵人欲戰之地；然而，其可能的結果是敵人拒絕追擊我……

此信目的在詳細闡述本人之見解，提醒諸位大臣們需改變根深蒂固的海戰戰術觀念，這些觀念是在艦隊海戰中出現潛艇和布雷艇之前形成並被

我們所接受的……

　　費雪勳爵、亞瑟‧威爾遜爵士及海軍參謀長斯特迪海軍上將對這封信尤為重視；儘管它只是總司令所發的眾多報告、公文及私人信函之一。他們毫不懷疑的認為應該慎重回覆。他們告知我，約翰‧傑利科爵士的陳述應得到海軍部委員會的一致贊同。我完全同意他們的看法。相左的答覆顯然無法接受。在當時的策略形勢下，若告訴英國艦隊總司令，即便他懷疑德軍艦隊的撤退是誘他進入水雷和潛艇的陷阱，他也必須窮追不捨；若他無視任何風險，採取違背自己良知的窮追策略，卻未能迫使敵艦交戰，那麼遭受損失，他將難辭其咎。發出這樣的指示無異於是瘋狂行徑。選擇策略的充分自由，對其自信的尊重，是任何獨當一面軍官不可剝奪的權利。此外，1914 年 10 月，我們的優勢正處谷底。眾多戰艦中僅有 6、7 艘「無畏」級戰艦可望獲勝。在戰鬥中，我們尚未遇到敵人的大型艦隻。無人能確切說出，敵人的火炮或魚雷實際達到了何種精良程度，或其發射裝置與戰術是否具有完全出人意料的特色。因此，在海戰的初期，除非在最有利的條件下，否則沒有理由主動求戰。

　　我對當天由第一海務大臣亞瑟‧威爾遜爵士和參謀長提出的建議負有全部責任。如果我不同意，我就不應允許他們的建議未經質疑地通過。當時，我完全不同意總司令對英、德海軍艦隊相對實力和水準的看法。我始終堅信，英國戰艦可以與德國戰艦一對一地較量，在這種情況下，我們絕不應拒絕戰鬥。我一貫認為，每次雙方力量對比中的微小變化，對我們都是需要警惕的進展，這樣做無益於最終勝利，只能對未來某場具體的英、德海戰產生影響。3 個月後的 1915 年 1 月 24 日，英國海軍上將貝蒂率領的 5 艘戰鬥巡洋艦與德國海軍上將希珀指揮的 4 艘艦隻的遭遇戰證明了這些觀點的正確性。此次戰鬥之後的第 2 天，即 1915 年 1 月 26 日，我致函約翰‧傑利科爵士，內容如下：

　　星期天的軍事行動證明了我對英、德相對實力的所有看法。顯而易

日德蘭：開端

見，在我方 5 艦對敵方 4 艦的情況下，對方毫不猶豫地一逃了之，這樣的實力差距的戰鬥只能有一個結果。13.5 英吋大炮的巨大威力對戰事過程及敵人心理的影響顯然是決定性的。我對你關於與實力相當之敵交戰的想法毫不擔憂。我仍然認為，如果你的優勢不是非常接近 6 對 4（當然超過 5 對 4），甚至在更壞的比例條件下作戰，那將是我方的失策。

1915 年 1 月 24 日下午 3 時 45 分，我致函首相，內容如下：

此次戰事為我們提供了評估戰鬥結果的可靠手段。大體而言，在最糟糕的情況下，我們或許應以 6 比 4 交戰，而今天則是以 5 比 4。

在當前討論的重大戰鬥中，英軍的優勢不僅僅是 5 比 4，也不是 6 比 4，而是至少 2 比 1。約翰‧傑利科爵士指出，他在 10 月 14 日所寫的信，充分證明了他在緊張戰爭中的指揮能力，以及他長期冷靜思考和向海軍部委員會陳述的總體戰術方針是一致的，他的這番話是完全正確的。

然而，我並不代表 1914 年的海軍部委員會，無法為總司令在 18 個月後，面對完全不同的戰鬥和與其信中所述完全不同的戰術環境中所做的實際指揮承擔任何責任，因為那時的相對力量已不同於 1914 年 10 月時的力量。認為在某特定形勢下不應進行決戰和決戰不能以巨大風險為代價，這一觀念不應該形成消極的防禦性心理習慣或防禦戰術方案。

在初步觀察之後，接下來需以最簡潔的方式闡述事態的進展，期間我會偶爾停下來審視關鍵時刻出現的問題。

在本文的開篇，我描述了一些事件，展示了在敵人採取行動前，能讓海軍部解讀對方計畫和命令的極大優勢。沒有密碼破譯部門，日德蘭之戰就不可能發生。倘若沒有這個部門，整個海戰的過程將大相逕庭。英國艦隊若長期在海上巡邏，勢必會迅速消耗自身的人員和機械裝備；除非她幾乎無間斷地留在海上，否則德軍每月就會 2、3 次炮轟我國東海岸的各個城市。對海圖最簡單的測量結果顯示，德國的戰鬥巡洋艦和其他快速軍艦能夠抵達我海岸進行破壞，並且每次都能安全返回本國基地，或至少在不

遭遇優勢火力攻擊的情況下返回。當然，這種情況不一定會改變戰爭的最終結果。但全國將被迫承認，東海岸各城市所受的破壞正是對自身的考驗與磨難，就如同法國許多省分遭受破壞即是整個法國遭受的破壞一樣。國民的憤怒在1、2屆政府或海軍部委員會卸任後會消退，但堅定的人民必然會因他們所面臨的現實而產生新的抵抗動機。

然而，幸運的是，他們成功躲避了這一場獨特的考驗。1914年10月，當德國輕型巡洋艦「馬格德堡」號在波羅的海被擊沉時，德國海軍的密碼本被俄國人繳獲，並祕密送往倫敦。這些密碼本和相關的海圖被呈交給白廳的一個研究室，研究人員在這裡充分發揮了他們的無私奉獻和創造才能。依靠這些密碼本並進行相應推理，海軍部獲得了譯讀部分德軍無線電報的能力。儘管這些行動極為保密，但諸多事件的巧合還是引起了德國人的懷疑。他們意識到英國海軍中隊不可能始終在海上巡遊；然而，每當德艦發起襲擊時，往往會發現英國海軍重兵部署在攔截點或其附近。因此，德國人加強了密碼的加密措施。同時，他們也在一定程度上破譯了英軍的密碼。他們在新明斯特建立了電臺，將截獲的英艦電報發給他們的艦隊。儘管如此，在戰爭中期，海軍部仍能不斷向英國艦隊提供有價值的情報。

1916年5月底，海軍參謀部察覺到德軍艦隊即將展開軍事行動的明顯跡象。情報局依據其他消息來源報告稱，德國任命了海軍上將舍爾為艦隊總司令。此人以倡導海上進攻戰術著稱，主張無限制潛艇戰。他的任命是由無畏者鐵必制提名的。自從1914年8月底率艦隊進攻黑爾戈蘭灣以來，德國海軍一直直接聽命於國王，執行的戰術謹慎甚至膽小。然而，從現在起，這種策略將被摒棄。舍爾上將計劃對英國海岸發動攻擊，以誘使英國艦隊出海進入潛艇設伏區，然後伺機襲擊已被潛艇削弱的英軍艦隊，特別是其與主力分離的部分，力圖打一場爭奪制海權的決戰。海軍部根據所有情報機構掌握的情況推斷，一場重大軍事行動即將展開。

1916年5月30日凌晨5時，海軍部通報艦隊，發現德國艦隊出海的

日德蘭：開端

跡象。早已接令升火的艦隊前往朗福蒂斯淺灘以東集結（約距蘇格蘭海岸以東 60 海浬）以防萬一。

1916 年 5 月 30 日夜，2 支龐大的艦隊出海，堪稱世界歷史上最宏大的海軍力量展示。雖然德國艦隊實力不俗，但在數量、航速和火力方面均無法與英國艦隊媲美。英軍部署了 28 艘「無畏」級戰鬥艦和 9 艘戰鬥巡洋艦，與德國海軍上將舍爾指揮的 16 艘「無畏」級戰鬥艦和 5 艘戰鬥巡洋艦對峙。此外，德軍還有 6 艘「德意志」級戰鬥艦，其低速與落後的武器裝備是德軍司令心頭的隱憂。英國艦隊在航速上占絕對優勢，最慢的戰鬥艦也能達到 20 節，而由 4 艘「伊莉莎白女王」級軍艦組成的第 5 戰鬥中隊是當時最強大、航速最高的戰鬥艦，航速可達 24 至 25 節。速度最快的德國戰鬥艦只能行駛 21 節，而 6 艘「德意志」級舊式戰鬥艦使整個戰鬥艦隊的平均最高航速降至 16 節。

英國海軍在炮火上擁有更大優勢。約翰・傑利科爵士的戰鬥艦和戰鬥巡洋艦配備了多達 272 門重炮，而德國艦隊則僅有 200 門。這一數量優勢因大炮口徑的顯著差異而進一步擴大：英國海軍擁有 48 門 15 英吋、10 門 14 英吋、142 門 13.5 英吋和 144 門 12 英吋的大炮；而德國海軍則只有 144 門 12 英吋和 100 門 11 英吋的大炮。在舷炮齊射時，英國海軍的火力達到 396,700 磅，而德國海軍僅為 189,958 磅。

2 支艦隊的魚雷力量，包括各級別的魚雷艇，在數量上幾乎相當。英國魚雷艇配備了 382 支 21 英吋和 75 支 18 英吋魚雷發射管；德軍則擁有 362 支 19.7 英吋和 107 支 17.7 英吋發射管。雙方的小型短程魚雷在白天戰鬥中幾乎無用；英軍的 21 英吋魚雷在射程和速度上稍勝於德軍的 19.7 英吋魚雷。因此，魚雷武器上的明顯優勢也在英軍一方。

英軍主力艦的顯著優勢源自其巡洋艦和驅逐艦的數量優勢。英國擁有 31 艘巡洋艦，其中 8 艘是前「無畏」級戰鬥艦時代最強大的裝甲巡洋艦，而德國則只有 11 艘。在長期待戰期間，儘管約翰・傑利科麾下的英軍並未

配備哈里奇艦隊的巡洋艦和驅逐艦，但他掌握了 85 艘驅逐艦，相較於德軍的 72 艘。正如大型艦隻一樣，巡洋艦和驅逐艦的數量優勢還因為各種級別大炮的增加，以及巡洋艦的速度和驅逐艦的噸位優勢而得以加強。英軍艦隊在任何方面、任何重要武器或其他要素上都未顯示出劣勢。

　　由於海軍部一再下達命令，約翰·傑利科爵士於 1916 年 5 月 31 日上午從斯卡帕灣和克羅默蒂調動了 24 艘「無畏」級戰鬥艦、3 艘戰鬥巡洋艦、3 支巡洋艦中隊和 3 支巡洋艦小艦隊集中在朗福蒂斯海灘。他派遣海軍上將貝蒂率 6 艘戰鬥巡洋艦、2 支輕型巡洋艦中隊、2 支小艦隊，還外加 4 艘「伊莉莎白女王」級戰艦，從他前面約 65 海浬的福斯灣出發。2 支艦隊按這樣的編隊向黑爾戈蘭灣行駛，確定至下午 2 時如果未發現敵情，貝蒂艦隊往回駛至戰鬥艦見得到的水域，戰鬥艦隊則轉向朝東進一步向霍恩礁前進，然後返航。主力艦隊與其強大的偵察艦隊之間距離為 65 海浬，一直被批評太大。間隔這一距離，艦隊兩部分之間相互看不到，而且在大規模戰鬥的最重要開始階段妨礙二者之間的協調配合。如果貝蒂艦隊抵達指定集合地時發現那裡的敵人或者在附近，傑利科艦隊就不可能進行戰術連繫，且因距離太遠而無法參加作戰。不過這種部署以前運用過幾次，貝蒂將憑其快速且強而有力的艦隻戰力獨立作戰。兩位將軍經常出海進行這種搜尋，但根據得到的內幕情報，儘管遵守一切預防措施，兩人沒有認真想到過會與敵人遭遇。

　　當天陽光明媚，海面風平浪靜。臨近中午，他們心中的希望逐漸消散。最終，海軍部在下午 12 時 35 分發出的訊號徹底擊碎了他們最後的期望。訊號內容是：11 時 10 分，定向無線電指示敵人旗艦位於亞德。兩位將軍在途中停航，檢查了幾艘可疑的拖網漁船，他們距離預定位置還有幾海浬，並且已經超過了他們預計戰鬥巡洋艦隊應轉向北行駛靠近戰鬥艦隊的時間。貝蒂將軍已經發出完全向後轉的命令，下午 2 時 15 分他的所有重型艦隻已遵命行事。當他所乘坐巡洋艦的防護艦隊正轉向新方向時，輕

日德蘭：開端

型巡洋艦「加拉蒂亞」號發現約 8 海浬外一艘汽船正遭到 2 艘身分不明船隻的攔截和騷擾。2 時 20 分，「加拉蒂亞」號發出訊號：「發現敵人。可能是 2 艘敵人巡洋艦向東南不明航線行駛。」下文所附圖解展示當時情況的全過程。身分不明的艦船是德軍第 2 偵察組的 2 艘先導魚雷艇。英軍所有輕型巡洋艦開始自動駛向「加拉蒂亞」號，8 分鐘以後「加拉蒂亞」號開火。德國輕型巡洋艦和驅逐艦一艘接一艘出現，從模糊不清的海平線露出輪廓，船後升騰的漫長煙雲宣告大批敵艦來臨。

「加拉蒂亞」號在下午 2 時 20 分發出的訊號以及隨後 2 時 28 分的炮聲，足以引起貝蒂將軍的警覺。顯然，敵方正在策劃某種陰謀，德軍戰艦就在附近的海域上。2 時 32 分，已經透過訊號告知護航艦其意圖的「雄獅」號再度調轉船頭，加速至 22 節，開始追擊，駛向霍恩礁海峽，目的在攔截任何可能駛出港口的敵艦。所有戰鬥巡洋艦緊隨「雄獅」號，執行海軍中將的命令。然而，位於後方 4.5 海浬的第 5 戰鬥中隊繼續執行先前的命令，沿左側向北呈之字形航行，正好朝反方向行駛了 8 分鐘，彷彿忽略了局勢的重大變化。在這 8 分鐘內，第 5 戰鬥中隊以超過 40 海浬的時速航行，與戰鬥巡洋艦的距離逐漸拉大。當他們最終在 2 時 40 分轉向時，已經落後先頭艦隻 10 海浬；在戰鬥開始之前，他們盡了最大努力，也無法完全彌補這一距離和時間上的損失。

日德蘭海戰中的一大爭論焦點是第 5 戰鬥中隊的延遲轉向。一方面，有人認為，負責指揮該中隊的海軍少將埃文·湯瑪斯直到 2 時 40 分才注意到訊號旗；另一方面，有人宣稱：他在 2 時 20 分便已知曉敵艦出現；其旗艦「巴勒姆」號在 2 時 30 分便透過無線電接收到「雄獅」號的航向消息；他接到的主要指令是保持在「雄獅」號 5 海浬範圍內提供支援；儘管辨識訊號旗可能存在難度，戰鬥巡洋艦的動向依然顯而易見；在「巴勒姆」號駕駛臺上的人員不可能看不見距離 9,000 碼外的 6 艘巨型英艦突然調頭向東駛向敵艦；根本無需透過旗語或無線電命令來要求海軍少將埃文·湯

瑪斯的戰鬥中隊與整個艦隊和司令的動作保持一致,湯瑪斯的主要任務和責任就是支援艦隊。這是兩種截然不同的觀點,做出決斷並不困難。各方的共識是:埃文‧湯瑪斯將軍一旦認清形勢,應全力彌補距離上的損失,透過調整航向和選擇戰鬥位置,他實際上已經彌補了4海浬的距離損失。然而,由於他調頭延誤了8分鐘,導致他和他指揮的重炮在最初的關鍵半小時內未能投入戰鬥,甚至之後也只能處於最遠射程位置。

然而,討論引發了一個問題:貝蒂將軍立刻轉向追擊敵人是否正確?難道他不應該先集合第5戰鬥中隊,然後讓他的10艘巨艦一同調頭嗎?這個問題的答案似乎很明確。指揮官的責任在於盡可能集中優勢兵力投入戰鬥。然而,貝蒂所率的6艘戰鬥巡洋艦在數量、航速和火力上均超過德國戰鬥巡洋艦,即便當時尚不確定德軍的6艘戰鬥巡洋艦是否全在海上。因此,對這位英國海軍上將而言,問題不在於是否集中優勢兵力,而是在集結優勢兵力後,是否應該冒著損失6,000碼的風險,駛向離敵人6分鐘的距離。上次貝蒂見到德國軍艦是在16個月前的多格灘,當時希珀的戰鬥巡洋艦消失在受創的「雄獅」號視野之外。每分鐘都至關重要,這一認知在貝蒂腦中占據了主導地位。每次紙上分析和對實戰的回憶都認為他的兵力已經足夠強大,為何還需等待增加實力?如果他調頭時第5戰鬥中隊也在調頭,那麼在戰鬥中處境不利時,他就能接近支援。集結足夠兵力後,將軍若再拖延,冒著失去全部機會的風險去集結更多兵力,甚至等待戰鬥艦隊,這純屬教條主義,會使快速偵察艦隊的行動失效。然而,若戰鬥巡洋艦隊和第5戰鬥中隊的最初巡航編隊更為緊密,形勢無疑更有利。但事實是,當貝蒂在2時32分確定敵人力量足夠強大時,他有理由命令第5戰鬥中隊的重型艦隻調頭返回,但他卻認為立刻以最快速度朝敵人方向駛去是他的明顯責任。毫無疑問,將軍當時心中充滿了熱切的獻身精神,但這些感情同時受到了冷靜的戰爭科學和傳頌已久的海軍史的影響。

在德軍偵察防護艦隊之後,不可能沒有更強大的敵艦尾隨,但截至目

日德蘭：開端

前，僅出現了幾艘輕型巡洋艦和驅逐艦。大約在 3 時 20 分，「紐西蘭」號在右舷船首方向發現了 5 艘敵艦；從 3 時 31 分起，「雄獅」號清晰辨認出魚貫而至的全部 5 艘德軍戰鬥巡洋艦。在接下來的 1 小時裡，德軍艦隊司令馮·希珀的經歷與英軍貝蒂將軍的情況頗為相似。他的輕型巡洋艦迅速插入英軍偵察艦群，希珀急忙前往支援。3 時 20 分，他面前突然出現了貝蒂所率的 6 艘戰鬥巡洋艦，全速向他壓來，隨行的還有幾支小艦隊和數艘輕型巡洋艦，以及遮蔽西方天空的黑煙威脅著他。正如 1915 年 1 月 24 日那樣，他立刻採取行動，馬上調頭想逃回基地。然而，這次有兩個新的因素發揮了作用。貝蒂從他們在海上的相對位置判斷，他有能力迫使敵人作戰。希珀心裡明白，他正在誘使貝蒂落入正在向附近前進的公海艦隊的陷阱。我們今天當然知道，這些壯觀的艦隊乘風破浪，即將被大炮痛擊，但當時雙方指揮官都對己方的勝利充滿最大的希望。英軍司令欣喜若狂，因為他確信能壓倒敵人；德軍司令則暗懷他布置陷阱的祕密。所以在一段時間裡，2 支艦隊靜靜地向前行駛。

　　在日德蘭海岸主力艦遭遇前的戰鬥巡洋艦戰鬥是一場有紀律的插曲。2 位艦隊司令，除了戰術上的考量，還希望比較艦隻的實力和品質。人類從未如此果敢地運用過如此可怕的武器或如此精密的毀滅組織。雙方使用著最具威力的火炮和炸藥，投入了已下水的最快、最大的艦隻，以及英、德兩軍官兵中的菁英，掌握了當時海軍軍事科學的最前沿技術，在這場時斷時續的激烈決戰中展開較量。雙方輪流面對敵人的數量優勢；背後都有支援力量，只要援軍一到，他們便要致對方於死地。希珀依賴「公海艦隊」，而貝蒂則以 4 艘「伊莉莎白女王」級戰艦為後盾。雙方輪番在優勢兵力前後退，試圖引誘對手陷入困境。雙方的官兵絲毫不受司令官決定的影響，操縱著強大的武器互相攻擊；戰鬥的激烈顯示出那些努力作戰的人們全神貫注和巨大的消耗。這場戰鬥巡洋艦的戰鬥與主力艦隊之間的大戰相比，當然遜色。不過，因為從未有過這類重大的戰爭，所以貝蒂和希珀之

間 2 小時的交鋒，便成為現代海戰的奇蹟。

這場海戰的細節在其他地方已經被詳細且出色地描述過了，在此只需簡要重述即可。德國和法國的報導都非常精采，而英國的官方記述則堪稱準確且激動人心的專業描述典範，其突出特點人人皆能理解。

雙方同時謹慎地注意測算有效的攻擊距離。3 時 45 分稍過，「呂措」號首先開火，「雄獅」號立即還擊。每艘軍艦分別與各自對手交火；由於英軍以 6 艘戰鬥巡洋艦對德軍的 5 艘，因此「雄獅」號和「皇家公主」號得以集中攻擊敵旗艦「呂措」號。雙方在戰鬥中的機率導致選擇攻擊目標的偏差，有時 2 艘英艦同時向 1 艘德艦開火而忽視另 1 艘，德艦的情況也是如此。艦距約 14,000 碼，開炮後 2 分鐘，「雄獅」號連中 2 彈；「皇家公主」號第 3 次大炮齊發，擊中了「呂措」號。雙方每次有 4 門大炮開火，每次發射重約半噸的 4 顆炮彈，成排地擊中目標或落在水裡。在持續約 2 小時的戰鬥中，前 37 分鐘裡，英軍軍艦的三分之一被擊毀。4 時整，「不倦」號與「馮·德·坦」號激戰 12 分鐘後，被齊發的 4 枚炮彈擊中，爆炸沉沒，幾乎無人倖存。26 分鐘以後，「瑪麗女王」號被「德夫林格」號齊發的俯射炮彈正中部位，瞬間火焰四起，船體傾覆，30 秒鐘後一聲巨響，一道 800 英呎高的煙柱升起，沉艦帶著它前進了 200 英呎。「猛虎」號和「紐西蘭」號以火車的速度尾隨「瑪麗女王」號，相距僅 500 碼，剛剛來得及急轉向避開了她的殘骸。「猛虎」號穿過濃煙，司炮官無法開火，便趁著一片漆黑的有利條件將 4 座迴轉炮塔的指揮控制器重新校正到基準射擊角度。與此同時，「雄獅」號在戰鬥開始後的第 8 分鐘被 1 枚炮彈擊中其中部 Q 號迴旋炮塔；若非有人在緊急時刻展現出冷靜且熟練的搶救能力，艦體恐將遭受致命損傷。

炮塔上的全體人員，除了指揮官赫維少校（皇家海軍炮兵）及其中士之外，皆瞬間斃命；赫維少校一條腿被炸傷，另一腿炸斷。主力艦上的每座迴轉炮塔皆為獨立整裝系統，它如碉堡般安裝在艦體上，從可見的裝甲

日德蘭：開端

炮室向下延伸 50 英呎，直至艦底龍骨。其複雜的水壓機與彈倉和火藥庫相通的圓形彈藥通道，全部能轉向雙管炮所指的任何方向。「呂措」號發射的炮彈摧毀了迴轉炮塔，使其起火。劇烈的震盪將其中一支炮管彎向上方，20 分鐘後在炮尾的彈藥筒滑出，彈藥筒著火併引燃了炮室中的其餘彈藥。由此處發出的火焰沿圓形彈藥通道蔓延至艦底的彈藥倉，炮塔上的人非死即重傷。第 1 顆炮彈的爆炸使周圍一切盡毀。配電室的人員和彈倉控制人員瞬間被無煙火藥的火焰燒死。爆炸氣浪穿過炮塔的各通道和基座，飛騰到裂開的塔頂上空 200 英呎。然而彈藥倉的門是關閉的。儘管赫維少校遍體鱗傷，躺在血泊中感到窒悶與焦灼，他仍透過傳話筒發布命令：「封閉彈藥倉門，將彈藥倉注滿水！」就這樣，「雄獅」號一路前進，對自身所處的險境渾然不覺，也不知道這種危險是英雄們怎樣用最後一口氣成功避免的。在皇家海軍漫長、艱辛、光榮的歷史上，就所表現的英雄氣概與產生的後果而言，還沒有一個名字與功績能與此相比。

與此同時，海軍中將在駕駛臺上來回踱步，水中飛起的彈片在他身旁四散飛舞，情景宛如當年納爾遜在敵人猛烈炮火中挺立。他深知「不倦」號和「瑪麗女王」號已被摧毀，而他自己的艦艇的彈藥庫正受到炮火威脅。海戰與陸戰難以直接比較，但每艘戰鬥巡洋艦的戰鬥力至少相當於一個完整的步兵師。因此，他指揮的 6 個師中已有 2 個在瞬息之間被消滅。英軍以 6 艘對抗敵方 5 艘未能取勝，如今敵人以 5 艘對抗我們 4 艘。遠處的 5 艘德國戰鬥巡洋艦依然完好無損，毫髮無傷。儘管如此，官方報告稱：「我們的中隊毫不氣餒地繼續前進」。然而，此刻這些鋼鐵巨獸的每一步都完全受制於一個人的意志。如果他稍有畏縮，若他不以真正征服者的心態看待英國的戰機，那麼這些龐大的海上戰鬥機器和力量將陷入毫無意義的混亂。這是一個英國海軍史學家們津津樂道的時刻，因此其事實真相值得記述。「不倦」號已沉沒於巨浪之下；「瑪麗女王」號化為火柱騰空而起；「雄獅」號在烈火中燃燒。大量齊射炮彈擊中尾隨她的「皇家公主」

號，或在她周圍爆炸，使她消失在激起的水花和煙霧中。訊號手奔上駕駛臺報告：「長官，『皇家公主』號被炸！」聞此，海軍中將對身邊的旗艦艦長說：「查特菲爾德，今天我們的軍艦似乎出了些問題。轉左舷22.5度！」這意味著更接近敵人22.5度。

於是，戰鬥的危機被克服了。德軍給我方的全部損失是開頭半小時造成的。隨著戰事的進展，英軍戰鬥巡洋艦儘管在數量上處於劣勢，但卻開始占領了戰場的上風，他們的炮火愈發有效，自己再未遭受嚴重損傷。在隨後的1個半小時裡，德軍火力的精確度和發射率顯著下降。雙方輪流巧妙地靠近或遠離敵人，試圖挫敗對手。從4時10分起，第5戰鬥中隊開始在17,000碼的距離上向德軍艦隊司令馮‧希珀的最後2艘軍艦射擊。這個遲來但及時的介入產生了影響，儘管英國官方記述者在某種程度上低估了其作用。德國的記述則對其作了充分敘述：埃文‧湯瑪斯所率的4艘威力強大的軍艦10分精確地將15英吋炮彈射過英艦與後方德艦的遙遠距離，如果他們再近5,000碼，希珀中隊即使不全軍覆沒也會大敗。湯瑪斯的艦隊未能再靠近5,000碼，完全是因為開始交戰時他們掌握戰機太慢。然而，此時他們以雷霆萬鈞之力投入戰鬥；假若當日沒有其他德軍艦隻出海，那麼這支艦隊在進入有效射程後不用1個小時，英軍便能取得決定性勝利。雙方戰鬥巡洋艦以最快速度在不同射程不斷相互炮擊。第5戰鬥中隊越來越靠近，火力越來越強，雙方的驅逐艦攻擊和反擊凶猛，但是從4時30分起都明顯地減輕了攻擊的強度。

率領整個公海艦隊前進的德國艦隊司令舍爾，幾乎在下午2時28分輕型巡洋艦之間初次交戰剛一發生後便得到了這個消息。3時25分，他又獲悉英國戰鬥巡洋艦的出現；3時45分，從「偵察參謀長」處得到的消息表明，艦隊司令馮‧希珀在東南方向航線上與6艘敵戰鬥巡洋艦交戰。舍爾清楚地知道，希珀正在向他退來，舍爾希望把英國戰鬥巡洋艦吸引到德軍主力艦隊炮火之下。於是他繼續前行，嘗試如有可能將逼使追逐的英

日德蘭：開端

艦處於背腹受敵之境；但數分鐘之後當得知「伊莉莎白女王」號也出現在戰場時，他感到有責任直接馳援他的現已在數量上居劣勢的戰鬥巡洋艦。4時剛過，他便率主力艦成縱列以17節時速向北駛去，讓老舊戰鬥艦全速隨行。此時，2支敵對的艦隊以43海浬的時速互相逼近。

在貝蒂前方掩護他免受突襲的第2輕型巡洋艦中隊最先發現了敵方艦隊。4時33分，懸掛古迪納夫准將大三角旗的「南安普敦」號察覺到一列德軍戰鬥艦的先導艦出現在海平面上，並透過暗號發出訊號：「戰鬥艦出現。」幾乎在「雄獅」號收到關於敵軍輕型巡洋艦報告的同時，貝蒂也親眼目睹了公海艦隊。他立即做出決策，果斷率領剩下的4艘軍艦進行180°大轉彎，直接返航駛向傑利科艦隊。已與舍爾取得連繫的希珀，立刻調轉方向展開追擊。因此，此時2位艦隊司令的形勢恰好顛倒過來：貝蒂試圖將希珀和德軍戰鬥艦隊引向傑利科的位置；希珀則追趕撤退的敵人，未察覺自己正逐漸接近英國大艦隊。海戰的這一階段被稱為「奔北」，雙方戰鬥巡洋艦的炮火持續交鋒；不過此時日光方向對英軍極為有利，導致德軍戰鬥巡洋艦遭受了英軍火力的沉重打擊。

在德軍主力艦隊被發現時，貝蒂迅速下令調頭，使得他的艦隊很快遇到全速前進並繼續向南航行的第5戰鬥中隊。當兩支中隊相互交錯而過時，「雄獅」號向「巴勒姆」號發出訊號，要求其跟隨調頭。4時48分，「雄獅」號升起了回航訊號。4時53分，當訊號旗仍在飄揚時，她與「巴勒姆」號已經相距2海浬；海軍少將埃文‧湯瑪斯在3、4分鐘後對訊號作出回應。或許由於作戰行動速度較慢，海軍少將寧願稍微延遲退出戰鬥。雖然這一間隙時間很短，但所有軍艦的速度足以使第5戰鬥中隊與德軍戰鬥艦隊的先鋒交戰。德軍艦隊的先鋒由第3中隊組成，包括「柯尼希斯」號和「凱薩斯」號，均為德國海軍中最精良和最新的艦隻。此時，4艘「伊莉莎白女王」級軍艦在每艘艦隻陸續轉向的地點遭到特別集中的火力攻擊。2艘領航艦「巴勒姆」號和「勇敢」號與敵方戰鬥巡洋艦交戰；殿後艦

「沃斯派特」號和「馬來亞」號則與德軍艦隊中實力最強的整個中隊作戰。這場不對等的戰鬥持續了半個多小時。除「勇敢」號外，其餘軍艦均被重炮反覆擊中，僅「沃斯派特」號就中了13彈，「馬來亞」號中了7彈。然而這些艦隻皆異常堅固，既沒有一座炮塔失去戰鬥力，其航速也未受任何影響。

　　雙方的主力艦隊正迅速接近，所有艦隻在這一關鍵時刻齊聚於戰場，同時進行部署。經過一段幾乎難以察覺的間隔後，戰鬥巡洋艦的決戰與艦隊大會戰的序幕融為一體。

日德蘭：開端

日德蘭：會戰

　　至此，我們所敘述的事件雖然驚心動魄，但畢竟屬於前奏的範疇。此前戰鬥巡洋艦已經彼此交鋒過，因此雙方的艦隊司令對戰鬥的特點、武器的威力和困難的程度都了然於心。此外，如前所述，任何一方的戰鬥巡洋艦都未曾動用孤注一擲的力量。然而，現在雙方的戰鬥艦隊以每小時超過 35 海浬的速度迎面接近，隨著時間的流逝，我們即將進入既是決定性的又是未知的領域。

　　多年來，英國與德國的海軍部門將其思考與努力集中於最後的決戰時刻。雙方幾乎將全國的資源傾注於戰鬥艦隊。無論如何，英國海軍中進行大規模海戰的景象主導了一切其他想法，他的需求優先於其他一切，並需首先得到滿足。英國不惜任何代價打造出占據壓倒性優勢的全方位武器體系，因此，德國的戰鬥艦隊必定在瞬間被摧毀。英國的艦艇數量、火力、士兵能力和訓練都耗盡了全國的力量，並將科學的所有可能性提供給總司令。除非出現完全意料之外的因素和某種難以預測的意外，否則毫無理由懷疑，在兩條平行戰線之間、在 10,000 碼距離內的 30 分鐘交戰中，我方將獲得完全勝利。

　　多年來，傑利科專注於海戰的最簡單陣勢，即單行排列和平行航線進行遠端炮戰，並防禦魚雷攻擊。在初期階段之後，一切都變得複雜且難以預測。如果初期階段令人滿意，其他勝利或許會接踵而至。海軍部只能為總司令提供各類艦艇的數量優勢，卻無法預見戰事的發展。參戰的方法、時機和戰術手段，全由總司令一人決定。有人爭論說，如果不僅僅集中於平行航線的 2 支艦隊進行遠端炮戰，而是採取更靈活的策略，如讓艦艇分隊交戰，將最快的戰鬥艦與較慢的分開使用，並根據當時的需求隨機應

日德蘭：會戰

變，戰果可能會更理想。結果很可能如此。如果戰前英、德艦隊之間發生過幾次交鋒，甚至遭遇戰，毫無疑問將總結出更高超的戰術。然而，此類特殊戰例既空前亦絕後，「納爾遜風格」是在當時最強大軍艦之間作戰的那些年分出現的。納爾遜的天份使他能準確預測任何決策的後果，但這種天份必須建立在準確的實際資料之上。他在特拉法爾加戰役前多次觀察過小規模的類似戰鬥。納爾遜不必擔心水下攻擊的損害，他對艦隊作戰中的情況瞭如指掌。傑利科則不然。沒有人了解他是否知道一次完全的勝利不會決定性地改善已有的海戰形勢，而一次完全的失敗將輸掉戰爭。他準備根據自己的條件應戰；他不準備打有重大風險的仗。因此，這場戰役將按他的意願打，或者根本不打。

然而，儘管我們可以透過國家政策的廣泛基礎證明總司令對決戰條件的總體態度是正確的，但這並不意味著贊同或認可他在艦隊中制定的指揮和訓練體制。所有事務無論大小都集中於旗艦；除了迴避魚雷攻擊之外，各級領導人的自主決策權皆被剝奪。因此，他們需要依賴從旗艦不斷發出的訊號來調整艦隊的行動和火力分配。這些訊號規定了每艘軍艦的航向和速度，以及每一次機動轉彎。在演習中，這種集中化或許能帶來較好的訓練效果。然而，在實戰的濃煙、混亂與瞬息萬變中，這個流程顯得過於複雜。艦隊規模太大，無法透過單一組織作戰，也不可能由一個人的指揮來操作。德國海軍仿效陸軍的指揮系統，他們在戰前已經預見到，艦隊戰鬥中必須依賴能夠徹底理解上級意圖和精神的下屬之良好合作，而不是嚴格集中的控制。此時此刻，他們的隊形實際上是3支獨立機動中隊前後相繼。傑利科的體制不僅否定了小艦隊的主動性，而且在戰鬥中，他始終力圖親自指揮整個艦隊。但正如他自己所描述的，他只能目睹或得知戰爭程式的一小部分；並且由於任何人在特定時間內只能接收有限的資訊，所以他對全域性的掌控能力已經消失，他只能對他人的行動計畫進行一次審查而已。

現在我們來分析一下德國艦隊司令舍爾的情況。他根本無意與整個不列顛艦隊決一勝負，他對對方炮組的相對實力毫無幻想。若將他的艦隊與對方排成平行航線，這將是極其愚蠢的，因為對方發射的炮彈重量是他的2倍，而對方人員的科學知識、航海技術和堅毅意志是他由衷敬佩的。他從未打算進行一場激烈的戰鬥。他從來不願在無望的劣勢下作戰。如果遇到較弱或勢均力敵的對手，或遇到他有公平競爭機會或可能取勝機會的任何對手，那麼他願意為德意志榮譽奉獻全部軍事技術和勇氣決一勝負。然而，從得知他正面對聯合大艦隊並目睹整個海平面因其宏偉氣勢而顫動的那一刻起，他的唯一目標就是盡快不失體面地逃出致命的陷阱。他的這一舉動完全成功。

他在魚雷攻擊和煙幕掩護下謹慎地進行調頭，各艘軍艦分別轉向，向相反方向行駛，即使隊伍形成弧形或因「干擾」而混亂也必須執行命令。德國艦隊的2次成功逃脫，應歸功於舍爾的隨機應變和各艦長對其策略的深刻理解。

綜合兩位司令的性格與意圖，他們的策略問題、地理位置、相對速度以及相遇時剩餘的3小時白晝，可以看出1916年5月31日進行一場艦隊大會戰的可能性依然非常渺茫。

此刻，讀者應將注意力集中在「鐵公爵」號的艦橋上，這艘戰艦在此次交戰中始終引領著英國戰鬥艦隊的中樞前進。約翰·傑利科爵士仔細解讀了貝蒂將軍所率領的輕型巡洋艦和戰鬥巡洋艦發出的每一個訊號。因此，他參考海圖，對從「加拉蒂亞」號首次報告發現可疑艦隻，到古迪納夫准將宣布公海艦隊出現等一系列事件的過程瞭如指掌。他指揮的艦隊呈大新月形運動，南端由貝蒂獨立指揮的一支艦隊組成。在北邊或較隱蔽的側翼，則是胡德將軍率領的一支與貝蒂艦隊相似但規模較小的艦隊，由第3戰鬥巡洋艦中隊和2艘輕型巡洋艦以及驅逐艦組成。戰鬥艦隊的最前部由8艘前「無畏」級裝甲巡洋艦跟4艘最新輕型巡洋艦（「卡羅琳」級）掩護。

日德蘭：會戰

　　總司令明白，南翼所有先進強大的偵察艦正陷於激戰，一場重大的戰鬥巡洋艦戰鬥已經持續了近2個小時。從第一次聽到警報的那一刻起，他逐步將艦隊調整到最高聯合速度，而他的全部24艘戰鬥艦目前正以每小時20節的速度航行。他一獲悉德軍戰鬥巡洋艦出海，立即命令胡德將軍率領數艘「無敵」級和其他型號戰艦增援貝蒂。他迅速向海軍部發出正式電報「艦隊作戰在即」；英國沿著鋸齒狀海岸的各地軍火庫、船廠、醫院立刻投入了早已準備好的緊張行動。

　　目前的任務是安排艦隊的部署。在雙方大艦隊彼此接近的當下，我們需要暫時脫離話題，向非專業讀者解釋幾個相關的技術問題。

　　在衝擊戰術時代，騎兵的演變與現代艦隊的發展有著相似之處：均為縱列接近，橫列作戰；騎兵和艦隊的訓練重心在於迅速且有序的隊形變換。此時，大艦隊正以4艘軍艦組成的6列縱隊隊形前行，縱隊間距為1海浬。艦隊旗艦「鐵公爵」號位於從右數的第4列縱隊的最前端。儘管這個隊形的寬度超過10,000碼，但依然完全在總司令的掌控之中。總司令此時理想的狀態是從正面遇上敵人艦隊，為此目的，他可以利用在一定範圍內改變方向的能力，正如高明的騎兵可讓他的坐騎正好面對柵欄。雖然龐大隊形可方便地用於逼近或機動調整，但對於騎兵師或大艦隊來說，一旦這種陣勢被已做橫列部署的敵人夾住，就非常危險。

　　在英軍戰鬥艦隊能參與戰鬥之前，必須先部署成橫列。總司令將整個艦隊逼近敵人，越靠近就越能精確地引導艦隊對準正確方向；但他等待的時間越長，越接近敵人時完成部署的風險也越大，因為艦隊可能在極其不利的條件下遭受夾擊。這需要在2種對立的危險之間選擇正確的時機。如果總司令計算精準或者運氣好，能引導所有戰鬥艦向敵艦隊的準確方向前進，並正面遇敵，那麼他的部署可以迅速而輕易地完成。他只需根據情況命令各縱隊領航艦右轉或左轉，整個艦隊在4分鐘內便能排成橫列戰線並全力開火。然而，如果因為無法控制或預測的因素，無法使艦隊對準正確

方向，或無法確定敵人的準確位置，他還有其他部署方法。他可以命令一側縱隊向前，其餘各列依次跟進，直至完全形成戰線的單一長列。這第二種方法有更大的靈活性來應付意外情況。一旦敵人出現在海平面，可以命令任一側的領航艦選擇與敵方艦隊航線相關的航向行駛，其餘艦隻則尾隨其後。儘管當日英國大艦隊按第一種方法部署成橫列僅耗時 4 分鐘，但跟隨一側縱隊後面的部署（即所謂的「側翼部署」）卻需要 24 分鐘才能完全施展火力。屆時，敵人的整個艦隊可能已與我們部分已部署成戰鬥橫列的艦隻交戰。

為了實現正確的部署目標，準確且及時地獲取敵方艦隊位置的情報至關重要。總司令在他直接控制的巡洋艦和輕型巡洋艦保護下，這些艦艇不斷監視敵艦隊的動向，並每隔幾分鐘向他報告敵艦隊的行蹤和編隊。在部署前的最後 15 分鐘，這些偵察艦隊或其中部分艦隻，必須同時看到敵人和己方旗艦。即使情勢複雜，也能化繁為簡。在這個關鍵時刻，除了探照燈閃光發出的可見訊號外，任何資訊都不應輕信。這幾乎等同於面對面交流。在如此重要的問題上，完全依賴視野之外的巡洋艦發來的無線電報告，無異於冒不必要的風險。儘管無線電報告確實非常重要，有時能提供準確的情況；但若要確保萬無一失，探照燈訊號在艦隊部署時刻是最可靠的；而確實可靠的情報無法從總司令視野之外的巡洋艦，或雖在視野內但沒有視覺連繫的巡洋艦那裡獲得。

雙方的艦隊和所有巡洋艦都在高速運動，其相互關係時刻在變。看不見的巡洋艦很可能在激烈戰鬥，緊緊咬住敵方艦隊，應變前進，或突然轉向以躲避炮火或魚雷。巡洋艦肯定不在總司令的視線之內。他們的報告必須寫下來，譯成密碼發出，在總司令座艦這裡接收、解譯之後才能送呈總司令。這一過程很可能費時 10 分鐘，但戰事不容有 10 分鐘的耽擱。此外，從各偵察艦發回的報告也不盡一致，可能同時有 3、4 種不同的說法抵達總司令手中，其中沒有一種是絕對精確的。因此，生死攸關的部署行

動應該始終依據確實見到敵艦隊的偵察艦發回的視覺訊號。在部署行動前要正確知道敵艦隊位置的唯一可靠方法是這種原始辦法，即命己方輕型巡洋艦處於敵我雙方均能望見的位置。有此視線網路，即可確保對位置這一重大問題的準確判斷。

最初，由貝蒂的偵察艦隊和輕型巡洋艦負責接近德軍公海艦隊並透過無線電向貝蒂和傑利科報告敵軍動向；古迪納夫准將及其部隊在執行此任務時表現出令人欽佩的效率。沒有理由批評「雄獅」號在激戰中未能從輕型巡洋艦發出訊號。「鐵公爵」號也已同時接收了所有透過無線電傳遞的消息。然而，從距離60、50、40甚至30海浬外的輕型巡洋艦傳回的訊號，往往被證明是相互矛盾而且是錯誤的。我們現在知道，古迪納夫距離敵軍僅4海浬，但他仍然無法準確判斷敵軍艦隻的位置，而「鐵公爵」號的距離則在6海浬以上。貝蒂艦隊中任何1艘位於海平面外、非視力所及的艦隻發出的報告，是傑利科了解戰事過程和敵軍動向的重要手段。然而，他不能也絕不應依賴這些報告，如果這些報告取代了他直接指揮的偵察巡洋艦發回的資訊。

總司令並非沒有配備必要的艦隻。除了分派給貝蒂先遣部隊的14艘輕型巡洋艦之外，傑利科還保留了4艘最新的「卡羅琳」級輕型巡洋艦供自己使用。他另外還有8艘前「無畏」級時期的裝甲巡洋艦（如「防禦」號、「勇士」號等）。接到第一次警報後，他命令這些舊軍艦全速前進進行正面掩護；但由於它們的最高航速僅為20節，而他的旗艦最初航速為18節，後提升至20節，所以在關鍵的2小時裡它們並未顯著地趕到他的前方。然而，「卡羅琳」級輕型巡洋艦的設計時速為29節。如果得知貝蒂的艦隊正在海平面以外作戰，總司令便會謹慎呼叫他的4艘「卡羅琳」級艦隻，以獲取及時準確的情報，並據此進行部署。他親自下達的戰鬥命令中提到，在能見度小於12海浬的情況下，報告敵人所在的經緯度是毫無意義的，並強調與巡洋艦保持連繫和視覺接觸的重要性。

在 2 小時內，呈扇形編隊的「卡羅琳」級輕型巡洋艦本來可以輕鬆追上 15 海浬外朝敵方總方向航行的「鐵公爵」號，接著他們便能看到英國裝甲巡洋艦；從大艦隊完全可以看見這些巡洋艦。此時「卡羅琳」級各艦的能見距離至少有 7 海浬。因此，總司令只要願意，本可以透過視覺訊號獲得 20 海浬外德國艦隊的方位和前進佇列的準確情報。這原是一種額外的預防措施，使他能將龐大編隊的艦隊安全地帶到準確位置，在那裡運用 4 分鐘編隊法部署在交戰的正確航道上。

在英國艦隊完成部署前半小時，雙方艦隊的所有艦隻已經聚攏整合一大群。在此期間發生了幾次重要的戰鬥，其中大部分是同時進行的。貝蒂指揮的戰鬥巡洋艦隊，緊跟著第 5 戰鬥中隊，迅速向北航行，試圖與大艦隊會合並誘導敵艦向大艦隊方向移動；希珀和海軍少將伯迪克爾率領的第 1 和第 2 偵察艦隊亦向北行駛，掩護德國公海艦隊的前進。貝蒂和希珀在大致平行的航道上展開交戰，第 5 戰鬥中隊與領航的德國戰鬥艦及希珀的戰鬥巡洋艦激烈交火。此時，胡德將軍在「無敵」號上，率領第 3 戰鬥巡洋艦中隊，前導輕型巡洋艦「切斯特」號和「坎特伯雷」號，在英艦隊的北側推進。因此，約在下午 5 點 40 分，2 支德國偵察艦隊直接衝入英艦新月形（現已成馬蹄形）陣列的中心，新月形陣列的南角（貝蒂）迅速後退，而北角（胡德）迅速推進。

希珀率領第 1 偵察艦隊向西南發起新攻勢，至 5 時 36 分，為胡德將軍執行偵察任務的「切斯特」號突然遭遇德軍第 2 偵察艦隊。5 時 40 分，德軍偵察艦隊的 4 艘輕型巡洋艦中的 3 艘迅速從煙霧中出現，「切斯特」號幾乎瞬間被大火吞噬。幾乎所有的大炮都被摧毀，甲板上陷入一片混亂。然而，英艦新月形陣型的中心仍在迅速推進。5 時 47 分，「防禦」號（海軍少將羅伯特·阿巴思諾特爵士的旗艦）和「勇士」號，這 2 艘裝甲巡洋艦是直接掩護大艦隊前進的核心艦隻，發現了從相反方向駛來的德軍第 2 偵察艦隊，隨即猛烈開火進行攻擊。伯迪克爾率領的輕型巡洋艦群正興

日德蘭：會戰

致勃勃地追擊受創的「切斯特」號，突然調頭以躲避這些依然強勁的英國艦隻，卻意外遭遇了更加可怕的敵人。

胡德將軍率領 3 艘戰鬥巡洋艦突然轉向開火位置，衝出濃厚硝煙，在 5 時 55 分，用 12 英吋大炮猛烈攻擊德軍輕型巡洋艦群，數分鐘內使「威斯巴登」號喪失戰鬥力，並重創「皮勞」號和「法蘭克福」號。北面突然出現的主力艦「如雷暴般襲向伯迪克爾將軍」，從後方遠處傳來貝蒂艦隊巡洋艦激戰的轟鳴。這個新對手可能是英國主力艦隊的前鋒。伯迪克爾立刻轉向以求脫險，讓受創的「威斯巴登」號盡快撤離危險。胡德大炮的爆炸聲同樣向希珀發出了警告，具體情形後文再述。

與此同時，阿巴思諾特指揮的「防禦」號在「勇士」號的緊隨下，追擊德軍第 2 偵察艦隊。他注意到「威斯巴登」號正以沉重且緩慢的速度試圖脫逃，遂決定將其摧毀，便「全速向其衝去」。「雄獅」號再次與希珀的戰鬥巡洋艦正面交鋒，也朝著同一目標前進。阿巴思諾特鬥志昂揚，強力調轉艦首，迫使軍艦偏離原航向，全中隊萬炮齊發，並利用自己坐艦煙囱的濃煙遮擋敵人的視線。「防禦」號距「威斯巴頓」號不超過 6,000 碼，右轉使所有艦舷炮對準目標；此時希珀的座艦繼續前進，已經將大炮對準了「防禦」號，一些德軍戰鬥艦也進入了射程。瞬間，「防禦」號連續被重炮擊中，發生劇烈爆炸；6 時 19 分，軍艦連同近 800 名官兵消失在巨大的煙柱中。千瘡百孔的「勇士」號看來也將面臨同樣的命運。然而與此同時，更大的戰鬥即將爆發，大艦隊的部署已於 6 時 15 分開始。

在這些戰鬥過程中，雙方艦隊停止了向北航行。5 時 25 分，貝蒂與希珀再次交火；此時陽光對英軍有利。「巴勒姆」號和「勇敢」號的 15 英吋大炮也開始對德軍戰鬥巡洋艦開火，造成了顯著的損傷。就在此時，5 時 42 分，東北方傳來「無敵」號攻擊德軍第 2 偵察艦隊的炮聲；希珀意識到自己可能陷入了敵軍的包圍，且在交火中處於劣勢，他迅速命令艦隊調頭向公海艦隊方向撤退。當對手試圖向右撤退時，貝蒂也採取了類似的

行動，然後以戰術機動朝正東繞住對方，同時試圖阻止希珀發現英國戰鬥艦隊的意圖。正當此時，「雄獅」號出現在「鐵公爵」號的視野中。這一情況令傑利科非常驚訝。根據貝蒂發來的無線電訊號推算，「鐵公爵」號以為「雄獅」號已經東去甚遠；2 艦的推算誤差不小於 11 海浬。事實很快取代了計算。「雄獅」號就在 6 海浬之外，位於「鐵公爵」號的右邊，比推算的位置大出近 45°。因此可以推測，敵戰鬥艦隊的位置也偏離了同樣的角度，更偏向西面；這意味著傑利科不會正面或接近正面遭遇敵人，敵艦在自己 45°的右前方。

形勢嚴峻且緊急，情況亦不明朗。總司令感到敵人的呼吸近在右頰和右肩，他此刻打算命令艦隊轉向。然而，這種轉向需要 15 分鐘，而他並沒有這麼多時間。當他看到貝蒂艦隊在戰鬥中全速駛過他的艦首時，他立即用探照燈發出訊號詢問：「敵戰鬥艦隊在哪裡？」（6 時 01 分）一分鐘後，由於貝蒂艦隊的出現並確定了其方位，他來不及轉舵，下令各分隊領航艦向南行駛，以占據那個方向的水域，進而改善接近敵人時的陣線。這個舉措沒有浪費時間，想法也非常正確，但它使艦隊變成了分隊排列的梯隊形式，完全不利於艦隊部署，而德軍艦隊很可能就在附近。德軍隨時可能從 6、7 海浬外的霧中出現並立即開火。6 時 06 分，總司令恢復了原來的隊形，雖然方向不夠準確，但仍為他的部署提供了最大的選擇餘地。

同時，位於戰鬥艦隊右翼的「馬爾伯勒」號前方僅 2 海浬的貝蒂回應道：「敵方戰鬥巡洋艦正朝東南方向行駛。」聽聞此事，總司令再次詢問：「敵方戰鬥艦隊身在何處？」然而，「雄獅」號無法作答。此時，希珀已經消失，「雄獅」號未能目擊任何敵人。

傑利科時而焦慮地凝望著海平面上隱約顯現的危機天幕，時而低頭審視海圖上的矛盾與模糊之處，在這種緊張的捉摸不定中，他堅持向前航行了 8 分鐘。豁然開朗的時刻終於到來。6 時 10 分，「巴勒姆」號發現舍爾所率戰鬥艦出現在東南偏南方向；由於他的無線電臺已被摧毀，這一消息

日德蘭：會戰

由「勇敢」號報告。傑利科於 6 時 14 分得知此事。幾乎同時，「雄獅」號報告公海艦隊出現在西南偏南方向。這兩份報告確定敵人在我右舷艦首 45 度，或按軍事術語說，右半舵。方向是正確的，但將德軍先頭戰鬥艦「柯尼希」號的位置比實際所在說近了 3 海浬。據此，似乎不容再有遲疑，決策的時刻已到。《海軍部紀實》稱：「部署艦隊已刻不容緩」。

遭遇發生的角度極為不利，以分隊向左舷或右舷迅速部署艦隊皆不可行。如此做法無法使艦隊進入與敵人可能戰線保持合適關係的陣勢佇列。只剩下 22 分鐘的側翼部署時間。傑利科認為只有 2 種選擇：其一是讓最靠近敵人的右邊縱列在前，其餘艦隻隨之；其二是讓距敵最遠的左邊縱列為先導。若選擇前者，他需冒著敵人集中火力攻擊先導艦隻而其他艦隻無法還擊的風險。若選擇後者，他的戰線將遠離敵人 10,000 碼。他放棄了立即投入戰鬥和開火的方法，選擇將艦隊部署在炮火有效射程之外；因此，他在戰場上的首個行動便是退卻。

依據我們現今的理解所得出的結論是：他本可以無風險地採用右舷翼趨前法進行部署。第 5 戰鬥中隊擁有無與倫比的火力、裝甲和速度，實際上會領先於由舊「無畏」級戰艦組成的「馬爾伯勒」的分隊，擔任先鋒。貝蒂所轄的戰鬥巡洋艦已經準確地行駛在航道上。在所有艦隻的前方更遠處，胡德自然會率領艦隻轉向進入編隊。整個艦隊本可協調一致地進入決定勝負的射程內全力作戰，使所有快速大型艦隻處於戰線的右端，切斷敵人與基地的連繫，但總司令選擇了較為安全的策略。誰也不能說，根據他當時所了解的情形，這是一項錯誤的決定。每種觀點都有充分的理由，而他畢竟是受命做出抉擇的人。假如他朝向敵人那個側翼進行部署，再假如英軍先頭中隊被德軍戰鬥艦隊的火力壓倒，或者假如我艦隊先鋒遭重型魚雷攻擊，假如我全線在部署中因此而受牽制乃至混亂不堪，而且有 4、5 艘艦隻被擊沉（這有可能就在部署開始後的數分鐘內發生），那麼勢必不乏對艦隊司令不謹慎決定的批評。而批評是嚴重後果中最不重要的。

然而，對於約翰·傑利科爵士來說，的確還有第三種策略，它避免了上述艱難選擇的負面效果。雖然涉及複雜的位置變換，但原則上這仍是一種非常簡單的方法。事實上，這是所有方法中最簡單和最原始的。他可以以自己為中心進行部署，並親自帶頭。皇家海軍中有一道沿用已久、眾所周知的指示訊號，它能使總司令率領其分隊駛出艦隊，令其餘艦隻依他所選的任何序列緊隨其後。這只須升掛一面「A」字形三角旗，旗下懸示指定各艦後隨順序的連續數字。這樣做要求在左面 2 個分隊的每艘軍艦或者減速或者向左繞一整圈以免失速，同時右邊分隊排列在總司令後面。艦隊當時並未遭到炮火攻擊，因而該項策略是切實可行的。簡而言之，它的意思就是「跟我來」。沒有無所適從的混亂，沒有令人痛苦的兩難窘境，這是一條有把握的、慎重而適宜的中間路線。採用此法完成部署之後，約翰·傑利科爵士仍有控制他艦隊的最合適方法。較之對敵側翼部署，他多享有 3 海浬的緩衝距離和 10 分鐘的寬裕時間。他將避免從前進的敵人面前退卻。他將引導他的艦隊，而全艦隊將緊隨其後。

令人費解的是，從他自身行動的描述與解釋來看，他似乎從未嘗試使用這個可供選擇的策略。這或許不難理解：約翰·傑利科爵士依照一份明確的、預先制定的計畫行事。面對可能是世界上最大海戰的開端，他在威脅和不確定之中，只能盡可能嚴格地遵守自己的規則。畢竟，他在海戰的所有部署中，只設想過在左翼或右翼的戰鬥艦縱列中擔任領頭的位置。結果是，大艦隊戰鬥令中的標準指令訊號體系，根本沒有考慮過這種由司令旗艦領頭的部署方式。舊的指令訊號為將士所熟知。只要訊號旗升起，其含義立即為全體官兵所理解，然而上述這個方法最終被棄而不用，當時總司令似乎根本就沒有想到這個方法。

他同樣沒有預料到的是，在不會危及自己艦隊安全的前提下，針對敵人逃脫應採取何種有效的威懾措施。他謹慎地部署外部側翼，迫切地想探明前來交戰的敵人位置。為達此目的，他只需命令第 5 戰鬥中隊的 4 艘

日德蘭：會戰

「伊莉莎白女王」級艦分別攻擊敵人未與我交戰的一側即可，而不是穩穩地集合在敵人陣線的尾部，浪費他們獨特的速度和力量優勢。這些艦隻不會面臨敵人數量優勢的威脅，其航速比德軍舍爾艦隊的聯合行駛速度快8至9節。一旦遭到猛烈攻擊，他們可以隨時脫離戰鬥。既然有如此多的保障，那麼，他們對老舊的「德意志」級中隊發動突然襲擊並在數分鐘內重創或擊毀2、3艘敵艦，不是再容易不過的事嗎？如果這樣，舍爾就不得不停下來，去援助「德意志」級諸艦；在腹背受敵的形勢下，他將不得不全力應戰。這正是我在海軍部工作時的主要目標之一，這正是花費鉅額經費和費盡諸多周折建造超級航速、火力與裝甲的「無畏」級戰艦分隊所希望出現的局面。然而，總司令和這些戰艦的指揮官都沒有想到更好地利用這些戰艦，讓他們徒然以17節時速跟在艦隊後面，而他們本身的航速在24節以上。

因此，到了下午6時15分，訊號和無線電同時發布命令，指示艦隊進行左翼部署。決定性的軍旗在微風中飄動後被降下。命令開始執行，英國戰鬥艦龐大橫列的五分之六轉向，開始拉開與敵人的距離。這就是戰鬥艦隊在日德蘭採取的第一個行動。

貝蒂和第5戰鬥中隊通常適合按照右翼部署法就位。向左舷部署迫使貝蒂以全速橫穿戰鬥隊形，以便在前鋒就位；胡德在貝蒂之前駛入列隊。戰鬥巡洋艦冒出的煙霧模糊了戰鬥艦的身影，6時26分，傑利科命令艦隊減速至14節，讓戰鬥巡洋艦駛到前面。訊號未能迅速傳到各艦，擁擠和重疊開始發生，尤其是在轉彎處。第5戰鬥中隊因落後太遠無法橫穿傑利科部署隊形的前面，又沒有得到獨立行動的命令，只好決定在後面就位，在德軍戰鬥巡洋艦和先頭戰鬥艦的集中火力攻擊下來了個左轉彎。裝備15英吋大炮和13英吋鐵甲的快速戰鬥艦再次與占大量優勢的敵艦展開激戰，雙方都受到了沉重打擊。「沃斯派特」號因舵輪一時發生故障而脫離中隊，由於失去控制又加之受到猛烈炮火的攻擊，便迅速繞了個大圈。這

一圈使她來到受重創的「勇士」號近旁。混亂中的「勇士」號很感謝拯救者非有意識的俠義行為，艱難地駛向安全地帶。

6時25分，部署仍在進行中，艦隊開始炮擊；大約三分之一的軍艦找到了攻擊目標，或者向倒楣的「威斯巴登」號開火，她停在2條戰線的中間，化作一團熊熊燃燒的殘骸；或者射向敵艦隊前面的第3中隊（「柯尼希」級）。由於煙霧濃重，能見度差，射程難以校準。然而，傑利科的方位變化使英艦獲得最有利的光照，敵人只能看見我方炮火的閃光。當艦隊的一半渡過難點時，傑利科似乎考慮改變小分隊的航線以接近敵人。艦隊當時排列成「L」形戰陣，他可能覺得改變航線不切實際，因此在行動尚未開始時便取消了訊號。到部署完成時（下午6時47分），英艦隊半數已經開火；德軍第3中隊連連中彈，而英軍戰鬥艦毫髮無損。

在此期間，胡德指揮的第3戰鬥巡洋艦中隊一直在與希珀的戰鬥巡洋艦激戰，表現卓著。然而，在6時31分，「德夫林格」號的一輪齊射摧毀了「無敵」號。用《官方紀實》的話來說：

接連幾聲震耳欲聾的爆炸響起，大量煤塵從破裂的船殼洩漏出來，猛烈的火焰吞噬了整艘船，桅桿紛紛倒塌，船體斷裂成兩截，巨大的黑色煙幕升騰至天空。煙霧散去後，仍能看到船首和船尾直立在水面，彷彿在向世人昭示，這裡是一位將軍的長眠之地。

在艦上1,026名官兵中，唯有6人倖存。

現在我們來審視一下這段時間內德軍的動態。舍爾從6時25分開始，便一直遭到英軍戰艦的炮火攻擊。他錯誤地以為胡德的戰鬥巡洋艦是英國艦隊的先鋒，因此認為自己將被包圍。他沒有採取正面直角攔截英艦隊的策略，反而誤以為英軍會對他實施這種戰術。因此，在6時35分，他命令全艦隊的每艘軍艦以最快速度行動，同時調頭朝西航行，駛向英格蘭，並派遣一支小艦隊進行魚雷攻擊和釋放煙幕彈以掩護撤退。這一精妙的計畫取得了成功，甚至堪稱完美。儘管面臨戰鬥的壓力和混亂，傑利科因受

日德蘭：會戰

到一連串魚雷的威脅，仍堅持自己長期奉行的方針轉向離去。2支艦隊迅速分開；德國艦隊消失在霧層中，舍爾發現身後已無追兵。

然而，隨著一起令人震驚的事件發生，情況完全超出了合理的預期，這樣的事件往往成為歷史的轉振點。舍爾向西行駛約20分鐘後，剛脫離險境，便立即命令各艦右轉調頭，重新向東行駛。其目的何在？返回港口後他聲稱，這是為了尋找機會進一步與英國艦隊較量。「當我注意到英軍的壓力已消失，而我掌握的艦隊依然完好無損時，我便調轉頭來，認為戰鬥不能如此結束，我應該尋機與敵人再較高低。」這一解釋得到了德國官方歷史的認可。然而，更可能的情況是，他預計這一行動將使他能夠插入英國艦隊的後部，並希望穿過艦隊的後部以摧毀殿後的英艦，然後在靠近本國的一側重新作戰。眾所周知，他當時認為英國戰鬥巡洋艦群是英軍戰鬥隊形的先鋒。因此，他必然得出的結論是，英軍戰鬥艦隊在戰鬥巡洋艦的位置之後約5海浬。基於這一設想，他的行動將恰好插入英艦隊的後部。然而，事實與他的假想相反，他恰好進入了整個英國艦隊的中心，這顯然是他最不希望看到的局面。這個錯誤本來可能對德艦造成致命的結果，局勢再危險不過了。傑利科的艦隊顯然準備得不太順利，他正率各分隊向南成梯隊行駛。實際上，此刻（下午7時12分），相對他最初的部署來說，他是在最不利的處境中被德艦抓住的。然而，儘管如此，並沒有出現嚴重困難。當德國軍艦一艘接一艘從迷霧中出現時，所有射程內的英國戰鬥艦均向其猛烈開火。德軍先鋒，龐大的「柯尼希」級戰艦，目力所及之處盡是炮火的閃光。密集的火力持續了約6分鐘，炮彈如狂風暴雨般在德國軍艦上爆炸。希珀率領的，多次受創的、令人敬畏的偵察艦隊，再次遭到最沉重的打擊。「賽德利茨」號突然猛烈燃燒起來，「呂措」號搖搖晃晃退出戰線。這是當時最猛烈的海上炮擊戰。

戰事持續時間並不長。舍爾一旦意識到所處的困境，儘管不夠冷靜，但他還是重複了6時35分時採用的策略。7時17分，他再次將戰鬥艦隊

調頭向西，並發動了一系列小艦隊攻擊，釋放更多煙幕，命令戰鬥巡洋艦不惜一切代價發動攻擊，以掩護他的撤退，這是一場「死亡之旅」。傑利科再次允許舍爾西撤，為躲避紛紛射來的魚雷，他先轉向 22.5°，然後又轉 22.5°。在地圖上一望即知，這裡無疑是一個極佳時機，可以輕易將英國艦隊與率領右分隊的第 5 戰鬥中隊分開，進而對敵人進行兩面夾擊。然而，這位英軍總司令全神貫注於躲避魚雷攻擊，不斷轉變方向。射程擴大，2 支艦隊分離，舍爾再次從傑利科的視線中消失 —— 這一次是永遠地消失了。

在 6 時至 7 時 30 分之間，德國小艦隊發動了至少 7 次對英國戰鬥艦隊的攻擊。英軍小艦隊和輕型巡洋艦中隊的反擊是對這些攻擊的真正回應，其中最後 2 次反擊非常有效，且幾乎成功。英軍本應命令這些艦隊前進，摧毀敵人的魚雷艇，這完全是可行的。傑利科卻沒有採取這種積極的戰術，每次都命令戰鬥艦轉向躲避，因此中斷了與敵人的接觸。在這整個階段，德國小艦隊僅損失了一艘艦隻，但他們卻成功保護了艦隊脫險並安全撤退。

然而，貝蒂仍然力圖重新投入戰鬥。最重要的是驅逐德軍艦隊向西航行，遠離其基地。「雄獅」號發現了敵人；然而，英國戰鬥艦隊並未靠近「雄獅」號，幾艘戰鬥巡洋艦無法單獨與舍爾交戰。7 時 45 分，貝蒂透過「彌諾陶洛斯」號向領航的英國戰鬥艦報告敵人的位置；7 時 47 分，他向總司令發出經過深思熟慮的電報：「建議戰鬥艦前鋒隨我行駛；我們能切斷敵人艦隊的歸路。」電報剛發出，他便改變航向，逼近敵人。此時，舍爾的回家決心逐漸使公海艦隊從向西改為向南航行。2 支艦隊再次相遇，雙方的輕型巡洋艦和驅逐艦開始交火。英國戰鬥巡洋艦即將參戰，但我方戰鬥艦隊的前鋒在哪裡？傑利科接到貝蒂的訊號後，花了 15 分鐘才向第 2 戰鬥中隊發出必要的命令 —— 其中無重要言詞。指揮該中隊的海軍中將傑拉姆未指揮中隊加速航行，也未讓其駛到主艦隊前面，更未向「彌諾

日德蘭：會戰

陶洛斯」號詢問「雄獅」號的位置。他只是保持航向，對總的局勢感到困惑。因此，「雄獅」號及其護航艦隻在日德蘭海戰中單獨與敵方巨大軍艦進行最後一次遭遇戰，就像該分隊最初與敵軍單獨交戰一樣。嚴重受損的德軍戰鬥巡洋艦已不具備作戰能力，此時日光仍對英軍有利。從「猛虎」號發射的炮彈在 9,000 至 13,000 碼的射程內擊中各艦。「德夫林格」號上殘留的 2 個炮塔之一被打得無法開火。「賽德利茨」號和「呂措」號幾乎沒有開火。突然，老舊的「德意志」級戰鬥艦前來救援受重創的希珀艦隻；在暮色中，英、德艦隊的巨炮進行了最後的互射。15 分鐘後，德艦再次調頭向西，消失在漸濃的夜色中。

夜幕降臨，至晚上 9 點，黑暗已經覆蓋了大海。海戰的條件因此發生了顯著變化。強者的優勢在黑暗中被削弱至與對手相當。遠端巡洋艦如同失去了視力。友方驅逐艦反而對受其保護的戰艦構成了威脅。大炮無法精確校準射程，此時，魚雷開始主導戰場。2 支敵對海軍，相距不過 6 海浬，在黑暗中前行，保持沉默，互不見面，可能在 5 分鐘內向任何方向轉向，誰也無法預知對方的意圖或下一步將發生什麼。

然而，艦隊司令舍爾早已下定決心，儘管他的航線充滿危機，但他卻清楚明瞭。作為一個意志堅定的人，他的決策基於理性的判斷。他深知，一支實力強大的敵方艦隊正位於他與本國港口之間，如果己方在這種位置上被發現，明日白天極有可能遭受徹底的毀滅。夜晚短暫，到凌晨 2 時半就將破曉，他必須立即行動。他的計畫十分簡單：冒一切風險，不惜任何代價，走最短路程盡快回港。如果遇到英國艦隊阻攔，就強行突破。如此行動，雙方會有多艘艦隻被擊沉，但德國海軍的大部分有望逃回港口。這無論如何也比在海上被壓倒性優勢的敵軍捉住，在日光下戰鬥 18 小時要好。9 時 14 分，他用無線電發布了如下命令：「我主力艦隊繼續前進駛入本港，保持航向東南偏南，即 1／4 東，航速 16 節。」於是，公海艦隊從正南航向轉為東南偏南，由小艦隊和輕型巡洋艦中隊領航，以最高聯合速

度直駛霍恩礁。沒有人能質疑他採取這一行動的正確性。

約翰·傑利科爵士面臨的問題相當複雜。目前，他的敵人所處的位置顯然並非德軍預定計畫的一部分。他明智地放棄了夜間作戰的打算。拂曉時的任何戰鬥都無需擔憂陷阱或精心設計的埋伏。這將是一場在海上決一勝負的直接對決；他的實力超過敵人一倍以上。他顯而易見的首要責任就是迫使敵人進行這樣的戰爭。然而，如何才能實現這一目標呢？

自戰爭爆發以來，德軍在黑爾戈蘭灣布設了2片水雷區，以阻止英國艦隊的進攻。德軍的這一舉措得到了英國海軍部的協助——這一點需要進一步解釋。由於雙方的共同努力，該灣的大部分水域被英、德兩國布設的水雷封鎖。然而，德軍在這些水雷區中間掃出了3條寬闊的航道：一條經由霍恩礁通往北方；另一條位於黑爾戈蘭灣的中央；第3條經由埃姆斯河通往南方。雙方對彼此的水雷區瞭如指掌。水雷區如同暗礁和淺灘一樣在海圖上標示得清清楚楚，因此雙方都能自信地避開它們。英國海軍部不僅了解這些水雷區，還知道通過這些水雷區的德國3條航道，因此，約翰·傑利科爵士在他的海圖上標註了擺在舍爾上將面前的這3條航道。

還有第4種選擇：舍爾完全可以不去黑爾戈蘭灣，一到天黑立刻轉向朝北，沿回國方向經卡特加特海峽駛入波羅的海。他將選擇這4條航道中的哪一條？任何處在英軍總司令位置上的人都難以判定。傑利科做出的任何決定，必然有多種難保萬無一失的風險。對他的唯一指望便是他能根據合理的可能性行事，讓其餘的一切聽天由命。因此，本章必須考察的最後一個問題就是，他是否按合理的可能性採取行動了。

可以立即排除那些敵人最不可能選擇的方案。通過卡特加特海峽退入波羅的海，無法確保舍爾不在白天作戰。這個方案需要航行約350海浬，給較快速的英國艦隊提供整整一天在公海追逐的機會。傑利科只需採取簡單措施（儘管他並未採取），派遣幾艘輕型巡洋艦監視該區域，便可確保在黎明時分獲得情報。埃姆斯河這條路線漫長而曲折，也因不大可能而不

日德蘭：會戰

予考慮。因此，選項減少到兩種，即霍恩礁航道和黑爾戈蘭島航道；而這2條航道相距並不遠。如果約翰‧傑利科爵士認為霍恩礁和黑爾戈蘭島2條航道都有可能被敵人選擇利用，那麼他的判斷是正確的。然而，在這2條航道上存在一個良好的行動機會。將艦隊駛往霍恩礁燈塔西南10海浬的地方，在黎明時他便可占據一個有利位置迫使舍爾作戰，無論後者前往霍恩礁還是黑爾戈蘭灣。英國艦隊的航速比德國艦隊至少快3節，因此在夜幕降臨時將更接近該地點。

然而，傑利科似乎已經認定：德國艦隊的選擇僅限於黑爾戈蘭灣和埃姆斯河2條航道；他完全忽視了德軍通過霍恩礁這個顯而易見最有可能的航道。他說我不想捨棄陣地的優勢，這樣的優勢無論是朝東還是朝西航行都能產生。因此我決定向南行駛，以便在白天重新交戰；而且如果敵人駛向黑爾戈蘭灣或埃姆河，再沿德國北方海岸返回基地，我也能處於攔截敵人的有利位置。這根本不是最合理的設想，不但與實際形勢發展不符，還使英國艦隊喪失了重要的作戰機會。按照傑利科設定的航向行駛到凌晨2時30分，將使英國艦隊處於霍恩礁西南43海浬和舍爾駛向黑爾戈蘭島直接航線以西25海浬的位置，因此在這兩個地方都無法與敵交戰。如此一來，舍爾無論取道霍恩礁還是通過黑爾戈蘭灣，或者穿過卡特加特海峽都可以自由撤退，僅僅埃姆斯河這個可能性最小的航道被封鎖了。

晚上9時1分，英國戰鬥艦隊以分隊形式轉向，並以17節的速度朝幾乎正南的方向繼續前進。到9時17分，艦隊轉為密集陣型，以3列縱隊的夜航隊形推進。9時27分，驅逐艦小艦隊接到命令，在艦隊後方5海浬處航行。此命令有雙重目的：避免戰鬥艦隊在黑暗中與己方小艦隊靠近，並能將所有魚雷艇視為敵人，一旦出現即可將其擊沉；同時，這也延長了英艦隊的陣列，增加了攔截敵艦的機會。然而，並未向驅逐艦小艦隊下達攻擊命令，因此他們消極地保持距離，沒有接收到任何進一步指示或情報。傑利科發出的訊號被新明斯特的德里監聽站截獲，該站在晚上10

時 10 分向舍爾報告：「驅逐艦群在敵主力艦隊後 5 海浬就位。」約 10 時 50 分，德軍第 7 小艦隊報告發現了英驅逐艦群。因此，如果德軍艦隊司令及時獲得新明斯特的情報，從此刻起便能夠對 2 支艦隊的相對位置有相當清晰的了解。夜間行動的初步階段告一段落。英國艦隊正以每小時 17 節的速度向南航行，每分每秒都為敵人最近且可能的撤退路線提供了便利。德國艦隊則以每小時 16 節的速度駛向霍恩礁，直接經過傑利科艦隊的末端。實際上，德艦的驅逐艦群已經觸及其尾部。然而，局勢依然有挽回的機會。

大約在晚上 10 時 30 分，德軍第 4 偵察艦隊與我方戰鬥艦隊隨行的第 2 輕型巡洋艦中隊發生接觸，隨即傳來劇烈的炮彈爆炸聲。「南安普敦」號和「都柏林」號遭受重創，而德軍老舊巡洋艦「婦女頌」號則被一枚魚雷擊沉。在這場遭遇戰中，大炮的閃光和探照燈的曳光幾乎在大艦隊各艦的航海日誌中都有紀錄。雖然這場炮戰還不能算作確鑿的證據，但至少表明敵人在駛向霍恩礁的途中試圖穿過英國艦隊的後方。不過，決定性的證據即將到來。

在遙遠的白廳，海軍部持續監聽德軍的無線電通訊。他們已經截獲並破譯了海軍上將舍爾於晚上 9 時 14 分向公海艦隊發出的命令。鐵公爵號在 10 時 41 分收到了電報，並在 11 時 30 分解讀了密碼，約翰‧傑利科爵士讀到了以下令人震驚的情報：「德國戰鬥艦隊於 9 時 15 分下令返航，戰鬥巡洋艦殿後。航向南偏南，東 3／4。速度 16 節。」如果該情報值得信賴，這意味著且只能眼巴巴的看著德艦隊計劃通過霍恩礁返航。首先，與一般可能性相關聯，其次結合隊尾傳來的炮聲，再加上海軍部的情報（除非完全錯誤），幾乎可以確定無疑。假如傑利科決定據此採取行動，他只需將艦隊轉向與德艦隊平行的航線，以確保在拂曉時與敵軍交戰。如此行事既不會冒夜戰的風險，也不會增加魚雷攻擊的實際危險。

然而，海軍部的情報是否可靠？約翰‧傑利科爵士對此持懷疑態度。

日德蘭：會戰

他顯然記得在那天稍早時候，就在發現敵方戰鬥巡洋艦群的幾分鐘前，同一官方來源的情報曾告知他，德公海艦隊可能尚未出海，其旗艦仍在從海港發訊號。當海軍部提供的舍爾航線被標繪在「鐵公爵」號的海圖上時，由於細微的錯誤，似乎恰好使德國艦隊位於傑利科本人旗艦的當前位置。這實在是荒謬。此外，他在 10 時 15 分收到「南安普敦」號的報告稱，敵艦仍向西行駛。總而言之，他認為敵人的位置並不明確，因此他無視海軍部的情報，繼續以 17 節的速度向南航行。

很難認為，這個決定與證據的核心內容是相互矛盾的。可以肯定的是，若約翰·傑利科爵士依據海軍部的情報採取行動，即便情報最後被證實是錯誤的，他也有理由為自己的行為進行辯護，並且他的行動也不大可能受到指責。當他加速向南航行時，他忽略了如此多的有利機會，並且對後果的考量也顯得如此之少，以至於他的內心想法難以揣測。當然，上述疑慮與矛盾的因素也必須充分考慮。

深夜 11 時 30 分，在公海艦隊經過數次細微調整航向後，撞見了英軍第 4 小艦隊，隨即爆發了一場短暫而激烈的交火。驅逐艦「蒂珀雷里」號和「布羅克」號失去了戰鬥能力，「噴火」號與戰艦「拿索」號發生碰撞，「雀鷹」號則撞上了已受損的「布羅克」號；德國巡洋艦「埃爾賓」號被「波森」號撞擊後失去戰鬥力，「羅斯托克」號則被魚雷命中。英國其餘小艦隊迅速撤離，隱沒在夜幕中，但他們很快又掉頭回來，再次衝向敵軍。此時，驅逐艦「幸運」號和「熱情」號均被炮火擊沉。午夜剛過，鐵甲巡洋艦「黑王子」號在試圖歸隊時，意外闖入德軍「超無畏」級戰艦中隊 1,600 碼以內，瞬間被擊成碎片，750 名官兵無一生還。至 12 時 25 分，位於英國艦隊左舷方位的德艦隊先頭艦隻衝入英軍第 9、第 10 和第 13 小艦隊，擊沉了驅逐艦「洶湧」號。在這些突如其來的衝突中，英軍各小艦隊恪盡職守緊跟大艦隊，卻遭受了如同正規攻擊般的嚴重損失。最後一次交戰發生在凌晨 2 時 10 分，第 12 小艦隊發現敵人已繞至左舷，在艦隊長斯特林的

率領下主動進攻，摧毀了「波美拉尼亞」號，導致艦上 700 名官兵全數喪生，還擊沉了德國驅逐艦 V——4 號。戰鬥至此全部結束。

　　直至午夜過後半小時，傑利科依然有時間趕到霍恩礁，參與白天的戰鬥。即便在此之後，他還有可能切斷德國艦隊的後部和掉隊的艦隻。無論是重炮持續不斷的爆炸聲、巨大爆炸的閃光，還是自西向東搖曳的探照燈光柱，都無法改變傑利科的判斷。大艦隊堅定地向南航行；當她在凌晨 2 時 30 分調頭向北時，德國艦隊已經無法再追上。北上的航向同樣使英國艦隊脫離了撤退的敵人；很明顯，從這一刻起，總司令已經徹底放棄了重新交戰的希望。剩下的任務僅是集合艦隻，清理戰場以期找回掉隊的艦隻，然後返回港口。這些任務均按計畫完成。

　　日德蘭之戰就這樣告一段落。德國人高呼勝利。然而，真正的勝利者並不存在；但他們有足夠的理由為其年輕的海軍感到自豪。他們的戰術高明，效果顯著，並且在面對壓倒性優勢的敵軍時成功脫身。同時，他們使對手在艦隻和人員方面的損失超過了自己。英國戰鬥艦隊從未全力參戰，僅有一艘「巨人」號戰艦被敵方炮彈擊中，艦上 2 萬餘名官兵中僅有 2 死 5 傷。英國多年努力打造了這支無與倫比的海上力量，其在數量、噸位、航速和火炮威力方面均遠勝於敵人；而在訓練、個人技能和勇氣方面至少與敵人不相上下。全國上下的失望情緒深重，隨之而來的責備和反責備的論調持續至今；本篇敘述力求忠實與公正。所有人都希望海軍能有另一次機會，並熱切期盼他們能從戰鬥中汲取教訓。殲敵致勝的良機，第一次出現在部署英艦出擊方案時，第二次出現在 1 個小時後舍爾犯下重大估計錯誤之時，第三次出現在將近午夜時總司令決定無視海軍部情報之前。3 次良機可謂多矣！

　　即便如此，仍然有迫使德國艦艇參戰的最後機會。日德蘭海戰 6 週後，1916 年 8 月 18 日夜間，德國艦隊司令舍爾再度出海。他的目標是炮擊森德蘭，並希望如果英國艦隊進行干預，就能將其引入潛艇埋伏圈。17

日德蘭：會戰

艘潛艇組成的主力小艦隊被部署在英國艦隊可能經過的 2 條航線上：1 條在布萊斯外海，另 1 條在約克郡海岸外。同時，12 艘「法蘭德斯」級艦隻組成的小艦隊停泊在荷蘭海岸外。4 架齊柏林飛艇在彼得黑德與挪威之間巡航，3 架在紐高爾斯與赫爾之間英國海岸外巡航，1 架在弗蘭德斯灣巡邏。由慢速「德意志」級艦隻組成的德國第 2 戰鬥中隊，這次未獲准與艦隊同行。這樣，德國艦隊既受到飛艇的保護，四周又有潛艇巡弋，而且擺脫了老舊艦隻的拖累，因此一路上大膽行駛。

德國海軍的初步行動並未逃過英國海軍部的注意。1916 年 8 月 18 日上午，大艦隊的各戰鬥中隊奉命在朗福蒂斯淺灘集合，戰鬥巡洋艦則在稍南的海域匯合，哈里奇艦隊在雅茅斯以東海面集結。26 艘英國潛艇——5 艘在黑爾戈蘭灣，8 艘在弗蘭德斯灣，1 艘在荷蘭海岸外，12 艘在雅茅斯和泰恩河外海——依次布防以截擊敵軍。

1916 年 8 月 19 日，2 支艦隊的行動概況如海圖所示。當日的戰鬥始於雙方的潛艇攻擊。清晨 5 時 5 分，德國戰鬥艦「韋斯特法倫」號被英國潛艇 E——23 發射的魚雷擊中，並於 7 時 22 分開始返航。艦隊司令舍爾帶領其餘艦隊繼續前進。大約在上午 6 時，貝蒂指揮的先遣巡洋艦隊之一「諾丁漢」號被德國潛艇 U——52 發射的 2 枚魚雷擊中，6 時 25 分再次中彈，最終於 7 時 10 分沉沒。起初，對她是被水雷還是魚雷擊沉，尚存疑慮。然而在 6 時 48 分，旗艦「鐵公爵」號收到「南安普敦」號的報告，確認「諾丁漢」號確係被魚雷擊沉。大約同時，旗艦收到海軍部發來的訊號，確定了德國艦隊的位置。然而，約翰·傑利科爵士似乎仍認為「諾丁漢」號是被水雷摧毀的；因此，他懷疑有陷阱，於是在上午 7 時整令大艦隊向北航行超過 2 小時，直至 9 時 8 分。

令人困惑的是，即使假設「諾丁漢」號是因水雷而沉沒，大艦隊向北航行有何必要？航向的稍微改變就能讓大艦隊遠離疑似布雷區數海浬，如此一來，他們可能會被置於德國艦隊和自己的海岸之間。

德國潛艇 U-52 的攻擊比英國艦隊預料的更加猛烈。大艦隊再次轉向敵軍方向，花了 2 個小時恢復失去的陣地。總共損失了 4 小時，攔截公海艦隊的機會因此大大減少。不過，這並不是戰鬥未有結果的原因。後來，性質不同的事件介入：蒂里特將軍率領的哈里奇艦隊到達南面集合點附近。下午，舍爾收到了飛艇發回的 5 份報告——1 份關於大艦隊，4 份關於哈里奇艦隊。他還收到了潛艇發回的 3 份大艦隊情況報告。北駛的英國艦隊似乎正在遠離他，並在那個方向集結。然而，中午 12 時 35 分，德國飛艇 L-12 號報告，在向南約 70 海浬處有英國強大艦群，這些軍艦在上午 11 時 30 分還在北方。這顯然是哈里奇艦隊。舍爾上將立即得出結論，這就是英國大艦隊，將危及他的撤退。於是他在 3 時 15 分命令艦隊完全調頭，待戰鬥巡洋艦駛到他前面之後全體返航。此時，約翰·傑利科恢復了他失去的距離，並在下午 1 時 30 分收到海軍部關於德軍旗艦在 12 時 33 分時位置的確認，此刻他以 19 節時速駛向舍爾剛剛撤離的水域。「鐵公爵」號上的海圖似乎預示一場艦隊戰鬥即將發生，約翰·傑利科爵士做好了與敵交戰的全部準備。他布置戰鬥巡洋艦在右舷，第 5 戰鬥中隊在左舷，向前行駛近 2 小時之後，仍未見敵蹤。3 時 57 分，大艦隊放棄了與德軍相遇的希望，重新轉向歸途，途中又損失一艘輕型巡洋艦「法爾茅斯」號，被德潛艇魚雷擊中。約 6 時，哈里奇艦隊發現德國艦隊；但大艦隊距離太遠，無法提供支援。下午 7 時，蒂里特將軍轉向駛回基地。1916 年 8 月 19 日的軍事行動就此結束。

　　我認為，如果本章不從前述事件中得出某些結論而結束，顯然是不合適的。首先，關於物質損失，3 艘英國戰鬥巡洋艦迅速被摧毀的原因何在？「無敵」號的船側裝甲厚度僅為 6 至 7 英吋。她在 10,000 碼射程內交戰，彈藥庫很可能被穿透吃水線以下裝甲的重型炮彈引爆。然而，「瑪麗女王」號在 18,000 碼射程外被致命的齊射炮彈擊中時，爆炸前 1、2 分鐘她狀態完好，以 25 節的速度前進，艦上所有火炮都在向敵方開火。「不

日德蘭：會戰

倦」號同樣在極遠的射程範圍內輕易被摧毀。這只能有 2 種可能的解釋：要麼是彈藥庫被炮彈穿透，要麼是迴轉炮塔內爆炸的炮彈引燃了炮塔內的彈藥，火花和火焰沿著 60 英呎高的升降機進入彈藥庫。毫無疑問，英國戰鬥巡洋艦的彈藥庫對遠端炮火的防護能力不足。大戰中，海戰的射程問題比戰前所考慮的要複雜得多。實際上，英國軍艦建造者們事先並未充分考慮到甲板和炮塔頂部將會承受的炮火穿透力。相比之下，德國戰鬥巡洋艦裝甲的分布更加合理。此外，由費雪奠基、傑利科大力擴展的英國戰鬥巡洋艦，儘管裝備的大炮比德國同類艦隻更強，但裝甲強度卻不及後者。從新的視角審視 1911 年建造的軍艦結構時，我對當時建造的戰鬥巡洋艦感到憂慮，因為耗資 200 萬英鎊建造的這種威力最大且速度最快的軍艦，竟不敵強大的戰鬥艦，這在我看來純屬徒勞。因此，我反對增加我們已經占優勢的戰鬥巡洋艦，並成功說服海軍部委員會取消了 1912 年提出的戰鬥巡洋艦建造計畫，轉而建造 5 艘「伊莉莎白女王」級快速戰鬥艦，替代 1 艘戰鬥巡洋艦和 4 艘航速較慢的戰鬥艦。我還取消了 1913 年度和 1914 年度計畫中每年建造戰鬥巡洋艦的計畫。這些事情在本書前面已做過充分論述。

「瑪麗女王」號和「不倦」號被摧毀的原因，更可能是由沿炮塔彈藥升降機傳遞的火花引起，而非炮彈穿透甲板造成的。炮室頂部裝甲厚度僅為 3 英吋，直接暴露在俯射炮火之下。從這些炮塔操作室，有彈藥輸送管道直接通到 60 英呎下的彈藥倉外的操縱室。自現代鐵甲艦問世以來，人們一直意識到爆炸引起的火花沿輸送管道下傳的危險。然而，和平時期艦隻之間的炮術演習卻忽視了這個問題，未設計出有效的預防措施。輸送管道底部的彈藥倉門沒有加裝雙重門，因此在戰鬥中單一的倉門難以保持一直關閉，甚至也沒有用厚的氈幕遮擋。為了提高裝卸速度，封閉輸送彈藥升降機的活動遮板在某些情況下已被拆除。由於如今使用的是無煙火藥，這也滋長了官兵對火藥安全的漫不經心。英國炸藥的絲質包裝防火性能不及

德艦上的銅質彈殼安全，儘管銅質彈殼有許多其他弊端。從炮尾沿輸送管道到彈藥倉，至少有 4 組雙份無煙炸藥包構成一個完整的輸送炸藥系列。在炮室內爆炸的重型炮彈的火花或無煙炸藥引發的明火，幾乎同時可能蔓延到彈藥倉本身。「瑪麗女王」號和「不倦」號被炸毀的原因，很可能就在於此。我們知道「雄獅」號險些遭受同樣的命運。

1915 年 1 月的多格灘之戰警示德國海軍必須預防類似危險，因此他們提前採取了措施。當時，一枚 13.5 英吋的炮彈擊穿了「賽德利茨」號的後炮塔，引燃了炮管內的火藥和一個小型「應急彈藥倉」。熊熊烈火迅速吞噬了整個炮塔，並透過通道蔓延至另一炮塔，最終徹底焚毀了 2 座炮塔的內部，導致超過 200 名官兵遇難。這個教訓徹底改變了德國艦艇的軍火供給保護和訓練方式。日德蘭海戰後，英國海軍艦隻也採用了相同的措施。

英國海軍專家們常常爭論，儘管後期的德國戰鬥巡洋艦——關於他們，我們掌握了詳盡的情報——配備了比英國更厚的裝甲，但這一優勢早已被我方更強大的火炮和炮彈所抵消。然而戰鬥的實際檢驗表明，英國的重型穿甲彈在穿甲爆炸能力方面不如同等規格的德國炮彈。這樣的結果應該可以永遠杜絕英國海軍軍械署技術部門的自滿情緒，促使繼任的海軍部委員會反覆詳查他們提交的科學資料，並以謙遜的態度將這些資料與外國進行比較。

倘若爆發一場決戰級別的艦隊大會戰，這些缺陷將會產生何種後果？這是個至關重要的問題，而且答案亦顯而易見。

在多格灘之戰和日德蘭海戰期間，德國的最重型炮彈從未成功穿透英艦 7.5 英吋以上厚度的鐵甲。所有命中 9 英吋鐵甲的炮彈都被甲板有效抵擋。參加日德蘭海戰的所有英國戰艦的關鍵部位均受到 13 英吋、12 英吋、11 英吋或至少 9 英吋厚度鐵甲的保護。因此可以得出結論：如果英國主要戰鬥艦隊在日德蘭進行認真的戰鬥——除了運氣不佳偶然有火花落入彈藥升降機——它不會遭受德艦炮彈的重創。據我們所知，一艘「伊

日德蘭：會戰

莉莎白女王」級戰艦在承受德國戰鬥艦隊最強大艦隻和戰鬥巡洋艦的猛烈炮擊後，其主要武器裝備和機器仍完好無損。5發命中的12英吋炮彈，沒有一發穿透其厚甲板。「馬來亞」號一座迴轉炮塔頂部（4.5英吋厚）被一枚重型炮彈擊中，未受到任何損傷。由此可以得出結論：英國戰鬥艦隊的鐵甲防護足以抵擋日德蘭海戰中德軍最重型大炮的12英吋炮彈。

另一方面，在多格灘海戰中，英艦的13.5英吋炮彈穿透了「賽德利茨」號炮塔的9英吋厚裝甲板，並在塔內爆炸；在日德蘭海戰中，英艦的一枚15英吋炮彈穿透了「賽德利茨」號D號炮塔前部10英吋厚的裝甲，而另一枚13.5英吋炮彈也穿透其9英吋厚的裝甲。然而，在這2次穿透中，炮彈的爆炸力在裝甲外被耗盡。在日德蘭海戰中，「呂措」號也遭遇了類似的情況：至少有一枚13.5英吋炮彈穿透了其8英吋或12英吋的裝甲並在內部爆炸，另一枚則射入了炮塔的10英吋厚裝甲，引發了炮塔內部的燃燒。至少有一枚15英吋炮彈穿透了「德夫林格」號炮塔的10英吋或12英吋厚的裝甲，並在塔內爆炸，導致猛烈的大火將炮塔內部完全燒毀。以上是2艦隊遠端交戰的結果，這種情況還有很多。假若戰鬥是在中程或短程距離進行，決定勝負的關鍵將是雙方大炮的穿透力；但是英軍的重型炮彈將在任何距離都保持其優勢地位。

必須基於確鑿的事實，來評估敵我艦隊在數量上的實力。英軍艦隊擁有37艘「無畏」級戰艦，而德軍僅有21艘同類型戰艦，英艦舷炮的火力是德艦的2倍，這些都是戰術上的優勢，可以適當地稱之為絕對優勢；數量和火力的優勢足以確保英艦的安全，並將上述重大缺點降至最低，同時為意外情況預留了充足的應付空間。

在戰術領域，顯而易見的是對水雷或魚雷所造成水下破壞的恐懼，對那種「未放一炮，艦隊便損失一半」的擔憂主宰了英軍總司令的思想。這一危險儘管沒有當時設想得那麼嚴重，然而是實際存在的，而且是可怕的；加上戰鬥對敵我海軍曾造成的不相稱結果，這兩個原因迫使約翰．

傑利科爵士在實戰中採取極端謹慎的方針。這項方針是他經過長期思考之後慎重採取的，不但在日德蘭海戰之前和海戰期間堅定遵守，而且在海戰後依舊不變。不能因為這個方針導致了不能令人滿意的發展，更不能因為沒有充分意識到反向航行或魯莽行事完全可能造成致命後果而譴責這個方針。然而，承認這一點並不遮掩日德蘭之戰中幾個極端嚴峻的問題，也掩蓋不了1916年8月19日使德艦隊突圍產生的嚴峻問題。在這些情況下，大艦隊本可採取抓住敵人不放的戰術行動，這無論如何不會增加被誘入水下陷阱的危險。如果推行了更靈活的艦隊訓練和演習體制，便能實施這種戰術行動。在戰鬥中將如此龐大艦隊的整個指揮權集中於一人之手，這種嘗試是失敗的。總司令儘管具備最堅定的意志力，卻看不見甚至無法獲悉戰事進展的情況。他不曾試圖使用快速戰鬥艦分隊（「伊莉莎白女王」級）與敵交戰，使敵不得脫身。他沒有運用英國輕型巡洋艦中隊和小艦隊去擋開並消除敵人魚雷的攻擊，而僅僅命令全艦隊消極地改變航向去對付她。總司令為防止被誘入陷阱的穩健而審慎的推理，並不適用於當時的形勢，那時敵人驚恐萬狀、與其港口隔絕，處於完全料想不到也無法預見的緊急境況中。值得稱讚的謹慎養成了防禦性的心理習慣和戰術構想，這種習慣和構想阻止了大艦隊在不需要謹慎的特定條件下採取正確行動。

在約翰·傑利科爵士的2年任期中，他以忠誠無私的態度指揮著海軍。儘管很難說他在肩負這一沉重且艱辛的責任時取得了勝利或成功，但他無可爭議地贏得了全國持久的尊敬。然而，皇家海軍必須在敵人和各種情況下找到最佳時機，以便在大戰中繼續發揚過去勇於冒險和戰勝敵人的傳統。新一代的目光將轉向貝蒂及其戰鬥巡洋艦，關注在澤布呂赫之戰中表現突出的凱斯、蒂里特及哈里奇艦隊，關注那些在任何天氣和風浪中都能與敵作戰的驅逐艦和潛艇小艦隊，關注偽裝獵潛船的大膽冒險以及英國商船隊的堅定決心。

日德蘭：會戰

索姆河戰役

1916 年年末,駐法英軍指揮部發生了人事變動。眾所周知,約翰‧弗倫奇爵士在上年 9 月於洛斯懷著疑慮參與了在法國香檳發動的重大攻勢,儘管他認為這是一場愚蠢的行動。他忠誠地執行了基奇納勛爵的指示,並得到了英國內閣的默許,甚至在最後一刻仍滿懷熱情。然而,失敗後的局勢對他極為不利。那些既無信心也無決心阻止這場無望攻勢的人,在攻勢失敗後對他的指揮提出了嚴厲批評。1916 年 12 月,相關部門開始對他提出指控,年底時,約翰‧弗倫奇爵士被調任為本土武裝部隊司令,其駐法英軍司令一職由第一集團軍司令道格拉斯‧黑格爵士接任。

無論是從辦事效率還是專業素養來看,道格拉斯‧黑格爵士都是英國陸軍中的頂尖將領。他學識豐富,經驗廣博,曾擔任過多種重要職務,完全勝任總司令的重任。他曾是一名擁有社會地位和獨立財產的騎兵軍官,一生致力於軍事理論的研究與實踐。他曾擔任軍團副官,參加過該團的馬球隊;後來畢業於參謀學院;在南非戰爭期間,他擔任騎兵師參謀長,在戰場上因表現優異獲得晉升和勛章,並擔任過縱隊司令;在印度,他曾任軍隊司令;之後在陸軍部任職;還曾在奧爾德肖特指揮過 2 個師,這 2 個師後來組成一支英國軍,由他率領開赴法國。在約翰‧弗倫奇爵士指揮駐法英軍期間,每次戰鬥他都扮演主要角色。在第一次伊普爾戰役最危急的時刻,英軍各戰鬥營和炮兵連疲憊不堪、寡不敵眾、節節後退,而這位全軍司令策馬緩步走在全體參謀官之前,沿著炮彈紛飛的梅嫩公路深入實戰前線;此情此景,令全體將士深受鼓舞。

無論任何軍官擔任過的職務或其非凡資歷,都難以與黑格曾經承擔的實際工作相提並論。在戰前的英國軍事體制中,軍官所需具備的重要條

件，黑格不僅全面具備，而且表現得尤為出色。多年來，在他職業生涯的各個階段，黑格的上司和同僚一致認為，只要他能在多次戰鬥中倖存下來，必將晉升至英國陸軍的最高職位。斯通沃爾·傑克森傳記的作者亨德森上校，在黑格就讀參謀學院期間曾任教授，他曾預言黑格的光輝前途。黑格在戰爭第一年的表現不負眾望，因此在約翰·弗倫奇爵士離職時，他被任命為總司令，這項任命既沒有引起驚訝，也未引發不滿，更沒有遭到嫉妒。在軍旅生涯中，黑格堅定了自己的信念，即使在持續3年規模空前的戰爭中經歷了各種挫折、失望和錯誤，他的信念也從未動搖。

他的軍界同僚們發現，在他的自信中蘊含著一種健康的互補心理。他深知自己之所以升任此職，是由於其功績和能力；他也清楚自己沒有競爭對手；且他擔任此職，既非因受寵，也非因奪權。這種心態極為難得。他的心態、決心以及平和的脾氣結合在一起，使他在戰爭失利和遭遇災難時能沉著應付，並能忍受由於與協約國軍隊和英國內閣之間關係所引發的複雜而惱人的事端。他作為英軍首腦，對自己充滿信心，如同一名鄉村紳士，在祖先世代耕作的土地上，為耕耘獻出他的一生。然而，這次大戰沒有專家；無人能應付戰爭帶來的眾多新奇問題；無人能控制戰爭的颶風；無人能洞察它捲起的塵雲。在本書敘述過程中，為了將來的前景，有必要誠懇地探討一些可信的真實情況和有價值的內容。但是探討完畢，事實依然是，一般英王子民難以接受的嚴酷考驗，作為命運的挑戰，將由道格拉斯·黑格爵士以沉著、堅忍與剛毅的精神來承擔。

索姆河戰場上瀰漫著一股不可避免的戰鬥氣氛。英軍士氣高漲，指揮官們充滿信心。協約國的需求和期望迫在眉睫，決定性勝利的曙光似乎近在咫尺，任何力量都無法阻擋這場決戰的到來。整個春季，法軍在凡爾登奮戰，許多成年男子在這座砧鐵祭壇上獻出了生命；新來的英軍則以自己的勇氣和正義感援助法蘭西，並受到犧牲和勇敢精神的激勵。倘若勃魯西洛夫的驚人成就屬實，英軍將領們的信心將更加堅定。他們堅信自己將擊

敗敵人，突破敵軍在法國的防線。他們相信所率領的部隊具備無盡的獻身精神，並深知這種精神是無盡的。他們確信已經儲備了空前數量的大炮和炮彈；因此，他們懷著崇高的使命感和無比堅定的必勝信念發起了進攻。

進攻計畫所依據的軍事思想特點在於其簡單明瞭。法軍與英軍司令的策略是，選擇毫無疑問是全球最堅固且最完整的防守陣地作為他們的進攻目標。

道格拉斯・黑格爵士提到，在過去 2 年的籌備過程中，他們（敵人）竭盡全力將這些防禦工事加固到堅不可摧的地步。第一和第二體系由多條深壕組成，配有防彈掩體，並透過無數交通壕相互連線。每個體系的壕塹前沿都有鐵絲網防護，其中許多是寬達 40 碼的雙層鐵絲，豎立鐵樁，並用帶刺鐵絲交織，鐵絲常常有手指那麼粗。

在這些防禦體系之間的樹林和村莊已變成名副其實的堡壘。村莊中隨處可見深深的地窖，許多白堊地層的坑穴和採石場，都被用來作為機槍和迫擊炮的掩體。原有的土窖又精心加築成地下掩蔽部，掩蔽部往往有 2 層，由地下深達 30 英呎的通道互相連接。敵軍防線的各凸出部是敵人可以從那裡向正面進行縱射的部位，建成設施齊全的堡壘，且常有布雷區保護；同時，各陣地構築了堅固的多面堡和混凝土機槍掩體，一旦己方壕溝被攻占，可以從那裡對著被突破的地段進行掃射。這樣的陣地也可以用於觀測炮彈在我方的落點，敵人還巧妙地部署了交叉火力網。

這些防禦系統及其間的工事地點和其他支援點都選得極為巧妙，能夠相互支援，並且機槍和大炮可以進行縱射和側射，火力效果得以最大化。總之，這些系統不僅構成了連續的防線，還形成了強大的縱深複合體。

在敵人第二道壕塹系統之後，除了樹林、村莊及其他為防禦準備的堅固據點外，他們還構築了幾道已完工的防線。根據飛機偵察，我們了解到敵人正全力改進和加固這些防線，且在這些防線之間及更後方開掘新的防線。

索姆河戰役

　　所有上述情況明確地向英、法軍參謀部展示了適合我方進攻的戰場；可以確定，若敵人在此地被擊敗，他們將比在其他防守較薄弱的戰場上更為沮喪。

　　道格拉斯爵士還詳盡而準確地描述了他自己的戰備狀況：

　　大量彈藥和各種儲備必須預先集中在前線的適當距離以內。為了鋪設許多英哩標準窄軌的新鐵路，我軍敷設了壕塹電車軌道。所有可用的道路都經過改進，並新增了多條其他道路，還修建了幾條跨越多沼澤低凹處的堤道……必須挖掘數十英哩的深壕交通線和鋪設電話線的淺溝，以及用於集合和突擊的塹壕，構築大量槍炮掩體和觀察哨。

　　因此，突然襲擊的可能性完全不存在。沒有任何方法可以掩蓋2軍之間直接的實力較量，也無法阻止進攻部隊展示其無畏的勇氣。德軍數月以來一直在觀察將被進攻區域的前方，並進行的毫不掩飾的全面戰備。過去1週，變化無常但極為猛烈的進攻前炮轟，將鋼鐵與火焰投向敵人的壕溝。身處深藏於白堊洞中的頑強德軍步兵，因炮轟常常缺乏食物和飲水，但他們等候訊號去修復被炸毀的胸牆。英軍的榴霰彈在敵人的鐵絲網中炸開小路，但這些小路都被嚴密監視，機槍準確地掃射進攻者，或用側翼火力封鎖進路。一挺機槍在熟練而勇敢的戰士手中，可以擊斃或打傷5百名敵人；沿著進攻線有上千挺這樣的武器精確地部署在幾道防線上，靜候獵物。在遠處，未受炮轟的德軍炮手們，正準備向英軍前線及其交通壕溝各集合點施放防禦性排炮。

　　博拉斯頓上校的記述，對於1916年7月1日他的長官尋求的目標故意寫得模糊不清。英、法聯軍的計畫毫無疑問是要突破德軍在多公里防線上的整個壕溝系統，然後順利推進——英軍向北和東北，法軍向東南——從兩翼包抄德軍防線的暴露部分；英、法騎兵師已整裝待命，準備透過這樣開啟的缺口向前推進。法軍的目標是奪取佩羅訥以南、索姆河以東的高地，而「英軍的相應目標」則是占領「從勒特朗盧瓦附近經巴波

姆至大阿謝的半圓狀高地」。然而，博拉斯頓上校指出，這些並非預期的首要攻擊目標。「這些索姆河陣地是助攻部隊的占領目標，而不是負責主要進攻軍隊的目標。進攻部隊穿插的深度代表著進入縱深階段……協約國軍隊將在部隊穿插到足夠深度時，將注意力轉向戰鬥的第二階段，即包抄突破點側翼的德軍。」索姆河之戰從一開始就被預見為一場持久的激戰；然而，我們將發現，時間因素完全無法確定。有人仍舊認為，這種推進和向敵防線滲透是否能在數日、1 週、2 週或更長時間內完成，相對而言並不重要。然而，這種觀點站不住腳。戰鬥計畫的整體效果取決於執行的速度。例如，假設在縱深突破和向敵軍防線推進之間出現 2、3 天的間隙，那麼敵人的防線將迅速從缺口兩側反撲，建立一整套新的防禦工事，阻擋我們的進一步前進。開啟敵人一個巨大缺口，並包抄兩翼的成功希望，依賴於前進速度的迅速，使敵人無法及時構築和組織新的防線。如果霞飛──黑格計畫不僅僅是為了消耗敵人，還希望取得其他成功，那麼推進必須是連續且快速的，預定目標必須在 2、3 日內達成。如果這一點得不到保證，全面進攻將會失敗。英軍雖然可能隨後制定其他進攻計畫，並取得區域性成功，但開啟敵人防線一大缺口的設想將會徹底破滅。

不難看出，迅速推進的計畫其實已經經過周密的考量並且勢在必行。黑格對炮隊的運用明確顯示了他對目標的直接追求。英軍的炮隊並非僅將火力集中在即將攻擊的第一線，而是分布在作戰中的第二線及更遠的防線，甚至遠在後方的多個堅固據點。顯然，他希望在戰鬥的第 1 天或第 2 天內達成所有這些目標。緊鄰戰鬥前線的英、法騎兵陣地也清楚地展示了指揮官們的期望和預期。

1916 年 7 月 1 日早晨 7 時，英、法聯軍從戰壕中躍出，頭戴鋼盔和防毒面具，配合各類最新武器，包括炸彈、迫擊炮、輕重機槍，在全面炮火支援下，衝向 45 公里戰線上的敵軍。14 個英軍師和 5 個法軍師幾乎立即投入戰鬥。在索姆河以南的戰線，德軍完全猝不及防；他們不相信法軍

在凡爾登遭受重創後還能發起任何重大攻勢。他們預計頂多是虛張聲勢而已。德軍沒有做好應付法軍的準備；因此，儘管法軍的進攻規模不大且時機不佳，但仍成功俘虜並擊潰了整個第一道壕塹系統中的德軍。

英軍的境遇截然不同。他們發現敵人對他們的到來早已做好了充分準備，7天的炮轟完全沒有達到預期的效果。藏身於地下深處掩體中的守軍和他們的機槍幾乎毫髮無損；在攻擊的關鍵時刻，甚至當進攻的浪潮剛剛越過敵人頭頂時，敵人便從掩體中鑽出，進行致命的射擊。儘管德軍的防線在多處被突破，但除了右翼，英軍在其他區域的大規模推進均告失敗。右翼的3個師成功攻占了蒙托邦和馬梅茨，並占據了一塊寬4.5英哩、深1.5英哩的區域，進而孤立了南部的弗里庫爾。該村以北的第21師也取得了一些進展，深入了近1英哩。然而，儘管弗里庫爾的守軍幾乎被切斷與外界的連繫，強攻該村的企圖仍然失敗。再次向北進攻的第3集團軍的2個師雖然向前推進了1,000碼，但儘管反覆努力，依然未能占領波濟耶爾高原漫長山嘴上的拉布瓦塞勒或奧維萊。到夜幕降臨時，這一部分戰場的進展僅限於占領敵人陣地中的兩塊孤立區域。第10軍以3個師發動的進攻在蒂埃普瓦山嘴和高原的強大防禦工事面前受挫。儘管英軍占領了萊比錫和士瓦本的2個棱堡，但對蒂埃普瓦的所有進攻都失敗了。未能拿下蒂埃普瓦，又導致了從士瓦本的撤離。在最左邊博蒙阿梅爾對面，儘管第8軍衝到了德軍戰線後，但又被迫退回自己的壕塹。第3集團軍對戈梅庫爾發動的輔助進攻完全失敗，長時間的炮轟實際上對德軍防禦工事沒有造成損壞。

讓我們從整體觀察轉入細緻地審視第8師的戰況。第8師在戰場上部署了完整的3個旅，他們的任務是進攻奧維萊山嘴。中心旅直上山脊，而其他2個旅則從兩側穿過山谷。兩條山谷遭受來自拉布瓦塞勒和蒂埃普瓦前方德軍陣地縱向火力的猛烈射擊。與這3個旅對抗的是德軍第180步兵團，該團的2個營守衛正面防禦工事，第3營駐紮在波濟耶爾以北作為後

備隊。連同一個營的後備隊在內，德軍共 10 個連約 1,800 人，面對我軍第 8 師 3 個旅，總計約 8,500 名步兵。

7 時 30 分，英軍大炮齊射向前延伸，壕塹迫擊炮停止射擊，3 個旅的先鋒營躍出戰壕向前推進，每營拉開正面寬度 400 碼。德軍陣地全線的機槍和步槍立即猛烈開火，尤其是拉布瓦塞勒和奧維萊的隱蔽機槍據點火力更加密集；幾乎同時，設在奧維萊後的德軍炮隊向「無人地帶」及沿英軍戰線和輔助戰壕進行幕射，請看德軍目擊者的記述：

人們都明白猛烈的炮轟是步兵最後攻擊的前奏。因此，士兵們在掩體內整裝待命。他們腰間繫滿手榴彈，手握步槍，聆聽著炮火從前沿防線向後方推進。必須分秒必爭，在空曠地帶布陣，以迎擊緊隨大炮幕射前進的英軍步兵。透過伸出掩體入口高高的戰壕潛望鏡，可以看到英軍壕溝中露出胸牆的鋼盔，這顯示他們的突擊部隊已準備就緒。早晨 7 時 30 分，炮火驟然停止。我方戰士立即從掩體爬上陽光照射的陡峭通風口，單個或成群地奔向最近的彈坑。機槍被迅速搬出掩體並架設就位，機槍手們將沉重的子彈箱沿梯級拖上來，擺放在機槍旁邊。這樣迅速形成了一條難以穿越的火力線。剛一就位，就看見大量英軍步兵展開隊形，從英軍壕溝向前推進。第 1 隊似乎不斷地向左右分開。隨後是第 2 隊，然後是第 3 隊和第 4 隊。他們以穩健而輕鬆的步伐前進，似乎預期我方戰壕內無人……此刻，第一排敵人已經到達「無人地帶」的半途，前方有稀疏的一排狙擊手和投彈兵。「預備！」的口令沿著我們的防線從一個彈坑傳到另一個彈坑。士兵們占據了最佳觀察位置並固定機槍後，頭部露出彈坑邊緣。幾分鐘後，當領頭的一排英軍進入 100 碼範圍內時，整排彈坑上的機槍和步槍爆發出嗒嗒的射擊聲：有的士兵跪姿射擊，以便更好地瞄準崎嶇地面上的目標；另一些士兵則不顧自身安全站起來向對面人群掃射。紅色的曳光彈飛入藍天，向後方炮隊發出訊號，瞬間，後方的德軍炮隊發射無數炮彈，飛越長空在敵人前進路徑上爆炸。成群的敵人紛紛倒下，後方密集隊形的敵軍迅

速散開。在這陣炮彈呼嘯下，推進迅速癱瘓。只見沿途的敵兵拋掉武器，隨後倒下再也沒有動彈。重傷者痛苦地翻滾，輕傷者爬向最近的彈坑躲避。然而，英軍士兵不乏勇敢精神，一旦投入戰鬥，便義無反顧地堅持到底。其前沿隊伍雖已嚴重動搖並出現許多缺口，卻更快地向我逼近。他們加快腳步，以跑步方式衝刺。不出幾分鐘，前鋒部隊已距我前沿戰壕只有一箭之遙，我們一部分人繼續進行近距離射擊，另一些人則向他們投擲手榴彈。英軍投彈手還擊，而步兵裝上刺刀衝鋒。廝殺之聲難以形容。英軍一邊衝鋒一邊聲嘶力竭地叫喊，其聲清晰可聞，蓋過了機槍和步槍急疾密集的齊射與炸彈的爆炸聲，蓋過大炮的隆隆聲和炮彈的爆炸聲。在這些震耳的聲音中夾雜著傷員的嗚咽聲和呻吟聲，求救的呼喊和重傷者的最後尖叫聲。英軍步兵向前推進的隊伍在德軍的防禦工事面前被擊碎，就像海浪拍在崖石上只能被打回。

　　這一令人震撼的悲壯場景，彰顯了雙方前所未有的英勇無畏和堅定決心。

　　在猛烈炮火下倖存的英軍攻入了德軍壕塹的幾個地方。他們在任何地點的力量都不足以維持他們的陣地。到 9 點鐘，活著未受傷的戰士，有的返回自己戰線的壕溝，有的躲在「無人地帶」的彈坑裡，有的被切斷歸路在攻占的德軍戰壕裡拚命自衛。師司令部立即命令發動新的進攻。但是旅長們報告他們沒有兵力再次進攻，於是從第 2 軍司令部派來一個旅。然而在該旅還沒有遭受同樣命運之前，進入德軍戰壕的英軍在戰壕中繼續戰鬥的一切跡像已經消失，結果取消了重新發動突擊的命令。

　　在略超 2 個小時的時間裡，該師全體參戰的 300 名軍官中損失了 218 名，8,500 名士兵中損失了 5,274 人。到 1916 年 7 月 1 日夜晚，德軍第 180 步兵團重新奪回了所有戰壕，當天戰鬥中他們的損失為 8 名軍官和 273 名士兵傷亡與失蹤。他們的 3 個營中只有 2 營參戰，後備營無需投入戰鬥。

夜幕降臨，戰場上仍然炮火連天。近 6,000 名英國軍官和士兵倒下，或陣亡，或受傷，或淪為敵人的俘虜。這是英國陸軍史上，單日承受最嚴重的損失和最慘烈的屠殺。在參戰的步兵中，幾乎半數非死即傷或被俘。付出如此代價，我們捕獲了 4,000 名戰俘並繳獲 20 門大炮。博拉斯頓上校寫下以下文字需要極大的勇氣：

1916 年 7 月 1 日的戰鬥……驗證了英國軍方高層指揮部的判斷，並充分肯定了所採取戰術措施的正確性。

新聞審查掩蓋了災難的實際程度；災難的嚴重性也因僅投入 4 個師及持續進行的較小規模戰鬥而被掩飾。左翼被打散的各師在高夫將軍指揮下重新整編，其指揮部原名「後備軍」，目的在接收休整中的部隊，現改稱「後備集團軍」，奉命對敵戰線維持「一股有序的緩慢壓力」。此後，戰鬥降格為小規模軍事行動，在較小的戰線上繼續進行。然而，在這一階段，隨著德軍相繼發動多次猛烈的反攻，雙方的損失開始轉為平衡。

總結這 5 天的戰鬥結果，（黑格極其精確地表示），在超過 6 英哩的戰線上，我軍橫掃了敵軍整個第一線最堅固的防禦工事系統，迫使敵人後退了 1 英哩多的距離，並攻占了 4 座精心設防的村莊。

然而，這些進展是以我近 10 萬精銳部隊的巨大犧牲換來的。戰鬥仍在持續，目前的目標是占領已被摧毀的村莊和被炸得支離破碎的樹林。每一階段攻克的區域在寬度和深度上都相當有限，毫無戰略意義。1916 年 7 月 14 日凌晨對巴藏坦勒格朗的進攻取得了區域性勝利；人們紛紛傳言，第 7 龍騎禁衛軍的一個中隊實際上已經策馬遠至海伍德，翌日才從那裡撤回。

敵軍的第二道主要防線防禦系統（道格拉斯爵士寫道）有超過 3 英哩的戰線被我們攻占，我們迫使敵軍後撤超過 1 英哩……此外，經過堅決戰鬥，我們奪取了敵人 4 座設防村莊和 3 片樹林，我的先頭部隊已經深入至敵軍的第 3 道防線。

索姆河戰役

遺憾的是，敵軍「在其原有陣地的前後開挖了多條新壕溝並架設了電話線路，他們還增援了新部隊，完全無法對這些敵人實施突襲。因此，我們面臨的任務極為艱難……在這一關鍵時刻，惡劣天氣進一步增加了任務的難度。」

隨著專門準備參戰的幾個師連續被擊潰消耗，其殘部被派往戰線較為平靜的部分駐守戰壕，以便更替此前未參戰的各師，迎接嚴峻的考驗。直至 1916 年 7 月 20 日，戰鬥才再次擴大至大規模軍事行動的程度。當日及隨後 2 天，英法聯軍在波齊埃爾至富科庫爾前線組織了大規模進攻，共動用 17 個師。損失慘重，尤其是英軍。攻勢的結果是前線僅平均推進了幾百碼。

戰鬥再次變成了 2、3 個師區域性兵力的血腥拚殺，人力補充和消耗速度不相上下。到 7 月底，我軍在敵人防線上開啟了約 2 英哩半的缺口，但只向前推進了不到 2 英哩。為了這一進展，英軍傷亡達到 171,000 人。我方部隊俘虜了 11,400 名德軍戰俘，但卻有超過此數字 2 倍的英軍戰俘和傷員被敵軍俘獲，其中許多人在惡劣的戰鬥環境下，由於無法獲得友軍和敵軍的救助，死於敵我戰線之間。

對凡爾登之戰和索姆河之戰的分析結果是一致的。戰場是預先確定的，其周圍建立了 2 層、3 層，甚至 4 層由無數大炮守衛的防線。在這些防線後方，修建了鐵路以提供補給，炮彈堆積如山。這一切都是經過幾個月艱苦努力的成果。戰場被成千上萬、各種類型的火炮所包圍，火炮之間留出一塊寬闊的橢圓形空地。各部隊的所有師，在四周大炮不斷的猛烈轟擊下，魚貫穿過這個可怕的競技場，彷彿他們是 2 隻咬合的齒輪相互碾磨的輪齒。

最猛烈的不間斷炮轟持續了數月之久，英雄們組成的威武之師在這無情的輪番攻擊中被打得支離破碎。隨後，冬季降臨，滂沱大雨使人步履維艱，大炮的視線被霧靄遮蔽。競技場——如同古羅馬時代的圓形競技場

一樣——洪水氾濫。成千上萬的車輛、幾10萬士兵和幾百萬顆炮彈將無邊的泥土攪成血紅色泥漿,取代了爆炸揚起的塵土。戰鬥仍在繼續,無情的車輛仍在轉動,無數的大炮仍在怒吼。最終,士兵們的雙腿無法移動,他們只能在泥濘中絕望地掙扎。他們的糧食和武器彈藥遺落在被炸毀和阻塞的道路上。

隨著戰事的推進,攻防形勢愈加均衡。戰壕被夷為平地,鐵絲網被徹底摧毀。戰鬥逐漸演變為在布滿彈坑的荒野中進行。隨著數週的過去,敵方損失不斷增加。1916年9月25日及之後的幾天,戰鬥再次更新為大規模衝突。1916年11月13日,又在昂克爾河支流一帶發起了數次大規模進攻,並對博蒙——阿梅爾進行了猛烈攻擊,取得了輝煌戰績。

儘管德軍在每個階段投入的人數遠少於進攻的英軍,這些較少人數的防守行動或許比進攻者更加恐怖。眼看著陣地和戰壕不斷被攻占,守軍或陣亡或被俘,德軍士氣逐漸低落。英軍雖然損失更大,但因不斷推進、繳獲戰利品和俘虜敵軍而振奮,堅定不移的德國軍人也難免產生一種印象:他們正在被更強大的敵人一點一點地吞噬。這種影響是持久的。儘管德軍的突擊部隊和進攻師在後來的戰役中表現出極高的能力並取得了卓越的戰績,大多數德軍士兵再也沒有在索姆河那樣進行戰鬥。

參與防守吉耶蒙的德國第27師是當地作戰中最為精銳的部隊之一。其軍史記載:

無可爭辯,戰爭在索姆河達到了巔峰,此後再未接近個程度。我們的經歷超越了此前所有的想像。敵人的炮火持續不斷,未曾停歇1小時。炮彈晝夜不停地在戰線上爆炸,在我軍隊伍中撕開恐怖的缺口;炮彈落在前線附近,使得任何部隊的前進成為不可能;炮彈襲擊轟向後方的戰壕和炮兵陣地,造成血肉模糊和物資損失,慘狀前所未見;炮彈甚至飛到前線後方很遠的休整營,使我們遭受極其痛苦的損失;而我們的大炮卻無力制止這種情況。

索姆河戰役

亦稱：

1916年索姆河戰役中所展現的英雄氣概，在此後的戰鬥中該師再也未曾重現，無論該師多麼顯眼，直至戰爭結束……1918年的官兵已經喪失了他們前輩所擁有的那種堅韌、耐勞和無畏的精神。

隨著進攻部隊經驗的累積，地下深築的掩蔽體系開始對德軍不利。「協約國部隊」，魯登道夫寫道：「敵軍逐漸滲透德軍防線，同時人員和物資遭受重大損失。儘管戰線依然牢固，士兵們在掩體和地下室中避開敵軍炮火。然而，敵軍緊隨煙幕彈迅速推進，在我軍尚未從藏身之處爬出時，他們已衝入戰壕和村莊。結果，許多士兵接連被俘。由於體力和精力的極度消耗，各師在戰線上的堅守時間僅為數日……可調動的師數量逐漸減少……各單位被無奈地混編在一起，彈藥供應日益短缺……西線局勢引發的不安超出我的預料。然而，當時我尚未完全意識到其嚴重性。不過，這也有利於我，否則我絕不會有勇氣做出重大決策，將更多師從西線調往東線，以恢復那裡的主動權，並對羅馬尼亞實施決定性打擊。」

由於愈加強烈的想要擊敗敵人的念頭和不惜一切代價決戰的強烈願望，1916年9月發生了一起極為缺乏遠見的履帶式軍車洩密事件。首批履帶式車輛於1916年1月初在哈特菲爾德公園進行演示，觀眾包括國王、基奇納勳爵及數位高級官員。基奇納勳爵對此持懷疑態度，而勞合·喬治先生則表現出極大熱情，英軍司令部則表示了適度的興趣。高度保密的50輛此類軍車已經製造完成，並故意命名為「坦克」（水箱）以誤導敵人。這些軍車在索姆河戰役初期被運往法國，用於實驗和訓練操作人員。當它們在英軍戰線後的試驗場上輕鬆越過戰壕並碾平鐵絲網時，法軍指揮官們對其威力產生了濃厚興趣。此前一直不甚熱情的總參謀部，現在希望立即將它們投入戰鬥。然而，勞合·喬治先生認為，目前部署如此少量的新武器時機尚不成熟。他將當前討論的情況告知了我。將這個高度機密的武器在如此小的規模上、且僅在我認為並非決定性的軍事行動中暴露給敵人，我

對此建議感到震驚；因此，我請求與阿斯奎斯勛爵面談，儘管我當時是他的明確反對者。首相友好地接見了我，並耐心地聽取了我的呼籲，因此我認為已經成功說服了他。然而，事實證明並非如此。1916 年 9 月 15 日，首批坦克，或如公報所稱的「大型裝甲車」，在孔布勒谷壑與馬丁皮什之間的第 4 集團軍前線被投入戰鬥。

數月前，當時負責組建坦克兵團的斯溫頓將軍在其撰寫的回憶錄中提到，有人強烈建議使用坦克引導進攻，應投入盡可能多的坦克，並在其後緊跟大量步兵進行聯合出擊。然而，該建議未被採納。無論在何處，這些坦克都被分成三三兩兩，單獨進攻某些堅固據點或執行特殊任務。它們被當作完全無足輕重的武器使用；運往法國的 59 輛坦克中，49 輛抵達戰場，其中 35 輛到達它們的作戰出發點，並有 31 輛成功越過德軍戰壕。儘管受限於初期不健全的狀態，且大多數駕駛員未經訓練，但坦克立即證明了一種新元素被引入了戰爭。在最早的戰鬥中，一輛坦克發現進攻的步兵在弗萊爾前面被鐵絲網和機槍阻擋，它便爬過德軍戰壕，在戰壕後橫衝直撞，完好無損地迫使超過 300 名敵軍投降。僅有 9 輛坦克克服重重困難在步兵前面進攻。無論何處，只要 1 輛坦克到達目的地，它的出現就足以讓驚呆的德軍非逃即降。10 天後，即 1916 年 9 月 25 日，另 1 輛凹形坦克，其後跟著 2 個步兵連，橫掃吉爾德戰壕 1,500 碼，除斃傷大量敵軍外，還俘獲 8 名德軍軍官和 362 名士兵，而英軍總共僅損失 5 人。這些插曲可與上文提到的第 8 師慘敗形成鮮明對比。

當時，為了取得這些微小的成功，並推動改變職業軍人的戰術想法，戰爭的祕密被毫不猶豫地洩漏給了敵人，而這些祕密若運用得當，本可在 1917 年帶來一次震驚世界的勝利。然而，幸運的是，參戰規模之小，使得德軍參謀部的視線模糊，甚至使得魯登道夫的敏銳目光也被遮蔽。同樣地，德軍在 1915 年於伊普爾小規模使用毒氣時，也暴露了他們的祕密計畫，當時他們並沒有現成的儲備來擴展最初的成功。然而，他們的敵人並

索姆河戰役

未忽視從那次事件中所獲得的資訊。

整個7月，公眾和內閣頻繁獲得保證，稱德軍在索姆河戰役中的損失遠超我方。前一章「血的考驗」所提供的傷亡資料帶有誤導性。道格拉斯·黑格爵士當時並未從總部情報部門及其顧問處獲得完整的報告。向位高權重的上司彙報他最愛聽的內容，是一種誘惑，這是導致錯誤政策的主要原因之一；因此，領導人在生死攸關的決策上，往往比無情的現實所允許的要樂觀得多。

然而，在回顧事件時，似乎不應將這次戰役的責任全歸咎於道格拉斯·黑格爵士。神祕主義的佛教徒堅信，每一個生命的終結都會帶來一個新的生命，繼承其前輩的善與惡。1916年的悲劇是由1915年的事件所決定的。協約國政府在那一年試圖擊敗土耳其並聯合巴爾幹國家反對中歐帝國的努力宣告失敗，進而失去了有利的行動手段。法軍在凡爾登遭受的極大痛苦，迫使英軍招募新部隊，特別是大幅擴充炮兵，以支援法國攻擊部隊避免最嚴重的損失。他們在尚未完全訓練的情況下，就在法國進行救援性的反攻。坦克雖然已經構想出來，但仍需生產和完善。現有的財力物力不足以在戰線上同時發動數起進攻，這本可以讓敵人直到最後時刻都無法確定真正的進攻點。缺乏必要的準備，也無法實現必要的突襲。然而，進攻的需求是不可推卸的，而且迫在眉睫。道格拉斯·黑格爵士和所有西線指揮官一樣，只要他是一位盡職盡責的將領，無疑會反對在1915年可能實施的歐洲東南部大迂迴作戰，這一反對意見可能在1916年對索姆河戰事產生決定性影響。他確認並堅信能突破德軍在索姆河的防線。但是，即使他對進攻德軍陣地的態度既堅定又熱情，他也不可能一直按兵不動。各種不可抗拒的力量，如同命運之輪的轉動，將統治者和被統治者帶到一起。

儘管如此，1916年西線的戰役從頭到尾都是一場血腥的屠殺。戰役結局已定後，英、法聯軍的實力相較於德軍，在戰役開始時明顯削弱。實際戰線除了凡爾登有所進展外，其餘並無顯著變化，而凡爾登帶給德軍的成

功並不亞於法軍。我方未能獲得任何戰略優勢。法軍的大量傷亡掩蓋了德軍進攻凡爾登決策的失誤，法軍防守中的過度英雄主義造成的犧牲幾乎抵消了德軍在總體策略方面的愚蠢。德軍因未能攻克凡爾登而聲望受損，但在另一個戰場上取得的成功給予了充分補償；同時，他們一直堅守索姆河那牢不可破的戰線。

然而，這種悲觀的評判——後世可能會用更加敏銳的語言來支持這一觀點——絲毫未能削減英國陸軍的真正榮耀。儘管這是一支年輕的部隊，但它是我們曾經擁有過的最精銳之師；在炮火的轟鳴中倉促組建，所有成員都是志工，他們的驅動力不僅僅是對國家的熱愛，更是普遍相信人類的自由正受到軍國主義和帝國暴政的威脅。他們甘願付出任何代價，不畏懼任何毀滅性的苦難。他們踏過泥濘的戰壕，穿越屍橫遍野、彈坑纍纍的戰場，勇往直前。在大炮的耀眼火光和震耳欲聾的炮聲中，在致命的機槍射擊下，他們懷著為民族獻身的自豪感和對事業的驕傲，扼住歐洲最可怕軍人的咽喉，殺死他們，迫使他們節節敗退。即便指揮官要求付出 2 條甚至 10 條性命去殺死 1 名德軍，士兵們也從未有過半句怨言。無論進攻結果如何，無論是否有成功的希望或者會遭受慘重的損失，他們始終保持高昂的鬥志；再慘重的傷亡也無法阻擋他們繼續衝鋒；在任何嚴酷的物質條件下，他們都保持著對指揮官的服從和忠誠。烈士和倖存者一樣多，他們完成了那崇高的使命。索姆河的戰場成了基奇納軍隊的墓地。人們告別了各自寧靜的平民生活，響應不列顛的號召而來，（如我們依然希望的那樣）應人道之召而來，從英帝國最遙遠的地方來到這裡，慷慨的年輕生命之花在 1916 年永遠凋零了。除了死亡，他們是不可征服的，他們征服了死亡，他們建立了民族美德的豐碑。只要我們這個海島民族屹立於世界民族之林，這座豐碑將永遠受到世界民族的讚嘆、敬仰和感激。

索姆河戰役

羅馬尼亞的災難

　　我們已經了解，1916年初孤立無援的羅馬尼亞，是多麼容易受到威逼利誘而加入日耳曼強國陣營。我們也已經見證法金漢如何將矛頭轉向西邊對準法國，並讓奧地利將矛頭指向義大利，進而減輕羅馬尼亞所承受的敵對壓力，因此他可以再保持6個月騎牆觀望的態度。現在，一系列具有決定性影響的重大事件即將發生。

　　法金漢愚蠢地策劃了2起重大災難，1916年8月底，第二起災難降臨到中歐帝國，即羅馬尼亞對其宣戰。儘管勃魯西洛夫在1916年6月初的勝利使羅馬尼亞對其宣戰的風險逐漸增加，德國為避免這一情況採取了重大預防措施，但實際宣戰比德國政府預期的要快得多，這讓德國輿論震驚。一場表達憤怒與厭惡的自發運動席捲德意志帝國；德國的地位在這個關鍵時刻，比之前任何時期都更加危急。凡爾登戰役仍在大量消耗德國的資源，並且即將迎來精神上的重大失敗。索姆河之戰正處於高潮，英軍並未因損失而止步，仍然不斷將新部隊投入戰鬥，並且頻繁發動猛烈攻擊。德軍在西線承受著巨大壓力；凡爾登戰役的失敗感和在索姆河被優勢兵力逐漸壓倒的情況，影響了軍隊的士氣。物資的消耗和戰鬥中的損失使德軍的儲備捉襟見肘。前線緊張，嚴冬禦寒物資短缺，德軍需要在此種情況下度過多個星期的危機和應付不可預測的局面。與此同時，奧地利的失敗令人矚目，東線的整個南部戰線變幻莫測。俄軍如潮水般滾滾向前，勢不可擋。超過20萬捷克士兵爭先恐後地投降敵人，並作為獨立兵團被編入俄軍。義大利向伊松佐河的反攻正在進行。奧匈帝國的整體抵抗力量漸漸瓦解。此時，一支勇敢且訓練有素的500,000羅馬尼亞新軍加入戰爭，並在日耳曼國家最薄弱和最易受傷的戰區參戰。至關重要的羅馬尼亞穀倉和油

田失守,甚至匈牙利大平原本身也岌岌可危。長期封鎖的壓力大大削弱了德國民眾的元氣,多方面牽制進一步惡化了戰爭物資的生產。

在此前景黯淡絕望之際,深諳德國民情的皇帝向 2 位偉大的軍事領袖求援,這兩人曾以少量兵力長期抵抗東邊敵人的進攻,他們的眉宇間仍閃耀著坦能堡勝利的光芒。1916 年 8 月 28 日,即羅馬尼亞宣戰的次日,法金漢接到皇帝軍事會議主席馮・林克伯爵的通知,皇帝陛下決定召見興登堡和魯登道夫。法金漢理解這是要罷免他的訊號,於是立即辭職。當晚,興登堡被任命為參謀長,魯登道夫為副參謀長並享有同等權力,兩人共同掌握同盟國戰時最高指揮權。

這兩人之間的關係如何?興登堡形容他們的關係如同幸福的婚姻。他寫道:「在這樣的關係中,第三者如何能夠準確區分我們兩人的功過呢?我們的思想和行動如同一體,往往一人所言即是另一人之願與感。當我迅速理解到魯登道夫將軍的價值後,我明白到我的主要任務之一便是盡快充分發揮他的智慧與近乎超人的工作能力,不懈地貫徹參謀長的決定,必要時為他掃清道路,掃清我們共同願望和目標所指的路徑……我們在軍事政治信念上的一致性構築了我們對國家資源正確利用的共同觀點基礎。任何意見的分歧都不難調和,雙方從未因被迫服從的感覺而影響我們的關係。」

這位年邁的陸軍元帥,因其愛國精神和毫無嫉妒之心而一直保持著高昂的士氣。他的軍旅生涯黃金時期已過,面對戰爭的劇變,他甘願將幾乎所有的創意、準備和執行機會讓給性格暴烈的同僚,而自己則利用其崇高地位和權力,消除執行過程中可能遇到的障礙和反對聲音。他們在整個大戰期間展現了絕對的團結。

然而,如果我們深入觀察事實,毫無疑問,魯登道夫實際上掌控一切,而興登堡則是被推出來,以便讓他能夠掌控一切。重大決策源自魯登道夫的腦海,透過興登堡的高超能力,排程並控制整個德國軍隊及其他事務。魯登道夫實則是德軍總參謀部的主宰。這位軍事領袖,不僅在整個大戰的

52個月期間是德國的控制與驅動力量，甚至在戰前和導致戰爭的形勢中也發揮了重要作用。參謀部的成員由於職業上的志同道合和共同信仰緊密連繫在一起。他們與陸軍其他單位的關係，猶如鼎盛時期的耶穌會教士與羅馬教會的關係。他們派駐在每位指揮官身邊的代表和在總部的代表，說的是參謀部的語言，致力於維護對參謀部的信賴關係。擔任德國各軍、集團軍和集團軍群司令的將軍們，甚至包括興登堡本人，幾乎被這一夥人視為傀儡，僅此而已。參謀部安排一切，而對將軍們的權威、意見或願望不屑一顧。參謀部指揮戰事、制定決策並將這些決策通知下屬機構。魯登道夫儼然是一位無可爭議的主人；在他與第4集團軍參謀長的多次談話中，從未提及興登堡的名字來支持一個決定或證明決定的正確性。

然而，這絲毫未損害興登堡的聲譽，他以寬厚的態度接受了這個模式，並堅信此舉符合皇帝和國家的最大利益。不過需要強調的是，人們總是將自己的信念視為真理。

羅馬尼亞所翹首以盼的珍貴機遇不僅已經到來，並且已經逝去。

一旦俄國的勝利毋庸置疑，布拉蒂亞諾內閣便果斷決定參戰。長期以來的困惑、猶豫和討價還價終於畫上了句號。此時羅馬尼亞迎來了前所未有的機會，可以全力以赴實現國家的雄心壯志和羅馬尼亞各民族的大一統。一旦做出這一決定，便應迅速採取行動。當布魯西洛夫的軍隊在加利西亞勢如破竹，當奧地利的波希米亞部隊紛紛投降，當震驚的俄國士兵收繳大量戰俘、武器和物資，當德軍尚未有時間從北方和西方調兵重建其崩潰的防線時，正是羅馬尼亞介入的最佳時機。如果在1916年6月10日左右發布對羅馬尼亞軍隊的總動員令，有望在月底之前，當同盟國的整個東南戰線陷入混亂之際，將相當數量的羅馬尼亞部隊投入戰鬥。此舉的影響將極為深遠，且可能具有決定性的意義。

討價還價、靜觀其變、力求化險為夷、遇事謹慎等習慣，深植於布拉蒂亞諾的政策之中，致使談判耗費近2個月。在羅馬尼亞政府做出承諾之

羅馬尼亞的災難

前,務求事事周全,對方必須給予最高回報,並確保其完全不受傷害。涉及俄國軍隊和薩洛尼卡軍隊可能的調動以及武器彈藥供應等軍事協議的談判,並不比政治、金融及領土問題容易。為此,羅馬尼亞政府透過電報與各協約國政府進行了繁瑣和細緻的討論。英、法兩國政府——對即將到來的索姆河戰役的勝利寄予厚望——現在急切地想不惜代價獲得羅馬尼亞的幫助。俄國則顯得不那麼熱情,但必須獲得俄國的同意,所有主要軍事安排才能敲定。在這種頻繁討論中,1916年6月餘下的時間和整個7月悄然流逝。

與此同時,法金漢並非閒著無事。德國軍隊在東線各處與俄軍對峙,增援部隊從德國各地前線集結,迅速前往應付勃魯西洛夫進攻的地區。到1916年6月底,俄軍的推進速度減緩,至1916年7月中旬,奧、德聯軍的防線重新連線,並趨於穩定。維也納、柏林和索菲亞隨即對羅馬尼亞的態度產生了極大的憂慮。因此,在1916年6月和7月間,奧地利和保加利亞軍隊盡最大努力穩步進入靠近羅馬尼亞邊界的防禦陣地。

1916年8月27日,羅馬尼亞對奧匈帝國宣戰,宣布全國總動員並準備將軍隊部署到特蘭西瓦尼亞。她從協約國方面獲得以下軍事承諾:

一、俄國將對奧地利軍隊,特別是在布科維納的奧軍發起強力攻勢;

二、俄軍將在羅馬尼亞總動員的第一天派遣2個步兵師和1個騎兵師前往多布羅加;

三、羅馬尼亞參戰的同時,協約國將從薩洛尼卡發動進攻。

所有這些措施和協約國在政治上的補救手段加在一起,也無法彌補羅馬尼亞政府因討論而失去的那1個月或6週寶貴時間的價值。謹慎變成了輕率,求安全反被慎小和多慮所害。同盟國逃脫了布魯西洛夫對他們施加的災難和毀滅,此時已經整備起來承受一個新敵手的攻擊。羅馬尼亞的攻擊不再是意外,而是預見之中的,只要同盟國的資源允許就得加以防範。羅馬尼亞國土上有23個訓練有素的師,有超過150萬能夠扛槍的兵員,

羅馬尼亞還可以切斷對中歐國家的穀物和石油供應。在其敵友看來，這才是德國及其惶惶不可終日的盟友必須面對的最嚴重打擊之一。

當德國與保加利亞的戰雲在羅馬尼亞周圍集結之際，我們有必要審視薩洛尼卡前線的局勢，羅馬尼亞一直期盼從該處獲得直接且即時的援助。

協約國軍隊進駐薩洛尼卡是影響羅馬尼亞決策的關鍵因素之一。法軍、英軍、塞爾維亞軍、1個義大利師和1個俄國旅，總共近40萬人，現在分布在保加利亞周圍的山腳下及該國邊防線一帶。羅馬尼亞在協議中規定：這支軍隊應在她參戰的前2週內，或最遲與他同時參戰，對保加利亞展開全面進攻。英國和法國政府均表示同意。根據這一協議，霞飛將軍有責任命令指揮協約國軍隊的薩拉伊將軍在不遲於1916年8月10日發動進攻。「在適當時機，東線軍隊將聯合所有部隊沿希臘邊境向敵人聯軍發起進攻，如果成功，將向索菲亞方向追擊敵人。」這一雄心勃勃的命令與現實不符。英軍總司令米爾恩將軍報告稱，對保加利亞軍的進攻不會成功。他認為敵軍能夠長期堅守保加利亞陣地。戰線過廣、兵力不足、3國部隊之間合作困難、左翼塞爾維亞軍隊能力可疑以及重炮品質欠佳等，都是他認為的不利條件。威廉·羅伯遜爵士記錄了自己的意見：保加利亞軍隊在其本土是極好的防衛者，而塞爾維亞軍隊尚未從災難中恢復，因此沒有一名英軍軍官支持這個冒險行動。英國政府根本不信任薩拉伊將軍，導致他與英國同事之間的摩擦不斷。

這些悲觀主義的看法並未完全被後來的事實所證實。塞爾維亞軍隊在重組、訓練和補充補給後，適時展現出其毫不遜色的戰鬥力。然而，值得注意的是，儘管提交的報告顯示出不利因素，英國內閣仍與法國一道，慫恿羅馬尼亞依賴薩洛尼卡軍隊的進攻。確實，巴爾幹協約國軍隊未能阻止保加利亞集中主要兵力對付羅馬尼亞。最終的安排是，由米爾恩將軍率領的英軍採取積極防禦，保護薩拉伊的右翼，而薩拉伊本人不得不將霞飛命令的總攻擊降格為佯攻，並由塞爾維亞軍發動包抄進攻。儘管如此，他仍

羅馬尼亞的災難

需透過一條單線鐵路為 8 個師提供補給。在整個戰線上，他只能集結不超過 14 個師，對抗在堅固山區設防的保加利亞和德國的 23 個師。連這些有限的軍事行動日期也被推遲到 1916 年 9 月底。此時，德保聯軍率先發動攻擊，儘管在其他地方被擊退，但仍然攻抵海濱，並於 1916 年 9 月 18 日在卡瓦拉俘獲 1 個希臘師。值得注意的是，在這種情況下，薩拉伊仍成功攻占了莫納斯提爾。在實際進攻戰線上，雙方幾乎勢均力敵，各自集結了 190,000 人和 800 至 900 門大炮。然而，這個結果對羅馬尼亞的命運沒有產生決定性影響。有人指責薩拉伊將軍的脾氣和性格有缺點，但即使這些缺點被無可爭辯的美德所取代，形勢也不會有更好的改觀。

自羅馬尼亞宣戰伊始，其險峻的處境愈發顯著。這個王國的主體是一條狹長地帶，南北延伸約 300 英哩，寬度約 100 英哩。北部由南喀爾巴阡山脈屏護，南部則被寬廣的多瑙河所隔；其首都布加勒斯特大致位於這條狹長地帶的中央。奧地利和德國的軍隊在南喀爾巴阡山脈後方集結，而保加利亞的軍隊則盤踞在多瑙河對岸。4 個月的時間足以將羅馬尼亞壓碎，就如同螺絲鉗中間的核桃。

關於羅馬尼亞周圍的邊界還需要再作幾番描述。多瑙河看似是一個可靠的屏障，它的大部分河段穿過平原上的深水槽，寬度在多處接近 1 英哩。在錫斯托瓦、圖爾圖爾卡伊和錫利斯特里亞等戰略要地，河岸上築有堡壘，這些堡壘在重榴彈出現之前被視為難以攻克的要塞。多瑙河在流向河口時，將多布羅加省夾在其水域與黑海之間。這個省分是在第二次巴爾幹戰爭結束時，羅馬尼亞不費一槍一彈從疲憊不堪的保加利亞手中奪取的。挺進多布羅加，左控多瑙河，右達黑海海岸，這個設想激發了每個保加利亞人的雄心壯志，努力想要切斷羅馬尼亞這條舌頭的舌根。

羅馬尼亞北部的山脈相較於多瑙河邊境線，更能夠提供有效的防禦。南喀爾巴阡山脈的高度介於 6,000 至 7,000 英呎之間，山體由森林、多草臺地和圓形巖峰 3 層組成。這個天然屏障中，從北向南有 4 條主要通道，

貫穿 2,000 至 3,000 英呎深、長達數英哩的陡峭山崖裂縫，其中最西邊的 1 條較窄的小路與武爾坎通道相連線。南喀爾巴阡山脈在最東端呈直角折回喀爾巴阡山脈，此處接近俄羅斯的普魯特河邊境，即羅馬尼亞北部的摩爾達維亞省。這區域域正是新戰爭的戰場。

1916 年 8 月 27 日，羅馬尼亞動員了 23 個師，其中 10 個師訓練有素，5 個師次之，其餘皆為後備隊伍，總計超過 500,000 人。然而羅馬尼亞軍隊的大炮力量薄弱，且彈藥供給嚴重不足。他的主要軍火庫又在參戰前數日神祕地發生爆炸。該國的戰場電話裝備非常落後，擁有的飛機寥寥無幾，既無壕塹迫擊炮也沒有毒氣。羅馬尼亞的政治家們起初似乎寄希望於──回首往事這真是異想天開──保加利亞不會向他宣戰。當這個希望在 1916 年 9 月 1 日破滅時，羅馬尼亞仍然相信薩拉伊將軍的介入將把保加利亞兵力牽制在薩洛尼卡前線。他還希望德軍因受到強大壓力而抽不出大量兵力，他還倚仗俄國明確答應的強大而迅速的援助。羅馬尼亞的兵力分為 4 大集團軍，其中第 3 集團軍守衛多瑙河和多布羅加，第 1 和第 2 集團軍扼守穿過南喀爾巴阡山脈的各通道，第 4 集團軍希望得到第 2 集團軍的合作，穿過喀爾巴阡山脈入侵特蘭西瓦尼亞。50,000 人組成的中央後備軍防守布加勒斯特。

起初，特蘭西瓦尼亞只有 5 個疲憊的奧地利師，但在 1916 年 9 月上旬，已有 4 個德國師逼近。而自 1916 年 9 月 6 日起，法金漢親自指揮這些部隊。3 個保加利亞師和 1 個騎兵師，以及從薩洛尼卡前線調來的 1 個德國師的一部分，集結在馬肯森麾下，駐紮在多瑙河對岸，直指多布羅加。

儘管羅馬尼亞軍隊在數量上占有顯著優勢，但只需稍微審視一下作戰地圖，就會感到一陣不安。當時擔任戰時國務大臣的勞合‧喬治先生曾詳盡地向我解釋了那裡的局勢，我們在沃爾頓希思的長談中都對此感到驚恐。之後，他致信首相，儘管為時已晚，但他提出了嚴肅的警告。薩拉伊

羅馬尼亞的災難

和薩洛尼卡的軍隊無法參戰，唯一的希望寄託在俄國的援助上，但形勢並不樂觀。由於羅馬尼亞老國王在戰前與奧匈帝國簽訂了條約，俄國一直視羅馬尼亞為潛在敵人；因此，南俄的鐵路系統並未延伸到羅馬尼亞邊境，在俄國鐵路終點站列尼與最近的羅馬尼亞加拉茨鐵路線之間實際上有20英哩的空隙；因此俄國無法迅速援助新盟友。阿列克謝耶夫和精明強幹的俄軍參謀部對羅馬尼亞問題的了解遠勝於缺乏耐心的西方協約國，協約國對俄國介入羅馬尼亞的冷淡態度一直讓人憂心忡忡。

就在法國和英國的新聞界因迎接一位新盟友而沸騰之際，一則震驚的消息傳來。1916年9月1日，馬肯森入侵多布羅加。1916年9月6日，他率領保加利亞軍隊和德國榴彈炮隊摧毀了圖爾圖爾卡伊的多瑙河要塞，俘虜了25,000名羅馬尼亞士兵並繳獲了100門大炮。馬肯森迅速穿越多布羅加，到1916年9月底已接近與黑海沿岸康斯坦察平行的地區，途中占領了羅馬尼亞軍隊放棄的錫利斯特里亞要塞。到1916年10月的第3個星期，他攻克了康斯坦察。他留下半數部隊修築從多瑙河至黑海的壕塹線，防守已征服的領土，並率領餘部（再加上1個土耳其師和保加利亞師）橫渡多瑙河，逼近布加勒斯特僅有40英哩，對首都構成重大威脅。這一威脅並非無意。與此同時，法金漢也在探索南喀爾巴阡山脈的通道，不斷尋找強行通過的路徑。然而，羅馬尼亞第1、2集團軍堅決抵抗，而從喀爾巴阡山脈出來的第4集團軍，繼續迫使奧地利軍隊逐步西退。然而，圖爾圖爾卡伊的災難、多布羅加的入侵以及馬肯森對布加勒斯特的威脅，已經牽制了50,000名羅馬尼亞中央後備軍。南方前線指揮官阿韋雷斯庫將軍斷然要求：羅馬尼亞第4集團軍應從特蘭西瓦尼亞撤回，第2、3集團軍應減至最低限度以防守各通道，羅馬尼亞的全部力量應集中對付保加利亞軍。這無疑是一項軍事計畫。然而，它遭到北方司令普雷森將軍的強烈反對。矛盾相當尖銳，爭論不分勝負。最終達成妥協，妥協的結果，普雷森將軍繼續入侵特蘭西瓦尼亞，但因兵力不足無法成功；阿韋雷斯庫將

軍雖從防守通道的部隊中調集了足夠的兵力，但仍不足以擊敗保加利亞軍，反而削弱了通道的防禦能力。

至今，羅馬尼亞已參戰 2 月有餘。1916 年 11 月初，法金漢的軍隊增添了 5 個德國步兵師和 2 個騎兵師。獲得如此強大的援軍後，他便全力進攻武爾坎通道。至 1916 年 11 月 26 日，他強行突破此通道進入羅馬尼亞平原，沿日烏河谷而下，並意外地切斷了駐守奧爾紹瓦附近舌尖部位羅馬尼亞軍的對外連繫。德軍此舉導致其他通道的防線相繼失守。至 1916 年 11 月底，法金漢已與來自多瑙河對岸的馬肯森會合；1916 年 12 月 6 日，法金漢與馬肯森聯軍總計達 15 個師，經過 3 天激烈的戰鬥後，成功進入布加勒斯特。頑強抵抗的羅馬尼亞軍隊向東撤退，朝著終於抵達的大批俄軍方向行進。儘管大雨傾盆，氣候嚴寒，法金漢和馬肯森仍緊追不捨。道路已經蕩然無存，德軍部隊缺乏糧食和各種必需品。根據法金漢所述，魯登道夫發來「一連串令人不快且多餘的電報」。既無冬衣，也沒有補充補給。儘管如此，德軍仍堅持不懈，同俄軍進行了一系列激戰之後，於 1917 年 1 月 7 日抵達謝列特河。德軍的推進到此為止，羅馬尼亞之舌狀領土已被從舌根處切斷。這個不幸王國只剩下北方省份了。在這環繞雅西鎮的狹小地區，4 個月前滿懷信心參戰大軍的餘部忍受了數個月的困苦甚至飢餓，不僅成千上萬的戰士還有數量更多的難民悲慘地死去。就這樣，羅馬尼亞終於遭受與巴爾幹所有民族同樣駭人聽聞的不幸。

人類是多麼難以教化，在感情的驅使下人類又是何等盲目！大戰給如此之多的人帶來痛苦。大戰曾給巴爾幹各國信奉基督教的人民以無上的機會，其他民族不得不接受辛勞、挑戰和苦難。他們只需要寬恕和團結。只要自覺地意識到他們的共同利益，那麼採用某種國際手段建立起來的、以君士坦丁堡為聯合首都的巴爾幹聯邦，本來可以成為歐洲強國之一。協同一致的武裝只需宣布中立，繼之以在選定的時機對他們的共同敵人土耳其和奧地利進行決定性的干預，輕而易舉地滿足每個國家合理欲望的大部

羅馬尼亞的災難

分,各國都可望得到安全、繁榮和力量。然而他們寧願選擇同飲自相殘殺復仇的毒酒。現在這杯毒酒尚未喝乾!

現在有必要審視一下 1915 年 5 月底英國組成聯合政府之後,我們所離開的英國政治領域。根據當時的觀察,新內閣儘管由諸多傑出且正直的人士組成,但對於進行一場大規模戰爭來說,它是一個累贅且不令人滿意的機構。從組閣之初起,某種值得注意的裂痕和個人決定的趨向就顯而易見,這些裂痕和趨向並非遵循正規的政黨路線,而是各黨成員常見的性格和意見的反映。有聚集在首相周圍的老自由黨人一派,他們不願意為進行戰爭而採取激烈的國內措施。在保守黨中他們也不乏共鳴者。這一派對英國為最大規模地裝備自己和盟友必須支付美國大量款項而產生的財政困難,感慨甚深,他們反對為獲取最大的軍需品產出而在工業領域採取極端手段,他們尤其反對推行義務兵役制以維持戰場的作戰部隊。正是在這些問題上,新內閣的意見和感情分歧日益明顯。

至 1915 年年中,志願參軍的熱潮已經遠超我們裝備準備和組織的能力。超過 3 百萬名自願者展現了不列顛民族最崇高且強烈的愛國精神。然而,到 1915 年夏季,消耗量已超過補充數量。顯然,如果不採取新的措施,1916 年要維持英軍的 70 個師已是難題,更不用說 100 個師了。以首相為首的自由黨強烈派主張進一步推行自願招兵制。大多數保守黨大臣,在勞合·喬治先生的支持下 —— 在我退出政府之前包括我本人 —— 堅信立即實施義務兵役制是不可避免的。然而,由於基奇納勳爵多次呼籲人民自願參軍,並取得全國良好反應,此時他傾向支持阿斯奎斯勳爵,使得義務兵役制的推行變得不利。戰爭繼續艱難進行,到 1916 年 1 月初,戰爭的巨大壓力重新引發了關於徵兵問題的激烈內閣爭論。

目前,由於廣泛的民眾熱情參與道義性質的運動,嚴峻的實際需求變得更加緊迫。已有 350 萬人志願參軍,但僅靠他們是不夠的,因為許多志工曾多次負傷,難道要他們重返前線嗎?一方面,數百萬健壯的年輕人盡

可能地過著寧靜的生活，另一方面，卻將年老、體弱和傷殘的志工投入戰鬥，這合理嗎？難道服役期滿的本土軍人和現役軍人必須繼續服役，而那些尚未做出任何犧牲的人們不應該被強制服役嗎？有 350 萬個家庭，他們所鍾愛的養家者、他們的英雄，志願為國家事業貢獻一切。他們代表了民族生存的堅強支柱。這些家庭要求：不能因為一些人拒絕履行義務，而使勝利拖延，讓戰爭延長。基奇納勳爵在 1916 年 1 月底終於改變了立場，阿斯奎斯勳爵也做出了讓步。結果，只有約翰·西蒙爵士辭去了政府職務。一項徵兵法案提交議會，並迅速以壓倒性多數通過。

然而，正如從產生徵兵法案的內部紛爭所預見的那樣，新法案最終成了一個不能盡如人意的妥協產物。它既未能確保所需的兵員數量，也未能滿足當前對犧牲均等的強烈呼聲。到 1916 年 4 月，內閣中又爆發了一場關於擴大徵兵範圍的新危機。先前的爭論過程在雙方陣營留下了創傷，並在所有同樣珍視國家事業的同僚之間暴露出深刻的性格差異。這次似乎可以確定，勞合·喬治先生將辭職，內閣將分裂；必須精心策劃組建一個強大的反對黨，以確保執行極端的戰時政策。

一些人提出，勞合·喬治先生和愛德華·卡森爵士應擔任下議院的反對黨領袖，我也受到多方人士的勸說，站到他們一邊。在法蘭德斯，我曾指揮蘇格蘭營數月，後來因兵員不足而解散，之後我獲准重返議會。1916 年 5 月，議會依法成立了 2 個調查委員會，分別調查美索不達米亞和達達尼爾海峽的軍事行動；在接近 1 年的時間裡，我痛苦地繼續履行我在本書前面提到的職責。作為一名無公職但了解機密問題的議員，我記錄了隨後的 12 個月內發生的事件。

1916 年 4 月的徵兵危機因阿斯奎斯勳爵方面的進一步妥協而得以化解。一項新的國家兵役法案通過，勞合·喬治先生繼續留在政府內。在夏季和秋季期間，聯合政府在多重壓力和苛求下勉強維持。由於 1916 年羅馬尼亞的崩潰和所有希望的破滅，引發的指責使內閣中的兩派再次爭鬥。

羅馬尼亞的災難

勞合‧喬治先生的辭職立即導致政府垮臺。伴隨這一事件的是內閣成員的頻繁變動和重組，這些過程將成為英國憲法史上引人深思的一章。

1916年12月5日，阿斯奎斯勳爵向國王呈遞了他本人及其內閣的辭職信。博納‧勞先生在國王的召見下，建議勞合‧喬治先生是唯一可行的首相繼任者。儘管人們竭盡全力勸說阿斯奎斯勳爵加入新政府，但終未成功。在自由黨同僚全體支持勞合‧喬治先生的情況下，阿斯奎斯勳爵退出政府，轉而加入愛國反對派。勞合‧喬治先生、博納‧勞先生和愛德華‧卡森爵士組成的新3人小組負責國家事務，並擁有獨斷專行的權力。這些決定不僅未受議會質疑，還獲得了全國的認可和新聞界的讚譽。

新首相希望我加入他的政府，但這個想法引起了在此次危機中舉足輕重的要人們極大不滿。諾思克利夫勳爵對我懷有強烈敵意，他此時活躍起來。他急急忙忙在《泰晤士報》和《每日郵報》上撰文宣稱，已經做出不變的決定，將那些對戰爭失敗負有責任的人排除在政府之外，公眾將「欣慰而滿意地獲悉不請邱吉爾先生在新政府中擔任任何職位」。他還力圖否決對貝爾福先生外交大臣一職的任命，幸而未獲成功。4位被視為新聯合政府中不可缺少的、傑出的保守黨成員或簽名或發表宣告，要求以我和諾思克利夫勳爵不擔任大臣作為他們就職的條件。因此就這點而論——儘管這或許不是對他表示恭敬的方式——諾思克利夫勳爵的觀點得到有力的支持。在達達尼爾海峽委員會提交報告之前，我任海軍大臣時的行為尚在審察中，這當然是一個被引證的充分理由。勞合‧喬治先生在這種形勢下根本無法抵擋這個臨時糾合但勢力強大的陰謀小集團。因此，幾天以後他透過一位我們共同的朋友里德爾勳爵捎信給我說，他下定決心達到他的目的，只是反對勢力暫時太強。我透過同一管道回答他說，發表政治獨立的書面宣告。

然而，自從我在1917年5月10日的祕密會議上發表演說後，我與新首相的關係已經發生了顯著變化，儘管我沒有正式職務，但在相當程度

上，我已經成為他的密切合作夥伴。他多次與我討論戰爭的各個方面，以及他許多未公開的希望與擔憂。他向我保證，他決定與我同舟共濟。正是從這個略顯異常的地位，我觀察到了接下來6個月裡潛艇戰的危機和尼維爾將軍在法國的災難性進攻。

　　新首相具備應付這種動盪時期的兩種性格特點。首先，他立足於當下卻不短視。對他而言，每一天都充滿了希望和重新開始的衝動。他在審視每日清晨的問題時，目光不受先入之見、舊有言論及過往失望與失敗的阻礙。在和平時期，這種心態並不總是令人稱讚，也不總是成功的。但在世界瞬息萬變，所有價值和關係因某些驚人的事件及其不可估量的反應而改變的嚴重危機中，追逐勝利這個主要目標會激發無窮無盡的精神活力，這是難得的優點。其次，面對危機時，他的直覺能力比起嚴格的邏輯推理更為恰當。

　　立足於當下和每日重新開始的特點，直接導致他發揮第二個寶貴的才能。勞合·喬治先生在此時期似乎擁有從不幸本身汲取未來成功之手段的特殊力量。從德國潛艇的劫難，他想到護航制度；根據卡波雷托災難的教訓，他建立最高戰時會議；從1917年3月21日大災難的日子起，他組建了聯合指揮部，並得到大量的美國援助。

　　他在英國政府及協約國各委員會中的卓越地位，是在重大災難中贏得的。他不會等待事件自然發展後再作出事後諸葛的評判；他抓住關鍵問題，力求解決，不因錯誤及其後果而氣餒。他幾乎不受傳統和習慣的束縛，從不試圖將某個陸軍或海軍人物樹立為偶像，以借其名聲得到庇護。對於陸軍和海軍的等級制度，他只施加少許批評與壓力，使其調整以適應急迫的需求。他吸收議會外充滿活力的能人志士，委以各部大臣之職。他對所見之事從不忽視，所有的政府任務都需要他全神貫注。他全身心投入工作，從不嫌工作繁重。只要有需求，他便做出決定。工作的重擔似乎從未壓垮他。他天生具備管理民眾和行政機構的能力，現在又具備制定戰時

羅馬尼亞的災難

政策的高度平衡能力和對新事物的探究能力。在他的領導下，本島和帝國都被有效地組織起來以應付戰爭。他組建的帝國戰時內閣，成為大英帝國遍布全球資源的單一管理中心。是他提出了挫敗德國潛艇海上攻擊的護航制度，是他給予在巴勒斯坦戰場上壓倒土耳其人的推進動力，是他促使在法國的統一指揮並有利於勝利——在執行政策的決心和努力方面，王國政府的首相無人能比。

美國的介入

鑑於德意志帝國政府對美利堅合眾國政府和國民多次發動戰爭行動，美利堅合眾國參議院和眾議院在聯合會議上決議：現正式宣布美國與德意志帝國處於由後者強加給美國的戰爭狀態；總統特此被授權並指示動用美國所有的海、陸軍及政府資源以對抗德意志帝國；為確保戰爭勝利結束，美國國會在此承諾提供國家的所有資源。

（1917年4月6日國會決議案）

1917年初發生了3起影響世界及戰爭發展深遠的驚人事件：德國宣布無限制潛艇戰、美國的介入和俄國的革命。這些事件共同構成了戰爭的第二次大高潮。這3起事件的先後順序有著決定性的影響。如果俄國革命發生在1月而不是3月，或者如果德國等到夏季才宣布無限制潛艇戰，那麼就不會有無限制潛艇戰，也就不會有美國的介入。如果協約國在面對俄國的崩潰時所形成的無望感，並且得不到美國的支持，幾乎可以肯定，法國將在當年徹底失敗，戰爭將透過談判而和平結束，換句話說，以德國的勝利告終。如果俄國沒有再堅持2個月，而德國再忍耐2個月，整個事件的走向將會徹底改變。根據這個順序，我們可以辨認出命運女神的足跡。俄國的忍耐或德國的急躁必須同時存在才能確保美國的參戰，而這兩者確實都實現了。

德國的徹底失敗可歸因於3大主要錯誤：決意通過比利時進軍，不顧及將英國引入戰爭；決意發動無限制潛艇戰，未考慮到這會將美國引入戰局；決意在1918年將從俄國前線撤出的德軍用於對法進行最後猛攻。若無第一個錯誤，德國可在1年內輕鬆擊敗法國與俄國；若無第二個錯誤，德國可在1917年達成滿意的和解；若無第三個錯誤，德國可在默茲河或

美國的介入

萊茵河上設立牢固防線,與協約國抗衡,在保持尊嚴的前提下達成和解,減少殺戮。所有這些錯誤皆源於同一股力量,即擴軍備戰的勢力。德軍參謀總部,憑藉其驚人的權力,推動德國擴張,應對這3大致命決策負責。由於過度運用其建立統治的聰明才智,而使諸多國家及其人民走向毀滅。

無論爭論持續多久,交戰國之間在德國潛艇戰的是非問題上絕不會取得一致看法。德國人從來不明白,將來也永遠不會理解,其敵對國和中立世界是怎樣懷著恐怖和義憤看待潛艇攻擊的。他們一廂情願地認為所有強烈抗議不過是矯飾的宣傳。海事法和慣例已經很陳舊,它們是在數個世紀發展過程中形成的,儘管在個別事例中時有違犯,但基本上在國與國間許多激烈的戰爭中仍有其重要性。即使在公海上抓獲一艘敵國商船,俘虜待遇也是有嚴格約束的。將中立國船隻變為戰利品的行為,震驚了國際法的整個歷史。在虜獲一艘船隻與擊沉一艘船隻之間存在著巨大差異。海上中立國船隻的俘獲者,依照沿用已久的慣例,必須將所虜船隻帶進港口交由戰利品法庭審理。任意將其擊沉已是令人深惡痛絕的行為;而將其擊沉又不為船員提供安全保證,任由他們在救生艇上自生自滅或溺斃海中,這在任何航海國家看來都是令人憎惡的行為,除了海盜,迄今絕沒有人蓄意這樣做。因此,航海歷史悠久的國家,尤其是英國、法國、荷蘭、挪威和美國,認為對商船,特別是對中立國商船進行潛艇戰是十惡不赦的暴行。船隻已經破碎沉沒,又惡意攻擊船員、聽任無助的商船船員們讓無情的大海吞噬,這確實是醜惡的。

德國人對海上航行經驗不足,對古老的航海傳統幾乎毫不在意。在他們眼中,任何形式的死亡都是生命的終結,只是痛苦程度不同而已。被海水嗆死與被毒氣悶死有何不同?在救生艇上餓死是否比在戰場上因傷口感染而苟延殘喘更可怕?英國的封鎖把整個德國變成一個被圍困的堡壘,試圖透過飢餓迫使其全部人口屈服,無論男女老少、傷者或健者。假設潛艇戰的後果發生在陸地而非海上;假設美國和其他中立國將大量糧食和彈藥

運入德軍的軍事區域;假設人們知道護送部隊將通過某些道路奔赴前線,誰會猶豫不去攻擊並摧毀他們?誰會因為村鎮中有非戰鬥人員而猶豫不向敵人開火?如果有人進入炮火射程,他們就得碰運氣了。那麼為什麼這一原則不能適用於魚雷戰?為什麼在陸地上用大炮殺死中立國人員或非戰鬥人員是合法的,而在海上用魚雷殺死同樣的人卻被視為暴行?兩者之間的區別在哪裡?政策可能是設計好的圈套,但邏輯是清晰的。是的,無論誰進入我的火力範圍,阻礙我們贏得戰爭,如果有必要,我一定會擊斃他們,無論在陸地還是海上。這是德國海軍參謀部的思路。但中立國的觀點與此截然相反。

德國首次對商船發動潛艇攻擊源於海軍上將鐵必制粗獷且精力充沛的性格。我們已經了解他最初軍事行動的結果。1915年2月4日,他宣布自2月18日起,「在大不列顛群島周圍水域內發現的每一艘協約國船隻將被摧毀,因此無法避免對其船員與乘客造成的危險。」中立國船隻進入該戰區亦將面臨危險。當時,鐵必制可調遣的適用潛艇不超過20至25艘,其中僅有三分之一,即7至8艘能夠同時出動。由於英國群島交通頻繁、港口眾多以及防衛措施嚴密,我們認為這種攻擊對英國的貿易量影響甚微。因此,我立即宣布,我們將每週公布由德國潛艇造成的商船沉沒數量,以及進出英國港口的船隻數量。結果證明,我們的判斷是完全正確的。到1915年5月,鐵必制以如此微弱的力量阻止海上貿易的失敗已經顯而易見。

新的海戰引發了中立國的憤怒和美國的威脅態度,加上海戰造成微不足道的實際後果,在「盧西塔尼亞」號和「阿拉伯」號沉沒後,使德國皇帝、首相和外交部都相信鐵必制的策略是錯誤的,必須加以限制。因此,德國潛艇的行動受到一連串限制命令和搖擺政策的阻礙,到1915年秋,潛艇戰完全停止了。德國過早暴露這種戰爭手段的不足,對英國非常有利。自1915年初以來,英國海軍部在我的指揮下立即大規模研究各種對

美國的介入

抗手段。小型武裝船隻的建造和改裝速度大幅提升；商船被盡力裝備武器；偽裝船——後來更多稱為神祕船——被優化；針對潛艇攻擊的防禦設施成為不斷試驗和生產的目標。德國最早的潛艇攻擊奇怪地失敗了，但我們已經開始研究對抗它的方法，在整個 1915 年和 1916 年由貝爾福先生及其主持的委員會繼續全速推進。我們最終的成功在相當程度上歸功於危險明顯消失後仍在努力的這種堅韌精神。

1916 年春，鐵必制再次向德國首相施壓，要求恢復潛艇戰。他集結了所有兵力，準備對貝特曼－霍爾韋格發動攻勢。法金漢將軍被說服了。海軍上將馮·霍爾岑多夫充滿熱情。鐵必制在 1916 年 2 月的備忘錄中寫道：

迅速而果斷地依賴潛艇武器是絕對必要的。若繼續推遲無限制潛艇戰，只會給英國更多時間研究其海軍和經濟防禦手段，最終導致更大的損失，並使速勝成為泡影。潛艇戰開始得越早，勝利就越早實現，英國透過消耗戰打敗我們的希望也將更快、更徹底地破滅。如果我們打敗了英國，也就等於摧毀了敵人聯盟的主幹。

1916 年 2 月 23 日，鐵必制毫無顧忌地覲見皇帝並要求做出決定。顯然，德皇意識到各方正在對他和首相施加壓力，因此在 1916 年 3 月 6 日召開了一次會議，並故意將鐵必制排除在外。出席會議的有首相、法金漢和霍爾岑多夫；最終決定無限期推遲實施無限制潛艇戰。實際上，原定於 1916 年 4 月 1 日開始的潛艇戰命令也被取消了。鐵必制立即提交辭呈，這個請求於 1916 年 3 月 17 日獲准。然而，海軍參謀部和艦隊司令舍爾繼續推動潛艇戰。

在 1916 年春季，德國大約有 50 艘適合於潛艇戰的潛艇可供使用，而前一年僅有 20 至 25 艘。因此，鐵必制手頭只有不到 20 艘潛艇能夠進行作戰。考慮到英國在對抗手段上的進展，絕無理由相信這些數量的潛艇會對英國的海外補給造成嚴重威脅。然而，除了這 50 艘可用的潛艇外，德國 1916 年財政年度中還有不下於 157 艘潛艇正在建造。當這些潛艇於

1917 年初竣工時，形勢對協約國，特別是對英國才首次顯得嚴峻。1915 年 2 月使用 25 艘潛艇進行攻擊是荒謬的；1916 年 2 月以 50 艘潛艇發動的攻擊也會輕易被擊敗；但 1917 年 2 月以 200 艘潛艇發動的攻擊，情況可能就不一樣了。如果鐵必制能發揮近乎超人的遠見能力和自我控制能力，在至少準備好 200 艘潛艇之前不發動對商船的攻擊，並且不刺激我們進行反潛準備，那誰也無法預測結果會如何。所幸的是，補救措施與危險同步增長。德國潛艇威脅的範圍逐漸可怕地擴大，但對於將來可能造成危害的早期威脅，人類的抵抗力會隨著它的發展而增強，隨著它的強化而鞏固。

到 1916 年年底，在嚴冬給交戰各國帶來的短暫喘息期間，德國的領袖們疲憊地審視著這片死寂的景象。儘管法金漢決定忽略東線，向凡爾登發動進攻並帶來災難，德國依然撐了過來。他在凡爾登讓法國人血流成河，在索姆河頂住了英軍的攻勢，修復了勃魯西洛夫造成的損失，甚至還有力量擊敗羅馬尼亞，並且在這一年的混亂中手握勝利的獎盃走了出來。然而，駭人的緊急情況、不斷增加的壓力、資源的枯竭、前線的緊張局勢以及民眾被封鎖的困境，所有這些無形的重擔都壓在德國領導者的肩上。在西線，協約國正準備在春季發動更加可怕的攻擊；俄國的抵抗並未減弱，反而以驚人的規模重整旗鼓。然而，200 艘德國潛艇已經完全準備就緒，他是否有可能用這些潛艇餓死英國，即使美國參戰，也能「折斷協約國的脊梁」嗎？

鐵必制表示：「假若我們在德國能夠預見俄國的革命，也許就無需將 1917 年的潛艇戰視為最後的依賴。然而在 1917 年 1 月，我們完全未能察覺到革命的徵兆。」

在 1916 年 11 月和 12 月，德國首相與陸海軍首領們的無休止爭論令皇帝倍感痛苦：德國現有 200 艘潛艇，是否值得讓有 1.2 億人口的美國橫渡大西洋？稱霸海洋的不列顛帝國是否也會在海底稱雄？討論這一痛苦話題的緊張程度超越了羅馬與迦太基戰爭的關鍵時刻！

美國的介入

　　毫無疑問，興登堡和魯登道夫肩負著決策的重任。鐵必制已經不再任職，他甚至爭辯說，無限制潛艇戰的時機已經過去，並略帶猶豫地表示：「為時已晚。」然而，德軍司令部早已改變立場，認為應當不惜一切代價充分運用潛艇這項武器。他們視魯登道夫為一位無所畏懼的參謀長，最大的冒險總是對他的思想產生明顯的吸引力。年邁的陸軍元帥贊成並採用他的決定，全力反對首相。海軍將領們插話，承諾能迅速取得決定性的勝利。文官力量感到局勢對己方不利。他們所做的和平提議遭到協約國毫不客氣的拒絕。那年最後 1 週，興登堡與貝特曼－霍爾韋格之間措辭強硬的電報往來象徵德國首相抵制軍方的努力已經終結。首相隨即於 1917 年 1 月 9 日表示妥協。在歷史面前，如果能為堅持正確主張而下臺可能會對他更好一些。誰也不能懷疑他的信念，現在我們知道這些信念是對的。從此，事態開始了新的轉折。

　　實際上，命運之神對任何國家都沒有像對待俄國那樣殘酷無情。俄國的船隻在即將抵達港灣時沉沒了，即使它已經挺過了風暴，但一瞬間一切化為烏有。它付出了所有的犧牲，經歷了無數的艱難困苦。就在即將取得成功之時，絕望與背叛奪走了掌控權。

　　持久的撤退得以終止，軍需品短缺的情況得到了改善：武器源源不斷地供應；更多的裝備和更強的軍隊在漫長的戰線上防守；健壯的男子擠滿了徵兵站。阿列克謝耶夫統率陸軍，高爾察克指揮艦隊。此外，現在無需採取艱難的行動，只需維持現狀；只要對德國的漫長防線施加巨大壓力；無需特別行動就能將對方已經削弱的兵力牽制在前線。簡而言之，持續下去——這便是俄國為贏得全面勝利所要做的一切。1916 年底，魯登道夫審視當時的局面時說：

「特別是俄國，建構了強大的新編制，各師縮減為 12 個營，炮兵連減少至 6 門大炮；多餘的四分之一的營和每個炮連的七分之一或八分之一的大炮重新組建新的部隊。這一改組顯著增強了戰鬥力。」

實際上證明，1917 年俄國為戰爭動員了比參戰初期更龐大且裝備更精良的軍隊。3 月時，沙皇仍在位；俄帝國及其人民依然屹立不倒，前線穩固，勝利在望。

人們批評沙皇政權為愚蠢且腐敗無能的專制政府，這在當時是淺薄的流行觀點。若仔細考察他與德國及奧地利長達 30 個月的戰爭，這些模糊的印象便會被糾正，並顯露出主要的事實。根據其所承受的打擊、經歷的災難、提供取之不盡、用之不竭的兵力，以及其恢復能力，我們便可測定俄國的力量。在各國政府中，當進行重大戰爭時，無論國家首腦是誰，都被認為應對失敗負責，只有成功才能證明正確。無論是誰付出辛勞，誰策劃指導戰爭，最高當局都要為戰爭的結果接受指責或讚揚。

為何這個嚴格的檢驗標準不適用於尼古拉二世？他確實犯過許多錯誤，但哪個統治者不會犯錯？他既非偉大領袖也非傑出帝王。他只是個忠誠且純樸的人，能力平庸，性情溫和，終其一生依靠對上帝的忠誠信仰度日。最高決策的重壓集中在他身上。在最高層，一切問題都簡化為「是」或「否」，在重大事件無法解決和難以預料的情況下，他必須作出決定。他充當的是指南針的角色：戰還是不戰？進還是退？向右還是向左？民主化還是穩定控制？放棄還是堅持？這些都是尼古拉二世的戰場。為何他未能從中獲得榮譽？1914 年，俄軍為拯救巴黎忠誠發動進攻；因彈藥匱乏被迫撤退，承受心頭的痛苦；緩慢重整兵力；才有勃魯西洛夫贏得的勝利。俄國進入 1917 年的戰爭，不但沒有被打敗，反而更強大。難道其中沒有他的貢獻？儘管錯誤眾多且嚴重，但他主持的、以他為象徵的政權，他的個人品德使這個政權充滿生機，此時正為俄國贏得戰爭。

他即將被擊倒。一隻黑手，最初戴著愚蠢的手套，現在伸出來干涉了。沙皇退位。叛亂者對他和他所愛的人施以非死即傷的處罰，貶低他努力的成就，誹謗他的行為，詆毀他在別人心中的形象；但是，且慢！請告訴我們有誰能擔當此任？有誰或什麼組織能領導俄羅斯？智勇雙全的人，雄心

美國的介入

勃勃且勇猛的人，大膽且威嚴的指揮者——這些或許都不缺乏人選。然而，沒有人能回答攸關俄國生命和聲譽的幾個最基本的問題。正當勝利在望時，他轟然倒地，猶如古代的希律王被蛆蟲活活吞噬。但他的英勇行為並非徒勞：身受致命重傷的巨人，在臨終前拼盡最後的力量，將火炬向東傳遞給了長期猶豫不決的新提坦，現在他拿起武器，緩慢地站起來。俄羅斯帝國於 1917 年 3 月 16 日崩潰，美國於 1917 年 4 月 6 日宣告參戰。

在德國最高司令部所有嚴重的錯誤估計中，沒有哪一項能與我們完全不理解德國造成與美國交戰的意義相比擬。這或許是愚蠢地將戰爭政策單獨建立在物質要素計算基礎上的最突出的例子。美國具有 1.2 億受過良好教育的人們可以科學武裝，並擁有無法攻擊的新大陸豐富資源；他們可以為戰爭做出的努力，不能僅以他們當前所能動用受過訓練的士兵和軍官、擁有的大炮和戰艦的數量來衡量。還認為他們能被稱為潛艇的機械武器永遠擊敗，這正表明對這樣一個社會的現實體會了解的不足。僅僅寄希望於他們不會及時抵達戰場的機率，來抵消世界上最大（如果不是最重要）文明國家的敵對軍事努力，這是多麼地草率！強令飽受戰爭創傷的、疲憊不堪的和在人數上已處於劣勢的英勇德國人民與這個新參戰的、強大的、無情的對手做殊死搏鬥，這是多麼艱難！

無需誇大美國對協約國的物資援助。所有能提供的資源都毫不吝惜地迅速送達，包括人員、艦隻和資金。然而，在美國的物資成為決定性甚至首要因素之前，戰爭已經結束。這場戰爭以超過 2 百萬美軍踏上法國土地而告終。如果戰爭持續到 1919 年，將有更多美軍參戰，這個數字在 1920 年可能會達到 5 百萬。與這種潛在力量相比，占領巴黎有何價值？至於德國寄予希望的 200 艘潛艇，英國海軍依然可以應付；同時，英國海軍在占據壓倒性優勢的戰鬥艦隊保護下，常態保持超過 3,000 艘武裝船艦在海上巡邏。

然而，儘管美國在人力投入上對擊敗德國的戰爭貢獻有限，例如僅有

數萬德軍被美軍擊敗；但美國加入協約國所帶來的士氣提升確實是戰爭中發生決定性作用的因素。

戰爭已持續近 3 年，所有早期的交戰國皆處於極度的緊繃狀態。對交戰雙方而言，遠在不斷變動的接觸線後方的其他危險絲毫不亞於前線的威脅：俄國已在這些新危險前屈服；奧地利正逐漸瓦解；土耳其和保加利亞日益衰弱；即便是全面交戰的德國，也不得不承認其人民享有深遠意義的憲法權利和選舉權；法國處於絕望之中；義大利幾近毀滅；甚至在不動聲色的英國，人們的眼神也有所不同。突然間，一個擁有 1.2 億人口的國家亮出了他的旗幟，站在相對已經較強的一方；突然間，長期以裁判者姿態出現的、世界上人口最多的民主國家闖入戰爭，不，是他主動投入戰爭的。這個新力量的加入使人們忘記了俄國的喪失。失敗主義運動在一方被壓制，而在另一方正如火如荼地興起。兩種對立的情況遍及各交戰國的每個角落，一方認為「全世界都在反對我們」，另一方認為「全世界站在我們這邊」。

美國歷史學家們或許將會相當詳盡地向後世確切地解釋：為什麼美國在 1917 年 4 月 6 日參加世界大戰，他們為什麼不在早些時候參戰？此前美國商船就已被德國潛艇擊沉過；乘坐「盧西塔尼亞」號喪生的美國人人數與宣戰前不久被擊沉的 5 艘美國輪船上的死亡人數相當。至於協約國的整個事業，如果說它在 1917 年不錯，那麼它在 1914 年不也是同樣好嗎？美國在長期等待後直到 1917 年才站出來，自有其充分的重大政策理由。

協約國對德國滿懷憤怒，戰爭已經使他們耗盡精力、血流成河、瀕臨崩潰，而看到大西洋彼岸的強國表現出的冷漠、謹慎和超然，感到驚愕，這是情理之中。尤其是英國，難以理解美國避戰的態度，畢竟兩國法律和語言本是溝通的橋梁。然而，這樣的理解未免有失公允。美國並未感受到任何直接威脅，時間和距離阻礙了他們對事態的基本洞察力。專注和平職業的民眾，正抓住機會開發他們尚未開發完全的大陸資源，全心投入國內

美國的介入

生活和政治。由於憲政傳統的長期薰陶，他們避免捲入外國糾紛，其思想興趣領域與歐洲人截然不同。世界正義對所有人都有吸引力；但請問，美國人對世界正義局勢有何責任？協約國若設身處地想一想，這個問題也不難理解吧？將無數手無寸鐵的民眾千里迢迢送入這樣的紛爭中心，這種責任難道不可怕嗎？真正的奇蹟在於，所有阻礙參戰的因素都被克服了。應對那些從未懷疑、從一開始就洞察事態必然走向的人致以最崇高的敬意。

美國擁有嚴謹的憲法框架，其政黨系統規模龐大且力量強大，選舉產生的行政長官和代表任期固定，因此美國總統相較於戰前任何大國的首腦都享有更大的獨裁權力。這個國家地廣人多，民族、利益和環境多樣，48個州的主權立法機構發揮了安全閥的作用，使得全國輿論難以形成單一意見。除固定的大選時期外，聯邦政府具備不受輿論左右的特殊獨立性。很少有現代政府幾乎不必考慮在選舉中失敗的政黨意見；更沒有其他政府能讓其最高行政長官（既是國家元首又是政黨領袖）擁有如此直接的個人權力。

國王或皇帝的世襲繼位事件平均每隔25年發生一次。在這漫長的統治時期以及在即位之前的所有時間裡，君主的品格和氣質需接受臣民的考察。在這個過程中，各政黨和各階級往往能設法對君主個人行動進行觀察和反思。在權力責任由首相承擔的有限君主制政府中，國家的選擇通常落在生活在公眾視野中的政治家身上；他們也是立法機構的成員，在任期內繼續對國家負有責任。然而，美國的選舉規模非常龐大，具有自己的特點，因此任何終身從政者要成為成功的總統候選人越來越困難，雖然並非完全不可能。政黨領袖們的選擇越來越傾向於那些個性鮮明、美德堪稱典範的傑出公民，這些人從未深深捲入政治或政府圈子，因此他們沒有那種好鬥性與焦慮經歷所養成的仇恨和錯誤。數以千萬計的人民熱情和理想所選出的勝利者，常常對國家事務缺乏經驗，在毫無準備的情況下突然被推上了炫目的至高地位。政黨鬥爭中廝殺得汙跡斑斑的老手們，經過多次激

烈的內部討論後，挑選出一位無可指責、廣受尊敬的人物，由他來高舉黨的旗幟。他們為他制定綱領和政策，如果在競選中大功告成，便將他推上國家的最高職位4年，在此期間賦予他直接的行政職能，這種職能的實際重要性堪稱全球之最。

與其他所有重大議題的概括一樣，前述內容也存在諸多值得注意的例外。然而，威爾遜總統並不在這些例外之列。儘管他長期從事學術研究，只擔任過短期的州長職務，但在1912年將他推上最高統治者寶座的那些大人物眼中，他是一位難以理解、深不可測的人物。對全世界而言，他更顯得神祕莫測。出於崇敬的心情談論他，可以毫不誇張地說：在那場善惡大決戰的恐怖時期，對世界歷史產生巨大影響的美國行動，幾乎完全取決於他的思想與精神——幾乎沒有其他因素；他對世界各國命運所發揮的作用，比任何其他人都更加直接且無可比擬。

正因如此，上校豪斯的《回憶錄》格外引人注目。透過書中的文字，讀者得以一窺總統的真實面貌。他深居簡出，生活簡樸如同尼古拉二世，除了友人與侍從之外，謝絕外客，但對他們卻極為寬容。他高居國會之上，內閣不過是他的工具，從未接受公共生活的考驗和磨練。以美國憲法所規定的「反覆思考的首要原則」為指引，伍德羅·威爾遜，這位深不可測、睿智的領導人，其判斷影響億萬人民的生命，永遠是一座高聳入雲、發人深省的紀念碑。

首先，他始終是一位政黨人物。他將主要的忠誠獻給那個將他推上總統寶座的偉大政治組織，同時他真誠地相信人類的最高利益依賴於該組織的持續繁榮。我們看到在美國參戰高潮中的他，當聯邦不分階級、不分政黨，毫不吝惜地將一切奉獻給當時政府的時候，他運用自己正常的職權，毫無顧慮或者沒有明顯自省地為國會中那些民主黨的代表們爭取權益。在他執政期間，從來沒有因為政黨間仇恨而將那些暫時性的犧牲強加在歐洲國家身上，增加他們的危險。戰時美國的權力和威信盡可能集中在當時各

美國的介入

級官員和政黨機器手中。此種情況令那些送孩子上前線、自己大量捐錢、表現了高度愛國主義熱情的政治反對派心生憎恨；一旦戰事結束，這種憎恨對威爾遜總統和他的政黨是極其不幸的。其次，他是一位值得尊敬的美國人，一位有學者風度的自由主義者和一個真誠地厭惡戰爭和暴力的人。大西洋彼岸的歐戰壓力和美國政策的所有內部壓力相互產生強烈的作用，這種作用落在他內心的、容易調和的個性上。面對四大連貫的難題他絞盡了腦汁：如何確保美國不介入戰爭？如何贏得1916年的總統選舉？如何幫助協約國打贏這場戰爭？最終的大戰結束後如何統治世界？

倘若他能對歐洲戰爭中的正義立場得出明確結論，這將極大地有助於他履行自身使命。諸如德軍入侵比利時或擊沉「盧西塔尼亞」號等重大事件的意義，對於敵我雙方而言都是顯而易見的。這些事件表明，無限制動用武力直至達成最終結果的前景，不僅直接影響美國的利益，實際上也威脅到他的安全。如果德國勝利，作為強國的法國和英國將同時消失，和平且未武裝的美國人民未來將面臨強權主義的無限威脅。勝利後的日耳曼帝國在陸地和海洋上勢必比美國強大得多，並在對日關係中處於更有利的地位。在這種情況下，美國將無法有效抗拒日耳曼帝國對南美洲命運的相關看法。因此，美國無論如何需要大規模擴充武裝力量，遲早會爆發一場美國孤軍奮戰的新衝突。

然而，在戰爭的前2年半時間裡，威爾遜總統並未深入思考德國無限制使用武力的問題，更未曾考慮德國最終獲勝的後果。因此，他並不認為美國從一開始就介入歐洲戰爭符合國家利益。他壓抑了比利時淪陷或「盧西塔尼亞」號沉沒所引發的憤怒情感；他未能真正理解美國人民的本性。他低估了美國人民對協約國的深厚和崇高的支持情感。直到他親自向國會發表著名的戰時諮文時，才在紛繁複雜的美國民意中，發現了過去和現在占主導地位的國民意志。直到這時他才堅定地向前邁步；直到這時他才以不遜於任何協約國政治家的言辭重申協約國的目標；直到這時他才向美國

人民宣告，依據他的判斷，世界正義以及他們的生命和物質利益所面臨的危險。

德國的戰爭領導人無視其行為的後果，最終走投無路。1917年1月31日，德國通知美國將開始無限制潛艇戰。1917年2月3日，美國向德國駐華盛頓大使發出出境護照，並召回駐柏林代表，總統向國會宣布與德國斷絕外交關係。威爾遜總統採取了進一步的措施。他不相信德國在宣布其意圖後不會採取「公開的行動」。1917年2月26日，由於擔心德國的襲擊，美國航運受阻，總統因此要求國會授權武裝美國商船。同日，一艘美國船被擊沉，8名美國人溺亡。同時，英國情報局確認，德國外相阿爾弗雷德·齊默爾曼已指示駐墨西哥的德國公使，在德、美交戰時與墨西哥結盟，並以德克薩斯、亞利桑那和新墨西哥的美國領土為誘餌。這份文件還討論了拉攏日本對抗美國的可能性。1917年3月1日，美國政府公布了這份文件。1917年3月，共有4艘美國船隻被擊沉，12名美國人喪生。1917年4月1日，「阿茲特克」號被擊沉，28名美國人溺水身亡；1917年4月2日，威爾遜總統在國會授權下宣布，美國與德國進入戰爭狀態。

總統被逼入絕境，走投無路。他違背了自己最珍視的期望、最深刻的懷疑和最根深蒂固的意願。在經歷了30個月的大屠殺後，他所做的一切努力都化為烏有，他不得不發出他所恐懼和厭惡的訊號。他始終處於美國人民情感的真實主調之下。他們的政策背後有合理的解釋和大量的論據，而這些解釋與論據必須尊重一位力求使國家免受戰爭毀滅和恐怖的政治家的動機。然而，他1917年3月以後的言論與之前的方針無法調和。他1917年4月的行動本可以在1915年5月付諸實施。若果真如此，多少屠殺可以避免！多少痛苦可以免除！多少毀滅和災害可以避免；多少家庭今天不會留下空著的坐椅；勝敗雙方共同居住的這個破碎世界將會有多麼不同！

不管怎樣，現在一切已成定局。曾有人批評戰爭只是「一群醉漢的爭鬥」、「沒有勝利的和平」，1917年4月2日之後，這些刺痛人心的話語去

美國的介入

了哪裡？在騎兵衛隊的馬蹄聲中，總統來到參議院；他向國會和全人類宣讀諮文。他宣告伸張協約國正義目標的重要階段開始了。

各種船隻，無論懸掛何種國旗，無論標有何種標誌，無論載有何種貨物，無論駛向何處，無論肩負何種使命，都會被無情地送入海底。既無警告，也不考慮船上人員的救助或憐憫，無論是交戰國船隻還是友好中立國家的船隻，皆遭同樣命運。甚至連醫務船和為比利時戰亂中的人們運送救濟品的船隻，儘管後者持有德國政府頒發的安全通行證，並標有清晰的辨識標誌，也同樣被毫不留情地擊沉。世界和平與各國人民的自由陷入危險，和平與自由受到威脅，原因在於存在一個有組織的軍隊支持的獨裁政權，而軍隊完全受獨裁意志的控制，而非人民的意志。必須確保世界秩序對民主政治的安全性。人們必須意識到正義比和平更為珍貴，我們將為深植於我們心底的理想而戰——為了民主，為了人民在自己政府中的發言權，為了弱小民族的權利和自由，為了將和平與安全帶給所有民族，並最終實現自由與普遍正義而戰。

美國眾議院迅速回應了這一宣言，並於1917年4月6日決議正式宣告進入戰爭狀態：「為了在戰爭中取得勝利，美國國會特別承諾向國家提供所有資源。」

從大西洋沿岸到太平洋沿岸，這號召得到了廣泛的響應和服從。當義務兵役法這個嚴格的法律一經頒布，絕大多數美國人都堅決遵從並相互監督，而且迅速獲得了統一輿論的支持；沒有人能夠抵擋這股潮流。和平主義、冷漠和堅持異議在前進的道路上被清除，並在猛烈追擊下被消滅；逐漸累積、過去被壓抑的憤怒吼聲如今壓倒了一切不和諧的噪音，美利堅國民立即拿起了武器。

尼維爾將軍的試驗

在凡爾登戰役達到高潮之際，幾位注定要改變戰爭過程的新星在震耳欲聾的炮火中開始嶄露頭角。貝當麾下最為成功的指揮官是一位名叫羅貝爾·尼維爾（Robert Nivelle）的將軍；他原本是一名炮兵軍官，憑藉其英勇和出色的表現，從普通職位一路晉升為軍長。尼維爾的得力戰將是名叫夏勒·芒然（Charles Mangin）的將軍，有必要對這位將軍做一個簡要介紹。芒然原屬於法國殖民地軍，在摩洛哥和突尼西亞成名。1898 年，他曾率領馬尚德的前鋒部隊到達法紹達。在戰爭之初的幾天內，他在大部隊的前鋒作戰，在迪南和沙勒羅瓦建立殊勳。法軍最初屢戰屢敗，在無能軍官指揮下普遍潰散之時，芒然出任一個士氣低落的法軍師的師長，他下令將一個不稱職的軍官調離。曾任該師參謀部文書的一位年輕保皇黨人寫道：「芒然到此上任之後，我們這個活的廢墟實際上擁有了法軍最優秀的將軍之一。」芒然絕非徒具虛名。他那古銅色的臉龐，表情嚴峻，濃密而黑亮的頭髮豎立如戟，鷹隼般的面容，雙眼炯炯有神，牙齒潔白閃亮。他充滿朝氣，行動迅捷，性格暴烈，生活奢侈，氣焰囂張，貪婪無度——從各地甚至敵人那裡蒐羅來的 10 幾輛汽車，在這位上校旅長出行時排成長長的車隊。他對所有人冷酷無情，亦對自己毫不寬容，只要能從指揮部抽身，他便手持步槍，身先士卒衝向敵人；在電話中怒吼著向部屬下達毫不留情的命令，必要時也敢頂撞上司。歷經勝敗的芒然，享有英雄的美譽與屠夫的惡名——若從不同角度看——在凡爾登「鐵砧」上成為法國最凶猛的戰將。

春季，貝當將最關鍵的軍事任務交予尼維爾，尼維爾則主要命令芒然執行。經過 3 個月的戰鬥，1916 年 4 月貝當從凡爾登晉升為集團軍群司

尼維爾將軍的試驗

令，尼維爾接管戰事指揮，並將芒然一同帶走。

興登堡——魯登道夫體制最初的決策之一是終止對凡爾登的攻勢；自1916年8月底起，使皇太子感到欣慰的是，德軍在凡爾登堡壘前採取了完全防禦的姿態。在危急情況下，這個決策顯得明智，但也為法軍提供了機會。數月的激戰使德軍的防線形成了楔形。在實際作戰中，位於最前沿的杜奧蒙堡立即成為法軍首要且最重要的目標。德軍在凡爾登戰役中的失敗已成定局，沒有比法軍收復舉世聞名的杜奧蒙堡更令人矚目的了。這正是尼維爾和芒然下定決心實現的目標。

法軍進行了長期且徹底的戰備：除了常規火炮外，凡爾登守軍還增調了530門重炮，其中包括一個新組建的16英吋克勒索炮兵連。所有重炮均集中指向德軍陣地的突出部，攻擊防線的每15碼就有1門大炮。準備進攻的3個師達到了最高的戰鬥狀態，並在前線後方預定的進攻地點接受了1個多月的訓練。1916年10月中旬，法軍開始炮轟，猛烈的炮彈襲擊了德軍的防禦工事和組織系統，主要目標是德軍的炮隊。到1916年10月20日，近三分之一的德軍大炮失去了戰鬥力。1916年10月22日下午2時，法軍的轟擊火力突然延伸，射程增加，這一策略取得了成功。進攻的時刻已經到來，德軍一直隱藏的158門大炮開火，但也暴露了他們的陣地和防禦性彈幕系統。當實戰時刻來臨時，德軍158門大炮中僅有90門仍在射擊。

1916年10月24日前的3天，天氣晴朗。然而，當天濃霧籠罩了戰場。法軍司令部就是否推遲進攻進行了簡短的討論。芒然正確地評估：濃霧雖然會影響進攻，但同樣也會妨礙防守；他的觀點最終被採納。法軍祕密集結的大規模戰壕迫擊炮，這種新型武器，猛烈轟擊德軍戰線，德軍的戰壕被炸成彈坑，戰線就在彈坑之上。2小時後，法軍步兵鎮定自若、義無反顧地向敵人發起衝鋒。戰鬥在2個小時後全部結束。德軍的楔形突出部被攻破，三色旗再次飄揚在杜奧蒙堡上空，6,000名德軍戰俘被芒然俘

獲。德軍曾輕視地稱其為凡爾登「柱石」的這個地方被法軍重新奪回；凡爾登的名字已經作為德軍的重大挫折之一載入史冊。

然而，這場輝煌的區域性勝利中卻播下了難以忘懷的挫折種子，我們很快便能見證。

1917年，霞飛將軍的軍事行動計畫相當簡明，即在嚴冬中僅有短暫的間歇後，繼續展開索姆河戰役。計畫的核心是英、法聯軍合力削平德軍防線的凸出部。此時，重新部署軍隊至關重要；人員增調和協約國新大炮與彈藥計畫的落實亦迫在眉睫。新的戰鬥計畫定於1917年2月1日展開。英、法聯軍的北方集團軍群準備向正東方向發動進攻，英軍從維米到巴波姆，法軍則進攻索姆河與瓦茲河之間；與此同時，另一支法軍中央集團軍群將自蘭斯方向向北進攻。預計各路大軍激戰2週後，德軍即便不被擊潰也會被緊緊咬住，此時法國第5軍將在上級後備部隊的支援下突然插入，以解決戰鬥或擴大勝利。德軍將陷入巨大包圍圈，或處於大力夾擊中間，如果他們的戰線明顯退縮，他們將首先面臨大量人員被俘和物資損失的局面，如若不然，其戰線將出現巨大、難以彌合的裂口。

這些正是法軍總司令於1916年11月16日在尚蒂伊會議上向協約國的政治家和軍事指揮官們提出的建議，他在1916年11月27日的指示中進行了詳細的說明：「我決定，當英軍在巴波姆和維米之間展開類似軍事行動時，法軍將在索姆河與瓦茲河之間發起總攻，力圖突破敵人的防線。這次攻勢將為1917年2月1日開始的行動做好準備，具體日期將根據協約國的總體軍事形勢來確定。」

隨著故事的發展，我們將看到，自1917年2月初至整個2月分，英、法所發動的大規模軍事行動，原本意在讓德軍處於極其不利的時刻擊敗他們。在經歷了諸多令人遺憾的不幸和錯誤估計之後，也許霞飛最終能夠贏得無可爭議的榮譽，但這些可能性仍然籠罩在未知的迷霧中；因為就在此時，霞飛被調離了聯軍司令部，最高指揮權轉交他人。儘管凡爾登和索姆

尼維爾將軍的試驗

河的聲名被新聞界和宣傳機關大肆宣傳至全球最偏遠的角落,但巴黎的有識之士對這兩個戰役並不抱有幻想。凡爾登的榮譽屬於法國士兵,他們在卡斯泰爾諾、貝當、尼維爾和芒然等人的指揮下維護了法蘭西的榮耀。這場戰役對防禦體系的忽視,顯然可以追溯到總司令身上。他在1915年12月與加列尼的震驚通訊,已於1916年7月分在祕密會議上向內閣宣讀;儘管白里安曾經支持總司令,但他明確暗示,總司令的職位必須在適當時機重新評估。他強烈認為,在凡爾登戰役正酣之際,在總司令協同英軍對索姆河進攻剛剛開始時,在該戰役及其所有希望尚未得出結論之前撤銷他的職務,不符合法國利益。然而,現在索姆河戰役已經結束。其最後的交戰已經完成,儘管士兵們表現出高度的英雄主義和犧牲精神,但仍未取得決定性的成果。德軍防線雖然承受了巨大壓力,卻依舊保持不破。不僅如此,德軍在入侵羅馬尼亞戰役中派遣的一些部隊;實際上是從西線調遣過去的。羅馬尼亞已經徹底潰敗,當這駭人的一年在腥風血雨中結束時,德軍重新恢復了昔日的威嚴。現在是清算的時刻了。

每個大國在面臨危機時都有其獨特的行事方式。德國人依賴他們的皇帝——全能的上帝,他的言辭即為法律,但他們也為皇帝操心。不斷更替的德意志帝國統治者,以各種方式獲取帝國的神諭。我們英國也有自己的方法——這種方法或許比其他國家的方法更難向外國人解釋,整體而言較不完善、較不成熟且較笨拙,但它們能發揮作用。法國人也有他們的方式。研究法國人的戰爭政治,首先給人的印象是其政治的極端複雜性。涉及的人數眾多,他們之間的關係錯綜複雜,整個安排不斷變化,既迅速又順利,所有這一切使局外人在事件過程中感到困惑,事後追述起來感到厭煩。最令人印象深刻的是,類似一群蜂全都同時一起嗡嗡作響,但是每隻或幾乎所有的蜂都完全清楚為了蜂巢的實際利益必須做什麼。

此時的白里安首次認為,他找到了合適的霞飛繼任者。法國陸軍的3大領袖,戰爭前線的3匹戰馬,自大戰開始以來一直擔任集團軍或集團軍

群司令官 —— 福煦、卡斯泰爾諾和貝當 —— 此刻看來，似乎都有充分的理由被排除在外。關於卡斯泰爾諾，據社會主義左派稱，他的宗教思想過於濃厚。至於貝當，有人抱怨他對待來訪的議會委員和其他知名人士不夠殷勤有禮。據說，薩拉伊將軍於1915年8月與克列孟梭交談時提到貝當，說：「他不是我們之中的一員。」對此，那位莊重的老人回答道：「我不在乎那些，只要他能為我們贏得勝利。」但克列孟梭的騰達之日尚未到來，而薩拉伊的暗示在貝當所到之處都發生了敗壞名聲的作用。關於福煦，一種不知來源的負面宣傳四處傳播：「他的健康垮了，他的脾氣和神經都已經失控，他完了。」關於卡斯泰爾諾、貝當和福煦，就說這麼多。

然而，此刻一位新人物嶄露頭角。尼維爾憑藉充沛的精力指揮了後期凡爾登之戰並取得勝利，芒然遵照他的命令收復了著名的杜奧蒙堡。在當時的氛圍下，霞飛已決定讓尼維爾取代福煦。因此，眾多知名人士紛紛趕赴凡爾登，首次與這位新任陸軍總司令會面。他們感到自己面對的是一位謙遜且魅力非凡的軍官。讚美之詞如潮水般湧向巴黎。尼維爾將軍對他所接觸的眾多資深政界人士的吸引力是毋庸置疑的。白里安及其部長們，與內閣的代表們，就如幾個月後的勞合·喬治和英國戰時內閣一樣，很快對他留下了深刻印象。有了這些良好的印象，再加上其最近取得的無可爭議的軍事成就，在這個令人厭倦的時刻，選擇總司令的決定因素全都具備了。

1916年12月13日，霞飛被提拔為法國陸軍元帥，但同時也被解除總司令職務。皮埃爾弗從個人角度，以其精湛的文筆將這一幕描寫得婉轉動人。他既是霞飛將軍最嚴厲的批評家，又是最了解其事蹟的人；他對事件有最詳盡的了解，基於第一手觀察和研究進行細緻的描繪。因此，他對霞飛傳奇生涯的批評，比法國已公開的所有其他攻擊和揭露更具影響力。然而，皮埃爾弗頻頻運用細膩而富有人情味的筆觸，使霞飛的嚴肅形象煥發光彩。他描寫了在異常的2年裡，霞飛在尚蒂伊生活中的奇特場景。辦

尼維爾將軍的試驗

公室沒有地圖；辦公桌上沒有文件；總司令在閱讀和回覆來自世界各地表示欽佩的信件中度過漫長時光；他悠閒地處理例行公事；神態安詳，胃口極好且飲食規律；在炮聲中整夜安睡，「這就是這位偉人在戰爭高潮中的生活」。他提到霞飛面對敵人或政府帶來的困難時，常用手拍拍自己的大腦袋，以滑稽的口氣大聲說：「可憐的霞飛。」皮埃爾弗還講到他的侍從武官圖澤利耶上尉——一個在此期間廣為人知的人物，在總司令部各辦公桌之間敏捷地來回穿梭，所到之處人們都叫他「圖圖」。霞飛心情好時，總是稱他為「可愛的圖澤利耶」以示特別的讚賞。對歷史真正價值的了解，正是從這些小事細節中獲得的。然而，這個畫面正在褪色，乃至永遠消失。

新任元帥在普瓦雷別墅召集手下的主要軍官向他們告別，儀式充斥著悲傷的氛圍。所有到場的人想到將與這位長期指揮他們的傑出人物分別就感到痛苦；人人心中都為黯淡的未來感到焦慮。依照軍階有權享受3名勤務軍官的霞飛元帥問在場的人中誰希望陪伴他過退休生涯。只有侍從武官圖澤利耶主動地舉起了手。正當元帥顯得有些驚訝時，甘末林將軍輕聲對他說：「不要對那些想在事業上有所成就的人耿耿於懷。」當然霞飛從來不這樣耿耿於懷。當所有與會者離去之後，元帥向哺育如此眾多榮譽的房子看了最後一眼。然後他面帶微笑、友善地拍了一下忠心耿耿的圖澤利耶，用手撫摸他的頭，嘴裡說出他最愛說的話「可憐的霞飛——可愛的圖澤利耶。」

對尼維爾將軍的任命顯然是一個備受爭議的舉措。選擇一名職位較低的軍官擔任全國陸軍或艦隊的司令，無論其成就多麼顯著，總是存在巨大的風險。一位像尼維爾那樣僅僅擔任5個月集團軍司令的將軍，不僅接替霞飛，還優先於福煦、卡斯泰爾諾、貝當，這個決定只有在極其非凡的結果下才能被證明是正確的。對尼維爾將軍來說，他憑藉自己卓越的表現和真實的才能一步步躋身高級指揮層，這本身就是一種幸運。

此時，法軍參謀部在霞飛下臺後形成了新的戰術理念。以往「大炮征服陣地，步兵占領之」的原則在 1915 年和 1916 年取得了可喜的成效，然而略顯單調。如今這個原則在相當程度上已被摒棄，人們提倡更加大膽的進取精神。尼維爾於 1916 年 10 月 24 日在凡爾登的功績成為法軍參謀部的典範；這不僅奠定了尼維爾將軍的聲譽，也鞏固了他的堅定信念。這一點體現在他的所有通訊中。他及其主要手下軍官認為他們找到了一種迅速突破德軍防線的可靠方法；他進一步認為，這種方法應該在最大規模上運用。如果將此類進攻的規模擴大 10 至 15 倍，其優勢將成倍增長。正如法金漢在制定進攻凡爾登的計畫時心中念及戈爾利采──塔爾諾夫的勝利一樣，尼維爾一年後也將自己的希望和推理建立在他在杜奧蒙堡所取得的成功之上。

沒有人會低估取得 1916 年 10 月 24 日勝利的戰術價值。這些戰術是參戰將軍們在最激烈炮火中千錘百鍊的產物。然而，無論在戰爭中還是在其他領域，都無法斷定在小規模中卓有成效的方法在大規模中也會取得圓滿效果。隨著軍事行動的擴大，這些方法變得更加沉重緩慢，時間因素開始引發各種複雜反應，原本幾天可以準備好的事情現在可能需要數個月。祕密能夠保持幾天，但在幾個月中就容易洩密。致勝的關鍵在於突襲，但由於人員和大炮的增加，較難確保突襲成功。在尼維爾──芒然的戰術中和執行這些戰術的精神裡確有獲得決定性成功的要素；但方法的制定者不知道如何將這些方法運用於他們現在參與的大規模戰事；1917 年他們也不擁有必要的各種類型的兵力優勢。尼維爾所設想的戰術，卻留給魯登道夫於 1918 年 3 月 21 日去施行──他把大膽的行動與真正的價值感結合起來，進行長期準備而不過早洩密，對 50 個師組成的防線實施策略突襲。但是，由於環境不同也沒有許多相同的條件，所以不能進行這種比較。

1916 年 12 月 12 日，尼維爾被提升為總司令。1916 年 12 月 16 日，

尼維爾將軍的試驗

他到達尚蒂伊；當天，法軍最高司令部發布了一份關於凡爾登新進攻方法的備忘錄，以迎接新任首長。這份備忘錄在上個月由仍任總司令的霞飛起草。尼維爾將軍迅速採取行動，並以自己的言辭闡述了這一主題。1916年12月21日，他在致道格拉斯·黑格爵士的信中以及給自己集團軍群的指令中寫道：

法國和英國的軍隊應該致力於摧毀敵方的主要力量，而這一結果僅能在決戰後實現。

1916年12月24日，他向所轄集團軍群的司令官們發出進一步通知（傳送至英軍參謀部），並斷言：

在敵軍炮兵群後方的防線缺口，透過持續24至48小時的猛烈進攻，有可能予以突破並給以重創。

1917年1月29日，他對負責主攻任務的3個軍的總指揮米舍萊將軍強調：「進攻必須迅速。暴力與快速的特點，尤其在初期階段，是軍事突破的關鍵。」

這些口號是尼維爾將軍、他在凡爾登的戰友們，以及盡心盡責追隨他們的法軍總參謀部不斷指示和教導的典型。這些主張一週又一週地大量灌輸給他們的軍隊和協約國軍。

讀者們肯定還記得那位戰前時期的軍事學院院長、進攻戰術的倡導者德·格朗邁松上校，他每次都高喊「不惜犧牲迎著刺刀前進」等等口號。戰爭已經召喚他去見上帝。德·格朗邁松上校的遺體安息在墓中，早已腐爛——應讓所有人知道，這座墳墓中躺著的是一位勇敢的紳士，他熱切地獻身於祖國和自己的理論。他雖然倒下了，但他的理論在尼維爾將軍的參謀長達朗松心中找到了短暫的歇息。皮埃爾弗對這位在舞臺上悲劇性地曇花一現的軍官做了生動的描述：他身材高瘦，黑髮，膚色淺黃，面容憔悴，沉默寡言，表情嚴肅，內心充滿了壓抑的熱情——他是一個堅守自己信念和主張的人。尼維爾令人驚訝地迅速崛起，並將達朗松作為一顆隨

行的明星帶上了其軍旅生涯的巔峰。然而，有一點需要指出——他只能再活一年，因為他處於結核病晚期，知道自己時日無多，因此只有一次成功的機會。儘管時日無多，他仍有一要事要做，此舉可望贏得永久的榮耀。這樣的一種思想，對於一位特別需要實用常識和判斷力的參謀長來說是不利的。

命運之神剛剛將尼維爾將軍推到權力的巔峰，又迅速將他拋棄。自他接掌法軍指揮權以來，事事與他作對。儘管他成功激發了政治領袖們的熱情，軍界首腦們卻對他無動於衷；他與英國政府的關係甚至好過與本國政府的關係。他立即著手擴大霞飛深思熟慮的巨大軍事行動的範圍。在對德軍凸出部的全面進攻中，霞飛一直小心翼翼地避開英軍在 1914 年就非常熟悉的、令人畏懼的沿埃納河自蘇瓦松到克拉奧訥 30 公里的一段。尼維爾將軍下令對這段防線再次發動進攻，另一處攻擊在東面的莫龍維利耶。霞飛原計劃儘早進攻，即使這需要犧牲一定程度上的備戰。尼維爾不僅需要規模更大，而且他的準備必須更詳盡全面；為此他願意付出更多時間。霞飛領導下的法軍參謀部為他確定的目標是「力求開啟敵人部署的缺口」，而尼維爾則要求至少「摧毀敵軍的主力」。霞飛原打算以更大的規模在比較有利的條件下重開索姆河之戰，在數週期間發動 3、4 次對德軍戰線和軍力連續的大規模進攻。尼維爾主張突然全面猛攻的理論，要在 24 小時以內或最多在 48 小時內決定勝敗。霞飛本想在 2 月上旬發動攻擊，而尼維爾的擴大進攻需要延期到 4 月分。尼維爾更改霞飛計畫的主旨是使進攻規模更大、更加猛烈、更有決定性和時間較遲。

1916 年 12 月 20 日，尼維爾向道格拉斯・黑格爵士陳述自己的想法，並請他修改原計畫，將英軍右翼從布沙韋斯訥擴展至亞眠至魯瓦的公路。法軍與英軍司令部之間關於前線任務分配的討論，甚至爭論，在整個大戰期間持續不斷。討論的模式始終如一：法方強調其防線的長度，英方則強調其面對的德軍師團數量；雙方都提醒對方他們即將發動或需要支持的重

尼維爾將軍的試驗

要攻勢，以作為說服的理由。但這一次，黑格並不反對法軍司令部的要求。他支持在法國重新發動進攻，並準備在進攻的方向和範圍上同意尼維爾的觀點。此外，當法方表示願意承擔新攻勢的主力任務並請求所需的支持時，英方更無拒絕之理。因此，黑格於 1916 年 12 月 25 日致函尼維爾表示：「我原則上同意您的建議，並願竭盡全力在您提出的各條戰線上協助您。」他還從 1917 年 2 月 1 日起將英軍防線擴展至亞眠——聖康坦公路。儘管如此，黑格和英軍司令部對法軍執行尼維爾將軍雄心勃勃的計畫的能力表示極大懷疑。他們進一步關注法軍維持的北部省份鐵路狀況，該鐵路此時完全無法承擔英軍所需的重大軍事行動。因此，他們迫切要求改善交通狀況，並聲稱在這一實際問題未解決之前無法確定英軍進攻的日期。

在這些討論的過程中，重新進攻的建議及其改變方式的最早暗示於 1916 年 12 月 26 日傳送給英國戰時內閣。已在倫敦的里博先生聲稱，新任法軍總司令的構想是在廣闊的敵人防線突破寬闊的缺口，保留一支機動部隊在防線突破之後發動進攻。為達到這個目的，英軍必須將現有防線增加 30 至 40 公里。勞合·喬治先生起初反對法國再次發動攻勢，尤其反對像索姆河之戰一樣再次展開長期攻勢。在他擔任首相之前，在我們之間的所有談話中，我發現他贊同我對這個問題的總體看法。他掌權後做出的第一個努力便是要找到某種替代方案。在 1917 年 1 月初的羅馬會議上，勞合·喬治首相提出了向奧地利戰線發動大規模進攻的建議，主要由義大利軍隊在英、法大量炮兵集中火力的支持下進行。法方在尼維爾的影響下反對這個計畫，威廉·羅伯森爵士也不支持它，於是只好將該計畫提交至幾國參謀部研究。勞合·喬治首相自義大利乘火車歸國途中，在北方加萊等候，當時尼維爾將軍覲見他，並概括地闡明瞭自己的計畫。雙方都給對方留下了令人愉快的初步印象。尼維爾應邀於 1917 年 1 月 15 日去倫敦會見戰時英國內閣。他立即獲得成功。英國大臣們在會議上從未見過一位強而有力

地連貫論證自己主張的將軍，更未見過一位能夠直接聽懂英語的法國將軍。尼維爾不但言辭明白流暢，而且是講英語；因為他有一位英國母親。他解釋說，他的方法不是重新發動一場持久的索姆河戰役，而是一次短暫、突然、決定性的突破。自在法國北方省的加萊會面以來，勞合·喬治先生對這個新進攻計畫的抵制迅速消除，轉為熱情支持。黑格也在倫敦，他和羅伯森應召赴內閣委員會，於是起草了備忘錄，並由3位將軍簽字，正式批准不遲於1917年4月1日在西線重新發動進攻，英軍先行擴展防線。

至此，所有進展都非常順利，勞合·喬治首相在改變之前反對進攻的立場當時有了新的構想。他已經仔細規劃了建立聯合指揮部這一重要而簡單的計畫。與戰時內閣的其他成員相似，他也被尼維爾將軍的個性所吸引，並願意全力支持他。他認為，可以從這位法國將軍那裡獲得更卓越的軍事指揮。他還認為，這點更有理由，整個西線應該由1人統一指揮。正如勞合·喬治在戰爭後期附和尼維爾的觀點時所說，「並非1位將軍比另1位高明，而是1位將軍比2位將軍高明。」於是尼維爾帶著勞合·喬治首相事實上的承諾——黑格和英軍將置於他的指揮之下——返回尚蒂伊。這些重要的進展當時並未由勞合·喬治首相或戰時內閣通知羅伯森或黑格。

1917年1月分時，北方省鐵路的車輛短缺問題變得極為嚴重，以至於在英方多次強烈抗議後，1917年2月26日在加萊召開了一次會議。當時法方提出了一份在法國組建聯合總司令部的詳細計畫。該計畫規定在1位法國總司令領導下，設立由法、英軍官組成的參謀總部，並由1位英國參謀長領導。儘管名義上保留英軍總司令，但他僅履行副官長的職務，對軍事行動的決策沒有影響。英國將軍們立即表示反對，這個建議被擱置；作為替代方案，與會者起草了一項協議，將即將進行的戰事交由尼維爾將軍單獨指揮，英軍在此期間服從他的命令。對此，黑格和羅伯森——唯恐出現更糟糕局面——表示同意。

尼維爾將軍的試驗

這一事件——其本身就非比尋常——顯著地破壞了英、法兩軍司令部間的關係。在英軍高層看來，尼維爾一直試圖干涉國內政府事務，若不是取而代之，也要使其隸屬於他。英軍最高指揮部從一開始就對這位跳過所有最著名軍人獲得任命的新總司令感到幾分驚訝。現在更是增添了懷疑和不滿。當尼維爾利用新職位的權力，以命令的口吻要求黑格放棄英軍籌劃已久針對維米山脈的進攻，去支持進一步向阿拉斯以南進軍時，黑格拒絕服從。他向英國政府提出申訴，並「請求指示：戰時內閣是否希望英國遠征軍總司令受到一位外國年輕司令官如此對待。」氣氛異常緊張。最終達成了妥協，但英、法兩軍參謀部之間長期存在的友好合作關係，此時出現了顯著的衰退，尼維爾因造成這種不利後果而在法國軍界高層受到批評。

此時發生了一起出乎意料的事件：魯登道夫介入其中，德軍展開了行動。在危急關頭，德國這位傑出的軍事天才，披掛上陣。在興登堡的支持下，他的一次重擊便徹底推翻了尼維爾將軍的策略。至1917年2月底，德軍從阿拉斯到努瓦永的整個區域撤離。留下一支掩護部隊占領被放棄的陣地，並在那裡進行射擊和炮擊。德軍已從受威脅的突出部後撤50英哩，冷靜且謹慎地轉移到後來被稱為「興登堡防線」的新陣地。德軍參謀部將這個經過長期策劃的軍事行動命名為「阿爾貝里希」；「阿爾貝里希」是尼伯龍根傳說中一個居心叵測的矮人名字。德軍讓對手在索姆河彈坑纍纍的戰場上忍受嚴酷的環境，因為他們將所放棄的地區化為一片廢墟，遠遠超過戰爭中用斧、火所能達到的程度。

已有一段時間傳聞德軍正在撤退，這一動態首先被英國第5集團軍察覺。1917年2月24日，德軍炮擊我方戰壕的行動引起了英軍的警覺。英軍巡邏隊發現敵方戰壕已空無一人。當晚，第5集團軍發布作戰命令，稱「據信敵人正在撤退」。夜間，巨大的煙霧和火光昭示著敵人已毫不留情地撤退。1917年2月25日，據報導敵人在某些區域已後退18,000碼；1917

年2月28日，英國情報部門偵知德軍已撤至「興登堡防線」。

一位指揮官無論多麼專注於自己的策略思考，也必須同時考慮敵方的策略。霞飛的計畫是在1917年2月摧毀德軍的巨大突出部；這個計畫能否成功，無人能斷言。尼維爾的計畫則是在1917年4月以更大的兵力消滅這個突出部，但到了1917年3月，這個突出部已不復存在。尼維爾所部的5個集團軍中的3個，現在已被一大片荒地與目標隔開。所有的鐵路和公路，所有的彈藥儲備都遠離敵人的陣地，至少需要2個月才能運抵前線以進行新的戰鬥。剩下的2個集團軍除了對德軍舊防線的最堅固部位進行零星的正面攻擊外，別無其他任務可執行。

在此局勢下，尼維爾對他所領導的英軍下達的命令顯得相當耐人尋味。

總司令部

1917年3月6日

最高指揮官令

英軍第5集團軍面前的敵人退卻，形成了新的局勢，必須研究其對法、英軍隊聯合攻勢的影響。

迄今為止，德軍的撤退僅限於英軍第5集團軍前線。撤退可能擴展至索姆河及瓦茲河地區。然而，並無跡象顯示敵軍會在除後備軍團以外的貴部第3和第1集團軍的進攻防線採取類似行動。相反，根據所謂「興登堡防線」的部署，英軍與法軍戰區的主要攻勢方向是從側翼包抄敵人，然後從反方向發動攻擊。

因此，即便德軍的撤退演變為全面撤退，這對我方而言仍可能大有裨益；我的首要決策正是基於這一設想，而且這個決策不會從根本上改變既定的軍事行動總體計畫。特別要堅持我方發起攻擊的確定日期。

然而，必須承認，我方所有的軍事行動無法按計畫方式執行；因此，我將繼續觀察英國各軍和法國北方集團軍前線所採取的態勢。

尼維爾將軍的試驗

　　距離、人數、方向雖已改變，然指令依舊：原則不可動搖，計畫必須執行。

　　我們已經見識到尼維爾將軍所制定的計畫戰術特徵：進攻規模的宏大；對德軍突出部的合圍；對細節的詳盡研究使全體官兵領會；以及最後1項，也是最珍貴和至關重要的，殘酷且猛烈的突襲。在這4項特徵中，規模已經減半，合圍實際上被德軍的撤退所阻止；剩下的2項——細節和突襲——注定要相互衝突。

　　英軍與法軍在防線區域的大規模備戰情況，以及在相關地區向敵人發動進攻的計畫，從空中頻繁可見。從阿拉斯以南到蘇瓦松以南，近150公里的戰線，德軍清楚自退卻後他們不會受到攻擊；阿拉斯前方20公里地區和香檳地區約100公里的區域，仍是唯一的危險防線。在這些前線，敵人每日都能觀察到我方進攻部隊的集結。由於準確的情報和空中觀察，我方進攻的主要突破點將在哪裡發動的不確定性被進一步縮小。而且非常準確的情報很快便落入敵人手中。

　　為了讓全體官兵理解計畫的核心思想，尼維爾要求營長甚至連長都必須掌握計畫的全貌。尼維爾將軍下令在前線各部隊間傳閱各種重要文件。其中首份文件便是此前提到的，1916年12月16日簽發的關於進攻新原則的著名參謀部備忘錄。如此輕率地將這類文件傳至距敵僅100碼的前線部隊，迅速招致了惡果。1917年3月3日，德國皇太子的一個師在一次襲擊中繳獲了這份關鍵資訊。皇太子寫道：「這份備忘錄所包含的材料具有特殊的價值，它清楚地顯示，此次無疑是一場有限的進攻，但預計很快會發生一場大規模的突破性攻擊……最重要的是，備忘錄還揭示了進攻方策劃突襲的特點。它基於所謂的對我方觀察的事實：即我方的防禦大炮在對方進攻前的準備性大炮轟擊時，通常只進行微弱的回擊，因此，法軍決定不再浪費時間為進攻部隊，尤其是大炮，挖掘壕溝和修築工事。」……「馮·舒倫貝格伯爵……立即制定了合理的防禦應付措施，不僅要強而有

力地回擊敵方的準備性大炮轟擊，還要集中大炮火力摧毀一切察覺到的敵方進攻準備。我們大膽地設想，這個方法能夠非常有效地應付對方的突破，並拔掉敵軍第一次攻擊的尖刺，經驗表明這是最有力和最好的措施。」

整個1917年3月分，尼維爾將軍的突襲計畫一直是敵方注意的焦點。皇太子在1917年4月時寫道：「根據已獲得的大量情報，可以得出結論：預計敵軍不久將向阿戈訥以西的第7和第3集團軍以南防線發動重大攻擊。情報機構進一步證實了已繳獲的法軍進攻備忘錄所留下的印象……大炮的縱深延伸，彈藥的大量供應，在敵人第一道防線正前方集中布置無數炮兵陣地，炮兵陣地沒有堅固的防禦工事，用簡單的掩體遮蔽對方的視線，完全停止敵對行動……」他接著寫道：「1917年4月6日，由第10後備師在薩皮納發動的一場巧妙攻擊中，我們獲得了法國第5集團軍的一份進攻命令。進攻命令中詳細列出了法軍進攻單位的名稱。第5集團軍的目標是普魯韋──普羅維瑟──奧默南庫爾一線，準備從北方進行包圍運動奪取布里蒙陣地。這為我們提供了預期的法軍進攻方法的最新情報。掩蓋法軍攻勢意圖的最後一層面紗被撕掉了。」

此次，德軍在最詳盡的情報支持下籌備其防禦措施。軍隊指揮架構進行了調整。1917年2月間，當尼維爾的準備工作逐漸明朗時，德國皇太子的指揮範圍向東擴展，包括第7集團軍（隸屬魯普雷希特親王集團軍群），進而統一指揮即將遭受攻擊的整條德軍防線。1917年3月間，第7和第3集團軍之間新增了一個完整的集團軍──第1軍集團。皇太子的指揮部從斯特奈遷至沙勒維爾。整個1917年3月，他的增援部隊源源不斷地到來；機槍、大炮、作戰飛機、情報機構和工兵營大量湧向這條受威脅的防線。德軍從突出部撤退，縮短了防線，緩解了兵力緊張的狀況，使他們能夠集中更多兵力應付即將到來的法軍進攻。德軍晝夜不停，熱情而艱辛地在整個地區構築防禦工事。從蘇瓦松到蘭斯及更遠的陣地，或許是德軍防

尼維爾將軍的試驗

線上最堅固的部分。克拉奧訥高原、舍曼代達姆嶺漫長的丘陵、阿戈訥地區森林覆蓋的懸崖和山脊，全部用辛勞和熱情修築成了由戰壕和坑道組成的均勻結構的迷宮；裡面聚集了眾多戰鬥營和機槍，布滿縱橫交錯的鐵絲網。1917 年年初，只有 8 至 9 個德軍師駐守該防線，但到尼維爾完成其突襲計畫時，德軍陣地上已有不少於進攻方的 40 個師在等待他們的到來。

尼維爾將軍周圍出現了其他一些需要引起關注的事件。他是由法國政府選出的關鍵人物，政府的聲譽和存在在相當程度上與他緊密相連。總理白里安和陸軍部長利奧泰是他的支持者，這兩人無論如何都不能與他分離。沒有哪個繼任政府能夠承擔這樣的責任。人們開始改變對前任政府大力提拔的軍事領袖的看法。但突然之間，這個可靠的支持崩潰了。1917 年 3 月初，利奧泰將軍陷入了議會的困境。他突然辭職，而他的辭職又導致了白里安和整個政府的垮臺。新掌權者登上了政治舞臺，尼維爾與這些人之間只有敵對關係。在繼任的里博政府中，潘勒韋擔任陸軍部長。

保羅・潘勒韋是一位具有顯著知識分子特徵的人，熱衷於政治和數學，才華橫溢，是忠誠的左翼黨派成員，隨時準備遵循該黨提出的標準化構想，只要這些構想符合廣義上的公眾利益。在原白安里內閣中，潘勒韋曾擔任教育部長，負責可能應用於軍隊的發明研究。在這個職位上，他經常自由地訪問前線，不僅與大多數重要指揮官討論發明，還商談軍事計畫。他熟悉他們中的每一位，大多數將軍都欣賞他的敏銳智慧。潘勒韋認識貝當。這位將軍對議會委員會的議員們冷淡而不苟言笑，因此在權勢人士圈子裡不受歡迎。但潘勒韋欽佩貝當的獨立性格，或許貝當對這種賞識做出了回應，提名潘勒韋繼任霞飛職位者便是貝當。當白里安在 1916 年 10 月底重組內閣時，他是以對霞飛的徹底清算和任命尼維爾接替為改組的基礎。當內閣提名潘勒韋連任時，他拒絕留任，理由是他不同意對尼維爾的任命。他做出這一決定 —— 政界人物在戰時採取的一項嚴肅決定 —— 之後進入議會，不但受到左派的尊敬，而且幾乎受到普遍的致意。現在他

擔任了陸軍部長，是法國新政府中最重要的人物。這位部長不像白里安那樣把希望寄託在尼維爾的成功上。對於下屬，他固然是尊重的，但他還是公開地且預先地認為其前任對尼維爾的任命是一個錯誤。

然而，潘勒韋對尼維爾的反對並不僅僅局限於個人層面。潘勒韋以及他所代表的政治勢力公開反對西線的大規模反攻。他贊同貝當的觀點：法國不應為戰爭耗盡血液，法軍士兵的生命必須得到珍視；當時在該戰區不存在取得突破的機會；逐步奪取有限的目標是唯一可望得到的回報；設定不太高的目標並減少法軍士兵傷亡應成為當前軍事政策的主要原則。尼維爾則持相反的立場：倡導最大規模的進攻，法軍作為先鋒；極度信任軍隊能夠取得決定性的勝利；打開德軍防線上的巨大缺口；大批機動部隊自缺口長驅直入；恢復機動作戰；將入侵者驅逐出法國領土。這些原則上的分歧並非純粹的學術探討。尼維爾正在積極籌劃法軍史上最為雄心勃勃的進攻；而身為陸軍部長的潘勒韋，必須為尼維爾可能採取的一切行動向議會和歷史負責。很難說這兩人之中誰處於更為艱難的境地。

假設潘勒韋按照自己的堅定信念行事，並在此事上證明了他的信念的正確性，那麼他本應撤銷尼維爾的職務，任命貝當為總司令——他信任貝當，並且他和他的政黨完全贊同貝當的總體軍事觀點。然而，各種實際的困難和諸多原因的考量，阻礙了他做出這些決定；如果他堅持這些決定，他的作為將使他享有盛名。可惜他迎合了潮流，在自己所處的局面中隨遇而安。他在習慣勢力和環境邏輯面前，在事態的沉悶趨勢消逝中屈服了——試問，身居要職者誰能不如此行事？他接受了尼維爾，並聽從了他那些已經向前推進得很遠的計畫。

所有的事實無情地湧向他，儘管各方的壓力日益增大，尼維爾將軍依然展現出驚人的韌性。1917年2月，他得知貝當的懷疑態度以及英軍司令部對他總體計畫的質疑。當德軍撤退的事實變得明顯時，他的親信——專門挑選來指揮主攻的米舍萊將軍——寫信指出，形勢已發生鉅變，並

尼維爾將軍的試驗

詢問在新的形勢下是否仍然明智地「運用快速推進」。1917年4月1日，尼維爾答覆道：「猛烈、殘酷和快速的特點必須保持。我的步兵將透過快速突襲第3層和第4層陣地取得突破。不應當有任何削弱進攻熱情的考慮。」儘管尼維爾已經接到敵人充分準備的警告，他也知道詳細計畫已落入敵人手中，但他仍然對突襲的優點讚不絕口。支持他的達朗松上校雙眼通紅，只有一年的壽命了。在他身邊的是令人敬畏的芒然，充滿火一樣的戰鬥熱情，堅信在進攻的第一天晚上他的騎兵將馳騁逐敵於拉昂平原。但是在其他地方，在部隊高層指揮部和參謀總部的各單位，充滿了懷疑和缺乏信心。

潘勒韋於1917年3月19日就任陸軍部長。眾所周知，進攻即將展開。「20日，」潘勒韋寫道：「甚至在我正式上任之前，我就從公眾的討論中得知，進攻計畫定於1917年4月8日展開，因此英軍將在1917年4月4日於阿拉斯發動攻勢。這些日期因天氣不佳而被一天天推遲，最終確定為1917年4月9日和16日。」1917年3月22日，陸軍部長首次會見總司令，潘勒韋告訴對方：大家都知道他與陸軍總司令的人選意見不一致，但那已經是過去的事，現在他可以得到他的全力支持。不過，潘勒韋進一步指出，原有的軍事行動計畫已經受到一系列重大事件的影響。德軍的撤退、俄國革命的爆發、美國即將對德宣戰。這些事件必然要求對計畫進行修改。他以政府的名義敦促將軍審時度勢，重新評估他的處境，不必拘泥於他以前的預期或公開表達的任何期望。「新的形勢需要用新的眼光去看待」。

尼維爾拒絕採納上述觀點；他的信念堅定不移。根據潘勒韋的說法，尼維爾將他的觀點闡述如下：德軍的撤退並未給他帶來困擾，這個行動使得解除沉重任務的法軍師團數量多於德軍師團數量。他無法規定敵人的行動以更符合自己的決定。由於攻擊面變窄，法軍右翼，包括在莫龍維利耶對面貝當所率集團軍群的一部分，能夠延伸予以彌補。敵人的防線將被突

破，幾乎可以說不會有什麼損失。至於克拉奧訥高原，「已是他的囊中之物」，他唯一的擔憂是德軍會望風而逃。敵人越是加固其防線，法軍的勝利就越會令人驚訝，只要進攻的強度不斷增加。或許在第 3 日追逐敵人 30 公里之後，我軍將士已於塞爾河畔歇口氣了；只是「大軍攻勢一旦啟動，恐難隨時遏止」云云。這就是尼維爾將軍的心態。

性質迥異的建議紛紛湧向新任陸軍部長。尼維爾最為信任的參謀部軍官們冒著丟官的風險，祕密寫信提出嚴肅合理的警告，稱如果已發布的命令得到執行，災難即將降臨。3 位集團軍群司令弗朗謝·德斯佩雷、貝當，乃至米舍萊，以尊敬而堅定的語氣表示，他們不認為突然猛烈突破敵人防線是可行的。3 位指揮官均意識到戰爭的主動權可能會落入敵人手中。貝當單獨提出了一個意義深遠的替代方案，即讓德軍進攻法軍，然後法軍以充分準備的反攻展開大規模反擊。

1917 年 4 月 3 日晚，潘勒韋在陸軍部召開了一次會議，總理、總司令及其他幾位部長悉數出席。他向尼維爾將軍指出主要下屬的疑慮。然而，尼維爾始終無所畏懼，對完全勝利充滿信心。攻占敵人前 2 層陣地所付出的代價微不足道。他們難道認為尼維爾不清楚，攻占第 3 層和第 4 層陣地必須從奪取第 1、2 層陣地開始嗎？他心裡非常清楚，良好的天氣對他的進攻方式至關重要。一切將在 24 小時內或最多 48 小時內見分曉。如果在此期限內無法突破，堅持將成為徒勞。他宣告：「我從未建議打一場索姆河式的戰役。」最後，他表示，如果與會者不信任他，那麼就讓他們任命一位繼任者。然而，部長們已被這種非凡的自信所折服，於是，尼維爾將軍散會時堅信，問題已經有了定論。

在此次辯論中，梅西米將軍的名字多次出現，且總是與果斷行動不論成敗的決定性行動相連繫。1911 年，我們見到他以陸軍部長的身分，向由將軍們組成的軍事法庭控告預言家米歇爾並撤銷其職務。1914 年 8 月 25 日，我們再次見到他時，他正處於權力的中心，協助霞飛將軍調遣至

尼維爾將軍的試驗

少3個軍保衛巴黎,而霞飛將軍曾建議宣布巴黎為「不設防城市」,放棄首都。數日之後,我們發現他在大戰之初極度混亂時期、法國政治令外國人困惑的雜亂無序中離開陸軍部;不過此前他曾認為應該保衛巴黎,調集了必要的軍隊,並指派加列尼取代他以前彈劾的米歇爾,擔當這個重大使命。此後他前往擔任某旅旅長,消失在戰爭的騷動和混亂中。直到2年半以後,即1917年4月5日,梅西米突然之間又冒了出來,將一封異乎尋常的信件交給里博先生。此信羅列了反對反攻的種種理由。雖然「能抓獲戰俘,繳獲槍炮,還能夠占領10或12公里的一片狹長土地;但付出的代價是殘酷的,而且不能取得戰略性結果。緊要的結論是,刻不容緩地下令將進攻推遲到天氣好轉之後。」他宣稱這些觀點「差不多是在米舍萊口授下」寫成,代表了「法軍大多數著名領導軍官」的信念。

然而,現在時間已經緊迫,各處的大規模準備工作正不遺餘力地進行。英國內閣已被爭取過來。英軍司令部也已被說服。經過極大努力取得了偉大盟友英國的合作;一旦取得合作,便能獲得十足可靠的力量。抵制反攻計畫,撤銷總司令的職務,不僅意味著政府和議會的危機,這對政府可能是致命的,而且還意味著將當年的整個作戰計畫一筆勾銷,這可能(雖不肯定)導致將主動權交給德軍的風險。因此,尼維爾和潘勒韋——他們的最大雄心最近幾乎同時得到滿足——兩人發現自己處於幻夢破滅者才能面臨的最為不幸的境地:總司令必須敢冒最大風險,同時在他背後有一位完全持懷疑態度的上司;陸軍部長必須為一位他不信任其能力的將軍所請求的軍事政策和他深信其為愚蠢的軍事政策的執行而引發的一場駭人屠殺承擔責任。這就是權力的壯觀!

我既不打算詳述法軍自1917年4月16日起的進攻過程,也不準備介紹英軍在阿拉斯戰役中攻克整個維米山脊的輝煌初步戰果,諸多驚心動魄的報導——無論是法文、英文還是德文——如今依舊存在。這裡只需提及法軍在不利的天氣條件下,憑藉一如既往的勇敢展開的進攻即可。

在攻擊的主要防線之一部，他們突破了德軍防禦縱深 3 公里；自 1917 年 4 月 16 日至 20 日，他們俘虜了 21,000 名敵軍，繳獲大炮 183 門；己方損失 100,000 人，未能取得任何戰略上的決定性勝利。實際上，文件被敵人繳獲後，只能重擬作戰計畫，尼維爾增加兵力進攻莫龍維利耶和蘇瓦松——克拉奧訥前線，才獲得突襲的成功。到了 1917 年 4 月 16 日夜，尼維爾的主要希望和信心都已破滅，因此，他在 1917 年 4 月 17 日重新發布的戰鬥命令不僅暗示了戰術的調整，還表明以更加穩健的策略目標取代了先前的策略。

戰鬥的後期在某些方面較之初期更加成功；法軍的損失與德軍相比，不再像霞飛進攻時那樣懸殊。事實上，在所有法軍的進攻中，尼維爾的進攻付出的代價，無論是實際數字，還是相對於德軍的損失，都是最小的。然而，這位將軍始終無法逃脫他樂觀宣言帶來的後果。他多次斷言，如果不在「24 小時或 48 小時內」立即並完全開啟缺口，繼續戰鬥將毫無意義。他還預言了這一缺口的許多細節條件。此前，幾乎所有人都對他的觀點表示懷疑；現在，所有的懷疑都變成了確鑿的事實。這場屠殺對畏縮的法國成年男子是悲慘的，但它被嚴重誇大了。部隊中爆發了騷亂，在首都掀起了一陣反對這位將軍的憤怒風暴。他將重大戰爭轉變為較為穩健的戰鬥的希望已經無人理睬。1917 年 4 月 29 日，貝當作為總參謀長成為法國內閣中指導整個軍事行動的顧問。

尼維爾攻勢失敗後，局勢變得異常複雜。眾所周知，英軍以強大氣勢成功完成了他們在總計畫中至關重要的任務。阿拉斯之戰的勝利，攻克了維米山脊，俘虜了 13,000 名敵軍，繳獲了 200 門大炮，沒有發生不必要的犧牲。黑格原本打算在攻占蒙希——勒普勒之後結束這些軍事行動，並儘早開始占領梅西納和帕尚達勒山脊，以清除海岸地區的敵人。然而，法國軍隊中以及巴黎的普遍形勢使他意識到，即使僅僅 1、2 週的鬆懈也可能帶來危險。然而，英軍的繼續進攻不僅代價慘重，且未獲任何實質性

尼維爾將軍的試驗

戰果。在初期階段，德軍就採用了一套新的防守策略：他們以少量兵力堅守前線壕溝系統，保持強大的預備隊隨時待命；並發起各自為戰的強力反攻，幾乎每戰都重新奪回英軍的初始戰果。

勞合·喬治首相因輕易接受尼維爾的攻勢計畫而陷入困境。他表示決心堅持到底，要求英軍毫不吝惜地投入消耗戰，必須全力促使法軍持續最大努力。因此，總司令部在關鍵時刻發現勞合·喬治是一個強而有力的支持者。不能脫離形勢評判他的行為，時局是悲劇性的：德國潛艇 1917 年 4 月擊沉的船隻超過以往紀錄，達到 800,000 噸。致命的統計曲線仍在上升，這在英國人的頭腦中至關重要。「讓陸軍戰鬥到最後時刻！」或者用費雪勳爵那帶有挑戰性的話說：「陸軍能在海軍被德國人打垮之前打贏戰爭嗎？」首相、總司令和威廉·羅伯森爵士共赴巴黎，在 1917 年 5 月 4 日和 5 日的會議上，勞合·喬治向里博、潘勒韋和貝當將軍發表了最有力的勸告，敦促他們繼續進行協約國間已通過的進攻。會議的全過程已由梅爾梅在其著作中詳述，公諸於世。此次會議過程構成了英、法關係及勞合·喬治先生一生中令人驚嘆的一章。

這位專橫的威爾士人在全體會議上對法國政府所作的要求，既不符合法軍參謀部的最終決定，也違背了當時的實際情況。事實上，戰鬥仍在繼續，並且在接下來的 2 週內，克拉奧訥和舍曼代達姆嶺被攻占。然而，就在巴黎會議召開的那一天，發生了一件令人不安的事件。一個奉命開赴前線的法軍師拒絕出發。儘管如此，軍官們成功地說服了士兵們執行任務，該師也不負眾望地投入了戰鬥。但這一事件只是即將到來的風暴前兆。

法軍士氣低落的情形迅速蔓延。由於對長官缺乏信任、慘重的損失以及失敗主義宣傳的活躍，整個軍隊的緊張氣氛一觸即發。譁變——其中有些性質極為危險——在 16 個各自獨立的軍中發生；某些精銳部隊也未能倖免。許多師建立了士兵會議。整團整團的法國士兵開赴巴黎，要求透過談判媾和並得到更多的省親假。約 15,000 名俄國步兵在革命前被派往

法國接受武器和裝備，這些士兵在自己國家的政治形勢影響下，就是否應該參加 1917 年 4 月 16 日的戰鬥進行投票，由多數票決定參戰。法國人無情地使用他們，導致近 6,000 人傷亡。倖存者公開背叛。他們宣言中的一句話顯示了一位宣傳高手的鼓動力。其控訴詞開頭寫道：「我們被告知，我們被送來法國是為支付賣給俄國軍火的。」直到使用持久的炮火對付這些叛軍之後，他們才屈服並被遣散。

　　法國民族的精神通過了這場危機的考驗。1917 年 5 月 15 日，尼維爾拒絕辭職後被解職，由貝當接任總司令。忠誠的部隊包圍了那些逃避責任的士兵；老國土保衛隊員們和家長們向憤怒的圍困人員求情。混亂被安撫或壓制下來。所有的一切都被籠罩在密不透風的祕密帷幕之中，因此儘管有數萬法國人涉及此事，但敵人沒有得到任何消息；無論透露給道格拉斯‧黑格爵士什麼資訊，都被他的參謀們深埋心底。貝當是最適合處理善後工作的那個人。在數個月內，他視察了法軍上百個師，所到之處向官兵發表演講，傾聽他們的疾苦和抱怨，放寬軍中的嚴厲待遇，增加士兵的假期，採取各種巧妙的轉移手法減少法國前線的戰鬥。到年底，他恢復了那支飽受痛苦考驗的光榮軍隊的士氣和紀律；透過 3 大可怕的戰役保持的歐洲自由，主要依靠這支軍隊的犧牲。

尼維爾將軍的試驗

在軍需部

1917年7月16日,首相邀請我加入新政府。他建議我可以選擇在軍需部工作,或者前往新成立的空軍部,條件是如果我選擇後者,他必須在下午之前重新安排政府人員。我立刻表示更願意去軍需部;我花了許多心思才做出這個決定,現記述如下:

翌晨,我的任命被宣布。這引發了那些一直以敵意看待我的人的抗議:保守黨聯盟全國聯合會委員會立即提出反對意見,一個有影響力的工會會員代表團也晉見黨的領導人表示強烈不滿。然而,勞合‧喬治先生已經以他一貫的耐心做了充分準備。諾思克利夫勳爵被派往美國進行解釋和安撫。愛德華‧卡森爵士和斯馬茨將軍都是熱心的支持者。曾在政府初組建時成功阻撓我進入政府的大臣們如今也不再堅持反對:有些人事先得到了安撫,其餘人也表示默許。一直是我朋友的博納‧勞爵士給他的代表團一個非常強硬的答覆。我以明顯多數重新當選為鄧迪區議員,並毫不遲疑地立即走馬上任。沒有時間制定詳細計畫,我便立刻開始製造武器。

軍需供應的內部狀況,乃至整個英國政府部門的結構,實際上已與20個月前我離開時大不相同,更不用說我擔任海軍大臣時的情形了。在大戰初期,甚至直到1915年底,英國的資源遠遠超過任何機構的可能需求。艦隊和陸軍所需的任何物資,只需及時並按足夠規模訂購即可。主要困難在於拓展眼界,以應付迄今無法想像的戰事規模。誇大成為一種美德。事實上,生產軍需供應品的數量過去幾乎需要或計劃加上1位零或2位零,才算是立功之舉。如今一切都變了。3年的戰爭幾乎耗盡了國家的全部力量。各種軍需生產已經大規模進行,全島儼然成為一座兵工廠。勞合‧喬治先生規劃的大型國營工廠剛剛開始運作。與工會關於減輕勞動強度的

在軍需部

初期糾紛已被克服；數十萬婦女正在製造彈殼和引信，其效率和品質甚至超過戰前的大多數技工。英國工業界最幹練的人才作為國家公務員雲集在軍需部所在的旅店。昔日軍需供應的涓涓細流，如今已匯成持續上漲的大河。

即便如此，前線激烈的戰事迅速且輕易地消耗了所有生產的物資。我們正面對迫切且顯然難以滿足的需求；如今我們的能力極限終於顯現。

在 1917 年秋季，我所面臨的軍需生產主要限制因素共有 4 項，分別是船舶（噸位）、鋼鐵、熟練勞動力和美元。由於美國加入協約國，美元的急迫性有所緩解。英國已經出售了價值 10 億英鎊的美國證券，而在此重大決策之前，我們已經為自身及協約國購買糧食和裝備承擔了沉重的債務。至 1917 年初，英國在大西洋彼岸的信貸幾乎已經耗盡，美元的急需狀況有所緩和，本來即將完全關閉的大門現在部分重新開啟了。然而，美元和加元購買力的限制依然制約著各項計畫的安排。

船舶的短缺問題極為嚴峻。由於德國潛艇所造成的損失、各地戰場陸軍的需求、糧食和英國貿易所需運輸的物資、協約國的需求，以及美國對海上運輸不斷增長的期望，所有軍需原材料需要進口，英國商船的運力已經到了極度緊張的地步。因此，在此期間，船舶噸位成為限制英國生產的一個重要因素。鋼鐵需求的緊迫性僅次於船舶噸位，並且是軍事力量的直接衡量標準。大英帝國的鋼產量幾乎翻了一番。和平時期不具經濟效益的礦山也開始積極生產。然而，英國主要依賴西班牙北海岸提供的鐵礦，這些鐵礦運輸船隻必須經過常常沉船的危險航線。此外，我們還用極為有限，從美國和加拿大借來的美元購買成品鋼材和各種半成品的彈殼鑄件。

軍需部的發展已經遠遠超出了其原本的編制。自從創始人勞合·喬治先生升任更高職位後，已經過去了 1 年。接任的 2 位天才部長蒙塔古先生和艾迪生博士應付了所有出現的需求，承擔了一個又一個的責任，設立了一個又一個的「署」和「科」，但基本上並未改變在初期憑藉經驗和無秩序

建立時所採用的核心組織形式。所有重大和許多次要的決策依然集中在部長本人。我發現，12,000 名官員分布在不下 50 個主要部門中，每個部門都有權直接與部長連繫，並要求他對非常複雜且相互關聯的問題迅速作出一系列決定。我立即著手拆解和重新分配這一個危險的權力集中現況。

依照新的制度，50 個部屬機構被合併為 10 個大組，每個大組由一名主管負責，且該主管直接向大臣匯報。這 10 個大組的負責人組成一個類似內閣的委員會。委員會成員肩負雙重職責：首先，管理他們所屬的大組；其次，關注整個軍需部門的整體運作。他們必須培養「委員會意識」，而不應局限於各自的專屬領域。每個大組以一個字母表示。「D」代表設計組，「G」代表槍炮組，「F」表示財務組，「P」表示自動推進武器組，「X」表示炸藥組，等等。透過不同方式組合這些字母，可以組成適合處理任何特定議題的委員會，而整體運作則由合作或「控制」委員會牢牢掌握。委員會成員中的「業務精通者」由文官人員中的堅強骨幹協助工作，為此我從海軍部調來了老朋友威廉·格雷厄姆·格林爵士和馬斯特頓·史密斯先生。於是，我們立即開始展現首創精神、幹勁、能力和實際經驗的競爭；再加上高標準的要求、高效處理日常事務和辦事方法，這些都是文職官員的特長。

效果立竿見影。我不再被堆積如山的公文所困擾。我手下的 10 名委員，每個人都能在其負責的領域內做出最終的重大決策。委員會的每日例會確保了各委員之間的緊密連繫，並使他們熟悉軍需供應部的總體計畫；與此同時，委員會制度使得某些特殊問題得以迅速解決。一旦整個組織開始運作，就不再需要進行任何調整。我無需披荊斬棘，只需輕鬆地騎在一頭大象上；象鼻可以同樣輕鬆地撿起一根小針或拔起一棵大樹；從象背上可以高瞻遠矚，一覽無遺。

我的職責主要是安排和調整任務，確定特殊供應的重點和優先次序，全面理解戰事計畫並開創具體專案。經過 5 個月的新制度實踐，我能夠

在軍需部

說：「實際上我總是不加修改地批准委員會的報告。」我記得幾乎很少改動，哪怕一個字。我從頭至尾全神貫注地審閱每份報告，稽核各項問題的決定，我知道，即使我本人親自對某問題進行2整天的研究，寫出的報告也比他們所提交的要遠為遜色。

在軍需部，我與前所未有的龐大且強而有力的工作團隊共事。部內匯聚了全國最精通業務的菁英，他們為共同的事業全力以赴，表現出無限的忠誠。主要成員大多是因戰爭需要而興起行業的業主，即使不是絕大多數，也占據相當比例。為了國家的軍需事業，他們完全放棄了作為私人承包商所能獲得的巨大財富。這些人效力國家，完全出於榮譽感。他們甘願看到同行中地位較低者累積財富，擴展事業規模。在為王國政府效力方面，他們之間也存在激烈的競爭；委員會委員的地位及其前景對他們具有吸引力。根據職位條例，所有權力集中在大臣一人手中；但實際上，委員會承擔著真正的集體責任。

道格拉斯‧黑格爵士在他1919年度的最後一篇公文中寫道：「至於物資，直至1916年仲夏，大炮供應狀況才接近於滿足進行重大戰事的需求。在整個索姆河之戰的過程中，大炮彈藥的消耗必須予以最大的關注。在1917年的歷次戰鬥中，彈藥充足；只是大炮供應狀況是不斷焦慮的原因。只有在1918年之後，才有可能展開炮戰，除了運輸問題之外，毋須做任何限量考慮。」

我在此詳盡地描述了軍需部委員會在供應領域取得的不凡成就，這並非為了爭功奪利。首先，這些成就應歸功於勞合‧喬治先生，是他招募了大多數能力出眾的軍需部成員，他創辦國營工廠的遠見卓識為後來的生產奠定了基礎。功勞還應歸屬於那些具體從事工作的人員，他們在初創階段奠定了軍工生產的基礎；全國軍民永遠感謝他們忠誠、聰明、勤奮的創造和努力。

當我重返政府之際，英軍正處在一場新的大規模攻勢前夕。經過長期

的籌備，對梅西納山脊的進攻於1917年6月7日如期展開並取得成功。道格拉斯・黑格爵士的後續計畫是從伊普爾進攻奧斯坦德。這實際上是1914年時對約翰・弗倫奇爵士極具吸引力的清除沿海敵軍構想的再現，只是規模更大，方法有所不同。英軍在凱默爾山和比利時戰線之間集結了40個師。彈藥堆積如山，大炮數量空前地集中以支援進攻。英軍司令部對成功充滿信心，他們也一如既往地得到了威廉・羅伯森爵士和陸軍參謀部的強力支持。另一方面，英軍所面對的敵軍陣地極其堅固，敵人準備充分。德軍運用了所有的科學力量和才能，在起伏的帕森達勒 —— 克萊爾肯山脊上築起了防禦工事。地面布滿了鋼筋混凝土碉堡，不久便在被稱為「藥丸盒」的機槍掩體上架滿了機槍，外邊有帶刺鐵絲網，最猛烈的炮轟也難以穿透。敵人防線後的鐵路交通與英軍相比，如果說不占優勢，至少也是旗鼓相當。1個德國集團軍已在魯普雷希特親王的指揮下集結，其兵力是守住陣地所需兵力的3倍；更替和替換疲憊部隊的各項措施都經過仔細研究。荷蘭境內的鐵路線源源不斷地輸送水泥和碎石，層層防線的建設仍在精心進行。

　　除了寄希望於決定性的勝利之外（離英軍戰線越遠，越不知情；對決定性勝利的希望成了情報部的絕對信心時，對決定性勝利的希望就越迫切），總司令部還列舉2點理由作為重新提出嚴峻的兵員需求根據。第一，尼維爾將軍的1917年4月攻勢失敗以後，法軍處於衰竭休眠狀況；第二，為了削弱德國潛艇戰或使之癱瘓，攻占奧斯坦德和澤布呂赫尤為重要。第一條理由言過其實。法軍無疑在盡可能地保全自己的實力，但傷亡統計表顯示，1917年法軍使德軍遭受的損失幾乎與英軍使德軍遭受的損失相等。削弱德國潛艇戰的理由是完全荒謬的。奧斯坦德和澤布呂赫對於德國開展的潛艇戰價值，誤導了黑格及其參謀部，其嚴重責任在於英國海軍部。這2個港口固然是便於德國潛艇出沒於英吉利海峽的前哨基地，但它們對潛艇戰來說絕非必不可少。潛艇完全有能力繞過不列顛島嶼，且出航

在軍需部

一次可以在海上逗留一整個月,他們從設於易北河、威悉河和埃姆斯灣的本土基地啟航,幾乎與從遭受重創的比利時前哨港口出發一樣容易。德國整個潛艇戰是以德國本土軍港為基地的,從來沒有依靠任何別的地方。事實上,在1918年5月,即奧斯坦德和澤布呂赫均被我海軍封鎖後的那個月,德國潛艇擊沉我方船隻的數量實際比公開宣布艦艇戰和潛艇非常活躍的前一月還有所增長。無論這一錯誤論據對黑格——羅伯森發動一場新攻勢的決定產生什麼影響,它肯定會起削弱首相和戰時內閣反對意見的作用。它似乎將軍隊整體投入了反潛艇的戰鬥。它混淆了問題,它模糊了討論的意見,它麻痺了疑慮,它壓倒了謹慎的決定,為悲慘、無效而不平等地虛擲勇士的生命掃清道路。

在東南戰場對土耳其的戰爭中,英軍採取了代價高昂且極為艱難的策略。熱馬爾帕夏率領的土耳其軍隊駐守在加薩,憑藉沙漠與海岸之間的深溝高壘,成功抵擋了由艾倫比指揮的英軍。這支英軍從埃及出發,沿鐵路和水管線,歷經千辛萬苦才抵達前線。這個障礙在次年才得以克服。然而,同時派遣一支部隊在土耳其軍隊後方登陸的明顯優勢策略,被威廉·羅伯森爵士認為過於危險且不切實際,因而拒絕考慮。

如我先前提及,在我重新加入政府之前,勞合·喬治首相常與我無拘無束地討論戰爭局勢。我一上任,他便讓我了解一切細節。在他與尼維爾將軍的「夢遊」和幻覺消失後,他回到讀者所熟悉的立場,即反對在沒有必要優勢或手段的情況下在西線發起進攻。德國潛艇擊沉我方艦船的高峰似乎已經過去。如果對陸上的期望被欺騙,那麼對海上的擔憂也是無稽之談。勞合·喬治先生現在滿足於在主要戰場上等待美軍的到來。他希望道格拉斯·黑格爵士在當年剩餘時間裡保持積極防禦並養精蓄銳。與此同時,若英、法兩國在巴勒斯坦行動並支援義大利,可能對土耳其和奧地利的作戰產生重大影響,且無嚴重傷亡。起初,戰時內閣大多數成員持有這些總體觀點。但在正確思想與正確行動之間存在鴻溝。威廉·羅伯森爵士

及其下屬的陸軍部參謀部，持續強烈要求立即採取進一步的軍事行動。他們的堅定立場在內閣中贏得了幾位支持者。整個1917年6月一直在討論，最終勞合·喬治首相覺得沒有足夠力量對抗黑格──羅伯森聯盟，他以充滿忿恨的宿命論態度屈服了。支持義大利的計畫被放棄，到1917年7月第3週，羅伯森從內閣獲得並向黑格傳達了「全心全意」支持帕森達勒進攻戰的保證。等到我得知真相時，為時已晚，決定已經做出。我唯一的希望就是控制其後果。1917年7月22日，我提出了以下建議：

邱吉爾致首相先生

非常感謝您讓我看到這些極為重要的文件，現隨函將文件一併奉還。總體而言，我贊同斯馬茨的觀點。然而，我和您一樣，對必須在重啟西線進攻的軍事需求上做出妥協感到遺憾。兩軍勢均力敵；若有差異，德軍實力更強，他們擁有更多的後備力量和充足的彈藥。敵方防線層層設防，具備各種充沛的資源與設施，再加上地形上的巨大天然障礙，構成了難以踰越的挑戰。現已接近7月底，即使贏得幾場如梅西納般的勝利，到年底西線的局勢也不會有顯著變化。

然而，顯而易見的是，任何人皆無法阻擋這一既定決策的嘗試。當前的首要任務是將成功與「重大結果」劃定界限，以便在初步攻勢後能夠重新審視並作出新的決定。在我看來，這個界限應包括3項條件：設立目標；限定可接受的傷亡範圍；以及第三（同樣重要），在每2次攻擊之間需要有間隔時間。如此一來，依據前述2個預設指標，就能在（例如經過6週的戰鬥後），判斷在嚴冬來臨前是否真正有望取得「重大結果」。

關於東線，情況的真相引起了我們的注意。應該從薩洛尼卡前線調動英軍或英、法聯軍6個師的兵力，部署在熱馬爾所率部隊的後方。此舉將迫使該部隊投降，使得在敘利亞和巴勒斯坦的所有協約國軍隊，包括艾倫比的部隊，有望在翌年春季騰出手來，前往義大利或法國參戰。

在軍需部

勞合·喬治首相竟然打算將駐巴勒斯坦英軍的指揮權交給斯馬茨將軍。經過深思熟慮，斯馬茨答覆說，他願意接受此項任務，但有一個條件，即應允許他派充足的部隊登陸以切斷土耳其軍的交通。考慮到這個方案尚有障礙，他謝絕了上述指揮權。隨後另一位軍事領導人艾倫比被物色到來擔任這個職務，此人的品格和能力，在沒有大規模水陸兩棲軍事行動援助下，足以擔當驅逐並最終摧毀土耳其在敘利亞軍隊的任務。隨著對艾倫比的任命，巴勒斯坦的整個形勢迅速改觀。儘管他反覆要求希望得到無法給予的增援，審慎地申訴他面臨的困難，艾倫比還是以小股部隊成功地採取了一系列巧妙的聯合行動，以出色的計謀打敗由熱馬爾率領的、法金漢充當顧問的土耳其軍隊。1917年10月最後1周在佯攻加薩的同時，他以2個步兵師進行突擊，用騎兵與駱駝騎兵做大迴旋運動猛攻貝爾謝巴。就這樣攻占敵軍的沙漠一側，他連續向東一次比一次猛烈地進攻築有堅固工事的土耳其軍防線。1917年11月6日英軍奪取加薩，10,000名土軍被俘，至少斃傷相同數量的土軍；強而有力的追擊攻占了為英軍進一步提供軍需的雅法港。由此英軍占有了沿海區域、一個新基地和另一條較短的交通線，艾倫比揮師北進直指耶路撒冷，繼續驅趕土耳其第7和第8集團軍，並危及第4集團軍的最終退路。1917年12月8日，土耳其軍在400年的腐敗占領後放棄了耶路撒冷，英軍總司令在當地居民的歡呼聲中進入該城。他在這個相當奧妙的形勢下度過了冬天。他整編部隊；明智地鼓勵阿拉伯人起義，起義隊伍以勞倫斯驚人的品格為中心發展起來；更大的行動準備在春季展開。他率領不超過150,000人的兵力，將德國人指揮的170,000人土耳其部隊逐出了在普萊夫納斯耗費數年艱辛勞動構築的堅固陣地，並使敵人在人員、槍炮和領土方面都遭受嚴重損失。

對於這些損失微乎其微、戰果輝煌的軍事行動，任何讚美都不為過，它們永遠是靈活機動戰術的典範。然而，這些行動的結果並未使整體問題變得更加清晰。恰恰相反，由於涉及到一個無法影響主要戰場勝負但具有

競爭性利益的問題，整體情況變得更加複雜。隨著遠征軍不斷邁向巴勒斯坦，人員和武器彈藥的運輸工具嚴重短缺，必須採取更迅速、更大規模的行動來加以改善。在此期間，正如在整個戰爭過程中一樣，牽制土耳其的真正標準是攻擊應該迅速且具有決定性意義。在遠離主戰場的地方進行持久戰，無論像在薩洛尼卡那樣的軟弱無力，還是如同艾倫比在巴勒斯坦那樣的攻勢凌厲，都不符合遠見卓識的戰爭策略。但相對之下，應在短時間內冒較大風險，這樣做不僅更為安全，而且人員和物資的代價也會小得多。

　　控制海域的優勢不應被忽視。當艾倫比在加沙薩圍困土耳其軍隊時，如果在海法或其他地方對敵軍後方海岸發動一場策劃已久的突襲，並且在1917年9月分由6至8個師的新部隊切斷敵人賴以生存的唯一鐵路，那麼敘利亞的戰爭會立即結束。軍需物資的東流本可自1918年2月起停止；全部駐巴勒斯坦的英軍便可調往法國應付那裡的巨大危險。然而，在巴勒斯坦如同此前在加里波利一樣，東線和西線兩派的思想衝突，使得內聚力渙散，產生了無效的折中方案。如果將足夠的軍隊派往東線，那會導致危險的兵力分散，而且從未有一次得到迅速的結果。享有海軍強國這一無與倫比優勢的島國策略家們，在整個世界大戰期間竟然未能充分利用海軍進行進攻，這對子孫後代來說將是難以理解的。

　　在實戰中我們會發現，魯登道夫1918年的進攻，在短短一天之內就使艾倫比為春季戰役精心制定的全部計畫化為烏有。超過60個戰鬥營，以及許多炮隊被倉促調離巴勒斯坦，以應付1918年3月21日的炮火威脅；在2個印度師於1917年8月從美索不達米亞抵達之前，其元氣大傷的部隊一直處於極其危險的境地。然而，在如此困境中，他竟巧妙地攻占了德拉、大馬士革和阿勒頗，並在停戰前徹底摧毀了土耳其在敘利亞的軍事和非軍事勢力的殘餘；這是戰爭中最引人注目的成就之一。

　　與此同時，英軍對帕森達勒的攻勢出現了其黯淡的前景。猛烈的炮火將地面變成焦土，同時摧毀了德軍的戰壕和排水系統。憑藉崇高的獻身精

在軍需部

神和慘重的損失，英軍在德軍防線上撕開了幾處微小的缺口。6週裡，我軍推進的最遠距離為4英哩。不久，瓢潑大雨從天而降，彈坑遍布的廣大戰場變成令人窒息的惡臭泥漿，人、畜和坦克在泥濘中掙扎並無望地消亡。幾條可以穿越這片泥沼的小路遭到炮火的持續轟擊，運輸車隊堅忍不拔地徹夜通過這些小路。十分艱難地向唯一保存在通道上的英軍野戰炮和中程炮提供彈藥，如此也導致運輸工具大量聚集在通道邊上，因此不可能有任何隱蔽，德軍的反擊炮火造成了我方炮兵和大炮的嚴重損失，並殺死了幾乎所有牽引大炮的馬匹。

儘管未能攻占陣地令人失望，但關於德軍遭受巨大傷亡的傳聞卻令人感到寬慰。切不可低估我方對敵人造成的損失和壓力。這一點有魯登道夫承認的事實為證。這種猛烈的連續攻擊動搖了敵人的基礎。然而，德軍的損失規模總是要小得多，他們通常只投入極少數部隊進行激戰，始終以損失1人來消滅2人，每失去一寸土地都讓對方付出高昂的代價。

1917年10月，勞合·喬治首相加大力度以期結束這場戰爭。他甚至邀請亨利·威爾遜爵士和弗倫奇勳爵加入討論圈，擔任獨立於參謀部的內閣「技術顧問」。我們天真地允許這一消息由羅伯森親自宣布。我們獲悉，弗倫奇勳爵在其26頁的文章中用24頁的篇幅猛烈批評黑格——羅伯森的策略戰術。隨後，弗倫奇建議我們應採取全面防禦的策略，只進行那些有助於有效防禦的行動；等待美國兵力的到來，並透過嚴苛的經濟戰來削弱敵人。在與外界顧問的正式磋商中，勞合·喬治首相顯然希望帝國參謀長辭職。然而，這一要求並未立即提出，內閣也未準備好正式提議，導致了信任危機。

法蘭德斯的戰爭仍在繼續進行。新的步兵師源源不斷地替換那些受到重創的部隊。大雨滂沱、泥濘漫漫，但總司令的意志力和軍隊的紀律依然是無可挑剔的。在付出無法估量的犧牲之後，英軍攻克了帕森達勒。但在遠處，在更遠處，克萊爾肯的碉堡群依然完好無損，不可接近地聳立著。

1917 年 8 月過去了，9 月過去了，10 月也遠遠過去了。法蘭德斯的隆冬無以復加的嚴峻形勢緊緊籠罩著恐怖的戰場。人流不停地從伊普爾的梅嫩山口湧出。儘管大炮射擊得很快，大炮後面的彈藥補給得更快。甚至在 1917 年 10 月，英軍參謀部仍在計劃並發動進攻，且堅信能達到取得決定性勝利的目標。直到 1917 年 11 月底他們才承認最終的失敗。

不能說「軍人們」——也就是參謀部——沒有自作主張。他們將前景黯淡的實驗做到最後。他們從英國得到了想要的一切。他們把英軍的人員和大炮同時消耗到了毀滅的邊緣。他們是在不顧最直截了當的警告、不顧連自己也無法解答的論據的情況下這樣做的。道格拉斯·黑格爵士根據堅強信念行事；而威廉·羅伯森爵士則嚴重地隨波逐流。他擔有主要責任，並引咎地說：「我不僅是一名顧問，我身為全體英國陸軍的專職長官，正如黑格是駐法英軍司令一樣。全軍期待於我，整個帝國期待於我，我應盡力不去要求他們做不可能做到的事情，無論如何不能讓他們處於不必要的不利地位。」1917 年 6 月 23 日，他再次表示：「在大力支持繼續實施一項令首相深感擔憂的計畫方面……我個人的責任……不可推卸。」最後（羅伯森 1917 年 9 月 27 日對黑格說）：「我的個人觀點您是了解的：除了西線，我一直在所有戰場上主張『防守』。但問題在於，現今俄國已經退出戰爭，如何證明這種策略是明智的？我承認，我堅持執行原計畫是因為我看不到更好的方案，也因為我的直覺驅使我堅持，而不是因為我有足夠有力的論據來支持我的決定。」用這些言辭來為近 40 萬人的犧牲進行辯護是令人髮指的。

與此同時，為了帕森達勒的緣故，人們卻忽視了義大利的後果，這個後果以任何人都無法預料的猛烈程度爆發出來。義大利的卡波雷托災難始於 1917 年 10 月 24 日。德軍 6 個師採取夜行軍迅速調至伊松佐河隱蔽在前線後面的深山峽谷中。這些部隊和馮·貝洛將軍的到來使大批奧地利軍增加活力。經山路發起的一次巧攻奪取了一處關鍵性的陣地；巨炮和毒氣

在軍需部

彈突然狂轟，繼之德軍率先從各重點並沿全線發起總攻擊，加上義大利防線內部失敗主義宣傳的影響，在 12 小時以內造成了卡多爾納將軍軍隊的決定性失敗。夜幕降臨時，100 多萬義大利軍隊全面撤退。大部分軍隊分崩離析。3 天裡，200,000 人被俘，1,800 門大炮被繳獲；長途跋涉的撤退尚未完成，沿皮亞韋河向西 80 英哩的義大利防線還來不及重建，80 多萬士兵已因死、傷、病、俘、逃亡而失蹤了，主要是脫離了部隊。這一驚人的災難需要由英國和法國立即予以全力補救。

在肯特郡的家中休息時，我接到了可靠的消息。勞合·喬治首相致電，要求我立即驅車前往沃爾頓·希思。他讓我看了電報，儘管措辭謹慎，但電報清楚地表明這是一場極其嚴重的失敗。就在我軍在帕森達勒戰鬥中付出巨大犧牲、法軍從尼維爾的攻勢及其不利後果中逐漸恢復之際，為義大利調遣大量軍隊的前景顯得非常不受歡迎。勞合·喬治首相以他一貫的適應能力做出了反應。幾天後，他啟程前往拉帕洛，預先建議在那裡與法、義兩國的政治和軍事首腦舉行會晤。這次，西線最成功和最有經驗的指揮官法約勒將軍和赫伯特·普盧默爵士率領的法軍 5 個師和英軍 5 個師，以最快速度通過阿爾卑斯山下的隧道，從 1917 年 11 月 10 日起出現在義大利前線。假如這些部隊早幾個月派遣，即使義大利協約國軍的攻勢未能取得重大成果，局勢也會朝著完全不同的方向發展。

義大利民族的偉大令人聯想到坎尼之戰後的輝煌時期。「失敗主義」在國民決心的熾烈之火中消失殆盡。儘管義大利遭受了巨大的損失，但自卡波雷托之戰以來，義大利所付出的努力遠遠超過了大戰初期。嚴厲的懲罰恢復了軍紀，熱情的後備隊和志工紛紛加入，各部隊重新補充了兵員。然而，這一切都需要時間，因此有幾個月的時間，義大利的命運仍然岌岌可危。必須考慮到這樣的情形：義大利北部可能完全被德軍蹂躪，義大利可能被迫退出戰爭，瑞士戰線的發展可能對法國產生重大影響。所幸「凡事皆有其極限」，無論多麼成功的攻勢也會因占領過多土地而削弱其初始的力量。

假如德國一開始就計劃從已經消失的俄國前線撤回 12 至 14 個師來增援其初次進攻，局勢又會如何？這是一個極具價值且值得軍事研究者長久思索的問題。然而，魯登道夫正在策劃一些更加宏大且雄心勃勃的計畫，而事後證明，這些計畫對他的國家是災難性的。策劃 1918 年的大規模德軍進攻成為他心頭的重擔。進攻義大利不過是「小事一樁」，或許相當於「波美拉尼亞的擲彈兵擲骰子」，但義大利絕不應忽視經典理論的指導，與這一強敵進行最終對決。然而，義大利作為一個擁有 4,000 萬人口的一流強國，如果在此時脫離協約國陣營，這將是一個比德國 1918 年 3 月 21 日的全部勝利更具深遠意義的事件。壓倒義大利並實現全面和平，仍然是同盟國最可靠的希望。對帕森達勒繼續施加壓力將影響德國軍事思想，這是英軍指揮部正確但不充分的主張。英軍用於進攻的資源幾乎不會枯竭，英軍有克服極端困難的能力，英國有不屈不撓的指揮官和無畏的軍隊，德軍防線屢遭摧毀，德國資源 —— 相當於我們的一半，但仍然驚人 —— 的耗竭，所有這些因素迫使魯登道夫將注意力完全集中在西線。但願上帝不要讓我們的犧牲 —— 總之沒有必要，也不成比例 —— 徒勞無益！

　　我必須請讀者拋開這些深奧的問題，回到我目前所描述的局勢。

　　當前的首要任務是法國和英國應盡全力重新武裝義大利。1917 年 11 月 8 日，我祕密赴巴黎會見盧舍爾和義大利軍備部長達洛利奧。這次會晤頗為不愉快；我們的資源所剩無幾，而需求卻極為迫切，義大利的短缺進一步加劇了供需之間的差距。在那些艱難的日子裡，各協約國因過度緊張而無法寬容面對戰場上的失敗。我們都經歷過這樣的情況 —— 用禮貌掩飾內心的輕蔑和同情，但怨恨依然難以消除。在此，我要向義大利軍備部長的尊嚴和冷靜的勇氣致敬，並讚賞他在如此形勢下贏得全體與會者尊敬的能力。

　　就在帕森達勒攻防戰在困境和屠殺中告終之際，康布雷對面的英軍戰區突然爆發了一場與以往戰爭性質完全不同的戰鬥，史無前例地成功運用

在軍需部

了確保突襲成功的機械化手段。博拉斯頓在報導中指出,這場戰鬥駁斥了「我們在法國的軍隊 1916 至 1917 年間領導方法落後,無才無能造成了巨大的人員傷亡」等等種拙劣言論。他認為,這次戰鬥是科學創新與勇敢戰術結合成天才軍事計畫的最佳範例。但這個計畫的思想、方法甚至武器,幾乎整整 2 年來都對英軍高層指揮部構成了巨大的壓力。康布雷的進攻計畫源於最初的坦克概念,正是為了這樣的進攻,人們才發明了坦克。

大量且日益增加的坦克已在英軍前線投入使用,其概念在 1916 年的索姆河戰役中已不慎暴露於敵人。在坦克兵團指揮部,坦克戰的初步戰術得到了全面發展。然而,坦克兵團一直未獲准將坦克投入全面作戰。它們僅被少量地用作步兵戰和炮戰的輔助手段;有人批評坦克在布滿彈坑的戰場上冒著德軍密集的炮火前進,或在帕森達勒的泥濘中無法動彈。坦克從未有機會考驗其設計和特殊戰鬥力,而這些戰鬥力正是它們被設計出來的原因,它們在這種戰鬥中能發揮巨大作用。

馬克西將軍率領的軍團在帕森達勒的小規模戰鬥中,透過正確地運用少量坦克取得了成功,這可能是坦克軍擺脫長期因英軍司令部錯誤決策所面臨困境的轉機。不論原因為何,事實是:「坦克軍參謀部經過近 3 個月的醞釀和準備的方案,終於獲得批准,執行日期定在 1917 年 11 月 20 日。」所有必要條件都已具備。坦克將在尚未被炮火摧毀的地面上,對尚未準備好迎擊的防線發起行動。最關鍵的是突襲!這次進攻將完全由坦克單獨進行。勇於承擔責任的朱利安·賓爵士指揮此軍,他下令:在坦克實際投入戰鬥之前,英軍大炮不得先行發射一彈,甚至不允許進行校準射擊。將第一次進攻的榮譽,在幾乎沒有風險的情況下,歸功於坦克部隊的炮戰方案,以彰顯該方案設計者的最高榮譽。

周密擬定的坦克作戰計畫目的在:「於數小時內在無炮火掩護的情況下穿透四層戰壕系統。」近 500 輛坦克已準備就緒。坦克軍司令埃爾斯將軍在特別命令中寫道:「明天,我們的坦克軍將迎來期待數月的機遇——

向前突擊，成為戰鬥的先鋒。」

坦克軍事歷史學家富勒上校指出：「此次進攻取得了令人驚訝的成功。坦克前進，步兵緊隨其後，敵人陷入極度恐慌，那些未能及時撤離戰場的敵軍幾乎毫無抵抗便舉手投降⋯⋯至1917年11月20日下午4時，坦克部隊已經創造了歷史上最驚人的戰鬥勝利，在戰術上取得了巨大成功。由於沒有後備部隊，因此無法進一步擴大戰果。」在1917年11月的一個短暫白晝裡，德軍戰壕系統的6英哩防線被突破；俘敵10,000人，繳獲大炮200門，而英軍損失不超過1,500人。這位參謀表示：「值得注意的是，協約國軍隊在西線的任何一次攻擊，在占領陣地和戰果上都沒有比此次康布雷戰役更為豐碩，儘管戰鬥的設計範圍有限。」

然而，若如其所言，為何之前未實施坦克戰？為何不在更大規模上運用它？我們並不期望英、法軍事領導人具備何等高超的才智，此時坦克的各種潛力已為所有研究坦克問題的人所熟知，我們僅希望偉大軍隊的可敬指揮官們具備遠見和理解能力。有理由質問，為什麼類似康布雷的戰鬥不能在一年前進行，或者更理想的是，為什麼沒有在1917年春季同時展開3、4起類似康布雷的戰鬥。如果同時在3、4處突破敵人防線，便有可能在50英哩的戰線上徹底擊潰敵人；那我軍就有可能全面推進並打破可怕的僵局。

然而，有人可能會質疑，這些斷言並未充分考慮到諸多實際困難，未考慮到經驗的緩慢累積，研究的無限精煉，以及必要的訓練和組織。比如說，到1917年春天能否製造出3,000輛坦克？能否從前線抽調坦克駕駛員？坦克兵能否在戰線後方、不與敵人接觸的情況下完成戰術訓練？能否保密？在戰線後方的大規模準備難道不會被敵人發現嗎？針對上述所有問題，我們的回答是：若總部人員拿出為準備戰爭 —— 包括舊式進攻 —— 所花費精力的十分之一，拿出為迫使政府批准這些進攻所使用影響力的二十分之一，拿出這些進攻中損失兵力的百分之一，就可以在1917年春季以前輕

在軍需部

鬆解決所有這些問題。至於德國人聽到這件事，例如，他們獲悉英軍正在後方模擬在戰壕大規模使用履帶式裝甲車進行實戰演習——他們知道了又能怎樣？魯登道夫在 1916 年 9 月得知關於坦克的消息這個並非傳聞而是無可懷疑的事實後，那又有什麼用處？回想起來令人感到既憂鬱又欣慰的是，如果說英、法軍隊司令部當時全是近視眼，那德國中最有能力的軍事家就是瞎子。事實上，這些高級軍事家都屬於同一學派。只不過黑格至少沿新的途徑走得更快、更遠，因此，儘管他猶豫不決和行動遲緩，但最終獲得了豐厚的回報。

就本章的總體論點而言，詳細探討康布雷戰役的各個方面是必要的。既然我批評 1915、1916 和 1917 年協約國軍隊發動的大規模攻勢為毫無必要、代價高昂且策劃失誤的軍事行動，那麼我必須回應一個問題：除此之外還能採取什麼措施呢？針對這一問題，我要指出康布雷坦克戰並回答：「應當如此進行。」應當有多種替代方案，坦克戰應當規模更大、策劃更周密；只要將軍們不再滿足於讓士兵們的胸膛去迎擊機槍子彈，考慮到當時的殘酷戰爭，本來就應該這麼做。

關於康布雷坦克戰，唯一需要補充的是，最初的成功遠遠超過第 3 集團軍參謀部的預期，也因此，英軍未能適當準備以擴大戰果。迅速前進的騎兵很快便遭遇狙擊手和機槍的阻擊，除首日戰果外無重大進展。德軍防線後的鐵路便於敵人迅速集中，在我軍勝利的 10 天內，德軍發動了強而有力的反攻，重新奪回大部分失地，並俘虜我軍 10,000 人，繳獲大炮 200 門。此次反攻中，敵人首次運用了少量優秀機槍手或戰壕迫擊炮手的「滲透」戰術，該戰術不久便被更大規模地使用。因此，康布雷的勝利鐘聲被認為過早敲響，使得英、法、義、俄和巴爾幹協約國前線在 1917 年以沮喪結束，我們僅從艾倫比進軍耶路撒冷的勝利中得到些許寬慰。

英國擊敗德國潛艇

　　通常認為，德軍在 1914 年對巴黎的進攻以及無限制的潛艇戰「幾乎獲得成功」。然而，這一觀點需要進一步分析，並且要區分陸戰與海戰的問題。觀看一場勢均力敵的足球賽的球迷，以及觀察一輛不知其確切重量的汽車經過一座無法測定其承受力的橋梁的工程師，無疑都體驗過類似的擔憂或激動。但兩者的過程截然不同。大規模陸戰如同一場高潮迭起、機會難測的足球賽。而車輛是否壓垮橋梁並非取決於機會，而是取決於車輛的重量和橋梁的承受力。當這兩者事先均為未知數時，擔憂是自然的。然而，一旦知道橋梁至少可承受 10 噸的壓力，而車輛的最大重量不超過 8 噸，則一切疑慮都是毫無根據的。車輛「幾乎」壓垮橋梁的說法是不正確的，因為從未存在這種可能。但在 1914 年，有許多事件中的任何一個都有可能使德軍占領巴黎。然而，當時大英帝國的航海資源始終優於德國的潛艇攻擊。此外，潛艇攻擊一定是漸進的，而我方的優勢資源肯定能得到充分的發展。

　　儘管如此，不列顛的水手——包括皇家海軍和商船船員——同樣發揮了不可或缺的作用，他們與德國潛艇之間的較量是最扣人心弦的歷史片段之一，公布的結果將世世代代被視為各民族命運的轉捩點。就規模和利害關係而言，這場戰鬥是最大的海上決戰。它幾乎完全是英國與德國之間的對決。奧地利的潛艇支援了德國；協約國的海軍——美國和日本的驅逐艦——盡全力協助了大不列顛。但在被擊沉的船隻噸位中，英國占了四分之三；德國在戰爭中損失的 182 艘潛艇中，有 175 艘是被英軍擊毀的。

　　英國海軍的高層指揮部，無論是在海上還是本土，都暴露出諸多缺陷。這些缺陷直接導致了艦隊司令德·羅貝克在達達尼爾海峽的強攻失敗，以

英國擊敗德國潛艇

及日德蘭海戰的流產。此外，這些缺陷也使得英國忽視了將戰鬥引入德國海灣的機會，進而在 1915 年和 1916 年間，為敵人提供了設計一種無人能預見的、規模龐大且潛力巨大的全新海上攻擊方式的機會。這種攻擊方式一旦成功，將會產生致命的後果。乍看之下，一切似乎都對攻擊者有利。200 艘德國潛艇，每艘都具備 3、4 週的作戰半徑和能力，能夠在 1 天之內用魚雷、炮火或炸彈擊沉 4、5 艘船隻；它們還能封鎖一個島嶼的進路，而在其附近海域，每週有數千艘商船出入。潛艇透過短暫露出海面的潛望鏡，可以隱蔽地發射魚雷。它們還能浮出水面，用火炮擊沉、焚燒或誘降一艘沒有防禦能力的船隻，然後消失在深不可測的茫茫大海之中，毫無痕跡。在分配給英軍艦艇的所有任務中，最令人頭痛的莫過於為巨大的海上運輸護航，以及在大海深處搜尋這種令人困惑的敵人。這實際上等同於在無限的三維空間中玩一場捉迷藏的遊戲。

如果事先對問題進行冷靜的分析，這個問題似乎難以解決。然而，隨著危險的增加，受威脅國家的意志力以及其軍人的勇氣、耐力和智謀也在增強。在最高層，由於首相的威望，所有的疑慮被壓制，所有的抱怨者沉默，所有的懷疑者被排除在行政機構之外。然而，經過對事實的嚴格調查後，任何官員的怨言不再成為長期爭論的話題。海軍水手和年輕軍官天生的大無畏精神、創新精神和航海技術等品格，在這場新的戰爭中得到了最佳的展示機會。然而，沒有商船船員百折不撓的精神則難以成事。全部防衛的基礎在於以下事實：多次遭受潛艇襲擊的商船船員毫不猶豫地重返險象環生的大海。有幾個月甚至有四分之一的船隻一出港便永不歸來，這多麼可怕，但從未因缺乏堅定的平民志工而延誤過任何一次航程。

若要讓讀者充分理解這種迄今為止人類經驗所未曾掌握的新型戰爭方式的諸多問題，必須先了解潛艇的基本結構。這種複雜的艦艇在水面航行時，由高功率的燃油引擎驅動，最高速度可達 16 至 17 節。潛入水下後，潛艇依靠蓄電池提供動力，在水面時可以用燃油引擎為蓄電池充電。蓄電

池在水下的最大時速約為 8 節，以全速航行時續航能力為 1 小時，而以經濟速度航行時則可持續 20 小時。潛艇下潛時，無需提供負浮力（即自身重量大於排開水的重量），只需注入足夠的水進入水櫃以達到噸浮力，然後透過壓低水平舵桿並依靠電動馬達前行，或降至所需深度。潛艇的結構堅固，能夠承受約 250 英呎深的水壓；超過此深度，外殼接縫處可能會出現滲漏。嚴重的鹽水滲透可能導致蓄電池中的氯氣逸出，導致艇員面臨窒息的危險。在超過 300 或 400 英呎的深度，潛艇將不可避免地被水壓摧毀，底艙破裂後迅速沉入海底。因此，深海中的潛艇只有在運動時才能保持在水下，且僅在蓄電池持續供電時才能維持運動。一旦蓄電池耗盡，潛艇必須浮出水面，在充電的數小時內處於無防禦能力的漂浮狀態。另一方面，在不超過 250 英呎的深海區域，潛艇只需提供負浮力即可下沉，並可在海底長時間停留，只要艇內自帶的空氣和氧氣罐能夠供艇員呼吸；這使得她能夠在水下停留至少 48 小時，在此期間還可以移動約 60 英哩。因此，使潛艇在水下停留超過 20 小時的能力僅限於淺海。最後，在小於 50 英呎的深度，潛艇幾乎無法進行。

潛艇的主要武器是魚雷；在與戰艦交戰時，潛艇別無他選。由於潛艇的外殼脆弱，它們在與水面裝甲艦進行炮戰時，需承受致命且懸殊的風險；一旦德國潛艇的外殼被炮彈穿透，即使不會立即沉沒，也會失去潛行能力。然而，當德國人決定用潛艇攻擊商船時，引發了不同的討論。商船數量龐大，因此魚雷並不適合作為決定性武器。魚雷成本高昂，生產技術困難且耗時；供應只能逐步增加；根據等級，一艘潛艇只能配備 8 至 20 枚魚雷。由於多數魚雷因各種原因無法命中目標，德國潛艇在一次巡航中對商船的破壞能力受到嚴重限制。因此，德國人首先在潛艇上配備大炮，以便在水面攻擊商船，或用炮火將其擊沉，或在商船投降後在甲板上放置炸彈將其炸沉。

德國潛艇憑藉其絕對優勢的水面航速來實施這些戰術；它們能夠辨識

不同類型的商船，區分敵對國與中立國的船隻；依照德國人的戰利品法則登船檢查；最後，給予商船船員時間乘坐救生艇逃生。

1915 年，當我負責海軍事務時，採取的首要對策是盡可能用強力火炮裝備英國商船，以遏制德國潛艇的水面攻擊。這樣一來，潛艇只能下潛，而一旦下潛，其速度會減慢，加之魚雷數量有限，進而提高了商船的逃生機率。這一觀點非常有說服力。不幸的是，起初幾乎沒有任何火炮可以供給商船或海岸巡邏艇。我們搜遍了全球和海軍部所有倉庫，尋找哪怕是陳舊或不同類型的火炮。到 1915 年春，有 100 艘海岸巡邏艇每艘裝備了 1 門 12 磅火炮。所有較為重要的出海船隻也都配備了武器。火炮短缺情況極其嚴重，在潛艇活動區以外的港口，出國船隻上的火炮必須轉移到回國船隻上，以便這些船隻能夠再次出航。儘管我的繼任者貝爾福先生盡了最大努力，火炮的供應仍然增長緩慢；因此直到 1916 年秋天，他才能夠開始為所有商船配備武器。在潛艇威脅重新以最嚴峻的形式出現之前，已經取得了顯著進展。

隨著英國商船逐漸武裝化，德國潛艇越來越依賴水下攻擊，進而面臨許多新的危險。潛艇在水下因視力受限，有時會錯把中立國船隻當成英國船隻攻擊，導致中立國船員溺亡，使德國陷入與其他大國糾紛的巨大風險。我們還依靠懸掛假國旗進一步迷惑和干擾敵人。因此，從很早階段起，德國潛艇就被迫在兩者之間做出選擇：要麼用魚雷進行水下攻擊，造成各種實際麻煩並引發深遠的外交後果；要麼在水面上進行炮戰，使潛艇面臨不成比例的危險。我們正是在這個階段發展了偽裝的獵潛船策略。許多船隻特地裝備魚雷發射管和隱藏在活動舷門後的大炮，這些船隻被派往商船航道，故意暴露於敵人的潛艇視線中。當德國潛艇希望節省魚雷而浮出水面用炮火攻擊偽裝的獵潛船時，一部分英國船員便登上救生艇，極力誘使德國潛艇逼近。一旦敵人進入關鍵射程，白旗升起，活門板掀開，由訓練有素的炮手操縱的致命大炮便向其開火。採用此法，1915 年和 1916

年我們摧毀了 11 艘德國潛艇，因而其餘潛艇更加緊張，不敢用炮火攻擊，只能越來越依賴魚雷。到 1917 年底，這一過程已告完成，因為德軍潛艇指揮官不願面對力量懸殊的炮戰，於是偽裝獵潛船的策略便告終，他們最後的犧牲品 U-88 於 1917 年 9 月沉沒。

1916 年間，德國人在各種策略和壓力下陷入兩難境地：要麼在炮戰或偽裝獵潛船的伏擊中損失大量潛艇，要麼冒著越來越大的觸犯中立國的風險，完全依賴魚雷攻擊。這種複雜且小心翼翼以求平衡的討論，在德國海軍與文官政府之間引發了嚴重的緊張關係和矛盾。以鐵必制和舍爾為首的海軍參謀部要求有權攻擊在戰區發現的所有船隻。國王和首相則因擔心觸犯中立國，堅持在遇到非武裝船隻時遵循登船搜查的慣例。海軍參謀部抗議道，哪些是非武裝船隻？德國潛艇在進行盤查時會發生什麼不測？此外，他們還宣稱，無限制潛艇戰將大大增加擊沉船隻的數量，達到迫使英國在 6 個月內求和的程度。

可透過以下總結來判斷德國潛艇在 1916 年 1 月 1 日至 1917 年 1 月 25 日期間對英國船隻發動攻擊的情況，包括武裝和非武裝船隻的受攻擊狀況。

防衛性武裝船隻	
遭受攻擊數	310
未獲警告被魚雷擊沉數	62
被大砲或砲彈擊沉數	12
逃逸數	236
逃逸百分比	76

上述資料揭示了一個問題，並可以由此得出結論。它們顯示，德國潛艇幾乎不願意與武裝船隻進行炮戰；因此，在相同數量遭受攻擊的船隻中，武裝船隻逃脫的機會是非武裝船隻的近 4 倍。關於最初的防禦措施就談到這裡。

英國擊敗德國潛艇

攻擊水下潛艇的主要方法是從船上投放能夠在特定深度爆炸的炸藥包。爆炸產生的衝擊波會劇烈震動潛艇，如果距離足夠近，能夠擾亂其機械裝置或撕裂其外殼接縫。這些深水炸藥包是英國最早的反潛手段。投放炸藥包的方法逐步改進，其型號和數量增加了許多倍。潛艇的頭號敵人是驅逐艦。驅逐艦不僅航速最快，且攜帶大量深水炸藥包，其造價也比獵物低廉。一旦發現深水處德國潛艇的潛望鏡，所有可用的驅逐艦、大汽艇及其他快速小型艦隻，在廣闊水域形成嚴密的羅網，使潛艇長時間停留在水下，迫使其耗盡蓄電池電能；無論在深水區或淺水區，潛艇在那裡的最細微痕跡，如水面泛起的氣泡或油漬，都會招來一陣猛烈的深水炸藥包爆炸。隨著戰爭的進行，獵潛艦艇的技能和方法不斷提高。效果顯著的探測潛艇螺旋槳轉動的儀器被發明，有跡象表明，一艘德國潛艇有時會被斷斷續續地追逐超過 36 小時，其間潛艇或許有 2、3 次在看不到的地方露出水面給蓄電池充電，但最終難逃滅頂之災。

第二種反潛武器是一種長條形的鐵絲網，橫跨於海峽或狹窄的航道上。這些鐵絲網藉助玻璃球浮於水面，目的是纏住德國潛艇的螺旋槳並包裹艇身。被這樣纏住的德國潛艇，即使動力不受影響，也會無意中拖動浮在水面上的致命指示器，從而暴露其位置，引導追蹤者。在特定的航道上，還有精心設計的水雷鏈條，與上述的鐵絲網輕輕相連，由大量的拖網漁船監視，並有驅逐艦隨時待命。對於這種行動緩慢、視力不佳的潛艇來說，另一個重大威脅是碰撞；因此，戰鬥艦、巡洋艦、驅逐艦或商船上的金屬撞角經常對其造成致命損害。

最終，潛艇間展開了隱祕的追逐。當德國潛艇浮出水面攻擊商船或進行充電時，多次被悄然接近的水下追蹤者發射的魚雷炸得粉碎。潛艇攻擊商船，必然殘酷，被輕忽的乘客與平民船員常常慘遭不測，這顯示這種戰爭分外凶殘。皇家海軍認為，對敵方戰艦的攻擊，無論造成的生命損失多麼慘重，都是公正的戰爭。但是，將商船或俘獲的船隻或醫護船通通擊

沉，似是一種野蠻、殘暴和海盜的行為，應該採取一切想像得到的手段予以根絕。當我們考慮到將近 13,000 名英國人的生命被德國潛艇奪去，且其中許多是平民，當我們考慮到那些在某種程度上不可避免的、並成為這種戰爭之特點的、殘酷的和令人震驚的事件的時候，我們進一步回想起這場戰爭輸贏的可怕性質的時候，卻有數百名德軍官兵在他們的艦隻被擊沉後，被我們從海上救起或獲准投降，這個事實是我們深受傷害的勝利者克制精神的表現。

德國原計劃於 1916 年 4 月 1 日開始實施無限制潛艇戰。然而，在「蘇塞克斯」號事件發生後，美國威脅要與德國斷絕外交關係，迫使德國在當月底撤銷這個決定。當無限制潛艇戰的狂熱支持者、艦隊司令舍爾收到這一命令時，他憤怒地召回了公海艦隊的潛艇，不再允許它們執行登船搜查任務。因此，從 1916 年 5 月至 10 月，潛艇戰實際上僅限於地中海，以及由法蘭德斯小艦隊的布雷艇進行的有限行動。但英國北部水域的壓力減輕只是暫時的。根據德國戰利品程序作戰的地中海德國潛艇接連擊沉大量船隻，1916 年 10 月 6 日，德國海軍參謀部命令舍爾指揮北海小艦隊恢復有限潛艇戰。期間，可投入戰鬥的德國潛艇數量從 1916 年 3 月分的 47 艘增至 1916 年 11 月分的 93 艘。恢復潛艇戰後，擊沉船隻的數量迅速增加。從 1916 年 4 月至 9 月，每月平均損失船隻 131,000 噸；而從 1916 年 11 月至次年 2 月，月均損失上升至 276,000 噸。到 1916 年底，事實非常明顯，反潛措施的發展趕不上攻擊強度的增加。1915 年實施的防衛措施是增加武裝商船和輔助巡邏船隻，但實際攻擊並摧毀德國潛艇的問題仍處於初步階段。

1917 年 2 月 1 日，德國展開了無限制的潛艇攻擊，德國潛艇的數量持續增加。英國、協約國和中立國的船隻損失從 1917 年 1 月的 181 艘增加到 2 月的 259 艘，3 月增至 325 艘，4 月更達 423 艘；相應的損失總噸位從 1 月的 298,000 噸增至 2 月的 468,000 噸，3 月達到 500,000 噸，4 月

英國擊敗德國潛艇

更是高達 849,000 噸。我們現在已經明白，德國海軍參謀部當時估計，英國的海運船舶噸位可能以每月 600,000 噸的速度減少，因而按此速度英國將在 5 個月內被迫屈服。僅在 4 月分，全球損失總噸位就達到了驚人的 849,000 噸。英國船舶在 4 月、5 月和 6 月期間因遭德國潛艇攻擊平均每月損失達 409,300 噸，相當於一年近 500 萬噸。到 5 月底，除了海陸軍使用進行遠端必要貿易和接受維修的船隻以外，聯合王國可用於全部物資供應和貿易的船隻不到 600 萬噸。如果噸位損失按此速度繼續下去並在受攻擊的海陸軍中平均分攤，到 1918 年初可用於貿易的船舶噸位數將降至 500 萬噸以下，也就是說，幾乎等於 1917 年被擊沉的總量。看來，迄今為止被視為堅定盟友的「時間」，將要背棄我們了。

美國的參戰未能為這些陰暗的海域帶來任何一線希望。期待已久的美國物資需要大量的英國船舶噸位才能運往前線。靠近英吉利海峽和愛爾蘭南部的巡邏系統已經完全失效。數量有限的巡邏艦艇不僅無法保護船運，反而幫助德國潛艇發現海港航線。1917 年 4 月分，愛爾蘭西南靠近主要航道的水域成為英國船舶的真正墓地，在這條離岸約 200 英哩的航道上，每天都有大型船隻被擊沉。據估算，這個月離開聯合王國的商船有四分之一一去不復返。德國潛艇迅速破壞的不僅是英國的生命線，也是協約國實力的基礎；協約國將在 1918 年崩潰的危險，開始以可怖的徵兆顯露出來，而且迫在眉睫。

情勢的巨大壓力迫使海軍部採取行動。1917 年 5 月，第一海軍大臣的職務與參謀長的職務合併，使海軍參謀部在海軍部委員會中獲得了合適的地位；同時增加了副職和助理，各自能夠與委員會機構協同工作，提高了工作效率並分擔了參謀長的繁重任務。此前像馬伕作戰處因繁多事務纏身，始終無法著眼於長遠發展。因此，1917 年 5 月成立了一個小型計畫組，取代其職責，專注於政策研究和計畫制定；該小組於當年晚些時候擴充為獨立的部門。海軍部招募了一批年輕軍官，並賦予他們重任。若沒有

此次參謀部的重組,擊敗德國潛艇的措施即便被構想出來,也無法付諸實施。這些措施包括3方面:一是制定並實施大規模布雷計畫;二是進一步加強水雷、深水炸藥和水下探測器技術的研究與供應;三是決定性地建立護航制度,以護送和控制全部商業船運。

在大戰之初,我為跨洋部隊運輸船設立了護航機制。當時的主要威脅是德國的快速輕型巡洋艦。老式戰鬥艦或重型巡洋艦的火炮,能夠驅逐那些在海上游弋的敵軍。我們最初也使用驅逐艦護航隊,護送部隊運輸船穿越敵潛艇活躍區,未曾發生任何事故。然而,指望在商船遭受潛艇攻擊時,舊有的護航制度能產生相同效果,似乎並不現實;反而,顯然敵潛艇對成群的商船比對單獨船隻造成的損害更大,更明顯的是,護衛艦也成為敵人魚雷的目標。1915年和1916年上半年,德國潛艇對商船的襲擊,由於海上商船數量、航道和港口的變化、抵達時間的不確定性以及海域的廣闊,似乎在可忍受的範圍內。對貿易航道匯合處進行最大限度的監視和巡邏,對防範德國巡洋艦的襲擊發揮了良好作用。在戰爭的前2年,海軍部依靠這一制度應付德國潛艇,未出現嚴重事故。

在損失不斷增加的壓力下,護航作為一種補救措施再次受到海軍部戰時參謀部年輕軍官們的推崇,然而這個提議實際上面臨各方面的反對。每支中隊和每個海軍基地都急需驅逐艦,而護航意味著現有的艦隻也將被調走,因為調集艦隻會導致耽擱,快速艦隻的速度必然減慢,港口的艦隻也將擁堵。反對者認為,這項任務的規模和難度被誇大了,並爭辯說,同行的船隻越多,遭受潛艇攻擊的風險就越高。這一有力的邏輯只有透過事實證據才能被駁倒。1917年1月,海軍部發表了如下正式意見:

在任何潛艇威脅可能存在的水域,採用多艘艦隻結伴航行的護航制度並不理想。顯而易見,護航船隊的規模越大,潛艇成功發動攻擊的機會也就越高,而護航艦要阻止這種攻擊的難度也會隨之增加。

法國和美國的海軍當局也對護航制度表示反對,在1917年2月的一

次會議上，商船船長的代表同樣表達了這一看法。

現在讓我們來看看，這種極度熱情、迫切且認真的共識忽略了什麼。海洋的廣闊無垠，使得一支護航船隊的規模與單艘船隻相比顯得微不足道。由 40 艘船組成的船隊，緊密編隊從巡邏的德國潛艇之間溜過而不被察覺的機率，實際上與單艘船隻幾乎相同；且每當這種情況發生時，逃脫的是 40 艘船而不是 1 艘。護航制度成功的關鍵就在於此。船隻集中，大幅減少了在特定水域中的目標數量，使得德國潛艇更難確定攻擊目標的位置。此外，護航船隊便於控制，可以隨時透過無線電通知船隊迅速改變航向，避開已知的危險水域。最後，驅逐艦並非分散在廣闊水域進行巡邏，而是集中在敵人進攻的要點，因此經常出現進攻機會。實際上，有 13 艘德國潛艇在試圖襲擊護航船隊時被擊毀。對於遭到護航船隊護衛艦立即報復的恐懼，削弱了敵方的士氣，因此德國潛艇的攻擊往往中途而廢。

這一論點在 1917 年初大多仍未得到證實。唯一的事實是，1915 至 1916 年間，受護航的部隊運輸船隊在經過潛艇活動區域時完全未遭到攻擊。然而，頂尖的專家依然反對使用護航制度來防範德國潛艇的襲擊。

愛德華·卡森爵士在擔任海軍大臣期間，注定要面對最令人擔憂和痛苦的海戰時期。在短短 8 個月內，德國潛艇擊沉的商船數量達到了驚人的頂點。而正是在他的領導下，英國渡過了這一高峰，採取了許多重大的原則性決策，最終化險為夷。首相對內閣力促海軍當局嘗試護航制度，這一舉措發揮了決定性的作用。

1917 年 4 月底，反潛局局長明確主張實施護航措施。首批護航船於 1917 年 5 月 10 日從直布羅陀出發，首航取得完全成功。從美國出發的定期護航隊於 1917 年 6 月 4 日開始，1917 年 6 月 22 日發布命令將護航制度擴展至加拿大港口，1917 年 7 月 31 日為南大西洋的海上貿易發布了同樣的命令。美國參戰後，開放其港口作為集結船隻的海港，並提供大量驅逐艦執行護送任務，促進了護航工作。橫渡大西洋的整個護航工作有四分之

一以上由美國驅逐艦執行，在執行這一艱鉅使命中結下的深厚情誼，形成了兩國海軍永恆的傳統。

護航組織將永遠象徵皇家海軍和英國全體商船船員的堅毅與勇敢精神。對於那些未經事先訓練便駕馭由4、50艘船隻組成的艦隊，以密集隊形乘風破浪前進的海軍官兵，無論給予什麼樣的榮譽都不過分。海軍所執行的使命，對國家價值之大，當以這些護航艦隻為最。那些在小型軍艦上服役的軍官充分意識到，日復一日、月復一月在狂暴的氣候中和嚴冬的海洋上，精神飽滿和鬥志昂揚地完成任務需求技能、忠誠和剛毅。海軍部和航運部的管理和安排隨著時間推移而日臻完善。

最初，護航制度僅適用於歸國及回港的船隻。因此，外駛船隻的被擊沉比例立即開始上升。1917年8月，護航制度擴展至外駛船隻。至1917年10月底，由運載能力達10,656,000噸的1,500多艘輪船組成的99支歸國護航船隊安全回港，僅有10艘輪船在護航隊中被魚雷擊沉，另有14艘在脫離護航隊後受損。

護航制度極大地提升了貿易保護的能力，與此同時，針對德國潛艇的各種攻擊手段也逐漸成型，摧毀潛艇的比率穩步上升。1917年4月，英國潛艇小艦隊以北部的斯卡帕灣、斯威利灣和愛爾蘭西海岸的基利貝格斯為基地，設伏待命，準備向北攻擊主要貿易航道上的德國潛艇。同時，北海南部水域的小型英國C級潛艇也從防護港口中調出執行相同的任務。潛艇攻擊的方法產生了顯著效果。1917年英國使用潛艇擊毀7艘德國潛艇，1918年擊毀6艘。潛艇攻擊的威脅還迫使德國潛艇在航行中經常更長時間地潛入水中，迫使其延長完成巡航的時間。

無論如何，水雷最終被證實是摧毀潛艇最為有效的武器。戰前，英國海軍部並未預見水雷的重要性。在海上戰爭中，較弱的海軍通常會使用這種武器來阻止強敵的行動；然而，對於強大的艦隊來說，布設水雷的區域越少越好。上述結論在當時並非毫無根據，但戰爭的延續引發了諸多變

化,推翻了這一結論。起初,英國的水雷數量稀少且效果不佳。一份德軍的命令甚至聲稱「英國水雷通常不會爆炸」。這種說法雖然誇大其詞,但在這個問題上我們確實存在不足。

1916 年 4 月底,由海軍上將雷金納德·培根爵士指揮的多佛爾部隊嘗試在比利時海岸外設定一道寬廣的封鎖網,意圖阻擋法蘭德斯的德國潛艇。至 1916 年 5 月 7 日,封鎖網完成部署。該封鎖網由長達 18 英哩的繫留水雷和鐵絲網構成,並由日間巡邏隊自 1916 年 5 月至 10 月進行防守。布設阻攔網的次日,德國 13 號潛艇因觸雷被摧毀,隨即德國潛艇在北海和英吉利海峽的活動明顯減少。多佛爾司令部因此高估了封鎖網的效果,認為這一變化是新阻攔網的功勞。然而,事實上,這段時間的局勢改善主要是因為德國海軍上將舍爾突然決定召回公海艦隊的潛艇,而非封鎖網的作用。因為只有 1 艘德國潛艇被水雷摧毀,封鎖網並未真正阻擋潛艇的出入。

自大戰伊始,我方對水雷品質的提升努力從未間斷。直到 1917 年秋季,新型「帶角」水雷才大量投入使用。基於舊水雷改進的新型水雷性能,最能說明問題的是以下事實:在被水雷摧毀的 41 艘德國潛艇中,只有 5 艘是在 1917 年 9 月之前被擊沉的。1917 年,英軍在黑爾戈蘭灣布設了不下 15,700 枚水雷,1918 年又增加了 21,000 枚,這些水雷主要是由自亨伯河出發的第 20 驅逐艦小艦隊布設的。封鎖德國潛艇的企圖演變成英國布雷艇與德國掃雷艇之間的一場持久戰。敵人被迫用一整隊掃雷艇和魚雷艇護衛出航和回航的德國潛艇,前者是特別建造的艦艇,艇首填滿混凝土,稱為「破阻攔艇」。這些護衛艦艇本身也需要保護,因此從 1917 年起,德國公海艦隊的主要任務是支援在遠處潛艇航道工作的掃雷部隊。隨著時間推移,德國潛艇的出航和返回變得越來越困難;黑爾戈蘭灣的「通道」或清掃過的航道經常被封閉,因此 1917 年 10 月,回航的德國潛艇開始繞道卡特加特海峽。1918 年初,英軍在卡特加特海峽布設了約 1,400 枚深水水

雷，但無法監測其效果。由於我們難以攻擊德國掃雷艇，又缺乏驅逐艦巡邏卡特加特海峽，因此在黑爾戈蘭灣的密集布雷未獲成功。不過這種努力還是摧毀了數艘德國潛艇，並延長了德國潛艇往返我方貿易航道的時間。

1916 年，橫跨多佛爾海峽的阻攔網布設在 1917 年的評估中被證明完全失敗。從 1917 年 2 月至 11 月，德國潛艇仍以每月約 24 艘的頻率通過該海峽。這條通道為小型法蘭德斯潛艇節省了 14 天巡航時間中的近 8 天，而從黑爾戈蘭灣出發的大型軍艦則節省了 25 天巡航時間中的 6 天。因此，我們決定利用所有現有的、經過改進的設備進行新的嘗試。1917 年 11 月 21 日，我們在瓦爾訥和格里內角之間布設了一片新的深水雷區。當不少於 21 艘德國潛艇在最初 2 週通過該布雷水域後，海軍部爆發了一場激烈的爭論。部分權威人士支持多佛爾指揮部的觀點，認為水雷阻攔網基本上是成功的，額外的巡邏是不必要的。另一些人士則認為，密集巡邏和夜間使用探照燈與照明燈迫使德國潛艇潛入水雷區會取得顯著效果。大約在此時，部分原因與此次討論有關，約翰·傑利科爵士的第一海軍大臣一職由海軍上將威姆斯接任，多佛爾司令部的海軍上將培根也由海軍將軍凱斯取代。凱斯徹底改變了局勢。他大大增加了巡邏艦艇，夜幕降臨時，阻攔網從頭至尾亮如倫敦皮卡迪利大街。從奧斯坦德和澤布呂赫駛來的德國驅逐艦試圖突襲我方巡邏艦艇，但在激烈的夜戰中被擊退。1918 年 1 月至 5 月間，9 艘德國潛艇在多佛爾水域被擊毀，到 9 月又有 4 艘。早在 1918 年 2 月分，黑爾戈蘭灣的德國潛艇已停止使用多佛爾海峽；到 1918 年 4 月分，法蘭德斯的德國潛艇已基本上放棄了海峽通道；1918 年 9 月僅有 2 艘德國潛艇通過，其中 1 艘在回航中被擊毀。

凱斯將軍和多佛爾部隊在聖喬治節封鎖澤布呂赫港口的著名事蹟，在此不再複述。這次封鎖無疑是大戰中最輝煌的戰功之一，也是皇家海軍史上最傑出的插曲。港口完全封鎖了約 3 週，在 2 個月內對德國潛艇構成威脅。儘管德軍經過艱苦努力在數週後部分清理了入口，但法蘭德斯驅逐艦

英國擊敗德國潛艇

之後再也沒有進行任何有重大意義的戰鬥。凱斯將軍在多佛爾的指揮使協約國在英吉利海峽的船隻損失從每月約 20 艘減少到 6 艘。法蘭德斯艦艇布設的雷區使協約國船隻的損失從 1917 年的每月 33 艘降至 1918 年的每月 6 艘。雖然隨時可執行任務的德國潛艇數量因新造補充保持在約 200 艘左右，但我們仍然取得了上述戰果，這些戰果顯然是總勝利的重要部分。

我們在黑爾戈蘭灣布雷的嘗試，由於德軍公海艦隊密切支援其潛艇的掃雷行動而遭遇挫折。有人認為，受大艦隊直接監視和保護的遠距離水雷阻攔網可能會取得成功。1918 年，英、美海軍制定了一項宏大的計畫：在橫跨挪威與奧克尼群島之間的 180 英哩水域建立一條防護嚴密的水雷阻攔網。耗費大量的物資、毫不吝惜成本或人力，是這場防禦戰的最高體現。巨大的中心部分完全由美軍布雷，奧克尼群島部分由英軍布雷，挪威部分則由兩國海軍聯合布雷。美軍使用了一種特殊類型的水雷，裝有與金屬船殼一接觸即引爆的觸角；他們布設了不下 57,000 枚水雷，其中很多在布設後不久即提前爆炸。英軍布設了大約 13,000 枚水雷，但其中部分安裝的深度不夠，無法閃避水面船隻，結果必須予以掃除。這個耗費大量物力人力的設施效果難以評估，因為雷區剛剛布設完畢，雙方就簽署了停戰協議。不過，有人提到，2 艘德國潛艇在雷區的中心部位嚴重受損，另有 4 艘可能是在奧克尼部位被毀。

1918 年，反潛艇組織的效率持續提升，同時也熟悉了德國潛艇的布雷戰術。英國情報署與掃雷處之間的合作更加緊密，消息傳遞更加迅速，船運管理更加嚴格，以及「掃雷器」的使用。這些工具的運用，各自發揮了其特定的作用。1917 年，有 123 艘英國商船被德國水雷擊沉，而到 1918 年，這個數字降至 10 艘。英軍憑藉不懈的創造力，還開發了其他各種反潛設備。飛機、水下監聽器和特種水雷使德國潛艇遭受越來越大的損失。1918 年期間，主要的希望寄託在系統的追蹤戰術上，配備有精密監聽裝置的拖網漁船小隊集結在北海水域執行此項任務。我方與德國潛艇曾有過幾

次接觸，但他們採取絕對慢航方式，使我方儀器無法探測其行蹤而逃脫；而我方也未能為如此廣闊水域提供足夠的驅逐艦，無法迫使敵潛艇的蓄電池耗盡能源。

在德國潛艇戰的尾聲，交戰雙方的角色發生了逆轉，成了德國潛艇被追獵，而非英國商船。德國潛艇110號的首次巡航即是一個典型例子。1918年7月5日，她從澤布呂赫港啟航，甚至在與法蘭德斯小艦隊匯合前，就遭到了2架敵方飛機的攻擊。從1918年7月7日起，她的航海日誌每天都記載著不斷增加的深水炸彈在周圍爆炸；到1918年7月18日，有26個炸彈在她附近引爆。在這次巡航中，她發射了2枚魚雷，第一枚擊傷了一艘油輪，但因立刻遭到驅逐艦的猛烈反擊，無法確認第2枚魚雷的效果。1918年7月19日，當她試圖攻擊1支護航船隊時，被1艘汽艇投下的深水炸彈炸壞了下潛舵；在努力下沉的過程中，最終被1艘驅逐艦撞沉。在這些最後的日子裡，一艘法蘭德斯的德國潛艇在遭遇厄運前最多只能出航6次。官兵們預感到突如其來的可怕死亡，既無人目睹也無法施救。深水炸彈的威脅令人戰慄，每次出航都有可能遭到護航軍艦的連續攻擊，隨時可能觸雷毀滅，潛艇多次在九死一生中逃脫，這一切都使德國潛艇官兵的神經極度緊繃。他們起初的高昂士氣在1918年難以忍受的緊張狀態下迅速消退。多次出現完好無損的德國潛艇投降，許多潛艇離港數日即返航小修。這些事件表明，即使在尚勇崇武的時代，人類的忍耐力也已經達到極限。

德國潛艇戰的各個階段及其獨特的狀況，現已被詳細考察和論述。德國軍事領袖們剛做出無法挽回的決定，開始對商船發動無限制攻擊，俄國便爆發了革命，這在某種程度上緩解了德國所面臨的巨大壓力。德國的無限制潛艇戰迫使美國對德宣戰，但隨後德國潛艇的有效性便開始下降。威爾遜總統在騎兵衛隊的馬鈴叮噹聲中步入參議院，將一個擁有1.2億人口的國家的力量投入戰爭。正是在那個時期，德國潛艇攻擊達到了頂峰。從

此，德國潛艇擊沉船隻的數量再也沒有達到那個月的水準。幾個月來，島國人民及其盟友面臨著難以忍受的損失和巨大的焦慮，大量緊缺物資需要轉運 —— 其中一些甚至是不必要的 —— 這影響了他們的軍事努力。但現在，隨著時間的推移，優勢逐漸顯現。有一段時間，我們的圖表上顯示的被擊沉和補充的船隻數量的曲線似乎成了真正的「不祥之兆」。然而，這些可怕的特徵正逐漸消失。德國人似乎會實現其夢想的 1917 年秋天已經來臨並過去，給我們帶來了更多的安全感。到年底，我們已經確信我們不會崩潰。同時，我們也確信戰爭將繼續，直到美國將其全部兵力（如有必要）投入到歐洲戰場上那一天。到 1918 年中期，德國潛艇戰已徹底失敗；儘管有新的德國潛艇替代那些被摧毀的，但他們面臨的危險每個月都在增加，他們的劫掠行徑每個月都受到更大的限制，潛艇官兵的士氣每個月都在下降。德國軍事領袖們用高昂代價得來的武器，在他們自己的手中逐漸失去鋒芒並最終損壞。他們付出了代價，遭到了全世界的激怒和討伐，但他們並沒有因此而退縮。

德軍在西線的集結

在 1917 年一系列大屠殺性的戰爭之後，英國面臨嚴重的人力短缺問題，戰時內閣因此對剩餘的人力和物力進行了一次深入而持久的調查。最先受到影響的是英國步兵，其數量顯著減少。各營兵員遠低於標準編制，且大部分兵員為新徵入伍。炮兵和大炮的損失也非常嚴重。軍官的損失比例遠高於普通士兵。戰鬥任務要求團級軍官做出前所未有的犧牲。在帕森達勒攻勢中，已有超過 5,000 名軍官陣亡，超過 15,000 名軍官受傷。這種損失幾乎無法完全彌補。我們有充分理由相信，1918 年的主要戰鬥將由英軍在法國承擔。1914 年開戰時，英軍遭受了前所未有的大屠殺，而法軍仍以近 120 個師的規模作戰，他們預計保存剩餘力量以應付最緊急的情況。可以肯定的是，儘管美國表達了患難與共的強烈意願，但在實際戰爭中只能發揮次要作用。事實上，預計在夏末之前僅有 8、9 個美軍師進入戰場。大量援軍被調往義大利，不太可能期望他們能調回，哪怕一小部分。我們幾乎還要承擔與土耳其軍隊作戰的全部重擔，因此艾倫比不僅無法勻出幾個師的兵力，反而不斷強烈要求補充新兵和增援裝備。美索不達米亞的戰事也需要增派英軍和印度軍；最後，在我們分擔防務的薩洛尼卡前線，兵力也處於持續的消耗狀態。正是由於上述嚴峻形勢，我們必須在德軍發動空前規模和強度的進攻之前採取行動。

俄羅斯的最終崩潰解除了對大量德軍和奧地利軍隊的牽制。整個冬季，德軍不斷地將部隊和火炮從東線調往西線，少量則調往義大利。這次調動的實際規模難以準確估算，但經過我仔細研究的情報顯示，人員和物資不斷周而復始地湧向西線。綜觀雙方在主要戰場的兵力，不容置疑的是，到春季時，德國在西線將首次在數量上占據壓倒性優勢，這甚至在最

德軍在西線的集結

初入侵時都未曾有過。此外，從俄國調來的德軍各師，在新戰役開始前，有近一年時間沒有參與過真正的戰鬥，這段時間他們主要從事休整；另一方面，我們的大部分戰鬥部隊在 1917 年的後 6 個月裡已經傷亡過半。最後，除了從俄國前線抽調的德軍和奧軍的大量炮兵之外，敵人還從俄國繳獲了至少 4,000 門大炮，從義大利繳獲 2,000 門以及大量各種軍需物資。

道格拉斯·黑格爵士急切且自然地要求其轄下各師盡快達到滿員的軍官和士兵。羅伯遜支持他的請求，但顯然對此情形感到非常震驚。作為陸軍與戰時內閣之間的橋梁，憑藉我手中掌握的全部有用情報，以及能經常接觸首相所得知的資訊，我自認為，我一直在不懈地強烈要求立即為道格拉斯·黑格爵士的部隊提供增援。勞合·喬治先生懷著驚駭的心情，估量著落在他肩上的艱鉅任務，即根據嚴格的法律要將全國剩餘成年的男子驅向戰場。無論是 18、9 歲的年輕人，還是 45 歲的中年男子，或是最後尚存的兄弟、母親（已寡）的唯一兒子、作為家庭唯一支柱的父親、體弱者、結核病患者、3 級傷員──現在都必須準備拿起武器。為了迎戰即將到來的德軍猛攻──一旦到來──必須全力以赴；但首相擔心我們最後的人力會虛擲在另一個帕森達勒戰役中。

1917 年 12 月來臨，大家所關注的軍事問題被一層層深沉的陰影籠罩。直到那時，內閣才得到保證：西線一切順利，只要有新兵補充，便可滿懷信心地迎接新年。在軍需部，我們早已接到指示，為明年初春敵人可能發動的又一次 30 週攻勢做好準備。帕森達勒之戰結束後，幻想破滅。參謀部突然產生了一種不祥的預感。要求發動新攻勢的呼聲消失了。心態轉向純粹的防禦，因為寡不敵眾。這是一場無聲而徹底的劇變。我對此感到欣慰。然而，有一段時間，戰時內閣仍寄希望於那些將軍們在 9 月分發出的主張在帕森達勒堅持下去的、信心十足的宣告。他們不願意接受軍事上 180°的轉變，並對與數週前大相逕庭的傳聞持懷疑態度。

我強烈建議內閣應派遣所有必要人員重建軍隊，並嚴格禁止任何恢復

攻勢的行動。然而，首相認為，一旦部隊進駐法國，他將無法有效阻擋那些通常壓倒政治家明智判斷的軍界領導人對進攻的壓力。因此，他憑藉其強大的影響力，堅持推行另一種政策。他僅批准適量的陸軍增援，同時在英國本土集結盡可能多的後備軍。他相信，這樣既能阻止英軍發動攻勢，又能在即將來臨的艱難年分中為軍隊提供人員補充。這個目標實際上已經實現。但我當時認為，現在依然認為，戰時內閣本應對在法國的英軍最高指揮部做好控制，既要堅決支持又能堅決限制，我相信人們會發現內閣有足夠力量這樣做。

我曾就此進行正式或公開的辯論，並且發出了我最有力的個人呼籲。戰時內閣明確反對英軍在法國重啟攻勢，建議英軍和法軍在1918年期間保持防守態勢。他們還希望在數百萬美軍抵達之前，嚴格控制剩餘的人力資源，以提供決定性勝利的前景。同時，儘管在巴勒斯坦的作戰規模與西線相比幾乎微不足道，但這可能迫使土耳其退出戰爭，並提振在漫長悲慘夜晚中的民眾士氣。他們獲得了關於德軍針對黑格不斷集結兵力的充分情報，並就此進行了反覆討論。然而，他們相信，若德軍發起進攻，將面臨那些長期困擾我們的相同困境，因為我軍已有足夠強大的力量進行防禦。讓黑格相應地用56個步兵師——每師從13個營縮減為10個營——和3個而不是5個騎兵師在德軍春季攻勢面前，這些部隊別無選擇，最終必須做出了重要的貢獻。

然而，黑格的考驗並未就此結束。同樣沉浸在幻想中的法國人，此時強烈要求英國軍隊接管更多的防線。粗略瀏覽地圖可見，法軍的100個師，約70萬步兵，守護著480公里的防線，而英軍的56個師，約50.4萬步兵，僅防守200公里的戰線。換言之，英軍的步兵數量為法軍的三分之二強，但防守的戰線卻不到其三分之一。然而，這種比較過於表面。法軍的大部分防線處於長期靜默狀態，對面蹩腳的鐵路交通網使敵人難以發動重大進攻。另一方面，英軍幾乎全線防守的是最活躍的區域，1917年

德軍在西線的集結

1月分時，對面的德軍人數甚至超過了法軍面對的德軍。此外，德國在英軍防線前部署了不少於 69 個師，而在法軍的漫長防線前則是 79 個師。更為嚴重的是，德軍在英軍防線前的部隊數量每週都在增加，並極有可能首先對英軍發動主攻。自 1917 年 4、5 月分以來，法軍未經歷過一次重大戰鬥，而英軍幾乎不斷發動進攻，遭受了災難性的損失。最後，法軍士兵享有的省親假幾乎是英軍的 3 倍；也就是說，在任何特定時刻，離開戰線的法國步兵比例是英軍的 3 倍。

在法國政府和英國政府的施壓下，黑格在 1917 年 12 月同意將防線向南延長 14 英哩，直達巴里西；換防工作於 1918 年 2 月完成。對於法軍提出英軍防線應向東南延伸 30 英哩至貝里歐巴克的進一步要求，克列孟梭先生以辭職相威脅予以支持，但英軍總司令以類似威脅成功抵制。

威廉・羅伯森爵士與勞合・喬治先生之間的矛盾和缺乏信任在 1918 年 2 月初達到了高潮。勞合・喬治首相一直小心翼翼地推動建立統一指揮部的計畫，但他認為時機尚未成熟，無法公開宣示他的意圖。顯然，其中包括將英軍置於法軍司令指揮之下的建議，是他無法強行推動的。這將導致威廉・羅伯森爵士和道格拉斯・黑格爵士共同辭職的風險。戰時內閣未必會集體支持這一提議；而自由黨反對派可能會一致反對。因此，勞合・喬治首相至今一直擱置這個願望；在 1917 年 12 月談到設立一位獨立的最高統帥時，他對下議院表示：「我完全反對這個建議，這是不可行的。它將引發真實的摩擦，不僅在軍隊之間，還可能在國家和政府之間引起摩擦。」

儘管如此，勞合・喬治先生依然在採取一系列複雜且難以捉摸的策略，逐步推動他的解決方案。1918 年 1 月 30 日，他在凡爾賽的最高軍事會議上促成了一項決議：組建一支由 30 個師組成的總後備軍，並交由一個包含英國、義大利、美國和法國代表的委員會管理，由福煦將軍擔任司令。這個提議是他和戰時內閣對外界批評他們在德軍不斷集結的情況下輕率減

少在法英軍兵力的回應。毫無疑問，如果這個計畫立即實施，並且福煦將軍得到了 30 個師的兵力用於支援前線任何遭受攻擊的地方，那麼在緊急情況下，黑格將獲得更多的兵力支持。然而，黑格對此提議並不感興趣，他聲稱根本沒有多餘的軍隊可以分配給總後備軍，甚至前線的兵力也不足夠。在這種情況下，指派英軍某些師到其他地方幾乎是不可能的。除非別處遭到攻擊，否則從黑格手中調走一兵一卒都是無法實現的。

此決議如同最高軍事會議的其他眾多決議一樣，最終淪為一紙空文；因此，在戰事進展中，英軍既未獲得黑格所懇求的增援，也未得到勞合・喬治先生苦心孤詣試圖提供的後備軍。

儘管 30 個師的後備軍尚未落實，但一個負責控制這支部隊的執行委員會已在凡爾賽成立。威廉・羅伯遜爵士聲稱，作為帝國參謀長，他是委員會中唯一代表大不列顛的人。這引發了一個問題，即勞合・喬治首相是否有足夠的力量應付這一情況。他宣稱，一個人不得身兼二職是一個基本原則。他的意圖顯然是為內閣配備另一套軍事顧問團隊，以利用這些顧問的意見來約束和糾正羅伯遜——黑格的觀點，進而防止再次發生像帕森達勒那樣的進攻。毫無疑問，他還計劃利用這一個新機構推行西線以外的作戰計畫。雖然這個安排在原則上是站不住腳的，但在帕森達勒戰役之後的一段時間內，其目的是有價值的。在此無需探討和爭論其策略的複雜細節。1918 年 2 月 11 日，羅伯遜返回他稍微輕率地離開了數日的倫敦時，戰時國務大臣召見了他，並交給他一份由勞合・喬治首相於 1918 年 2 月 9 日簽署的通知；該文件將帝國參謀長的職權降到了基奇納下臺前的水準，並規定了英國軍事代表在凡爾賽委員會中的獨立職責；文件提名威廉・羅伯遜爵士為軍事代表，亨利・威爾遜爵士擔任帝國總參謀長。羅伯遜對自己的職務被取代感到震驚，因此以委員會安排不健全為由拒絕前往凡爾賽赴任。儘管原本指定威爾遜擔任帝國總參謀長，但後來又輕率地交給了赫伯特・普盧默爵士，後者同樣快速地予以拒絕。最終，再次請羅伯遜

德軍在西線的集結

擔任，但職能減少到首相通知上所規定的。1918 年 2 月 16 日，羅伯遜以書面形式拒絕同意這些條件；當晚，官方新聞局宣布政府已經「接受了他的辭呈」。實際上，他是被免職的。盡力調解分歧的德比勛爵也提交了辭呈，但未被接受。

道格拉斯·黑格爵士始終恪守軍人職責的原則，這個原則在政府關係緊張時刻——尤其是帝國總參謀長被免職時——阻止了他提出辭呈。在道格拉斯·黑格爵士看來，無論對錯，只要涉及他指揮英軍的安全問題，他隨時準備辭職。然而，他的軍人個性使得他在遵從命令時成為唯一的例外。如果他在思想上曾有過任何個人陰謀的動機，最高軍事指揮部與文官政府之間的危機勢必會嚴重惡化。此時，政府的地位是穩固的，在嚴重爭端上他們可以依靠公眾的支持。首相並沒有退縮。然而，黑格不作評論，他的職務仍被保留，這使焦慮不安的戰時內閣感到寬慰；亨利·威爾遜爵士迅即奉命填補白廳中的空缺。

若認為在上述的過程中，任何一方完全遵循對國家的責任感，無疑是不公正的。然而，從事件的紀錄中可以清楚地看到，衝突是顯而易見的。勞合·喬治首相與威廉·羅伯遜伯爵都極其認真，雙方評估了彼此的實力，並深知他們所冒的風險。這兩人不可能再繼續共事。權力中心的局勢已變得無法忍受。行動遲早會發生。衝突未能以較為簡單的形式解決，實在令人遺憾。

威廉·羅伯遜爵士是一位傑出的軍事人才。作為策略家，他的洞察力並不深刻，但他的觀點鮮明、深入且切合實際。他在任職期間重新推行了有條不紊地處理陸軍部問題的方法並恢復了總參謀部系統的活力。他缺乏自己的主見，但對否定偏激的觀點有敏感的判斷力。他用最平易的措辭表述軍事專業的思想；他所持的戰爭政策概念與本書所述的觀點完全相反，但他真誠而始終如一地堅持。當大戰勝利之後他最終從陸軍退役時，我作為戰時國務大臣，欣然向國王推薦，使得他漫長而光輝的戎馬生涯能夠從普

通士兵開始，而以手持陸軍元帥的節杖圓滿告終。

我沒有參與這場內部的緊張混亂。整整一週的時間，我都在前線忙碌不停，直到返回後，才從各個角色那裡了解到這場戲劇的種種內幕。由於我對工作的態度，我必須經常與前線的實際情況保持緊密連繫。總司令給予我在英軍戰區行動的充分自由，並提供了各種方便。我非常渴望透過親身觀察，了解與大規模防禦戰有關的最新戰術。我與加拿大軍隊第3師的指揮官利普塞特將軍住在一起，在他富有教益的指導下，我詳細考察了朗斯對面他所防守的從前線到後方的整個地區。

前線的狀況與我在 1915 年服役於近衛團或 1916 年任營長時所了解的情形大相逕庭。過去的帶刺鐵絲網、胸牆、射擊踏臺、土牆和掩體構成的連續戰壕系統，以及配備的大量兵力，這些往往構成最強大抵抗力的第一道防線已經不復存在。只剩下由前哨站組成的外圍，保持與敵人的接觸，有些前哨站構築了防禦工事，而另一些則完全依靠隱蔽點掩護。在這些前哨站後面 2、3 千碼的範圍內，部署了錯綜複雜的機槍掩體，幾乎都能發射互相支援的側翼火力。細長的交通壕溝連繫這些機槍掩體，人員得以在夜間進出，進行輪班。帶鉤鐵絲網並不是連續成帶狀橫向攔在戰壕前面，而是傾斜地間隔設定，以將敵人引入受到機槍火力無情掃射的通道。各個重要據點之間保留空曠地面，使防護性彈幕可以猛烈射擊。這就是戰鬥區。後方約 2,000 碼或更遠處是野戰炮兵陣地。長期以來誤稱為「棱堡」的堅固工事、深格網狀戰壕和更深的地下掩蔽部都經過精心偽裝，供後援部隊集結和停留之用。從這裡再往後，在不顯眼而偏僻的深處，設有旅指揮部；在它的後方，重炮和中型炮群故意成不規則隊形排列。當日，因天公作美又無戰事，我們得以小心翼翼地深入阿維翁村的廢墟，在那裡 3、2 人一組的、目光銳利的加拿大神槍手們不停地沖著 50 或 100 碼處的德軍前哨站呼叫。

我必須坦誠地承認，在前線和後方，我見證了極為精密的防禦組織，

德軍在西線的集結

這一切增強了我對防禦系統力量的信心，這種力量是隨著戰爭的進展逐漸形成的。懷著本書描述的現代條件下進攻與防禦相對力量的堅定信念，至少在該戰區，我預期德軍最終會嘗到我軍長期被迫忍受的那種苦澀。然而，上述情況絕不能代表前線的整體局勢。

當我得知亨利·威爾遜爵士被任命為總參謀長時，我感到極大的喜悅，這絕不是對威廉·羅伯遜爵士能力的任何貶低之意。我們相識已有多年。我初次見到他是在 1900 年 2 月的圖蓋拉河岸邊，他給我的第一印象是一位桀驁不馴但極具幽默感的少校，剛剛從彼得山的一場激烈夜戰中返回。從 1910 年起，透過與他的討論，我開始研究法德戰爭的問題。儘管我對戰爭初期的看法與他的結論有所不同，但我對他深表感激。1911 年 8 月阿加迪爾危機期間，他向帝國防務委員會提交了一份值得紀念的預測，我永遠不會忘記。在那段時間裡，我們是親密的盟友。然而，危機過後，關於愛爾蘭的爭執使我們之間的私人關係決裂。作為忠誠的烏爾斯特人後代，他對自由黨政府的地方自治政策懷有強烈不滿。在英國對德宣戰前的緊張時期，我們不得不因公務見面幾次。我在艦隊動員和與法國聯合的最終決定上發揮了作用，這消除了威爾遜對我的一切意見，但我對此並不知情。因此，當他在 1914 年 8 月的一天上午禮節性拜訪海軍部，準備啟程赴法國時，我感到驚訝。他表示，過去的分歧一筆勾銷，我們又成了好朋友。後來他反對達達尼爾遠征，當時他對戰爭的看法主要基於法國的戰爭。如果他能抓住形勢的核心，或許他的意見會有所不同。無論如何，作為參謀長，他推行的政策範圍遠超西線。然而，這些意見分歧並未損害我們的個人關係。後來我擔任營長赴法作戰時，他對我禮遇有加，經常與我無拘無束地討論軍事和政治形勢，就像當年在白廳我職位比他高時一樣。他任職參謀長後，立即促成了策略和物資方面的密切協調。他對我所持的觀點，即本書所述的戰爭思想，表示熱情而深刻的支持。他採取的第一個行動幾乎就是滿足陸軍部對坦克兵團的要求，將人員從 18,000 人增加到

46,000 人。

戰時內閣首次意識到亨利・威爾遜爵士是一位才智卓越的專業顧問，他能夠清晰且令人信服地解釋整體局勢，並為任何決策的贊成或反對提供充分的理由。這樣的才幹在英國往往遭到習慣性的猜疑，無論這種猜疑是否合理。然而，這種才幹對國家事務的處理無疑是大有裨益的。亨利・威爾遜爵士有自己獨特的習慣和表達方式，不斷修正用語，以確保他人理解其思想的清晰度。他講話常用比喻，喜歡使用奇特的形象和模稜兩可的詞語。他有自己的一套詞彙體系，把政治家稱作「教士」；把克列孟梭稱作「老虎」，忠實侍從武官鄧坎農被稱為「Lord」。他笨拙地將法國的一些城鎮和將領們的名字唸得滑稽可笑。在討論最嚴肅的問題時，他用不穩重的語氣說話。有一天，在我參加的一次會議上，他一開始就對戰時內閣說：「首相閣下，今日在下就是德國佬。」接著從德軍司令部立場出發，對局勢作出一番深刻的描述。另一天他成為法國人或保加利亞人。在我看來，眼前問題的根源總會從他這種裝模作樣的言談中顯露出來。不過有的大臣對此甚感惱怒。他還沒有達到像福煦元帥那樣的地步，有時用啞劇手法來作軍事描述，不過他們提出軍事論述的手法，多有共同之處。

筆者行文至此，彷彿能清晰地看到他站在內閣作戰室的地圖前，用簡明如電報般的語言評論道：「今晨，先生們，一場新戰鬥。」（讀者聽到此話就知道正題已經開始）「此次進攻者為我方，我們用 2 支軍隊出擊 —— 1 支英軍，1 支法軍。黑格爵士在自己的車廂裡，首相很不舒服，車隊已經接近美好的亞眠市。羅利首相的左側是德貝尼，而他的右側則是羅利。羅利正在指揮 500 輛坦克。這是一場惡戰，我們認為你不希望事先知道這件事。」雖然我無法保證這與他的原話完全一致，但確實傳達了他的話意和語氣。

我們應當對未來的未知心存感激。我竟在同一個房間中目睹了另一種情景。亨利・威爾遜爵士已經不在了。勞合・喬治首相和我相對無言，辦

德軍在西線的集結

公桌上放著的手槍,正是一個小時前使這位忠誠的戰士飲彈自盡的凶器。

作者的敘述在此脫離了歷史年代的順序,提及這位我們時代中最具洞察力的英國軍事思想家。儘管他從未指揮過軍隊,但他有時能對最重大的戰事產生深遠且激勵人心的影響。

與亨利‧威爾遜共事並擔任其副手的,是才華橫溢的哈靈頓。這個人與普盧默合作時,為第2集團軍贏得了極大的聲響。我認為我可以說,在1919年武器製造的各個方面,以及他們對生產計畫的深刻影響上,我們的意見完全一致。他支持我為供應部隊擬定的所有主要方案,並在亨利‧威爾遜爵士的領導下,利用參謀部的全部力量推進大規模機械作戰的計畫;我們相信無論那天的戰鬥持續到多晚,機械化作戰將帶來決定性的結果。

此時我在陸軍部還有一位好友,他便是軍械署署長弗斯將軍。在我前往前線的那幾個月裡,他指揮著我所屬的隊伍。我們曾多次討論我當時所能提出的各種方案,直至得出結論。為了確保在廣泛的炮術領域保持最密切的連繫,經米爾納勳爵同意,我任命他為軍需委員會的正式委員。因此,所有這些意義深遠且至關重要的管理事務,從此形成了統一;我們唯一擔心的只有敵人了。在這種有利的氛圍中,1918年3月初我公開地從軍需部的角度出發,完成了對戰爭的全面考察,並展開關於機械作戰的討論。

然而,此刻即將襲來的狂風暴雨,各種論點很快就會在熊熊戰火中得到說明和糾正。魯登道夫再次將我們引入大規模戰鬥時期,在缺乏必要機械武器和車輛的情況下孤注一擲地發起進攻,耗盡了德軍的實力。他注定要導致結束這次大戰的「沿300公里戰線展開的總決戰」,並使戰爭的終結在經歷多次可怕危險期之後,比我方最佳方案所能實現的提前了1年。

1918 年 3 月 21 日

伴隨帕森達勒戰役在嚴冬的暴風雨和泥濘中停歇，德國的軍事領導者們將注意力轉向了新的局勢。俄國的崩潰使得他們能夠將 100 萬士兵和 3,000 門大炮從東線調往西線。因此，自從發動入侵以來，他們首次認為自己在法國戰場上對協約國軍隊擁有絕對優勢——儘管這種優勢轉瞬即逝。美國已經宣戰並開始武裝，只是軍隊尚未抵達。一旦大批美國成年男子經過訓練和裝備，被運送到前線，那麼德國從俄國崩潰中獲得的所有數量優勢，不僅會被抵消，甚至會被超過。同時，德國陸軍司令部了解到英軍在帕森達勒遭受的重大損失，因此認為英軍的實力和戰鬥能力已經顯著下降。最後，德、奧在卡波雷托戰勝義大利所帶來的驚人聲望，閃耀著迷人的光輝。

這顯然是提出和平談判的絕佳時機。俄國已經崩潰，義大利疲憊不堪，法國精疲力竭，英國陸軍力量耗盡，德國的潛艇戰尚未失敗，而美國則遠在 3,000 英哩之外。基於這些情況，德國政治家的才能正處於可以進行決定性決策的有利位置。德國從俄國獲得了大量戰利品，協約國對布爾什維克的憎恨和蔑視，使得德國有極大可能向法國作出重大領土讓步，並向英國提出完全恢復比利時的領土與主權作為談判條件。蘇俄對協約國事業的放棄，導致俄國對外領土要求的消失，這似乎為奧地利和土耳其的談判創造了有利條件。這些便是這個黃金機會的各種因素；這也是最後的機會。

然而，魯登道夫對這些問題全然不予理會。我們必須將他視為這個關鍵時刻的主導力量。自貝特曼－霍爾韋格垮臺以來，身居德軍參謀部頂端的他與興登堡，已經篡奪或至少掌握了對政策的主要控制權。內心深處對

1918年3月21日

局勢的重大變化充滿恐懼,骨子裡可能是和平主義者的德國皇帝越來越無法發揮作用。因此,在政治決策的較量中,軍人的勢力往往占據絕對支配地位。這種優勢地位建立在專業化軍事觀點的基礎上,無法對國內外發揮作用的許多重要因素作出公正的評估。也因為這種評估是不全面的,所以它變得更加危險。魯登道夫和興登堡可以用辭職這種威脅的手段做出他們所希望的最重大決定,而這些決定左右了德國的命運。但他們僅僅熟悉問題的一部分,因而只能駕馭屬於他們自己的軍事領域。當時完全缺乏國王、軍人、政治家的完整聯合意見,歷史上的偉大征服者顯然需要這三者的整合。

魯登道夫堅定地想要保住東邊的庫爾蘭、立陶宛和波蘭。難道他不是在這些地區建立了自己的聲望嗎?他還下定決心保住比利時的一部分,特別是列日,因為在那裡他也取得了輝煌的戰績。他認為,如果德軍要為未來的戰爭獲得一個理想的策略基點,這就是當務之急。他和德軍參謀部不僅不願放棄阿爾薩斯和洛林的任何一部分,反而認為獲得梅斯以西的布里耶盆地作為保護區是最起碼的謹慎措施。這些前提條件,加上從俄國前線撤回並重新集結的軍隊,決定了事態的發展。

1917年11月11日(後來由於其他原因,這一天在日曆上被設定為一個慶祝的日子),魯登道夫、馮·庫爾和馮·舒倫貝格在蒙斯召開了一次會議。興登堡、魯普雷希特親王和皇太子這幾位名義上的主子們也不辭辛勞地參加了會議。會議的核心議題是:必須在西線發起一次大規模的進攻;不允許在其他地方分散兵力,只有在這個條件下,才能有足夠的兵力進行這樣的攻勢;反攻必須在1918年2月或3月初,即美國力量發展起來之前進行;最終,必須擊敗的目標是英軍。會議討論了各種可行的計畫,並制定了詳細的準備工作。每個行動都有代號:馮·庫爾進攻下阿爾芒蒂耶爾戰線的計畫被稱為「聖喬治一世」;對伊普爾突出部的進攻稱為「聖喬治二世」;對洛雷特的阿拉斯聖母院的進攻稱為「火星」;最後還有「米迦勒」

Ⅰ、Ⅱ和Ⅲ。經過深入細緻的研究，直至1918年1月24日，他們最終決定首先發動「米迦勒」進攻。

此次進攻的目的是突破協約國軍的防線，抵達索姆河自哈姆至佩羅訥河段。日期原定於1918年3月20日。戰鬥計畫於數日後由代號為「火星南」的進攻擴大規模；由瓦茲河以南的第7集團軍實施名為「天使長」的輔助進攻，作為牽制。「聖喬治」一、二世的準備也要在1918年4月初完成。總計有62個師可用於代號為「米迦勒」Ⅰ、Ⅱ、Ⅲ和「火星南」的進攻，包括第17集團軍的5個主攻師、2個普通師；第2集團軍的15個主攻師、3個普通師；第18集團軍的19個主攻師、5個普通師；後備軍的3個主攻師。儘管與馮·舒倫貝格和馮·胡蒂爾在進攻各階段的方向和重點上有些許分歧，魯登道夫仍堅持自己的構想：「必須打敗英軍。」打敗英軍的最佳方式是進攻聖康坦的任一側，削弱康布雷的突出部。之後，第18集團軍沿索姆河組成一道防禦側翼，以阻止法軍進攻；其餘德軍可在前進時改變方向，從西北方向攻擊英軍，迫使其向海岸撤退。2個「聖喬治」攻勢引而不發，用作進一步和可能的最後打擊。根據上述基本原則，全部相關德軍完成了各自的部署。

最終，德國皇帝於1918年3月10日核准了以下指令：

總參謀長

    總司令部於1918年3月10日發布，1918年3月12日公布。

皇帝陛下麾下的指揮官們：

（1）1918年3月21日展開「米迦勒」攻勢。上午9時40分突破敵軍防線。

（2）魯普雷希特親王指揮的集團軍群的首要戰術目標是切斷康布雷凸出部、奧米農河以北以及該河與索姆河交會處的英軍退路，占領克魯瓦西耶──巴波姆──佩羅訥一線⋯⋯若右翼攻勢進展順利，該部將推進至

1918 年 3 月 21 日

克魯瓦西耶以西。該集團軍群的後續任務是向阿拉斯——阿爾貝推進，左翼固守佩羅訥附近的索姆河，與右翼進攻的主力協同作戰，突破第 6 集團軍對面的英軍防線，以進一步解救被牽制在戰場上的德軍繼續前進。若上述情況出現，立即指揮第 4 與第 6 集團軍後方的所有師向前推進。

（3）皇太子麾下的集團軍群首先突破奧米農河以南的索姆河段和克羅扎運河。第 18 集團軍務必迅速推進，掌握索姆河與運河上的渡口。同時，還需準備擴展右翼至佩羅訥。該集團軍群將研究從第 7、第 1 和第 3 集團軍抽調若干師增援左翼部隊的可能性。

（4）司令部繼續掌控第 2 警衛師、第 26 符騰堡師和第 12 師。

（5）司令部保留對「火星」和「天使長」攻勢的決策，並隨戰況發展持續進行相關準備工作。

（6）其餘各集團軍依照總參謀長 1918 年 3 月 4 日第 6925 號作戰令採取行動。魯普雷希特所部集團軍群保護「火星——米迦勒」行動之右翼，以對付英軍的反攻。德國皇太子的集團軍群在法軍向第 7（不含「天使長」戰線）、第 3 和第 1 集團軍發動大規模進攻之前撤退。

陸軍司令部依然維持其對加爾維茨和阿爾布雷希特公爵集團軍的決策，即在面臨法軍大規模進攻時應採取的策略行動，或將各師進一步撤退至該戰區。

馮・興登堡

1918 年 3 月 19 日，在軍械署長的陪同下，我於蒙特勒伊軍械庫召開了一次會議，會議成員包括參謀長、坦克兵團司令以及若干軍官和專家。會議目的在制定 1919 年的坦克發展計畫，並確定 1918 年坦克交付的時間和組織安排。我與總司令同住；午餐後，道格拉斯・黑格爵士帶我進入他的私人工作室，透過地圖闡述了他對當時局勢的見解。德軍在英軍防線，尤其是第 5 集團軍對面的集中情況顯而易見。儘管一切尚未確定，但總司令每日都在預期一場史無前例的進攻。北線集結了大量敵軍，英軍自伊普

爾至梅西納的防線可能面臨突襲；顯然，主力進攻預計會落在自阿拉斯至佩羅訥防禦陣地甚至更南的區域。所有這些可能性，前一天炮兵司令伯奇將軍已詳細向我說明。他的地圖清晰地顯示了德軍在某些地區噴灑芥子氣，這些地區可能在數日內禁止雙方進軍，並在這些地區中留有寬闊的豁口，毫無疑問敵人將透過這些豁口發起進攻。在埃納河地段，敵人也針對法軍集結了重兵，但不如英軍防線明顯。總體來看，德國在西線部署的師有半數以上是針對英軍防線的；在廣闊的戰線上，敵人針對英軍部署步兵的最顯著象徵是：其數量是針對法軍的 4 倍。

　　總司令以焦慮但堅定的目光注視著即將到來的攻勢。他堅信，戰時內閣與法國人強行要求他接受的安排，即將英軍防線向南延伸至巴里西的決定，給他的部隊帶來了不必要的壓力。他還抱怨，在這種情況下抽調他有限兵力的一大部分，劃歸總後備軍，使他承受了巨大的壓力。他自己的兵力，甚至不足以充當各部門和總司令部的後備隊，他如何能為總後備軍提供部隊？我建議，如果敵人如他所預料的那樣，將主力投入針對英軍的戰鬥，那他將獲得整個後備軍的支持；如果不是這樣，這個問題就無需再討論。他表示，更傾向於他與貝當將軍達成的安排；根據這些安排，一旦發現英軍或法軍成為攻擊目標，7、8 個法軍師或英軍師可以隨時從側面向北或向南移動支援。根據對前線的總體評估，似乎有 110 個德軍師面對 57 個英軍師，其中至少有 40 個德軍師面對我的第 5 集團軍；85 個德軍師面對 95 個法軍師；4 個德軍師面對首批進入防線的 9 個美國師，他們被特別部署在聖米耶勒附近。

　　我們的談話約在下午 3 點結束。當我準備離開時，軍械署長建議我利用化學戰會議在聖奧梅爾召開前的 2 天空閒，去探訪第 9 師團。我曾在他任師長時服役於該師，現在由圖德將軍指揮，他自從我在印度擔任陸軍中尉時就是我的朋友。我們立即啟程。圖德將軍的指揮部設在尼爾呂，位於佩羅訥以北 10 英哩處的戰區，靠近英軍防線的突出部，是受威脅防線的

1918 年 3 月 21 日

中心。我們在天黑後到達，受到了熱情的歡迎，寂靜的前線只見到炮火的閃光。

圖德將軍始終保持高度警惕。一切準備工作已全部到位。「你認為敵軍會在何時發動攻擊？」我們問道。「也許是明天早晨，也許是後天，甚至可能是 1 週之後。」次日，我們整天都待在戰壕裡。前線被一種令人不安的死寂籠罩，數小時內沒有聽到一聲炮響。然而，陽光普照的戰場卻充滿了不祥的預感。第 9 師駐守在他們稱為「災難防線」的地段，這裡是在康布雷戰役中德軍成功反擊後穩定下來的地方。我們仔細檢查了防禦系統的各個部分，從英勇的南非士兵（被稱為「跳羚」）守衛的戈謝林地，到阿夫蘭庫村後坡上的中程炮陣地。顯然，凡是人們能想到並作到的事情都沒有被忽視。前線縱深 4 英哩由鐵絲網和科學布置的機槍掩體構成的迷宮組成。儘管地面部隊分布稀疏，但這種部署能夠確保每個士兵的作戰性能達到最大化。有關德軍將使用大量坦克的傳聞和合理預測，促使我們布設了寬闊的雷區，這些雷區中密布著埋在地下的彈藥筒，其敏感的引信被安置在鐵絲網中間。在穿越這些區域的狹窄小道時，我們小心翼翼地選擇路徑。夕陽西下時，我們離開戈謝林地，並向南非士兵告別；此刻我看到他們神態安詳，宛如德摩比利戰前夕列奧尼達一世國王的斯巴達勇士。

在尼爾呂的廢墟中，我準備入睡前，圖德對我說道：「進攻即將到來。今晚可以確認，敵人在半英哩的戰線上集結了不少於 8 個營的兵力，準備發動戰壕突襲。」夜晚寂靜無聲，偶有遠處傳來的炮聲和飛機投下的炸彈聲打破寧靜。凌晨 4 點稍過，我在萬籟俱寂中醒來，靜臥沉思。大約半小時後，突然，數英哩之外，6、7 聲沉重的爆炸聲打破了沉默。我估計這可能是我們的 12 英吋大炮，但也不排除是地雷。緊接著，像鋼琴家雙手在鍵盤上從高音滑向低音，不到 1 分鐘內，我聽到了前所未有的猛烈炮轟聲。「凌晨 4 時 30 分，」魯登道夫在他的記述中寫道，「我們的彈幕在轟隆聲中落地。」遠方，從南方和北方，強烈的轟鳴聲滾滾而來，炮火的光

芒透過精心糊好的窗戶縫隙，像爐火一樣照亮了我小小的臥室。

我穿上衣物，踏出室外。在泥濘的木板道上遇見了圖德。「戰鬥已經開打，」他說道，「我已命令所有炮隊開火，你很快就會聽到炮聲。」然而，德軍的炮彈落在 8 千碼開外，爆炸聲在我的戰壕線上迴盪，震耳欲聾，以至於無法分辨出近處約 200 門大炮射擊的額外喧囂。從尼爾呂高地的師指揮部，人們可以看到廣闊的防線，呈現出紅色火焰跳躍的曲線，從我們身邊延伸，沿著第 3 集團軍防線向北，沿著第 5 集團軍防線向南，兩端都無盡頭。距天明尚有 2 小時，炮彈在我戰壕裡幾乎連綿不斷地爆炸，彼此間幾乎沒有間隔。炮彈爆炸中升騰起的火焰幾乎是連續的彈藥庫爆炸的烈火。敵人的炮轟強度和猛烈程度超過了以往任何已知的炮轟。

僅有 1 門火炮朝指揮部開火，這門炮屬於「珀西」的變種型號，所發射的炮彈都落在 100 碼以外，未造成任何傷亡。向南四分之一英哩是佩羅訥公路，1 門威力更大的重炮將師部食堂徹底摧毀。白晝降臨，地獄般的景象顯現，火焰在瀰漫的煙幕中起舞，爆炸的「彈藥堆積處」噴出一股如蘑菇般巨大的濃煙。我因公務在身，必須離開這些場景；10 點鐘時，我懷著複雜的心情與朋友告別，乘車順利駛向佩羅訥。我對圖德的印象是，像敲入凍結大地的鐵釘般不可動搖。事實證明的確如此：第 9 師不僅堅持戰鬥，還頂住了敵人的每一次猛攻，守住了第 3 集團軍和第 5 集團軍結合部的前哨陣地。他們只是因戰線的總體後移，在接到命令後才撤退。

這裡對戰鬥的描述只能是一個最簡要的輪廓。已有許多詳細而出色的報導問世，更多的記述還將被撰寫。綜觀其規模與強度、數量與品質，「米迦勒」攻勢必須毫無例外地被視為世界歷史上最強大、最猛烈的進攻。在從桑塞河到瓦茲河 40 英哩的戰線上，德軍同時出動了 37 個步兵師，由近 6,000 門大炮掩護；他們還得到差不多 30 個師的密切支援。在同一戰線，英軍防線由 17 個師和 2,500 門大炮據守，另有 5 個師作為後援。此外，在瓦茲河以南還有由德軍 3 個師向英軍 1 個師發動的進攻。德

1918年3月21日

軍總計集結並投入超過75萬的兵力對付30萬英軍。在凸出部的北面和南面有兩個長達10英哩的防線段，第9師就駐守在那裡。敵人布陣的密度是每1,000碼配備1個突擊師，達到的優勢是4比1。

英軍投入的部隊包括整個第5集團軍及第3集團軍的近半兵力，分別由高夫將軍和賓將軍指揮。防禦體系分為前哨區和戰鬥區，前者目的在延緩敵人並擾亂其編隊，後者則是主戰場。防禦系統的縱深平均約為4英哩；其後還有後備區，但因時間和人力不足，未能建造工事，僅設有中程炮隊和重炮炮隊的掩體。實際上，在第5集團軍的整個防線，尤其是從奧米農到巴里西的新接防地段，許多戰壕線和火力點仍處於草率和不完整的狀態。例如，後方區僅有一條挖入草地幾英吋深的線，連良好的公路和輕軌鐵路的交通線都還沒有。防禦手段包括安排複雜的火力點、機槍掩體和棱堡，它們相互支援，並在必要地段通過戰壕或地道連線，受到嚴密組織的彈幕射擊炮隊的掩護或支持。在英軍防線的後方則是索姆河戰場的荒野。他們的左側在策略意義上依託維米山脊凸出的山壁；右翼則與相對較弱的法軍部隊相連。

在令人難以置信的猛烈炮擊持續了2到4小時，並在某些區域大量施放毒氣之後，德軍步兵開始推進。1915年和1916年大部分時間裡，該區域曾在他們的控制之下，因此在敵人任何單位中不乏熟悉每寸土地的軍官和士兵。他們採取的進攻方式是他們在康布雷戰役後反擊中初次嘗試過的「滲透」式擴展。低懸的霧，有的地方很濃密，至少在最初階段有利於他們的計畫。英軍所依靠的獨立哨位系統，由於其數量相對較少，必然稀疏地散開，它們在相當程度上依賴清晰的視野——這既為他們自己的機槍手，也在較小程度上為保護它們的炮隊提供射擊目標。德軍步兵在濃霧的掩護下，以小股突擊隊順利地進入我方前哨區，並帶有機槍和戰壕迫擊炮。其後緊跟大股部隊，到中午時已在多處穿入我戰鬥區。英軍各哨所被炮彈與毒氣炸毀，士兵震懾或窒息，在迷霧中茫然不知所措，處於孤立無

援之境，還往往受到後面的包抄；但他們仍頑強自衛，與敵互有勝負。在整個約 160 平方英哩的戰場上，接著發生無數的浴血戰鬥。但德軍依仗他們的出色組織和對地形的熟悉，又有人數上的巨大優勢作後盾，在白天不斷侵襲並在數處穿入我方戰鬥區。夜幕降臨時，英軍各師幾乎全都被迫退出最初的戰線，在戰鬥區內多處與敵人混雜在一起。

英軍各個孤立哨所的奮勇抵抗，使敵人蒙受了重大損失，並對最終結果產生了重要影響。從一開始德軍就意識到，他們面對的是一支只要還有一槍一彈就會繼續戰鬥的軍隊，無論戰場其他地方的情況如何，勝利與逃生的希望多麼渺茫。

戰鬥仍在持續。德軍源源不斷地增援前線。至 1918 年 3 月 22 日夜幕降臨，英國第 5 集團軍已完全撤出戰鬥區，半數部隊退至最後防線之外。第 3 集團軍依然在戰鬥區內及其周圍奮戰。德軍在瓦茲河以南的推進取得重大進展。英軍傷亡和被俘人數超過 10 萬，大炮損失近 500 門。德軍也付出了巨大傷亡代價，但由於其兵力充足，損失顯得微不足道，龐大的後備軍隨時待命。相比之下，英軍的總後備軍僅有 8 個師，其中只有 5 個師可立即投入戰鬥。法軍行動遲緩或距離遙遠，數日來未能提供有效支援。於是，休伯特·高夫爵士於 1918 年 3 月 22 日晚下令第 5 集團軍全面撤退至索姆河後方。他此舉目的在「不惜一切代價保衛佩羅訥及其以南的索姆河」。這一行動在策略上是正確的，但如此薄弱的防線在廣闊戰線上一旦開始撤退，敵人的持續壓力將使撤退難以停止。各軍或師的情況各不相同，中途停下抵抗的部隊可能因其他部隊的退卻而暴露側翼。索姆河上的許多橋梁被炸毀，但一些重要橋梁 —— 交付給鐵路當局而非軍隊的幾座 —— 仍足以讓德軍迅速運送大炮過河。此外，在此季節，河流也相對容易徒步涉過。

於是，英軍的戰線跨越了曾經布滿彈坑的那片恐怖的無人區戰場，連續 5 天向後撤退。騎兵部隊填補了防線的缺口，空軍全力投入戰鬥，低空飛

1918 年 3 月 21 日

行，對源源不斷推進的敵人縱隊造成嚴重損失。在此期間，從戰線其他部分抽調的後備軍以及由軍校和技術機構臨時組建的部隊也陸續抵達戰場。同時，隨著每日的推進，德軍突擊的力量和勢頭逐漸減弱。真正的戰鬥被疲憊的雙方軍隊艱難而痛苦的向西跋涉所取代；當撤退的英軍得到足夠的增援並全面停止後撤時，追擊的敵軍也發現自己同樣精疲力竭，他們的大炮和補給遠遠落在後方。至 1918 年 3 月 27 日夜間，大戰的第一次危機結束了。

全部「米迦勒」攻勢都給予對方沉重的打擊。然而，「火星」攻勢的蹤影何在？按照計畫，德國第 6 集團軍和第 17 集團軍的右翼應在 1918 年 3 月 23 日發起進攻，目標是阿拉斯和維米山脊；但實際行動拖延至 1918 年 3 月 28 日才開始。這背後的原因深遠而複雜。賓將軍已祕密地將部隊從蒙希的防線撤退，轉而防守後方 4 英哩處的陣地。德軍對偽防線的空戰壕實施炮轟，花費了 4 天 4 夜才將大炮拖至新陣地發動攻擊。因此，第二個大浪潮未能與第一個洶湧波濤同步進行。第二次大戰並未在第一次大戰的強度上增加，而是在第一次大戰的高潮過後單獨進行。此外，德國第 2 集團軍和第 17 集團軍在初始進攻中取得的進展未能達到魯登道夫的預期。1918 年 3 月 23 日上午 9 時 30 分，他不得不放棄全面擊敗在法國的英軍並將其逐至海岸的首要策略目標，而轉而追求以下極為重要的確定目標：透過占領亞眠將英軍與法軍隔離開來。德軍第 18 集團軍和第 2 集團軍正向亞眠挺進。他中午下達的命令是：「很大部分英軍已遭沉重打擊……現在戰爭的目標是沿索姆河兩岸快速前進以隔開法軍和英軍。」這已是一個明顯縮小的目標。

1918 年 3 月 28 日清晨，已被推遲的對阿拉斯陣地的攻擊（代號「火星」）展開。攻勢在一條長達 20 英哩的戰線上進行，由德軍 20 個師對抗英軍 8 個師。雙方採取的戰術與 1918 年 3 月 21 日無異。然而，天氣晴朗，防守方的機槍和大炮在工事中達到最佳協同效果。每一處攻擊都被擊退，並使敵人遭受重大傷亡。連前哨區的多個火力點都被牢牢守住。戰鬥區無

一處受到嚴重影響。負責防衛的各戰鬥師根本不需要外部的後備軍。儘管德軍極其勇敢地向前推進，但紛紛倒地，屍體堆積如山。在為期 8 天的戰鬥中，英軍在未獲得法軍援助的情況下，成功阻止或擊敗了德軍這次空前規模的進攻。

從 1918 年 3 月 23 日上午起，法軍斷斷續續地且無力地投入南部戰場的戰鬥。當日破曉時分，第 125 師參與了戰鬥。夜晚，一個無馬的法軍騎兵師進入防線。法軍第 9、第 10、第 62 和第 22 師於 1918 年 3 月 24 日下午進入防線，雖然只有 2 個師沒有炮隊，但所有的師均無「機槍」，步槍彈藥每人不超過 50 發。法約勒將軍在 1918 年 3 月 25 日上午即接管了索姆河以南第 5 集團軍整個防線的防守責任，但直到 1918 年 3 月 27 日，戰鬥的主要壓力，即使在該區域內，仍由疲憊不堪的英軍部隊承擔。直到 1918 年 3 月 28 日午夜，當第一次和第二次戰鬥的危機過去時，法軍從未一次性投入超過 6 個師的兵力，而且沒有一個師認真作戰。戰鬥直到 1918 年 3 月 28 日的轉捩點都僅在英軍與德軍之間進行。

戰事已近尾聲，法軍在仍有戰鬥的區域不斷集結力量，與英軍發揮了同樣的作用。德軍第 18 集團軍在 1918 年 3 月 27 日擊退法軍的微弱抵抗，實際已占領蒙迪迪耶。然而，這是德軍推進的最遠點。魯登道夫表示：「敵人的防線愈發密集，有些地方甚至出現了自相殘殺的情況；而我軍在沒有援助的情況下已無法繼續施壓。彈藥短缺，供應困難。儘管我們進行了各種準備，但修復公路和鐵路耗時過長。在全面補充彈藥後，第 18 集團軍於 1918 年 3 月 30 日進攻蒙迪迪耶和努瓦永之間的地區。1918 年 4 月 4 日，第 2 集團軍和第 18 集團軍右翼在索姆河以南對亞眠的阿爾貝發動攻勢。但這些攻擊未能產生決定性效果。毋庸置疑的事實是，敵方的抵抗並非我們所能遏制……」戰鬥於 1918 年 4 月 4 日結束。

讓我們專注於實際發生的事實。勝利究竟屬於誰？與普遍認知相左，我認為，經過嚴密的得失評估後，德軍遭遇了決定性的失敗。魯登道夫未

1918年3月21日

能實現任何一個策略目標。到1918年3月23日上午，他被迫放棄了擊潰英軍主力並將其逼退到海邊的夢想，只能勉強滿足於攻占亞眠和孤立英、法聯軍的希望。1918年4月4日之後，他又不得不放棄這2個對於他來說次要但非常重要的目標。他說道：「策略上，我們未能實現1918年3月23日、24日和25日的勝利所鼓舞我們追求的目標。我們也未能拿下亞眠……這尤其令人失望。」經過可載入戰爭編年史中最可怕的猛攻之後，他們得到了什麼呢？德軍重新占領了他們的舊戰場和1年前被殘酷蹂躪和毀壞的地區。他們再次擁有了那些令人毛骨悚然的戰利品。沒有肥沃的省分，沒有富饒的城市，沒有山川屏障。沒有新的未開發資源作為回報。目光所及，只有令人厭惡，四處延伸彈坑纍纍的戰場。廢棄破舊的戰壕、無邊無際的墳場、皚皚白骨、炸毀的樹木和毀壞的村莊──從阿拉斯到蒙迪迪耶，從聖康坦到維萊布勒托訥，這些地區都已經成為「死亡之海」。

而且這是大戰以來首次，或者可以說自1914年伊普爾之戰以來，人員傷亡的比例發生翻轉；德軍的損失或陣亡士兵數與英軍之比是2：1，陣亡軍官數之比是3：2。雖然他們俘虜了60,000人，繳獲了1,000餘門大炮以及大量彈藥和物資。但他們俘獲人員的優勢遠遠抵不過大量人員受傷的損失。他們的物資消耗遠大於他們的俘獲。如果說德軍的人員損失是嚴重的，那麼他們的時間損失則是致命的。儘管作出了巨大的努力，卻沒有取得成功。德國陸軍不再蓄勢待發，而是無力地癱倒在地；其大部分後備軍已經暴露並投入戰鬥。另一方面，由於嚴重危險的壓力，協約國不得不付出努力和犧牲，正如我們將看到，如今帶給他們的好處大大超過他們的損失。

這次會戰引發的互相指責在英國政治史上留下了永久的印記。1918年4月，陸軍部作戰處處長莫里斯將軍，因政府未能在冬季增援陸軍而忿忿不平，指責勞合‧喬治先生不正確地向下議院報告了這次戰事的事實和數字。這不但在反對黨中，而且在政府的支持者當中，甚至在執政黨的黨員

中引起了緊張和半信半疑。當阿斯奎斯勳爵在辯論中提出正式質疑時，勞合·喬治首相使下議院深信，他的報告是以莫里斯將軍的副職提供的書面情報為根據的。這一答覆對問題的解決起了決定性作用；而爭論本身的是非曲直幾乎不再討論。勞合·喬治先生接受了隨後出現的分歧，它代表他的自由黨追隨者和阿斯奎斯勳爵追隨者之間的分裂。8個月以後，在大戰勝利之際舉行大選時，所有當時在這件事情上投票反對政府的人，現在遭到了獲得勝利的聯合政府的反對，幾乎無人倖免於政治排擠。此次爭執的回響一直持續至今。

然而，我們可以嘗試進行一次臨時評估。如果黑格並未在帕森達勒戰役中耗損其部隊，或至少他在9月停止了攻勢，那麼他在1918年3月21日便能指揮足夠的後備軍（冬季期間英國實際上並未派遣新兵），進而支撐受威脅的防線。假如帕森達勒戰役未在首相及戰時內閣中引發恐慌，他無疑會獲得更多的增援；進而既能減少人員損失，又能獲得更大支援。即使帕森達勒戰役失敗，若戰時內閣按應有的方式提供增援，那麼1918年3月21日的防線也能守住。英軍數量不足的責任應由總司令部和戰時內閣共同承擔。依據憲法原則，最大責任無疑在於戰時內閣：在超越軍事或技術領域的問題上，內閣未能使總司令與其信念一致；而且由於內閣與總司令意見分歧，他們未能對軍隊做到完全公正。然而，考慮到戰時軍界的主導地位以及軍政衝突的嚴重危險，英軍司令部也必須承擔相當大的責任。

1918年3月23日，我在聖奧默附近的化學戰學校工作了一整天，直到隔天中午才抵達倫敦。在化學學校無法獲得任何有關戰鬥進展的有價值情報；因此我立即前往陸軍部，查詢來自法國的消息。亨利·威爾遜爵士神情極為嚴肅，他展示了電報和一張地圖。我們步行穿過馬路前往唐寧街，勞合·喬治首相正在那裡等他。這是一個陽光明媚、清新宜人的日子，勞合·喬治先生與弗倫奇勳爵在花園中並肩而坐。他們似乎認為我掌握了第一手消息，於是轉身看向我。我解釋說，我所了解的資訊與他們從

1918年3月21日

電報中讀到的並無二致，我僅僅看到了防禦地段頭幾個小時的炮轟情況。稍微談論了一些一般性話題後，他把我拉到一邊，提出了以下問題：如果我們無法守住已經如此精心建築的防線，如何能夠用被打敗的軍隊守住更後面的陣地？我回答說，每次進攻隨著時間推移都會失去部分力量，這就像把一桶水倒在地面上，水最初急速流動，但隨著一路滲透，最終完全停止，直到再倒一桶水。後退3、40英哩後肯定會有一段相對長的喘息時間；此時若全力以赴，防線可以重新構築。他似乎已派遣米爾納勳爵前往法國，但我尚不知此事。參謀長說他打算當夜前往。我們商定在他啟程前一起在埃克爾斯頓廣場的我家共進晚餐。只有我的妻子在場。據我回憶，在整個大戰期間，從未有比當天更令人焦慮不安的夜晚了。勞合·喬治先生的一大優點是能夠忘記過去，並全身心投入應付新形勢。英國有20萬部隊可迅速派遣；彈藥和裝備情況如何？威爾遜說：「我們可能會損失1,000門大炮。」並且「堆積如山的軍火和各種補給品肯定會丟失。」我感謝當時的職位，因為至少在這些問題上不必擔憂；一切可以立即從儲備中補充，不影響正常供應。不久，總參謀長趕火車離去，只剩下我們2人。首相在真正可怕的責任壓力下，決心毫不動搖。

其間發生了一件事，雖然未對戰事過程產生直接影響，但卻具有頭等重要性。1918年3月24日夜間，戰鬥處於最不利的階段，貝當將軍軟弱無力且行動遲緩的援助，引起了日益嚴重的關注。當晚，貝當將軍在亞眠附近的迪里會晤了黑格和他的參謀長。儘管確認德軍有62個師投入戰鬥，其中48個師是從後備軍新調來的，貝當斷言德軍的主攻仍可能到來，而主攻對象將是香檳的法軍。他通知黑格，如果德軍繼續向亞眠逼近，部署在蒙迪迪耶周圍的法軍將遵照法國政府的命令撤向博韋，以保衛巴黎。他表明已經根據這一個意思採取了行動。2年多以前，基奇納勳爵親自向黑格下達的最初命令，簡言之就是：「不惜一切代價保持與法軍的團結」。但在此危急時刻，法國完全拋棄了團結的基本原則。

得知法方這一關係重大的意圖，道格拉斯·黑格爵士立即發電報，要求戰時國務大臣和帝國總參謀長迅速前來。然而，正如我們已知的，2人已各自啟程。米爾納以極大的精力行事，在聖奧梅爾會見了黑格的參謀長後，直接驅車前往巴黎，將共和國總統克列孟梭和福煦召集到一起。他們於1918年3月25日一同趕赴貢比涅調查貝當的意圖；最終，他們帶上貝當，於1918年3月26日中午在杜朗與黑格會晤，亨利·威爾遜已提前抵達那裡。危險的嚴重性消解了個人和國家之間的一切偏見與對立。大家心中只有一個名字。一週前還被稱為「老糊塗」的福煦，現在成了不可或缺的人物。唯有他擁有崇高的聲望和毅力，能夠防止法軍和英軍的分裂。米爾納建議賦予福煦亞眠前線軍隊的指揮權；黑格則主張這還不夠，必須授予福煦「從阿爾卑斯山到北海」整個法軍和英軍的實際指揮權。一個月前在倫敦的一次會議上，年邁的「老虎」曾魯莽地對福煦表示直言不諱的疑慮：「閉上你的嘴，我就是法國的代表。」現在輪到福煦講話了：「您交給我的是一項艱鉅的任務：危險的形勢，支離破碎的防線，正在進行不利的戰鬥。但我還是接受。」就這樣，西線首次建立了統一指揮，這是勞合·喬治先生長期以來謹慎而巧妙但堅定不移地追求的目標；無論對此目標有多少非議（肯定不少），歷史將證明，它對協約國事業提供了不可估量的好處。

數週之後，在所謂的「博韋協議」中，各種應急安排得到了進一步的確定和詳細說明。根據這項協議，一國軍隊總司令如果斷言最高統帥的命令會危及他部隊的安全，保證他有權向本國政府提出申訴。

隨後，對高夫將軍採取了嚴峻的措施。第5集團軍從1918年3月28日起不再存在。各個師在防線後方進行艱難的重組，因重創而痛苦不堪。缺口由迅速趕來的法軍、騎兵、從軍校徵召和臨時組建的部隊以及羅林森將軍的部隊填補。羅林森將軍開始用極其有限的各種人員和物資組建「第4集團軍」，勉力維持岌岌可危的防線。

1918年3月21日

　　高夫再也未獲另一項軍事指揮權。內閣堅決將其免職；或許是因為，他已失去部隊的信任。這位軍官在整個大戰期間步步高昇，從騎兵旅長晉升至集團軍司令。據稱，他在1916年底的昂克爾河戰役中表現卓越，立下殊勳。他與普盧默一同在帕森達勒戰役中擔當重任，戰鬥結束後，失敗的責任被歸咎於他。他是一位典型的騎兵軍官，性格堅強且天真無憂。他從不吝惜自己或部隊的生命，成為了代價高昂且無望的進攻戰工具。從帕森達勒戰役的悲劇中嶄露頭角後，他遭到高級軍官的強烈怨恨，這種怨恨甚至在普通士兵中流傳。一年多的時間使他的聲譽惡化到士兵與軍官都不願在第5集團軍服役的地步。有人認為，該集團軍供應粗劣，對進攻戰缺乏充分研究。在這種情況下，高夫難以克服他人對其極壞的印象。然而，最嚴厲的批評家也未能找到理由指責他在1918年3月21日戰鬥中的總體表現。在戰前和戰鬥中他採取了他經驗和能力所能策劃的每一種措施，並且在他極端不足的人力和物力條件下做到了極致；他的鎮定未曾動搖，他的活力未曾耗竭，他的重大決定謹慎而果斷。在他的戎馬生涯中，沒有哪個片段比導致他丟官的那場災難更令人肅然起敬。

　　我的承諾必須履行，即所有物資損失將立即補充；因此，軍需部委員會及70個部門和250萬名男女工人夜以繼日地工作，不知疲倦，只是以冷靜的激情辛勤勞動。每一個長期緊張開工的工廠，放棄了勞動者健康所需的復活節休息機會。一個思想主宰了整個龐大的組織系統——1個月之內完成全部任務。大炮、炮彈、步槍、彈藥、馬克沁式機槍、路易斯式機槍、坦克、飛機和成千上萬種附件都從我們珍藏的儲備中聚集起來。風險是相對的，於是我決定省略常規的射擊測試，保證提前1個月供應大炮，結果沒有發生不幸事故。

　　截至1918年3月底，我已向戰時內閣和總司令部作出保證，只要陸軍接收部門能完成手續，到1918年4月6日便可提供接近2,000門各類性能的新型大炮及其全套裝備。然而，實際需求僅需1,200門大炮即可滿足。

高潮

　　1918 年 4 月 9 日星期二，德軍對英軍的第三次重大戰役行動開始。為阻止德軍向亞眠的推進，道格拉斯・黑格爵士被迫削減其他防線的兵力。他並非平均地削減，而是選擇性地進行策略部署。他在從阿拉斯到拉巴塞運河的日旺希一帶保持了強大的防禦力量，這裡是一個設防中心，包含易於防守的朗斯煤田和包括維米與洛雷特高地在內的大片制高點。在設防區以北，防線不可避免地非常薄弱。英軍 58 個步兵師中有 46 個師曾在索姆河作戰；第 5 集團軍各師正在改組，暫不適合投入戰鬥。黑格只能為拉巴塞運河與伊普爾運河之間 40,000 碼的防線提供 6 個師；每個師必須覆蓋 7,000 碼的防線——比第 5 集團軍各師在 1918 年 3 月 21 日以前的防禦面更寬。而且幾乎所有部隊在前 2 週的索姆河戰鬥中都遭受了嚴重損失。在德軍即將到來的打擊前，這些不穩定的部署甚至無法完全實現，因此新沙佩勒大約 10,000 碼的防線目前由葡萄牙軍 4 個旅組成的 1 個師防守。

　　魯登道夫的攻擊目標正是這段暴露的防線，時機恰逢英軍計劃以 2 個師替換葡萄牙軍的前一天。至 1918 年 4 月 3 日，德國第 6 集團軍獲得了 17 個師的增援，第 4 集團軍也增加了 4 個師。第 6 集團軍準備攻擊阿茲布魯克和凱默爾外沿的高地，第 4 集團軍則準備支援並擴大戰果。阿爾芒蒂耶爾鎮因 1918 年 4 月 7 日夜間的毒氣彈攻擊而成為無法穿越的毒氣區域；德軍北翼因此受到保護，於 11 英哩的戰線上，德軍 10 個師向葡萄牙第 2 師及其兩側的英軍第 40 師和 55 師進攻。不少於 7 個師的德軍猛烈攻擊葡萄牙軍 4 個旅，葡軍立刻崩潰。其側翼因葡軍潰敗而暴露，也迅速被壓制。濃霧掩蓋了部署在防線後方的英軍機槍陣地。在德軍推進的 2 小時內，我方防線被撕開了一道 15,000 碼以上的裂口，大批德軍如潮水般湧入。由

高潮

第 50 師和 51 師組成的英軍後備部隊，戰鬥一開始便撤退到利斯河與拉韋河交會處的第二道防線；但德軍突破迅速，推進力度強大，導致葡軍撤退的混亂局面，進而阻礙了英軍完全占領預定陣地。他們迅速對數量占絕對優勢的敵人展開機動戰。經過一整天的激戰後，德軍抵達了原防線後方 5 公里處埃斯泰爾的郊外；英軍 5 個師的殘部在這個四面受敵的小塊區域周圍，奮力構築並守住一道防線，抵禦全力投入戰鬥的德軍 16 個師。

1918 年 4 月 10 日清晨，當天空剛剛透出曙光，德國第 4 集團軍對阿爾芒蒂耶爾以北 4 英哩長的英軍防線發起了第二波猛烈攻勢。這次進攻定於主攻開始 24 小時後展開，因為有充分理由預計此時英軍的後備部隊已經投入了首次戰鬥。事實上，已有 4 個旅被調動；因此，德軍 5 個師全力壓向我方第 19 師和第 25 師的 5 個旅，這 5 個旅的後方僅剩第 29 師的一個旅作為後備。敵人的進攻取得了成功，我方防線被突破。「塞子街」村、梅西納的大部分和維查埃特山脊的山頂，到中午時分都已落入敵手。第 34 師陷入被孤立在阿爾芒蒂耶爾周圍的極大危險之中；到 1918 年 4 月 10 日晚，德軍實際上已經控制或有可能控制從維查埃特到日旺希的整個英軍防禦系統。白天，萊斯特朗和埃斯泰爾相繼被攻占；夜間，英軍 8 個師的倖存者仍然堅守著一條臨時建立的 30 英哩防線，緊緊牽制住德軍 27 個師，其中 21 個師實際參與了戰鬥。第 34 師於夜間從阿爾芒蒂耶爾突圍，憑藉智慧和技巧才得以逃脫敵人的迅速包圍。

儘管防線遭受了猛烈的攻擊並且大部分嚴重受損，但其兩翼仍然牢固把守。第 55 師蘭開夏師在日旺希和費斯蒂貝爾建立了完整的防禦工事和組織，在接下來的 7 天中成功抵禦了敵人的每一次進攻，雖損失了 3,000 人，但俘虜了 900 名敵軍。

在北翼，第 9 蘇格蘭師堅守尼爾留，於 1918 年 3 月 21 日早晨頑強抵抗。這次大會戰中，他們進行了最為卓越和成功的戰鬥，儘管官兵損失超過 5,000 人，但迅速得到了新兵的補充，隨後被派往一個被認為較為安靜

的地方進行休整。向南的防線全面崩潰，右翼向後撤退。經過重組的南非旅於 1918 年 4 月 10 日下午 4 時將德軍逐出梅西納山頂。敵人試圖將該師趕出其牢固陣地的所有努力均告失敗。這些支撐點雖然防護牆被完全摧毀，但依然屹立不倒。整個防線的安全和戰鬥的最終結局毫無疑問地取決於這個實際狀況。

1918 年 4 月 11 日，第 6 集團軍和第 4 集團軍的敵軍戰線合併，繼續向四周擴展其攻勢，唯兩翼無法拓寬。村莊和城鎮接連落入敵手，這些地方 3 年多以來一直是英軍的駐紮地，其名字與艱苦得來的勝利息息相關。梅維爾、涅普和梅西納的其餘部分相繼陷落。隨著戰線的延伸，敵軍能夠部署更多的師，並向我方薄弱且不穩定的防線推進，因而增強了攻勢。1918 年 4 月 10 日和 11 日整整 2 天，我第 50 師和第 51 師沿 20,000 碼不斷變化的防線與德軍 7 個師展開殊死搏鬥。

當這一天的戰鬥結束時，德軍在原英軍陣地上形成了一個深達 15 公里、寬 64 公里的凸出部。與此同時，我方各增援部隊以步行、乘汽車和火車的方式急速趕往戰場。我第 29 師的殘餘部隊開始抵達受攻擊的北部防線；第 4 師、第 5 師、第 31 師（包括第 4 警衛旅）、第 33 師、第 61 師和第 1 澳洲師，全部趕赴南部防區。陣地寸土必爭，在夜以繼日的短兵相接中，德軍遭受的損失，正如他們的參戰人數一樣，至少是英軍的 2 倍。一場名副其實的消耗戰終於在這裡展開，它充滿危險和痛苦，鮮為人知。

德軍突襲初期的成功遠超魯登道夫的預期，在戰鬥的頭 48 小時內，他決意擴大攻勢，全面進攻英吉利海峽各港口。自 1918 年 4 月 12 日起，德軍大量投入後備部隊。2 位德軍指揮官誇斯特和西克斯特·馮·阿爾尼姆因此受鼓舞，從北方主要集結地自由進入戰場。最初為吸引協約國後備軍在亞眠前線的利斯河佯攻戰，現在已演變為首要戰事。

無論從一般觀點還是從英國人的視角來看，1918 年 4 月 12 日都是自馬恩河戰役以來的戰爭高峰。德軍似乎已經下定決心，將他們的命運和重

高潮

新集結的優勢作為賭注，試圖將英軍徹底擊敗。他們在 20 天內投入近 90 個師參與 3 大會戰，對抗 1 支總數不超過 58 個師的軍隊，而這些師中有近半數被牽制在未受攻擊的戰線上。德軍在進攻區域內憑藉 3 比 1 甚至 4 比 1 的人數優勢，訓練有素的突擊部隊，機槍和迫擊炮的運用方法，超乎尋常的技巧和冒險精神，新式滲透戰法，極具殺傷力的芥子氣，可怕的大炮和強大的軍事科技，有可能取得成功。在英軍司令部看來，法軍似乎陷入了麻木和被動，自尼維爾導致的災難以來，他們一直在全力應付叛變並小心使用剩餘的資源。除了「預先約定的」冬季馬爾邁松之戰和行動遲緩的有限幾個師在 1917 年 3 月 21 日後參與了索姆河以南的軍事行動之外，他們在近 9 個月內僅進行了一般的壕溝戰。在此期間，數量少得多的英軍幾乎不停地作戰，無論是聰明還是愚蠢的犧牲都是為了共同事業奉獻了自己，且不說 1917 年長時間的阿拉斯──梅西納攻勢，在帕森達勒悲劇中損失了超過 40 萬人，現在又在魯登道夫的無情重擊下損失了近 30 萬人。就是這支軍隊經歷了可怕的損失，流盡鮮血，他們的團級軍官傷亡數以萬計，他們的炮兵連和戰鬥營補充了一批又一批的新兵，新兵們還沒來得及認識軍官和彼此就投入戰鬥。就是在這種情況下，膽大妄為的德意志帝國所聚集的巨大力量現在正在減弱。

此外，放棄陣地既不能減緩敵軍的攻勢，也無法為己方爭取到喘息的機會。道格拉斯·黑格爵士無計可施，找不到類似「矮子國王」大撤退的策略。任何地方都可以放棄數公里。帕森達勒戰役以高昂代價取得的陣地可以放棄，進而獲得些許緩解。伊普爾戰役的最後措施是聽之任之。然而，在亞眠、阿拉斯、貝蒂訥和阿茲布魯克前線，他們必須與陣地共存亡。因此，1918 年 4 月 12 日清晨，這位一貫克制且冷靜的總司令向部隊發布了當天的命令：「我們除了決一死戰沒有其他選擇。每個陣地必須堅守到最後一人。絕不允許退卻。我們已經無路可退，堅信我們的事業是正義的，每個人都必須戰鬥到底。」於是，英軍遠征軍各部隊全體官兵已經

做好準備：不成功，便成仁。

戰鬥仍在繼續，增援部隊不斷填補戰線上的缺口。整連、整營乃至整旅的部隊在犬牙交錯的陣地上被消滅。堅定、無情且冒險的魯登道夫加大了他的賭注。更多的德國後備軍投入進攻。大炮的轟鳴聲迴盪在法蘭德斯的上空，並傳到了海峽的彼岸。但無論是什麼力量，都無法動搖英軍陣地右翼的第 55 師和左翼的第 9 師。整個 1918 年 4 月 12 日和 13 日，可以清楚地看到澳洲軍隊的到來，隨後是第 4 警衛旅，他們的英勇氣概堵住了通往阿茲布魯克的道路。各戰鬥單位和編隊在戰線上彼此混雜，以致在巴約勒 —— 阿爾芒蒂耶爾公路上，4 年前還是陸軍少尉的維多利亞勳章得主弗賴伯格發現，在他據守的 4,000 碼防線上，有來自 4 個不同師的人員，由 2 個師炮兵隊的餘部掩護，他們都是隨戰線後撤的。新埃格利斯失守了，接著是巴約勒和梅泰朗。在強大的壓力下，英軍防線向後彎曲，但沒有破裂。1918 年 4 月 17 日，當德軍 8 個師，其中 7 個是新調來的，對著名的凱默爾山的進攻被猛烈擊退後，利斯河之戰的危機就過去了。總司令的命令得到了嚴格而忠實的執行。

就在利斯河之戰即將打響之際，道格拉斯·黑格爵士已深信魯登道夫準備對英軍發起猛烈進攻。於是他向福煦請求支援。

他懇請最高統帥立即實施以下 3 項措施之一，即：

（1）在接下來的 5、6 天內，法軍將發動一次進攻，其規模必須足以牽制敵方的預備部隊；

（2）調換索姆河以南的英國軍隊（共計 4 個師）；

（3）在聖波勒附近部署 4 個師的法軍部隊，作為英軍防線的後備力量。

戰鬥打響後，他在 1918 年 4 月 10 日再度寫道：「毫無疑問，敵人會持續攻擊他的部隊，直到他們筋疲力盡。法軍必須立刻採取行動，以減輕英軍某些防線的壓力，並在戰鬥中積極發揮作用。」

他在 1918 年 4 月 11 日和 14 日多次重申了自己的請求。15 日他最終寫

高 潮

下了自己的意見：

「最高統帥的部署無法有效應付當前的軍事形勢。」

為更全面地落實自身要求，並維持與最高司令的良好關係，黑格早在 1918 年 4 月 10 日便選定了在利斯河戰鬥中指揮英軍第 15 軍的杜·坎將軍，派遣他常駐福煦司令部，擔任高級「中間人」或連繫官。

這些要求使福煦倍感痛苦。他原本打算集中並節約使用他的後備軍。他堅信，對後備軍的控制權是總司令在防禦戰中的主要職責。已經列入損失的 10 個英軍師必然會縮減到僅剩骨幹隊伍，其倖存者將被用作其他部隊的增援。他質問，這些師何時能夠重建？當戰鬥危機過去後，英國人是否會將疲憊的英軍各師「轉移」到法軍防線的平靜區域？這些反要求與英軍奮力戰鬥的情形完全不符。1918 年 4 月 14 日在阿布維爾舉行的會議上，福煦與黑格之間爆發了令人痛苦的意見分歧，米爾納勳爵也出席了會議。福煦認為他所稱的「北方的戰鬥」正在逐漸平息，他的後備軍部署在合適的地點，既可介入法蘭德斯之戰，也可介入阿拉斯 —— 亞眠 —— 蒙迪迪耶之戰；他預估戰爭隨時可能重新爆發。他的態度激起了英方代表的憤怒，雙方未能達成協議。他曾在 1914 年於伊普爾見過英國第 1 軍團的戰鬥；英軍只要堅決號召，就能經受任何考驗，給他留下了難以磨滅的印象。

積聚後備部隊以及要求協約國軍各部門充分發揮其潛力，無疑是福煦的責任。然而，他對於「北方的戰鬥在逐漸平息」的判斷明顯過於草率，且他無權期望已極度疲憊的英軍在即將到來的戰事中進行更為激烈的抵抗。福煦的理論，即在單場戰鬥中絕不替換部隊，或許適用於持續 2、3 天的衝突；但若戰鬥延續數週，這一規律便不再適用。1 個師在戰鬥到某一階段後，如果不進行替換，將因大量傷亡及與支援部隊的混合而消失；而那些經歷多日無休止的危險和震撼的倖存者，即便未受實際傷害，也會變得麻木不仁。

憑藉他們的提議，福煦才得以掌握最高指揮權，但英國政府和司令部已經對他行使權力的效果失去了信心。然而，必須承認的是，福煦的正確性已被事實證明，因為英軍在幾乎沒有援助的情況下頂住了猛烈的攻擊，使德軍的衝擊力逐漸消退。

在壓力下，福煦勉強地調動了他的小部分後備部隊。1918年4月18日，從北方法國抽調的5個步兵師和3個騎兵師組成的特遣隊接防巴約勒-維查埃特防線。然而，這些部隊即使到達戰場後，仍然緩慢地進入防線。最終，這支法國部隊增至9個步兵師，但此時危機已經過去。

然而，在持久戰的背景下，敵人的強大和我軍所處的顯著危險，迫使我們進行最嚴峻的反思：若德軍繼續全力進攻我們的咽喉，若他們使我軍喪失戰鬥力，若防線崩潰或被不可抗拒的洪流沖垮！無論如何，我們仍有「水上防線」存在。前哨防線從敦克爾克撤退至第二道防線或主要防線；這條防線沿阿河河流修建，自格拉沃利訥經聖奧梅爾至聖沃南。我們在這條防線上構築了大量工事；之所以稱其為「水上防線」，是因為大部分氾濫區在防守中可發揮作用。這條防線可以縮短戰線，進而提供顯著的緩衝作用，但也意味著敦克爾克的失守和加來地區將承受敵人的持續炮轟。這2個港口對我軍獲取補給至關重要，一旦失守，將引發深遠的限制和混亂。

更加黯淡的前景即將到來。假如我們必須在放棄海峽港口或與法軍主力分離之間做出選擇。在前一種情況中，我們將失去最優越和最便捷的交通路線，那麼在成功開闢其他基地前，我們將完全依賴阿夫雷港。我們的所有計畫將瞬間失去實現的可能。我深感憂慮，在這種情況最終降臨前，應該冷靜地進行探索研究。

在1918年5月1日和2日於阿布維爾召開的最高軍事會議上，我們向福煦提出了這個問題。威爾遜和黑格都認為，必須由最高總司令做出決定，以便做好防範措施。英軍參謀長建議英國政府代表堅持要求得到一個答覆。能夠促使福煦答應的最有可能的理由是，保持兩軍的連繫比保有海

高潮

峽港口更為重要。然而,他又堅定地重申了他的主要觀點:「我的意圖是為保住兩者而戰,因此,在我被擊敗之前不能提出這個問題。兩者我一個也絕不放棄,其他地方也要堅持。」他冒險將大部分希望寄託在英軍的持久力上。最終,他沒有失望。

1918年4月25日發生了一起令人痛心的事件。自1918年4月18日起,法軍數個師接管了我方防線後方的一部分,他們密集駐守這段防線,每個師負責的區域不超過3,000碼。在這個防區內,法軍第28師據守著極其重要的斯海彭貝格高地和凱默爾山,後者由第99團的1個營防守。拂曉時分,德軍的大炮和迫擊炮以驚人的密度向這座山和環山腳的戰壕發射高爆炸力炮彈和毒氣彈。據說,法軍的防毒面具只能部分抵擋毒氣。不管出於何種原因,據守該山兩側的法軍部隊在擊退德軍3次步兵進攻並遭受重大損失後,於清晨7時許撤退。他們的撤退使得山頂的部隊,包括我們自己的迫擊炮隊和重炮連,面臨被隔絕的危險。同樣的命運降臨到左側戰壕的1旅英軍身上。他們遭到側面攻擊,全體官兵非死即俘。若不是緊鄰的蘇格蘭高地旅迅速連續縮回右翼並組成防守側翼,災難很可能進一步惡化。

無可否認,自1918年3月21日開始的戰鬥中,法軍與英軍指揮部之間的關係因彼此不甚欣賞對方的軍事素養而備受關注。法軍參謀部認為,英軍的失利導致了英、法聯合防線的重大災難;他們公開宣稱英軍在這一時期的表現平庸。另一方面,英軍認為在嚴峻的形勢下所得到的援助不僅少得可憐,而且來得太遲;法軍的援軍一進入戰鬥,幾乎總是不斷後撤。博拉斯頓上校列舉了幾次聯合進攻的案例,這些進攻中,儘管英軍已經投入戰鬥,但由於法軍一些師按兵不動而告失敗。

他還記錄了一件令人驚訝的事情,而我正是這件事的見證人。1918年4月29日約10時,我與道格拉斯·黑格爵士共進早餐。赫伯特·勞倫斯爵士,他的參謀長,以及2、3名隨行武官隨後到達。總司令剛坐下準備

喝咖啡時，一份電報遞到他手中：「指揮官將軍：法軍第39師報告，毫無疑問敵人已占領蒙特魯日和蒙維代內。斯海彭貝格右側的部隊遭受重創……據報，敵人正在斯海彭貝格和蒙特魯日之間推進。」同時，來自普呂梅的電報也證實了上述報告，並請求參謀長立即趕往第2集團軍指揮部。已經沒有任何後備部隊可供調遣，如果消息屬實，情況將極為嚴峻。大家迅速離開餐廳。黑格回到辦公室，他認為：「情勢絕不會像第一個報告所顯示的那樣糟糕。」勞倫斯驅車離去。

我決定親自前往了解情況，便乘車前往亞歷山大·戈德利爵士所轄軍區，這裡距離傳聞中的突破點最近。炮火聲持續不斷，但指揮部的每個人都面帶笑容。法軍司令來電稱，先前的報告完全是誤報，根本沒有發生重大事件。此類意外偶爾難免，但也反映了法軍和英軍指揮官們在那些艱難時期所面臨的緊張狀態。

無論如何，對於英軍指揮部來說，最糟糕的時刻已經過去，儘管他們還未意識到這一點；接下來的戰爭雖然充滿了殺戮和艱辛，但對他們來說卻充滿了希望和勝利。德軍在這次戰鬥中最後一次取得的成就是占領了凱默爾山。令人驚訝的是，在付出如此高昂代價後，德軍並未利用這一戰果。這個決定由魯登道夫作出。法軍繳獲的德軍第4集團軍從1918年4月9日至30日的實戰日誌和文件顯示，魯登道夫一直敦促該集團軍參謀部爭取勝利，但他最終堅決建議停止進攻，準備迎接英軍的反攻。「鑑於防守的鞏固，」魯登道夫寫道，「應該考慮進攻是中止還是繼續。」第4集團軍參謀長馮·洛斯貝格將軍回覆說：「我部隊在進攻戰場各處遭遇巧妙縱深布置的堅強防禦，且因大量機槍掩體難以克服……憑我們現有兵力，軍事行動無法成功。最好中止進攻。」魯登道夫表示同意。頑強的防禦在最危險的時刻取得了成功。

英、德兩軍之間最激烈和緊張的搏鬥就此告終。從1918年3月21日到4月底的40天裡，德軍主力不停地專意打擊和毀滅英軍。德軍120個

高潮

師反覆攻擊英軍58個師,竭力突破其防線,多次取得巨大勝利,繳獲1,000餘門大炮,俘虜7至8萬人。在這40天內,英軍軍官2,161人陣亡,8,619人受傷,4,023人失蹤或被俘;士兵25,976人陣亡,172,719人受傷,89,380人失蹤或被俘;總計損失軍官14,803人,士兵288,066人。這個數字略高於道格拉斯·黑格爵士在1918年3月21日之前指揮的英軍戰鬥部隊總人數的四分之一。然而,在如此短的時間內,在相對較小的軍事單位內,集中如此巨大的損失,並未摧垮英軍的戰鬥力。英軍沒有失去任何關鍵陣地,也沒有使部隊和指揮官陷入沮喪。軍事機器依然運轉,士兵們繼續戰鬥,他們頑強而勇敢地作戰;無論個人命運如何,他們堅信英國將一如既往地渡過難關。正因為他們在各個地方的頑強抵抗,以及無數小單位默默無聞地戰鬥至最後一人,英軍對德軍造成的損失比自己所受的更為嚴重。在這一階段,德軍遭受了無法彌補的損失,超過了其為爭取勝利所付出的最大努力,並為疲憊不堪的德國人民敲響了喪鐘。在同樣的40天內,德軍在與英軍的戰鬥中損失慘重:軍官死亡3,075人,受傷9,305人,失蹤或被俘427人;士兵死亡53,564人,受傷242,881人,失蹤或被俘39,517人;總計損失軍官12,807人,士兵335,962人。向前推進的軍隊收集戰俘和失蹤人員的規模總是遠超退卻的對手。這些被切斷退路的部隊是撤退所付出的沉重代價,對防守部隊來說是永久性損失。然而,如果不計這些,從雙方數字中都減去失蹤和戰俘人員,那麼實際情況是,英軍在這些戰鬥中擊斃和擊傷德軍308,825人,付出的代價為209,446人;簡而言之,德軍與英軍傷亡人數之比為3:2。

如今輪到我們的盟友承受重壓了。我們接連不斷的重創很快便降臨到法國軍隊身上。倘若我們事先預見到他們即將經歷的苦難,就應當感激他們培養、保護並保留下來用於打擊敵人的戰鬥力。

舍曼代達姆嶺的突襲

1918 年 4 月底，隨著北方戰鬥逐漸平息，魯登道夫察覺到敵軍部隊數量過多，因而將注意力轉向其他區域。他寫道：「最有效的軍事行動莫過於繼續對據守伊普爾和巴約勒的英軍展開攻勢……在我們能夠再次發動進攻之前，敵人的實力必須減弱，而我們的交通狀況也需改善。」因此，他放棄了德軍自 1918 年 3 月 21 日起追求的所有策略目標。首先，他放棄了擊潰自阿拉斯向北的英軍防線和徹底擊敗英軍的目標，轉而追求占領亞眠並分隔英、法軍隊這一個較明確但同樣重要的目標。作出這個決定後，他在北方發起攻勢，以吸引英軍後備部隊遠離亞眠戰場。然而，作為佯攻序幕的利斯河之戰，雖然取得了較小但仍具重要意義的海峽北部港口戰利品，現在他必須放棄這些戰利品；他的策略野心已經 3 度縮減，此後必須降低到更低水準。德軍 1918 年的第 4 次攻擊戰，在相當程度上只是為了爭取區域性勝利，除了從重要戰線上轉移協約國軍隊的作用外，不可能有其他更為重大的策略價值。

福煦元帥以敏銳的眼光洞悉了戰局的核心與要點。他沒有被遮蔽關鍵問題的大量重要但無關的見解所迷惑，而是根據問題的重要性順序，排列了協約國軍隊的策略需求。在這些需求中，首要的是法、英軍隊的團結；其次是保護海峽港口；第三是保衛巴黎，儘管這個安排並非最確定的選項及排序。另一方面，貝當多次表現出不同的評估。貝當在 1918 年 3 月 24 日晚杜朗會議上的態度正好證明了這一點，他認為巴黎失守比法軍和英軍之間的連繫被切斷更為不幸。我們稍後將看到這個錯誤的更顯著例子。如此傑出的軍人犯下這種錯誤只能歸因於情緒的干擾。即便巴黎在 1918 年 6 月被德軍占領，也不會阻止 1918 年 11 月同盟國的崩潰。但如果海峽港口

舍曼代達姆嶺的突襲

失守，英國的軍事動能將減半，這意味著戰爭將會延續至少 1 年；而英軍和法軍的隔離，可能導致最終的徹底失敗。所幸福煦的正確判斷力穿透了虛假表象的迷霧。從他掌握最高指揮權的那一刻起，他便與英軍的觀點完全一致，堅定地聚集後備部隊，保護英軍和法軍的結合。支持他的克列孟梭在必要時刻宣布：「我將在巴黎前方戰鬥，我將在巴黎城內戰鬥，即便巴黎失守了我仍將戰鬥。」這些傑出人物能使自己的思想超越內心最珍貴的誘惑，因此我們看到了真理的燈塔，找到了安全的航道。

按照福煦的決定，後備部隊被集結在法蘭德斯及貢比涅與亞眠之間的區域，而戰線的其他重要部分則必須接防那些危險的裸露地段。貝當和法軍司令部對於法軍大量戰鬥師調往北方深感憂慮。貝當頑固地希望保留最後一批部隊，但福煦堅持全部調往北方。因此，當利斯河戰役陷入僵局時，魯登道夫發現他無法重新發動亞眠戰役。他已經承擔了保住兩大突出部的責任，這兩個突出部是他透過集結優勢後備部隊並以沉重的增援力量為代價才奪取的。在這兩個突出部，他面對強大的抵抗無法推進，但他又不願意從這兩處後撤，唯恐動搖德國光輝但已脆弱的信心。對於德軍部隊來說，這兩個突出部各有其特別不利的一面。在索姆河地區，他們被迫住在自己摧毀的荒野中，儘管交通情況有所改善，但仍不足以發動最有力的攻勢。而在巴約勒突出部，情況更加糟糕。其面積較小，安頓更加困難。四周的英軍炮兵部隊居高臨下，源源不斷的彈藥和新炮補充到位，可以讓這些炮兵部隊日夜從 3 個方向對德軍突出部進行射擊。在這個小區域中，德軍近 20 個師必須不斷付出高昂代價才能維持；而這筆代價將很快耗盡他們的後備部隊。

魯登道夫在選擇下一個進攻點時，心中一定充滿了深深的疑慮。表面上看，幾乎一切都在順利進行，但實際上卻是徹底的失敗。然而，他依然有著雄心勃勃的復仇計畫，手中還掌握著大量的人力和物力資源。儘管這種勝利最終毫無實際意義，但仍能維持他對於不斷擴大成功的幻想。早在

1918 年 4 月 17 日，德國皇太子的集團軍群就接到了緊急命令，準備進攻舍曼代達姆嶺，意圖在蘇瓦松和蘭斯之間實現突破。布置工作以常規、徹底和科學的方式進行，並採取了前所未有的保密措施。德國第 7 和第 1 集團軍集結了 29 個師，投入戰鬥，部署的炮隊不少於 1,158 個，進攻時間定在 1918 年 5 月 27 日凌晨 2 點。

福煦和貝當皆明白，德國皇太子的精實部署勢必令法軍遭受損失，然而整個 5 月，2 位將軍都無法預測攻擊會落在哪裡。人們一直將責任歸咎於法軍第 6 集團軍的參謀部。集團軍司令迪謝納將軍的暴躁脾氣使下屬喪失信心並疏遠他，軍事機構內部摩擦屢見不鮮。而在這一刻，最為緊迫的是要齊心協力，不惜一切代價進行突襲，突破敵人的重重掩護，以獲取至關重要的情報。然而，無論是第 6 集團軍還是其他沿法軍防線的部隊，都未能完成這一任務。法軍的 4 個師堅守在舍曼代達姆嶺防線，另有 4 個師作為後備部隊駐紮在埃納河後方。在其右側是由亞歷山大·漢密爾頓·戈登爵士指揮的英軍第 9 軍團，包括防線上的第 21 師、第 8 師和第 50 師，以及作為後備的第 25 師，這些部隊在北方戰鬥中均已嚴重受損。依照福煦的建議，這些師團被派往法軍認為最為平靜的區域進行修整和補充新兵。英軍總指揮部發來正式警告稱，敵人已經向埃納河防線發起進攻。對此，法軍第 6 集團軍參謀部在 1918 年 5 月 25 日上午的報告中回應道：「我們認為，沒有任何跡象表明敵人已經做好準備，使他們能在明天發起進攻。」

接下來發生的事件令人振奮。1918 年 5 月 26 日拂曉，法軍俘虜了 2 名德軍士兵。其中 1 位是二等兵，另 1 位是候補軍官，分別隸屬於耶格爾的 2 個團。在押送至師指揮部的途中，這 2 名俘虜開始與法軍交談。那名二等兵透露德軍將發動進攻，而軍官則否認二等兵的說法。抵達軍部情報中心後，俘虜被分開審訊。首先審問軍官，他滔滔不絕地表示德軍沒有計劃在這裡發動進攻。隨後審問二等兵，他說士兵們相信進攻將在當晚或次日

舍曼代達姆嶺的突襲

晚間展開,但他不確定具體日期。在進一步追問下,他透露彈藥和手榴彈已經分發,但戰地緊急口糧尚未發放。他前一天在營房附近見到一些屬於警衛團的士兵。他知道的僅此而已。隨後再次召來那名軍官,告訴他戰爭法不強迫他說話,但他自願透露的消息必須負責,提供假情報即為間諜行為。聽到這番話,他顯然慌亂了;在壓力下,他最終透露了有關進攻的詳細計畫,進攻將在次日展開。此時已是 1918 年 5 月 26 日下午 3 點,警報發出,戰鬥部隊進入戰鬥陣地。

皮埃爾弗描繪了普羅萬的貝當及法軍指揮部參謀們所經歷的驚恐時刻他們深知一場巨大的災難在即;他們明白幾天內增援部隊無法抵達戰場,而在更長的時間內,平均每一天也只有 2 個師能夠到達。此時,任何人都無能為力。他們整夜坐在寂靜的辦公室裡,等待即將來臨的打擊,無法抗拒部隊注定要面對的另一種磨難。第 2 天凌晨 1 時,德軍的炮火傾瀉在 30 公里的防線上,3 小時後,敵軍的 18 個師向法軍的 4 個師和英軍正在休整的 3 個師發起進攻。儘管我們的部隊早已警戒,但敵人的策略突襲依然是全面且壓倒性的。

「在經歷了 3 個半小時的猛烈大炮和迫擊炮轟擊後,」德國皇太子寫道,「各戰鬥師如潮水般向舍曼代達姆嶺發動進攻……駐守陣地的少數敵軍部隊 —— 戰壕中的 6 個法軍師和 3 個英軍師 —— 被徹底擊潰,我軍一鼓作氣攻至舍曼代達姆嶺和埃納 —— 馬恩運河。早在當日下午,我的先頭部隊已經越過埃納河。到了傍晚,第 3 集團軍的主力已經攻抵菲姆兩側的韋勒河。一天之內突破了縱深 20 公里。第 7 集團軍左翼還越過了埃納 —— 馬恩運河。」

英軍的 3 個師和迅速參戰的第 25 師進行了頑強的防守,在他們的右翼,第 45 法國—阿爾及利亞師提供了強而有力的支援,儘管自己未遭攻擊。憑藉這次抵抗,英軍戰線在強大的正面壓力下得以安全後退,但左翼仍然岌岌可危。幸運的是,撤退的英軍發現他們身後是丘陵和樹林密布的

鄉村地形，這在蘭斯西面有助於防守。英軍第19師也幸運地到達沙隆，稍作休整；第4天英軍再次堅守防線。然而，第21師實際上已經被擊潰，到1918年6月1日，英軍5個師的總兵力已不足1個師。所有部隊的損失如同1個月前在利斯河戰鬥中一樣慘重。許多營已不復存在，大部分炮隊及其大炮在戰場上被毀。無知且恐懼的法國村民舉行敵對示威，攻擊撤退的部隊。

與此同時，德軍的攻勢已經突破，徹底瓦解了英軍的左翼。迪謝納將軍的部隊在摧毀埃納河上橋梁的行動中耽擱太久，結果大多數橋梁完好無損地被入侵者占領。到1918年6月2日，蘇瓦松失守，德軍抵達馬恩河畔的蒂耶里堡。

皮埃爾弗在一篇充滿情感的文章中敘述了隨後發生的事件。普羅萬與向莫及庫洛米耶防線之間的各條公路上，突然被無盡的美軍堵塞。這些朝氣蓬勃的年輕人彷彿源源不絕，給在困境中的法軍留下了深刻的印象。他們大多在20歲以上，幾乎沒有超過30歲的；擠在卡車裡一路談笑風生，高聲唱著新世界的歌曲，風風火火地奔赴戰場。法軍司令部被這些新生命的力量所鼓舞，激動不已。「大家覺得，」皮埃爾弗寫道，「他們正接受一次不可思議的輸血手術。生命如洪水般湧來，讓經歷了4年無數創傷的法蘭西垂死的軀體復甦了。」確實，這種反應與事實達到了高度一致。美軍訓練不足、組織欠完善，除了武器，僅憑勇氣、數量和青春的熱情，他們準備以痛苦的代價獲得經驗。他們已經為此做好了充分準備。

舍曼代達姆嶺之戰帶來的不幸，顯著改善了英、法兩軍之間的關係。法軍在經歷了如此震撼的襲擊，並在一天之內撤退了20公里——創下了西線戰鬥的紀錄後，再也無法保持那種優越感。這種優越感自卡波雷托戰役後在義大利人面前和1918年3月21日後在英軍面前都難以掩飾。他們自以為只有法國陸軍能夠在現代戰爭中堅守防線，直到他們也感受到魯登道夫攻勢的威力。德軍的猛烈打擊使這種幻想徹底破滅。共同的苦難讓協

舍曼代達姆嶺的突襲

約國軍隊更加緊密團結。法軍司令部對已命令休整的英軍5個師遭受的巨大損失深感痛惜，並以激昂的語言頌揚這些部隊的戰鬥功績。現在引用集團軍群司令邁斯特將軍的話：「請允許我用英語表達。當大量敵人如洪水般湧來時，你們以堅韌不拔的精神重組新的編制繼續戰鬥，最終使我們建立起一道大壩，遏制了這場洪水。所有目睹這一壯舉的法國人永遠不會忘記。」英國第45野戰炮兵旅第2德文郡營和第5炮兵連，全體官兵戰至最後一人，壯烈犧牲，榮獲大戰十字勳章，以茲永久紀念。

隨著德軍推進至距巴黎不到100公里的蒂耶里堡，我面臨的問題幾乎和利斯河之戰時同樣嚴峻且緊迫。除了原有的事務外，我還肩負著供應飛機和各種航空物資的全部責任。軍需部就像一家大商場，空軍部向其訂購所需的一切。在當時的國務大臣威廉·韋爾爵士的指揮下，空軍的需求量大得驚人。我們發現法國製造業擁有大量剩餘產能。於是，我徵得盧舍爾的同意，指示亞瑟·達卡姆爵士向法國大量訂貨。我們訂單的最重要部分所依靠的法國工廠大多集中在巴黎周圍。由於法國首都面臨危險，必須精心計劃，在必要時將這些工廠南遷；同時還要求作出正確的決斷：在何種情況和何時將這些計畫付諸實施。如果無緣無故搬遷，中斷生產就無必要；如果延誤太久，我們就無法將機器運走。在這些變幻莫測的日子裡，巴黎顯得寧靜甚至宜人。德軍的遠端大炮，每隔半小時發射一批炮彈落在周圍，實際上已經疏散了幾乎所有那些不太忙和不太窮的人。白天這個城市空寂無人且令人愉悅，而到了夜晚幾乎總是有空襲的干擾。克列孟梭的精神主宰了整個都城。「我們正在讓出土地，但我們絕不會投降。只要共和國政府能夠承擔起責任，勝利就一定是我們的。」

如今，魯登道夫已在協約國軍隊防線上占據了第3個突出部。在這些突出部中的德軍部隊普遍感到惶恐不安，他們的交通條件極為惡劣，整體策略位置也極其脆弱。看起來，他們很可能會嘗試攻占或打擊法軍在蒙迪迪耶和蒂耶里堡之間延伸至努瓦永的突出部。維萊科特雷周圍的茂密森林

區和蒂耶里堡的德軍僅有一條鐵路線，這使得他們無法從東方發動進攻。貢比涅前方從蒙迪迪耶至努瓦永的防線顯然最令德軍關注。克列孟梭先生授權並敦促我前往各處視察，並「告知勞合・喬治先生我們正在做什麼」。此時，協約國內部正在舉行軍需會議，在工作允許的情況下，我訪問了亨伯特將軍和德貝尼將軍的部隊，他們正在等待預期中的襲擊。這2位將軍我都認識，與集團軍群司令法約勒將軍更為熟悉。從巴黎到前線不到3個小時，我密切關注法軍正在採用的改進防守方法。現在沒有任何重要目標可供德軍炮轟。由精心隱蔽且互不相連的機槍掩體組成的堅固前哨防線，單獨與敵人接觸。這些視死如歸的部隊（對於他們來說，攻擊即是毀滅）後面是縱深3,000至4,000碼的區域，在這個區域裡只有一些牢固據點，由較小的兵力據守。在至少距敵人炮隊7,000碼的地方，法軍步兵和炮兵才準備真正的抵抗。當人們見到所有防禦工事和各種設施，見到主要防線到處布設的大量大炮和機槍，他們就會明白，只要遠在前方頑強抵抗的哨站不被消滅，主要防線不可能遭到重炮轟擊；看來可以相信，世界上沒有什麼軍隊能在1天之內攻占從前線到後方的整個陣地。

1918年6月8日夜晚，我穿越了貢比涅前方法軍防線的中心區域。空氣中瀰漫著戰鬥的預感。所有警報均已發出，全體官兵各就其位。白天相當寧靜，連炮火的轟鳴聲也未曾擾亂夏夜的芬芳。等待再次面對死亡的法軍士兵顯得鎮定、勇敢，甚至帶著幾分愉悅。到了第2天夜晚，我巡視過的所有陣地皆被德軍占領，與我交談過的大多數人已經陣亡或被俘。

1918年6月9日清晨，德軍第18集團軍發起了被稱為努瓦永戰役的攻勢；同時，德軍第7集團軍也開始進攻蘇瓦松西南，導致整條受威脅的前線陷入火海。這次進攻總共持續了2天，德軍深入15公里，占領了貢比涅前方的高地。然而，法軍的防守策略使敵人遭受重創，透過靈活運用陣地來減少自身傷亡。從1918年6月11日起，法約勒開始發動精心策劃的大規模反攻，特別是針對梅里方向的進攻。這些反攻行動持續了3日；

舍曼代達姆嶺的突襲

然而，魯登道夫在 1918 年 6 月 11 日已表現出力不從心。他說：「由於敵人部隊大量集結，總司令部命令第 18 集團軍於 6 月 11 日停止進攻，以減少傷亡。顯然，第 7 集團軍同時朝蘇瓦松西南的進攻無法取得突破。第 18 集團軍的行動並未改變策略形勢……也未提供任何新的戰術資料。」

迄今為止，協約國軍隊所經歷的僅僅是蜷縮。德國的軍事力量給每個人都帶來了巨大的壓力。這個敵人似乎擁有無盡的資源、不倦的力量和無畏的精神，甚至連最大的屠殺也未能遏止它。在心中，總是無法擺脫與這個惡魔搏鬥的感覺。沒有人期望戰爭會迅速結束。即使在私下交談中，也徹底排除了戰爭能夠以德國徹底失敗而告終的想法。所有高層人士都決定戰鬥到勝利；懷有純樸信念的普通士兵們認為，這才是理所當然的結局。魯登道夫說：「我們 2 次大規模進攻未能最終解決問題，這令人沮喪。雖然 2 次進攻均取得了勝利，這點無可否認……但幻想破滅了，其負面影響由於我們當時的心理狀態而被極大地放大了。」德軍的 2 次大進攻並不是真正的勝利；它們更像是公告板上的通知。在已經進行的 5 場戰役中，前 3 次針對英軍的戰役，未能達到德軍逐步削弱我軍實力的策略目的。第 4 次針對法軍的戰役雖然是一個區域性勝利，頗為引人注目，但並未產生任何策略性後果；最後一次即努瓦永戰役，顯然是半途而廢。最大的攻勢陷入了困境。1918 年 6 月 11 日，法軍防線的建立成為戰爭中的里程碑，與 1918 年 4 月 12 日英軍的防線建立如出一轍。在德軍方面，儘管取得了令人振奮的勝利，但一切都是「幻想的破滅」。在協約國軍隊的防線背後，儘管經歷了痛苦，但信心的基礎依然堅不可摧。

這 3 個月的持續戰鬥，實際上代表著策略平衡的顯著轉變。德軍的主力深陷戰鬥之中。發動大規模攻勢必須具備最重要的突然襲擊特性，並且需要在戰線的不同區域同時準備發動 4、5 處高強度進攻的能力。這對於 1918 年 3 月 21 日之前的協約國曾是制衡因素；然而，現在大部分制衡因素已經消除。魯登道夫可使用的剩餘可能性受到了限制，而且在相當程度

上出現了轉折。他的軍需儲備不多，而我們的儲備卻日益充足。

軍隊人數的平衡發生了重大變化。在 5 個星期的激戰中，英軍實際上殲滅、擊傷或俘虜了德軍 40 萬人；而己方的人員和物資損失，由於政府的努力，得到了充分補充。的確，到 1918 年 6 月底時，我軍在人力上的強度比 1918 年 3 月 21 日前夕略有增加。從義大利、薩洛尼卡、埃及調回了多個師。陸軍部克服了長期以來對英國本土被敵人入侵的無稽之談，從本土派遣了大量部隊。超齡人員組成定點師，駐守壕塹防線。當時機成熟時，事實證明他們不僅能防守，還能進攻。道格拉斯·黑格爵士清醒地意識到力量的持續增長；正如後來事實所證明的，他在這方面的判斷力比任何人都強。

法國在大戰初期儘管消耗了大量的人力和物力，但在接下來的幾年中得到了有效的保護，現在已經具備了進行最後努力的能力。他們背後，每天都有數萬名美國士兵集結。截至目前，英國的軍用和商用船隻已經將近 75 萬美軍運送到法國，而且沒有在敵人的攻擊中造成任何傷亡。這些事實有力地證明，對這一年戰爭勝利結束的信心是完全正確的，而下一年將是決定性的一年。

然而，1918 年 5 月 27 日之後，福煦元帥的地位並非毫無動搖。法國將法軍後備部隊轉移以保護英、法結合部的主要責任歸咎於他。最高統帥的任命是在面對大量強烈而自然的反對下通過的。「統一指揮」以及福煦親自指揮前線的最初結果是一場巨大的災難。不滿和指責的暗流隨處可見。英軍認為自己在嚴峻考驗時沒有受到公平對待。此外，這種疑慮並非毫無根據：福煦元帥不同於黑格或貝當，他沒有龐大的參謀機構供調遣。他只能依靠他所稱的「我的軍人之家」的少數忠誠軍官，這些人在整個大戰期間與他同甘共苦。領導這批人的是一位名叫魏剛的年輕將軍，此人機警慎重，沉默寡言，後來逐漸成名。這些有限的小圈子能夠向他們的首長提供大量複雜的技術細節，這些細節是現代軍隊在作戰前必須掌握的，使

舍曼代達姆嶺的突襲

首長能夠在眾多選擇方案中進行權衡和決策。正是在這種考慮下,產生了許多懷疑。儘管如此,福煦元帥將他的計畫建立在策略真實的堅實基礎上,所以他的精神堅韌不拔。

形勢的轉變

努瓦永戰後的 1 個月，德國統治者面對著一片令人沮喪的景象和日益加劇的無力感，開始感到畏懼。各國乃至全球的武裝力量緊密聯合，沒有間隙、裂縫或隔閡，他們冷漠地注視著戰線對面的德國及其同盟國。克列孟梭領導下的法國堅定不移。眾所周知，英軍在迅速恢復元氣，在勞合‧喬治的領導下，整個帝國充滿了加倍努力的朝氣，美軍越洋而來，蜂擁而至。義大利在前一年的冬天幾乎被消滅，但現在恢復了力量。同時，同盟國噩耗從各處紛至沓來。土耳其在垂死掙扎，不祥的沉寂籠罩保加利亞。奧匈帝國正處在瓦解邊緣。德國海軍中爆發了譁變。現在，勇敢的德國陸軍本身，整個日耳曼國家的生命基礎，也顯示出令人不安的徵兆。德意志民族已經開始絕望，士兵們逐漸顯露出他們的鬱鬱寡歡。醜惡的事件時有發生。逃兵增多，度假士兵不願歸隊。俄國根據《布列斯特 - 立陶夫斯克條約》釋放的德軍戰俘在回國前就感染了列寧主義，他們之中大量人員拒絕再上前線。反對德軍軍官階層無辜責備士兵的運動開始發展。儘管軍官對士兵嚴格的日常訓練使德軍在各地戰線上的傷亡僅為協約國軍隊的一半，但此刻軍官再也不能保護自己不受指責：他們沒有與士兵同受物質匱乏之苦。在 1918 年 3 月和 4 月，英軍的攻擊加劇，德國第一次嘗到那種她慣於讓別人遭受的，迅速流血的滋味。龐大的戰爭機器依舊服從於得勢者的操縱，成千上萬齒輪的牙齒，儘管有時搖動並發出刺耳的聲響，但仍保持無情的磨合。

魯登道夫原本是個勇敢的賭徒，只要有大量賭注可下，他絕不會停手。當時誰能評判他的決策是否正確？他無法確定：若採取防守策略，進行策略性大撤退，不惜一切代價以期在冬季談判，這是否會被視為他所害怕的

形勢的轉變

崩潰訊號。不，他還是選擇堅持到底。他集結了再度冒險的軍力。難道沒有一次更好的時機？擊敗法軍，進軍巴黎，然後，當協約國後備部隊集結防守巴黎時，突然向右轉攻打英軍和海峽各港口。至少這就是他的決策。

在蘭斯大戰期間，德皇所經歷的苦難，長期以來一直是著名德國作家進行富有想像力和啟發性研究的主題。情節局限於戰事發動至解決的不滿 10 天內，作家詳盡記錄了皇帝每時每刻的行為與經歷。他以德國人的堅持個性為主題撰寫了超過 500 頁密排印刷的內容。皇帝的皇家班車抵達道旁車站；與將軍們舉行最高軍事會議；興登堡顯現出莊嚴、恭敬、卻毫無表情；魯登道夫全神貫注、講話簡練、態度保留，儼然是掌舵人——這些就是文章開端的畫面。帝皇的服飾不再筆挺。這些人正在與厄運搏鬥。他們不挑選別人加入他們談知心話的圈子。皇帝被合乎禮節地安置在樹林裡特地為他建造的高聳木塔上，從木塔高出樹梢的平臺上，這位至高無上的統治者將處在最有利的位置目睹可能發生的事件。他必須和最密切的扈從在這裡棲身 6 整天；雙眼不離望遠鏡，但透過望遠鏡只能看到遠處的硝煙和一些模糊不清的東西和火堆；他的皇位搖搖欲墜，他的人民之命運已經決定，他的民眾無望無助，成了惶惶不可終日的犧牲品，但是無論如何這一切都已經確定了。

魯登道夫的蘭斯戰役計畫採用了德軍慣用的鉗形攻擊戰術，其規模幾乎與 1918 年 3 月 21 日的行動相當。2 次獨立的進攻同時發起，中間有 20 公里的間隔地帶，目標是從兩側包圍蘭斯，奪取這座城市及其周圍的丘陵地區。德軍第 7 集團軍從馬恩河以西進攻蘭斯，第 1 集團軍則從蘭斯以東發動攻勢。每次進攻的第一波攻擊力量分配了 15 個師；整個進攻的總寬度，包括中間的間隔地帶，接近 70 公里。2 支軍隊計劃在沙隆會合。如果這次戰役成功，對巴黎的威脅將迫使協約國將後備軍南調以保衛首都。在時機成熟時，由魯普雷希特親王率領的 31 個師將對法蘭德斯的英軍發動猛烈攻擊，再次展開利斯戰役，力圖占領海峽的港口。這是一個宏大的計

畫，所動用的兵力自戰爭開始以來最多。

這些隱祕的圖謀並未逃過協約國的眼睛。協約國準確地判斷了敵人的集結意圖。在尚能進行必要準備的時刻，從逃兵和有組織突襲中俘獲的情報，為法軍和英軍指揮部提供了詳盡確鑿的資訊。黑格準備迎戰魯普雷希特，而貝當則細緻地組織蘭斯防線。蘭斯以西的防線由貝特洛的部隊防守，蘭斯以東則由古羅的部隊防守，這2支部隊均隸屬於邁斯特的集團軍群。採取上述措施後，大會戰的總協調由福煦負責。

最高控制權的干預發揮了決定性的作用。無論是黑格還是貝當，都因各自強烈的先入之見而無法綜觀全域性。而且，由於各有關鍵目標需要防守，他們在討論中也不可能提出公正的安排方案。即便在最忠誠的合作和聯合行動之間，仍存在一條足以讓勝利變為失敗的縫隙。雖然情報並非完全確定，但福煦仍然相信這些消息，並決定展開蘭斯之戰。他計劃在戰鬥高潮時，以強大的反攻打擊德軍右翼。為此，他在維萊科特雷周圍的森林中祕密集結了20多個師和350輛法國小型坦克。這些部隊是從貝當希望留下來防守巴黎的後備軍中調集的。1918年6月12日，他要求4個英軍師移入法軍防區，2個部署在索姆河以南，另2個跨守該河兩岸，以確保亞眠附近法軍和英軍的連繫，進而使法軍4個師能夠進一步向東調動，接近即將發生的戰鬥。這個安排得到了英軍指揮部的同意，於是下達了調防令。1918年6月13日，福煦要求這4個師無保留地直接供他指揮用於戰鬥，並進一步要求再調4個英軍師接替前面4個師的位置。

這是兩項艱鉅的任務。在阿茲布魯克防區對面，接近海岸的危險地帶，獲悉魯普雷希特有8個師部署在前線，並有23個師作為後備力量，其中21個師為新補充部隊。面對敵人即將展開的進攻，英軍只能集結15個師，包括後備軍在內，其中2個師訓練不足，1個師為二線人員。道格拉斯·黑格爵士立即調動2個追加師，命令他們替換駐守索姆河兩岸的部隊；然而，他隨後仔細審視了德軍對英軍防線的累計準備情況以及未來可

形勢的轉變

能的進攻方向,由於有一定的不確定性,所以他宣告暫時不同意向香檳派遣部隊。他要求,關於這個最終決定至少應推遲到他與福煦在穆希的會晤;這次會晤安排在 1918 年 6 月 15 日。

敵人隨時可能對我方才剛剛歷經過艱辛的部隊發起一系列大規模的攻勢之際,英國政府因英軍後備部隊的嚴重削弱而感到恐慌。此外,他們對已抵達英軍防區的美軍部隊幾乎全部被調離一事深感憤怒。1918 年 6 月 13 日晚,勞合·喬治在哈索克斯召開了一次戰時內閣會議,結果斯馬茨將軍被派去見黑格,並對他說,如果他認為有必要訴諸「博韋協議」,政府將全力支持他。戰鬥在此情形下便開始了。

隨著新舞臺的帷幕徐徐升起,我們得以一瞥幾位主要人物的身影。1918 年 7 月 15 日黎明前,德皇已登上參天樹梢間隱祕的高臺。魯登道夫在阿韋納如坐針氈。貝當的注意力集中在他的防線上,首都距防線僅有 90 公里,風暴即將來襲。黑格和他的參謀長認為,初次打擊不會落在他們身上,而是第 2 次打擊,他們毫不懷疑這將是沉重的一擊。他們相信,即使法軍防線被壓彎,也會堅守;法軍的反攻十分可能會發生,這令人難以置信。蘭斯以東的偽裝防線後面,古羅精心防守。在這位久經沙場的老將體內,跳動著一顆火熱的心,他足智多謀,俠肝義膽,掌握的情報無比精確。他甚至知道德軍進攻的確切時間;在德軍炮轟開始前 3 小時,他的大炮便向敵軍密集的炮群和攻擊集結點進行反準備射擊。在維萊科特雷森林中,福煦的反擊集團軍潛伏著——2 個戰鬥力強大的美軍師和 18 個勇猛的法軍師。率領他們的是性情暴烈的芒然。自從杜奧蒙收復之後,他的日子便不太好過:他成為尼維爾災難的替罪羊,被剝奪指揮權,實際上被免除所有指揮職務,內閣下令他不得駐守在距巴黎 50 公里以內的地方;後來在阿爾馬格敦戰事激烈時,他擔任低階指揮官——這對他來說是難以忍受的。沒有參與製造替罪羊事件的克列孟梭突然伸出了強而有力的援手。當時僅擔任顧問的福煦也建議「給芒然一個軍」。於是反對聲音被壓

下。在擔任第 9 軍軍長 6 個月的試用期過後,「屠夫」芒然再次成為集團軍司令。此時,他如同一頭伏在樹幹上飢餓的豹子,看到了無比的良機,準備撲向獵物。最後,風景如畫的邦邦堡,晨曦照耀著草地和水面,波光粼粼,福煦元帥坐在水邊,魏剛在他身旁,四周是他的「軍人之家」。在他的防線前後,一連串戰鬥即將打響。

從德軍的防線之外,士兵們如瀑布般源源不絕地躍下,向前出發,這些是不屈不撓、久經戰場的戰士們!在他們面前是必須渡過的馬恩河。成千上萬的炮彈和機槍子彈落入河中,激起無數水花。歷經戰爭磨練的德國突擊部隊繼續前進,再次高喊「向巴黎進軍」的口號。他們將橡皮艇和木筏推入充滿呼嘯、尖叫和猛烈爆炸聲的地獄之河,渡過河流,登上對岸,與法軍和美軍搏鬥。美軍人數眾多,精神抖擻,沉著應戰。德軍在遭受重大損失後被迫撤退,並修築了防線。他們架設橋梁,將大炮和炮彈運過河。當夜幕降臨到血流成河的戰場時,50,000 名德軍已經在馬恩河對岸 4 英哩寬的戰線上掘好戰壕。他們在經歷了空前激戰後停留下來,以便進一步集結力量。

然而,在蘭斯以東的局勢則截然不同。古羅將軍的德軍防禦部隊在德軍進攻訊號發出之前,便遭到了第 1 和第 3 集團軍的炮火打擊。這位將軍根據情報,冒險揭開了他所有炮隊的偽裝。這一決策是否正確呢?他的參謀長走進他在沙隆的指揮部,手裡拿著表。「他們還沒有開始進攻。現在已經過了午夜。我們被戰俘誤導了。」「還有 2 分鐘。」古羅回應,手裡也拿著表。兩人屏息靜氣地站著,等待在法軍炮擊的低沉轟鳴聲之後,能聽到新的炮聲。當古羅的手錶指向預定時間時,只聽見如火車從頭頂飛過般的咆哮聲,隨即德軍巨型炮彈爆炸的震耳欲聾聲響起,附近的電廠被摧毀,指揮部頓時陷入一片漆黑。這 2 位法國軍官收到這一準確無誤的消息,內心充滿了深深的感激和欣慰。他們的炮隊並沒有徒勞地暴露。

先發制人的炮火對集結的德軍造成了極其嚴重的損失。德軍的進攻是

形勢的轉變

在極其不利的情況下展開的。法軍在偽裝防線上進行了頑強抵抗，因此不費大力氣是不會被消滅的。德軍在自己的大炮射程以外，撞上了真正的防線，到處是火焰，無法穿過，隨時出現反擊。沿著防線從這頭到那頭沒有例外，德國第1和第3集團軍在法軍防線面前處處碰壁；經過一整天的可怕屠殺，德軍沒有取得任何結果，所受遏制是決定性的。「到16日正午，」魯登道夫說，「總司令部下令第1和第3集團軍停止進攻，並後撤幾個師為停止進攻組織防守……一旦困難地作出中止這些部隊進攻的決定，再試圖進一步越過馬恩河前進或者將部隊留在南岸都是毫無作用的。我們必須在撤退開始前為渡河作好安排。」撤退時間定在1918年6月20日到21日之間的晚上。然而他仍然希望在趨向蘭斯的阿德爾山谷取得進展。

魯登道夫的決定當然未曾被福煦或貝當所知，1918年6月15日對福煦將軍而言是極為緊張的一天。當天早晨，古羅的部隊送來的首份戰報非常令人滿意，福煦因此立即動身前往穆希與黑格會晤。總司令部對芒然的反擊態度冷淡，這一點毫無疑問。至少可以肯定的是，他們在極力拖延反擊。在後來的幾年裡，據說貝當曾辯稱：「反擊為時過早。應讓德軍進一步推進。讓他們將後備軍全部投入主要戰鬥，那麼你的反擊將更有成效。」這到底是出於真正的動機，還是一種事後解釋以掩蓋對巴黎的過分敏感，這個問題可能會永遠爭論不休。然而，對福煦將軍的行動不可能有任何爭議。他在前往穆希的途中，曾在諾阿耶的法約勒將軍司令部停留。在那裡，他得知總司令部已發布指令，所有法軍後備部隊做好準備開赴蘭斯。他立即取消了這些命令，並指出，為芒然進攻的準備應全速加緊進行，進攻應盡可能早地開始。他要求在6月17日發動，但最終勉強同意了6月18號作為進攻日期。

法軍司令部提出了進一步的反對意見。這些反對意見是否直接出自貝當之口難以確定；然而在12點25分，福煦從穆希打電話給貝當——「絕不能有任何放慢，更不能停止芒然的準備。萬一有緊急需求，你可以呼叫

這支絕對不可缺少的部隊並立即向我通報。」通話結束後，他開始與黑格討論。英軍司令部認為，1918 年 5 月 27 日的失敗嚴重打擊了法軍的士氣。他們極度懷疑法軍是否具備發動一場重大進攻的能力和決心。他們擔心自己的後備軍會減少，並非為了在適當時刻進行決定性反擊，而僅僅是在巴黎和敵軍之間增加大量部隊。英軍和法軍司令部之間保持著密切連繫，因此黑格對貝當的防守策略瞭如指掌。最高統帥的紀錄中除了 1918 年 5 月 27 日的災難外，沒有其他，除了在邦邦堡的一群私人的參謀官外，他沒有任何軍事機器供他排程。黑格同情福煦。然而，這計畫是否會付諸實施？蘭斯前線處於戰鬥危機中，巴黎或許處於危急狀態，眾所周知的貝當的觀點和法軍參謀組織的力量是否會占上風？儘管如此，黑格還是同意調遣英軍第 2 批 4 個師支援法軍，其中前 2 個師實際上奉命去充實據守索姆河以南的第 22 軍。

當晚深夜，戰時內閣成員兼特使斯馬茨將軍抵達前線。斯馬茨向總司令說明了此次任務的目的，並表示如果他感到壓力過大，英國政府願意提供支持。黑格回覆道：「他願意冒風險，承擔責任，為協約國的重大利益而戰。」此外，他還遞給斯馬茨一份書面備忘錄，指出他「承擔這個風險並且完全意識到，如果（福煦的）部署被證明是錯誤的，責任將由我來承擔。另一方面，如果這些部署被證明是正確的，榮譽則歸於福煦。對此，」他尖銳地補充道，「政府應該感到非常滿意！」

與此同時，普羅萬正在進行一場緊張的討論。自從 1918 年 5 月 27 日的結果導致安托萬將軍被免職後，法軍司令部迎來了一位新面孔。年輕且勇敢的比亞，被福煦和克列孟梭挑選，任命為陸軍少將，並且未經貝當同意便成為他身邊最得力的人物。比亞毫無疑問地按著選中他的那些人的期望行事，全力支持立即反攻的主張；最終，貝當和法軍參謀部決定服從最高統帥的命令。

1918 年 6 月 16 日整天，法軍展開了猛烈的反攻，馬恩河的戰鬥異常

形勢的轉變

激烈。隔日上午，福煦將軍派遣杜‧坎將軍攜帶一封信交予黑格，信中主要討論了進攻對英軍防線構成的威脅以及英軍後備部隊應採取的預防措施。杜‧坎上車時，魏剛緊隨其後並在門口說道：「福煦將軍授權你告知道格拉斯‧黑格爵士，芒然的部隊將於明晨8時發起進攻，動用20個師。」

英軍司令部的參謀部對其後備部隊的分散深感擔憂。得到了斯穆茨訪問的支持，他們在1918年6月16日向總司令強烈地表達了這種擔憂。杜‧坎將軍剛一抵達就看到一封等待黑格簽署的信件草稿，信中要求第22軍的全部4個師立即回到索姆河以北。他親自與總司令會談，但未能阻止該信的簽發。然而，黑格堅信大反攻已經勢在必行，所以他增加了一個口信說：「如果需要英軍部隊開拓勝利，當然應該使用他們。」在這件事情上這就是所需要的一切。

關於兩軍的這些互動，我已經進行了詳細描述，因為這些交流代表了福煦擔任協約國軍隊最高總司令期間的關鍵時刻；同時展現了他為勝利所承受的艱辛，以及在領導地位上所發揮的個人作用，這個勝利最終是所有人共享的。這些互動還顯示了在嚴峻而多變的危機中，道格拉斯‧黑格爵士和英國軍隊對他的重大支持。

現在讓我們暫且觀察一下防線的另一側。

在1918年6月17日到18日的夜晚，（魯登道夫記述道），我親自前往魯普雷希特親王集團軍群司令部，再次核查他們的準備情況。這次進攻目的在延續4月底中止的那次進攻行動。計劃由第4和第6集團軍在利斯河以北實施，目標是占領波珀靈厄和巴約勒之間的丘陵以及阿茲布魯克周圍的高地。6月18日上午在與魯普雷希特親王集團軍群討論時，我獲悉的第一條消息是，法軍利用意想不到的坦克攻擊，已經突破蘇瓦松西南的防線……會議結束後，我在極度緊張的狀態下離開魯普雷希特親王集團軍群，立即返回阿韋訥。

芒然所指揮的部隊在預定時間突然發動進攻。他此次指揮的戰鬥遵循康布雷之戰的模式，沒有使用大炮射擊做準備。330輛小型雷諾坦克從樹林中駛出，轟隆作響地碾過德軍防線。坦克之後，法軍步兵以壓倒性的優勢蜂擁而上，將敵人壓制在寬闊的防線上。在防線後方，德軍部隊正平靜地收割莊稼，他們立刻放下鐮刀投入戰鬥。高高的穀物稈阻礙了他們架設機槍，除了少數地方能提供特殊的支架。小型坦克繼續勢不可擋地粉碎敵人的防禦。到夜幕降臨時，芒然的軍隊在45公里寬的戰線上平均推進了5公里。西線的決定性打擊尚未開始；但從此刻起直到戰爭結束，協約國軍隊持續向前推進，德軍則不斷後退。

在這些關鍵的日子裡，英國、法國、美國和義大利的軍需當局頻繁地在巴黎召開會議。遠處傳來的隆隆炮聲和每隔半小時一批「貝爾薩」炮彈的沉悶爆炸聲提醒我們，1918年的戰役已經打響。然而，我們的全部工作重心卻放在了1919年。鋼鐵、煤炭和硝酸鉀的供應與分配，大炮、炮彈、機槍、坦克、飛機、毒氣等的最大規模生產和協調安排，這些問題讓我們和我們龐大的技術團隊日復一日，從早到晚在會議桌前忙碌不已。當然，在戰鬥處於成敗未定的緊要關頭時，如果有必要，我隨時準備實施精心策劃的深遠計畫：撤退並重建我們所關注的位於巴黎附近的那些軍需工廠。在1918年7月的最後一週，我們與會者受邀休假一天參觀勝利的現場。經過蒂耶里堡沿著滿是彈孔的前線，我們前往芒然設在韋爾西尼的指揮部。我們沿著由繳獲的德軍大炮和迫擊炮排列成的長長道路走近將軍的住所，芒然熱情友好地接待了我們。他謙遜的儀態掩蓋不了內心的喜悅。午飯後，只有我和他單獨在一起；我得知他從死亡邊緣走過來的坎坷經歷，我說了幾句讚美他取得的重大勝利。他對此的回答，我原原本本地照錄如下：「這是福煦元帥給予的勝利。古羅將軍提供了勝利的可能，我使它成為現實。」幾年以後，我向古羅將軍重複這些話時，他思考了一會兒，然後說：「此話完全屬實。」我確實認為，他們真正稱得上是這個值得

形勢的轉變

紀念的大事之象徵。

　　從表面上仍難以察覺，但形勢的變化已然悄然開始。儘管魯登道夫堅持認為，皇太子及其參謀們仍能阻擋法軍的進攻。然而，原計畫用於進攻巴黎的德軍幾個師迅速組成了防線，以抵禦法軍的反攻；而法軍這邊，在首次突襲後，僅從頑強抵抗的敵人手中取得了有限的幾公里戰果。在接下來持續 2 週的激戰中，德軍巧妙地撤離了馬恩河凸出部的大批人員和物資，使其免遭危險。然而，魯普雷希特在法蘭德斯舉起的重錘卻停滯不前。起初，這僅是重建馬恩河德軍陣地，隨後從他那兒抽調了幾個師協助他處；接著又抽走了幾個師；再後來又僅持了 1 週。如此，魯普雷希特整整停滯了 20 天，等待命令，但命令始終未至。2 支交戰軍隊及其背後國家的力量對比已經發生了傾斜。這種傾斜雖然未顯現於公眾視野，但德軍司令部的高層已經清楚地感受到了。

　　然而，一場重大事件即將發生，它將解決所有的疑慮。「8 月 8 日，」魯登道夫寫道，「是德軍此次戰爭史上的黑色日子……1918 年 8 月 8 日使雙方參謀部都看清了事實真相；我當然也看清了事實真相……後來皇帝對我說，在 1918 年 7 月攻勢失敗和 1918 年 8 月 8 日以後，他知道不再有可能贏得這場戰爭了。」

　　1918 年 7 月 24 日，協約國軍司令們在邦邦堡舉行了唯一的一次會議。福煦向黑格、珀欣和貝當遞交了一份文件，概述了他在當年下半年的計畫綱要。他的計畫可以簡潔地概括如下。首先，攻占敵人防線上的 3 個主要突出部——亞眠、蒂耶里堡和聖米耶勒，目的在改善從孚日山脈到海濱的橫向鐵路交通，為 1919 年的戰役做準備，同時發起輔助戰事，解放布呂埃煤田和其他一些小型企業。其次，如果上述戰事成功，則集結所有可用兵力進行總攻。據說他已經開始在密友中詳細討論 1918 年取得最終勝利的可能性。當時他的口頭禪是：「大廈已經開始崩塌，全世界都在戰鬥！」另一方面，他的備忘錄指出，最終勝利將取決於這些不同戰事的成

功程度以及冬天來臨之前，這些成功能否被更充分地利用。他的整個計畫都瞄準了1919年的夏季。1918年8月，當被問及戰爭何時結束時，他的正式答覆是「在12個月之內，約在明年秋天」；到了1918年10月中旬，他的參謀部的答覆是「春季」。

英軍司令部對芒然反擊的成功感到驚喜。然而，儘管1918年7月18日的初步突襲已經進行，但法軍在蒂耶里堡進攻德軍突出部未能取得實質性進展，也未能阻止德國皇太子撤離危險陣地，這加深了英軍指揮部的疑慮。儘管如此，黑格對進攻態度堅定，並完全支持最高統帥立即採取的實際行動。他早在1918年7月13日就指示羅林森準備第4集團軍對亞眠前方德軍突出部的進攻。結果，羅林森取得了顯著進展。他自信地接受了坦克戰的整體模式。當時可參戰的坦克總數接近600輛，除預備坦克外，其中96輛為補給坦克，22輛是火炮坦克，420輛是戰鬥坦克。戰鬥坦克中，有324輛是高速高機動能力的「新 Mark V 型」，每輛重達30噸以上。一切都服從於坦克進攻的突襲活動。集結了120個英國炮兵旅，配備各種性能的大炮，但嚴禁進行準備性炮擊，即使是為了校準也不得發射一炮。坦克在200碼外的徐進彈幕射擊後面自由前進，特殊噪音的坦克得到彈幕、晨霧和人工霧的支援。英軍的重炮和中型炮主要是針對敵人的同類型炮兵。在眾多野戰炮和大量就近騎兵的密切配合下，步兵的主要任務是擴大坦克的戰果。整個計畫的核心是突襲。羅林森部隊集結的陣地大小有限，而德軍的反準備炮擊如果射擊正在集結中的我軍，勢必產生嚴重後果。基於這兩個理由，羅林森不希望與右邊的法軍聯合作戰。他擔心聯合作戰會暴露機密。此外，德貝尼所率法國集團軍的坦克寥寥無幾，沒有炮火準備不能發動進攻。為了確保充分的合作，福煦將英國和法國所有軍隊都置於道格拉斯・黑格爵士的指揮下。將法軍步兵進攻的時間定在英軍後45分鐘，這就消除了法軍的準備性炮轟打亂突襲的風險。因此，零點前不會發射一發炮彈。在戰鬥的第2天和第3天，德貝尼軍和亨伯特軍的其餘部隊

形勢的轉變

相繼介入。

　　1918 年 8 月 8 日清晨 4 時 20 分，黎明的迷霧中，英軍坦克轟鳴著駛入無人區，同時協約國軍隊萬炮齊發。4 個加拿大師、4 個澳洲師和 2 個英軍師，後續跟隨 3 個後備師和騎兵軍，從英軍防線向前推進。法軍 8 個師在他們右側成梯隊協同作戰。沿著整個前線，特別是在加拿大軍和澳洲軍戰鬥的核心地帶，迅速取得勝利。魯登道夫曾採取特別措施加強德軍防線。「在這個暴風中心，」他寫道，「各師的防線狹窄，配備充足的大炮，壕塹系統結構深厚。1918 年 7 月 18 日獲得的所有經驗都被運用上了。」然而，這一切都無濟於事。德軍無法抵擋坦克。德軍「善於作戰的 6 個師」面對兵力數量上沒有明顯優勢的敵軍，幾乎立即崩潰。不到 2 小時，英軍俘虜了 16,000 名敵軍，並繳獲了 200 餘門大炮。到中午，坦克和裝甲車以及隨後到來的騎兵，清除了德軍防線 14 公里的區域。法軍在沒有坦克的情況下，也向前推進了約一半的距離。英軍的推進使紹納樞紐站暴露在近距離炮火攻擊之下，最終摧毀了德軍從蒙迪迪耶到拉西尼整個防線所依賴的交通線，這一舉動發揮了決定性作用。2 天後，當亨伯特加入戰鬥時，發現拉西尼附近的高地已被德軍放棄；於是協約國軍沿著 120 公里寬的戰線全面推進。

　　1918 年 8 月 9 日和 10 日，我身處戰場。前一天，我在戰時內閣，亨利·威爾遜爵士宣布開始進攻。當天下午，首批坦克大捷的戰報傳來，我便決定乘專機去度假 2 天。羅林森的司令部設在亞眠附近的弗利克斯庫爾；由於無數德軍戰俘沿著塵土飛揚的道路行走，耽誤了我很長時間才抵達那裡。凡是本身曾當過戰俘的人，沒有人能夠對戰爭運氣使之落入如此不幸境地官兵的命運無動於衷。軍官們愁眉苦臉的表情與普通士兵近乎興高采烈的面容形成鮮明對照。所有人都有過殘酷的經歷：驚人的炮轟，勢不可擋向前猛衝的坦克，從想不到地方掃射而來的機槍子彈，投降的悲慘結局，從戰場開始的長途跋涉。在他們前面有許多事情需要考慮，前邊戰

俘營裡的漫漫長夜，從拂曉開始的又一次長途跋涉。戰爭總歸是戰爭！

羅林森將軍以一貫的愉悅心情接待了我，午餐時，戰俘列隊經過的腳步聲再次宣告了他的凱旋，他向我闡述了勝利的具體過程。實際上，這正是他的勝利，是他所指揮的第 4 集團軍的勝利。他摒棄了舊有的觀念，採用了應當使用的新武器，因此迅速取得了豐碩的成果。

行文至此，或許我可以向讀者簡述一下我對亨利・羅林森爵士的某些印象。我與他的相識始於烏姆杜爾曼戰爭，當時他是基奇納的主要參謀之一。在大戰期間，我們在每次命運的轉捩點都曾相遇。第一次是在 1914 年 9 月的埃納河，當時他尚未擔任任何指揮職務，我們躺在尚未堆高的乾草堆上觀看炮彈在蘇瓦松公路上爆炸；第二次是在安特衛普，他是在防守出現問題之際前去接任指揮；再下一次是在海軍部我的辦公室裡，那時他的第 7 師在伊普爾第一次戰役中幾乎全軍覆沒，許多人準備將失敗歸咎於他的戰術失誤。1918 年 4 月，在 1918 年 3 月 21 日開始的戰事最緊張的時刻，我與他同在迪里，他帶領少數騎兵、機槍手及從訓練單位抽調的小分隊掩護，並忍受第 5 集團軍的崩潰。如今我們在他事業的巔峰時再次相逢；這一次他主要憑藉個人的貢獻贏得了一場戰鬥，我們現在知道，這場戰鬥是大戰中有決定作用的關鍵插曲之一。

在戰況變幻莫測之時，他始終如一。在命運的巔峰或谷底，在最危險和絕望的境地，或是最得意的時刻，他始終保持著同樣的堅強和樂觀，展現出紳士和運動員的風範。他對朋友一如既往地熱情，無論對方是出身高貴還是卑微；他總是以同樣敏銳、實際、堅定的眼光看待事實，不論事實如何排列。讀過羅林森所撰寫的《亞述史》和他的另一部著作《希羅多德》的人，一定不難發現他卓越能力的來源和淵源。

戰鬥正值白熱化階段，我詢問如何能對現場進行最佳觀察。有一條皇家空軍非常熟悉的道路，筆直延伸 50 公里，從亞眠直達韋爾芒，正東方向。「這條道路正遭受炮擊，但車輛不會擁堵，你可以沿著它走，走多

形勢的轉變

遠都可以。」於是我們沿著這條著名的道路出發，穿過滿目瘡痍的棄城亞眠，經過已成廢墟、餘煙裊裊的維萊布勒托訥。每經過一段路，就有護送隊引導的小道，逐步從一個著彈點前進到另一個著彈點。在戰場上，看到各式各樣的情景，德軍的屍體隨處可見，三三兩兩或5、6個一組散布在不同地方。德皇忠實的士兵們曾試圖阻止「6個善戰的德軍師」的潰敗，但現在他們硬邦邦地躺在機槍掩體裡，變成了面無血色、鬆弛的屍體。天空中，一個英國軍用偵察氣球突然爆炸成一片火光，幾個黑色小人影乘降落傘緩緩下降。騎兵們興高采烈地在收復的領土上策馬徐行，彷彿他們本身就是勝利的象徵。在一片小樹林邊，7、8輛坦克停在被1門隱蔽大炮擊毀的地方，周圍散布著德軍的屍體，坦克被猛烈的汽油火焰焚毀，燒得焦黑變形。「坦克駕駛員幾乎全被燒死，」掩埋隊的軍官說道，「那些還活著的傷勢嚴重。」

最後，在樹葉被子彈掃落的地方，成群的新傷員不斷從前線撤下來。一名澳洲士兵說道，「這是我們經歷的最激烈戰鬥。昨天我們整天都非常緊張，不過今天早晨有人替換我們，宗主國的一個旅（請注意用語）目前正在進攻。」

日耳曼帝國的崩潰

　　大戰爆發前，人們普遍認為即便恐怖和屠殺開始，也不會持續超過幾個月。然而，經過最初的 2 年後，人們又難以相信戰爭會終結。我們與往常生活宛如被一條無盡的鴻溝隔開。人類的適應能力幾乎讓自己習慣了新環境中的恐怖。家鄉天空中那顆象徵和平的星星在遠處微弱地閃爍；但暴風雨依舊肆虐，戰火持續蔓延。年復一年，樂觀主義者遭受質疑，各種合理的希望被拋棄，不列顛民族堅持目標，而不問戰爭何時結束。政府必須為未來一年多擬訂大量計畫；這種心態成了我們思想的潛意識基礎。最終的勝利似乎毋庸置疑；但勝利何時到來？是在 1919 年、1920 年，還是更晚？這些在每日緊迫事務中顯得過於猜測的問題難以追溯。更少有人敢期望 1918 年能實現和平。然而，心靈的眼睛有時會注視這些謎團，隨之而來的是這樣的疑問：德國會突然垮臺嗎？還是會像他在耶拿之戰中那樣，或像拿破崙率領的法軍、李將軍率領的邦聯軍那樣，堅持戰鬥到悲慘的結局？大戰是在雙方都確信自己能勝利的情況下爆發的。在一方已經絕望後，大戰還會繼續嗎？在復仇的拚死搏鬥中堅持戰鬥，這種既勇敢又合乎邏輯的行為，是德國人的天性嗎？我們是否還將在萊茵河畔戰鬥一年，再向柏林進軍，在野戰中摧毀他的陸軍，征服他的居民；或者我們還要經歷某種緊張的神經痙攣、某種壓倒性的失敗及其相關的一切？我們一直希望戰爭以耶拿的方式結束。但我們的全部計畫都是以長期作戰為基礎的。

　　當然，一旦勝利的希望之門對德國徹底關閉，其最高利益在於有秩序地將大部分陸軍撤退到安特衛普——默茲河一線，再從那裡撤回德國邊界。1918 年 8 月 8 日的戰鬥後，德國統治者從中得出結論，確保上述撤退成為首要任務，不惜一切代價。這成為了德國軍人、政治家以及各黨派和

各階層的共同職責。此外，只要果斷決策，這種撤退肯定能夠實現。除了戰術和戰略提供的所有延緩我方追擊的方法外，德軍還掌握了一種簡單的機械裝置，只要充分利用，他們就能贏得喘息空間，直到1919年春季。他們已經研製出定時引爆地雷和彈藥的引信，這種引信能將爆炸時間推遲到數日、數週甚至數月。因此，他們可以在撤退時在身後的公路和鐵路上布設地雷和埋設彈藥筒，這樣就能透過一系列的爆炸連續摧毀這些公路和鐵路，而爆炸的時間和地點是追擊者無法預見的。對付鐵路布雷的唯一方法，是沿著舊鐵路用現有材料建造一條全新的鐵路。因此，在重建整個鐵路系統前，協約國軍隊是無法推進到德國邊界的。這項工程在年底前肯定無法完成。發動大規模進攻戰，必須將所需的大量笨重物資向前運輸，直到那時才能開始。

因此，德國可能爭取到大約6個月的緩衝時間，之後協約國的所有軍事力量才會全面壓向她的邊境，使她面臨實質的入侵威脅。這段時間內，德國有足夠的餘裕選擇並建設堅固的防禦陣地，並調動全國剩餘的資源來保衛其領土。然而，較之軍事力量，更為重要的是德國承認失敗，並完全撤出法國和比利時，這一行為對協約國的凝聚力和戰鬥意志的影響尤為深遠。解放法國領土是法國人民堅持戰爭的主要動力，拯救比利時仍然是英國戰爭決心的核心。因此，假如德國消除了法、英兩國的主要動機，假如他仍然持槍站在自己的國土門口，準備簽訂失敗的和約、割讓領土、支付賠償；假如在所有和談遭到拒絕的情況下準備自衛到底，並且有能力使進攻者遭受200萬人的傷亡，那麼從當時和現在的角度來看，幾乎可以肯定的是，他不會被迫接受這種考驗。復仇情緒高漲，協約國的心情嚴峻；即使面對真正的和平提議，無論懲罰本身如何公正，都不會有足夠的激勵力量，進而引導厭倦戰爭的大國進入另一年可怕的浪費和屠殺。在暫時平靜與嚴寒的冬天，驕傲的敵人祈求議和，他已經放棄所有征服的土地，和平談判勢在必行。甚至在這個最後階段，德國也不必處於那種可怕的境地，

即任憑那些他曾經極其殘酷地傷害過的國家自由處置。

毫無疑問，許多因素和影響仍然同時作用於統治德國的那些人。然而，可能因為一個極不充分的理由而喪失最後的機會。德軍司令部猶豫不決，未能面對立即迅速撤退所帶來的後果。據報導，福煦在 1918 年 8 月底指著軍用地圖說：「此人（德國人）如果不在乎丟下行李，他仍可以逃脫。」德國人在 4 年間於法國和比利時積存的大量軍需品和各種戰爭儲備成了致命的包袱。德軍參謀部無法忍受這些物資的損失。他們的鐵路很快被這些堆積如山的輜重所堵塞。同時，國家的最高決策無法執行，於是，極度緊張的戰鬥前線開始顫動、搖晃和破裂。

我已經描述了一系列重大的浴血戰役事件，德軍即將被逐出法國和比利時，德意志帝國面臨崩潰、無條件投降和國內革命的威脅，以下幾頁可能會更詳細地談論這個過程。1918 年 8 月 8 日的勝利剛剛結束，福煦和黑格便試圖重新發起進攻。然而，2 人在進攻方法和方向上出現了分歧。福煦於 1918 年 8 月 10 日發布的命令要求羅林森的英軍第 4 集團軍和德貝內的法軍第 1 集團軍以哈姆為總方向，立即向索姆河推進。同時，命令法軍第 3 集團軍延長進攻時間，以利於第 1 集團軍的推進；黑格則被指示儘早派出英軍第 3 集團軍（由賓將軍指揮，位於第 4 集團軍以北）向巴波姆和佩羅訥發起進攻。黑格另有看法。他認為命令羅林森和德貝內立即向索姆河推進是不切實際的。他指出，敵人的炮火已經顯著增強，並且已經在 1914 — 1915 年的舊防線上站穩腳跟，該防線依然井然有序，鐵絲網完好無損；地形崎嶇不平，不適合坦克行駛；德軍至少有 16 個師防守這一地段。在這種情況下，經過親自視察後，黑格下令將進攻推遲到重炮能運到前線展開全面炮戰之後。不過，他完全贊同英軍第 3 集團軍即將發起的進攻，事實上在福煦 1918 年 8 月 10 日的指示發布之前，他已經主動向賓將軍下達了命令。現在他還計劃投入英軍第 1 集團軍的右翼（由霍恩指揮）。

福煦於 1918 年 8 月 14 日重申了他的命令。他認為不必將羅林森——

日耳曼帝國的崩潰

德貝內的正面進攻推遲到賓將軍能夠參戰之後。由於沒有考慮到使用霍恩部隊的可能性,黑格仍然拒絕在他的炮隊準備完成前發動進攻。他表示,還沒有任何情況使他改變意見……他拒絕更改已對 2 個集團軍發布的命令。同時,他正迅速而祕密地將後備軍調撥給賓將軍,並以實力強大的新到加拿大軍增援霍恩。簡言之,福煦要求繼續向索姆河以南發動正面進攻,而黑格則堅持向北方開拓一場新的、正面更廣的戰役(沿蒙希-勒普-勒米托蒙一線)。這兩套計畫之間存在根本性的分歧,於是在 1918 年 8 月 15 日於薩爾居舉行了一次協調會議。黑格堅持自己的意圖,儘管「用十分友好的語氣說話」,強調他指揮的英軍只對他的政府和同胞負責。福煦得知不可能取得進展,便作出了讓步。他在此次會談後發布的命令中接受了英方的計畫及其論據。不過他立即從道格拉斯・黑格爵士那裡調出法軍第 1 集團軍,從 1918 年 8 月 16 日中午起該集團軍仍歸貝當將軍指揮。

黑格或許誇大了索姆河以南(魯瓦——紹訥一線)德軍的防禦力量;然而,他所陳述的理由和他堅決的態度一樣穩固,而事實證明這一舉措非常幸運。1918 年 8 月 21 日,英軍第 3 集團軍發起了重大的巴波姆戰役。賓將軍獲得了 100 輛坦克的增援,向東南偏南方向進攻,行進的鄉村比索姆河以南布滿彈坑的田野要好得多,適合坦克這種關鍵武器的作戰,他迫使德軍後撤防線。德軍第 17 集團軍在距前線 3 英哩的偽裝防線後部署,模仿古羅模式建築。1918 年 8 月 22 日,德軍發動全線反攻,但英軍最初謹慎作戰,僅投入部分兵力,隨後加強攻擊,擊退德軍反撲,繼續向前推進。1918 年 8 月 22 日,英軍收復阿爾貝,1918 年 8 月 23 日黑格下令從 33 英哩寬的戰線全面推進。戰鬥異常激烈,但英軍持續取得進展。1918 年 8 月 26 日,英軍第 1 集團軍右翼從阿拉斯介入,使進攻寬度增加了 7 英哩。這成為西線最長的連續攻擊戰線。此時,第 4 集團軍也再次投入戰鬥。

同日,在北方的壓力下,德軍從魯瓦撤退,退守索姆河防線。福煦元帥原計劃透過英軍第 4 集團軍的正面進攻實現的目標,最終由第 3 集團軍

的進攻自動實現。1918 年 8 月 29 日，巴波姆的廢墟被收復。德軍依舊堅守從佩羅訥到努瓦永的防線；然而在 1918 年 8 月 30 日至 31 日的夜晚，澳洲第 2 師以驚人的戰績攻占了佩羅訥的門戶——聖康坦山，進而威脅到德軍的整個沿河防線。1918 年 9 月 1 日，佩羅訥再次易手。1918 年 9 月 2 日，英軍第 1 集團軍左翼投入戰鬥，與加拿大軍和英軍第 4 師一道，經過一場激烈的戰鬥，從北面突破了被稱為「德羅庫爾——凱昂開關」的堅固壕塹系統。結果，德軍放棄了從瓦茲河到桑塞的整個索姆河防線，退向興登堡防線。

英軍此次大規模的強攻可以說在 1918 年 9 月 3 日結束，到那天為止，英軍的 3 個集團軍，尤其是第 3 集團軍，在寬廣的戰線上平均推進了 20 英哩，俘虜了 53,000 名德軍，繳獲了 470 門德軍大炮。德軍的行動，不僅在這次戰鬥中，而且直到戰爭結束，都像一隊士兵排隊時試圖向右靠攏，每當他們努力站好正確的位置時，總是因為最右邊的人被英軍的強大壓力向後猛推，整個隊伍只得不斷後退改變位置。

與此同時，芒然的第 10 集團軍實力持續增強，向東北方向推進至蘇瓦松。雖然其作戰規模和戰果不及英軍，但這使德軍中心的全面撤退後出現了 2 支追擊部隊。因此，英軍第 4 集團軍的殘部及其右翼的法軍第 1 和第 3 集團軍能夠在不遭受重大損失的情況下並肩前進。到 1918 年 9 月 3 日，協約國軍隊的戰線幾乎成垂直一線，從北到南延伸至杜埃以下的拉費爾隘口。英軍的進攻成果超出了福煦的迫切預期，他以卓越指揮官罕見的寬宏大量，情不自禁地表達了讚賞。他派遣杜·坎將軍向道格拉斯·黑格爵士轉達：「英軍 8 月和 9 月初的作戰將成為永世的楷模！」這些戰鬥遠未結束。

在這些巨大的勝利中，我軍開始發揮了主要作用，然而國內內閣和輿論卻將功勞歸於福煦元帥，這引起了英軍司令部的強烈不滿。勞合·喬治在建立統一指揮體系時，往往不自覺地關注最高統帥的光輝思想，卻忽略

了英軍的強力推進；若無這種推進，戰果本不會如此輝煌。國內新聞界與公眾亦隨波逐流，因此，這幾個月裡流行的看法——此後也未能有效糾正——是在經歷了災難與大量失誤後，一位非凡的天才獲得了最高指揮權，進而幾乎立即扭轉了戰局。本文在敘述福煦元帥確立盛名的某些傑出決策時持謹慎態度；但這絕不會減損英軍總司令在這次戰役中的貢獻。他的軍隊在勝利進軍中發揮了至關重要的作用，正如他們在承受德軍猛烈攻擊時首當其衝一樣。福煦擁有更全面的視野，因為他身處更高的位置。持片面觀點是黑格的職責。

只要盡心盡責，榮譽自然會隨之而來。

然而，儘管如此，如同已經表明和將要表明的那樣，在數次關鍵時刻，黑格堅持自己的主張，改變最高指揮官的計畫，並取得了輝煌的勝利。他所指揮的歷經戰火考驗的各戰鬥師，在一年中5次遭遇重大傷亡，依然保持嚴明的紀律，懷著奉獻精神，戰鬥力強勁並不斷推進。

國內流行的情緒反應使英軍司令部在某種程度上低估了法軍對最後進攻的貢獻。在這一點上，他們和本國政府一樣偏離了事實，走向了兩個相反的方向。從1918年7月15日至11月11日的勝利時期，法軍自身的傷亡不少於531,000人，給敵人造成的損失是414,000人。法國軍隊和人民從大戰開始就全力參與戰鬥，在最初的幾週內就有700,000人傷亡，在頭3年裡有300萬人傷亡，而到最後還能作出如此偉大的努力，將永遠受到協約國的欽佩和感激。

英國的軍政當局，無論是在國內還是在法國，對於這些非凡的勝利，並未有人預測大戰即將結束。總司令部、亨利·威爾遜爵士、帝國戰時內閣以及勞合·喬治都堅信1919年將爆發另一場重大戰役。因此，軍需部門仍在最大規模地進行各種準備。戰時內閣擔心，黑格會因勝利而興奮，將已經受到重創的部隊投入無法承受的行動。他們擔憂，興登堡防線可能成為另一個帕森達勒戰場。從英國的人力狀況來看，由於50歲以下的男

子已被徵召入伍，合格人力的標準已降至危機點，1919年要保持60個師的規模將極為困難。再損失3、40萬人將迫使我們不得不縮減1919年英軍師團的編制數量；看來我們沒有理由相信這一年將是最後的決定性一年。因此，內閣在1918年8月底致函英軍總司令，警告他進一步的大量傷亡將帶來的嚴重後果。關於這種對高級司令部特權的不適當干涉和政治家們無奈的心情，總司令的「參謀」寫了幾句十分不快的反駁語句，顯示出他們對部隊傷亡表示的無能為力。

　　內閣的干預僅僅是謹慎地履行職責。然而，此時黑格對德軍的衰敗以及他自己軍隊的迅速恢復能力有了更為現實的了解。他與福煦持有相同的軍事理論。這2位傑出的軍事家年復一年地以頑強且冷靜的信心發動多次進攻，如今我們明白，過去這些進攻既是災難性的，也是無望的。然而，現今條件已經改變。兩人現在都配備了進攻性武器，這些武器超出了他們軍事科學知識的想像。德軍在進攻中所遭受的損失，同樣影響了其自身的數量和能力。美軍不斷迅速湧入，改變了人力的平衡，極大地有利於協約國；我們終於擁有了充足的火炮，幾乎可以對敵人防線的任何部分發動猛烈攻擊。突襲的機會終於回到了西線。因此，黑格和福煦最終被證明是正確的。他們始終徹底地忠實於自己的軍事理論，在世界大戰的第5次戰役中，當事實第一次與理論一致時，他們得到了應有的報償。

　　最近一段時間，我頻繁駐紮在前線，與英軍和法軍司令部的關係十分融洽，因此我在某種程度上可以對新的形勢進行評價。道格拉斯・黑格爵士指揮的英軍堅決自信地將德軍逐步趕出一道又一道防線。在巴波姆之戰的結束階段，他在弗雷旺的火車豪華車廂之中向我展示了他剛剛下達給英軍3個集團軍同步進攻的命令；並指著地圖上標示著西格弗里德、沃坦、布龍希爾德、興登堡等名稱的德國防線對我說：「當部隊不再決定守衛這些防禦工事的時候，你就會明白所有這些工事的價值所在了。」

　　1918年9月底，炮兵司令伯奇將軍展示了一份繳獲的德軍文件，這對

我的看法產生了深遠影響。1918 年 9 月 26 日，我在一份關於彈藥的備忘錄中，提請內閣關注這份文件。現摘要如下：

　　有觀點認為，當前法國已處於半野外戰爭狀態，並主張法軍在進攻前應縮短炮擊時間以節省炮彈，這種看法完全沒有依據。事實上，自內閣上次討論這個問題以來，法軍在野外作戰期間進行了最大規模的炮擊。連續 5 天，每天消耗超過一萬噸的炮彈。同時，在前線展開的 2 到 3 個英國集團軍的大規模戰鬥中，幾乎動用了英軍在法國的所有大炮，彈藥消耗量超過了梅西納和帕森達勒等區域性戰鬥，而非更少。另一方面，彈藥的大量消耗帶來了一個顯著結果：根據我方繳獲的魯登道夫將軍最近的命令，德軍在西線的一個月內，超過 13% 的大炮被我方反擊炮火完全摧毀。由於法軍較少使用這種炮擊方式，因此這驚人的戰果主要歸功於英軍炮兵。充足的彈藥供應使得優勢炮兵與訓練有素的空軍聯合作戰，不僅在摧毀敵人抵抗力量方面取得巨大成效，還顯著減少了我軍人員傷亡。如果按照魯登道夫將軍所說的速度摧毀德軍大炮，那麼德軍在西線的大炮，除正常損耗外，一年內實際上需要更換 2 次，這是他們無法做到的。因此，我們在這方面的努力，可能是最終迅速獲得決定性勝利的重要因素之一。當我們為增強實力並完善炮兵和空軍的聯合作戰所作的巨大努力即將見效之際，無論出於何種理由要求我們的炮兵節省彈藥，其後果將是災難性的。我們絕不能吝惜彈藥；相反，應該準備好在各方面做出巨大犧牲。

　　我不願加重讀者的負擔，進一步論證上段摘錄，發表關於鋼鐵與數量的冗長論述。我腦海中已經浮現出戰爭接近尾聲的明顯跡象，其到來比我們勇於想像的還要迅速。

勝利

大戰如今已進入尾聲。1918 年間，英國及其帝國的努力達到巔峰。帝國在各戰區投入了 450 萬兵力，另有近 600 萬人處於備戰狀態。大艦隊的實力亦達到頂峰，而德國的艦隻幾乎已不再出海。德國潛艇已被擊敗，被近 4,000 艘懸掛英國皇家海軍旗幟的武裝船隻打擊得不敢露面。本年內，在這些武裝船隻的護航下，多達 200 萬美軍橫渡大西洋在法國登陸，其中超過一半由英國船隻運送。20,000 艘英國商船保障了全體英軍的補給，無甚阻礙地為不列顛群島的人民生活、軍需工業及民用商業運輸糧食和原料。英國在全球各地的制海權是絕對的，這一成果來自於超過 120 萬人在大小艦隊、商船、海軍軍火庫、碼頭及造船廠的辛勤工作。吸收了近 250 萬勞工的英國軍需工廠，生產了日益充足的英軍所需炮彈和大炮等物資。此外，英國還向法國和義大利提供大量鋼鐵、煤炭及其他軍需物資，並在不影響其他義務的情況下，準備向美國提供足夠 80 個師參加 1919 年戰役所需的全部中程大炮。一切已經就緒，準備進度大大提前，滿足了英軍 1919 年的各項技術裝備，其品質和新穎程度超過以往任何產品。整個王國在陸軍、海軍及軍需工廠，實際上共僱用了近 800 萬男子和 75 萬名婦女 —— 這還不包括從事糧食、煤炭和民用必需品生產的那些人員。發展和保持這種大規模生產態勢所需的財政支出，僅 1918 年就超過 30 億英鎊，其中 10 億英鎊來自不列顛 4,500 萬人的所繳稅金，16 億來自國內民眾的借款，另外有 4 億是英國政府向國外 —— 主要是向美國 —— 借來的信用貸款。

然而，本章討論的重點是英軍的最後努力。從 3 月 21 日到 11 月 11 日停戰的 1918 年戰役期間，英軍在法國的傷亡人數達到了 830,000 人，

勝利

而德軍的死傷和被俘人數則為 805,000。在同一時期，法軍和比利時軍的傷亡人數為 964,000 人，他們給敵人造成的傷亡為 666,000 人。到 1918 年 7 月分，局勢開始明顯轉變，英軍在當年主要承受了德軍攻擊的大部分壓力，損失了超過 40 萬人。儘管損失慘重，他們仍全力投入戰鬥，自那時起，俘虜的德軍和繳獲的大炮至少相當於西線其他協約國軍隊戰果的總和。與此同時，不列顛在巴爾幹地區提供了協約國中規模第二大的軍力，並成功結束了德屬東非敵軍的抵抗。最終，大不列顛和印度在沒有任何外部援助的情況下，獨自承擔了與土耳其帝國作戰的全部重擔。在美索不達米亞部署了 40 萬軍隊，而在巴勒斯坦則有近 30 萬軍隊，他們擊潰或摧毀了土耳其剩餘兵力的四分之三，並占領了所有戰事發生的地區和省分。這些成就是一個國家最大的戰爭努力的體現，這個國家在 1918 年的戰役開始之前，已經經歷了 3 年半的戰爭，遭受了超過 175 萬人的傷亡，損失了超過 650 萬噸的船隻，並支出了 60 億英鎊的經費。這些事實和數字將會讓未來的世世代代感到驚訝。

可以說，大進軍的第一階段已於 1918 年 9 月 3 日結束。一旦確保在巴波姆之戰中取得全面勝利，福煦元帥便能展開新的、更廣泛的聯合行動。原本計劃咬掉德軍的 3 個突出部——亞眠、蒂耶里堡和聖米耶勒，並解放這 3 地後方的橫向鐵路。就這一計畫而言，前 2 項最龐大的行動已經完成，美軍針對第 3 個目標——聖米耶勒——的行動也已準備就緒，即將開始。這些區域性的大規模作戰原本看似會消耗這一年的全部剩餘時間，但現在可以依次展開由全體協約國軍隊共同參與精心設計的聯合行動，突破德軍防線，並在冬季來臨前將其逐出法國。

目前，需要審視德國在 4 年戰爭期間在法國依賴的鐵路網路。德軍的主要補給通道是鐵路幹線（A），這條幹線始於威斯特伐利亞的軍需工廠，經過科隆、列日、那慕爾和莫伯日。橫向幹線（B）如同新月形 T 字，入侵戰線就沿著這條橫向幹線建設，從德國出發，途徑梅斯、梅濟耶爾、伊

爾松、莫伯日、蒙斯、根特和布魯日的鐵路線路。沿著這條鐵路線，有多條向南和向西的支線，這些支線又通過許多輔助小支線，為向加來、亞眠和巴黎呈扇形展開的德軍提供補給。在斜線南部後方是阿登高原的崎嶇森林地區，那裡的公路和鐵路較少，成為龐大的現代化軍隊有組織撤退時難以踰越的障礙。因此，駐法國的德軍大多在策略上沿其主要橫向交通線「形成一個側翼」。如果這些交通線被突破或德軍被驅逐到交通線後方，大部分德軍將陷入困境。

此外，德軍兵力的近四分之三沿梅濟耶爾——伊爾松——歐努瓦——蒙斯這個橫向弧線向外延展。因此，梅濟耶爾和歐努瓦的鐵路樞紐（靠近已失守的法國莫伯日要塞和鐵路中心）成為敵軍的關鍵命脈。一旦這些樞紐被攻占或癱瘓，依賴這些樞紐或其間橫向鐵路線的大量敵軍，將被徹底截斷退路。迄今為止，德軍在策略上尚未感到憂慮；他們的防線及其連續的防禦系統，除凡爾登前線外，仍在那條橫向鐵路線50英哩之外。然而，現在這條防線正在迅速凹入和收縮，安全空間的餘地日益減少。

最終需要銘記的是，法蘭德斯、阿拉斯、索姆河、埃納河和阿戈訥前線的主要交通線，最後都彙集於列日。

這個瓶頸過於狹窄，既無法應付如洪水般撤退的物資和軍需品，同時進行的激戰也無法滿足軍隊緊急的往返需求。

這些考量引導了協約國軍的行動。顯然，除了凡爾登之外，受限於拙劣交通線的地方也能對敵人發動致命打擊的最近點，便是莫伯日附近的歐努瓦樞紐。若英軍朝莫伯日方向進攻敵人的康布雷——聖康坦防線並取得成功，將威脅並迫使部署在阿登高原前方的莫伯日和凡爾登之間的全部敵軍提前撤退。這一目標自成為實際可行的時刻起，便是道格拉斯·黑格爵士的戰略重點。福煦元帥從他更高的指揮位置獨立看問題，自然也持有相同觀點，並且整個大規模軍事行動的協調重任也落在他的肩上。然而，他依從珀欣將軍的願望，勉強同意由美軍向梅斯推進，如果向聖米耶勒的

勝利

進攻可以成功便能夠進入薩爾河谷。即使此舉與主攻無關，並且有背離關鍵目標的性質。但若英軍準備承擔起粉碎興登堡防線並向莫伯日推進的艱鉅任務，則所有其他軍事行動都必須以該關鍵樞紐點為目標，並為實現這個最終目標作出貢獻。因此，黑格在1918年8月底敦促福煦改變美軍的進攻方向，從背道而馳改為分頭合擊，即從向東改為向西北，向梅濟耶爾而非向梅斯進軍。福煦完全同意黑格的意見，並在與珀欣進一步協商後得知他同意改變計畫。

1918年9月3日，福煦元帥的命令如下：

(1) 英軍在左翼法軍的支援下，繼續向康布雷—聖康坦總方向推進；

(2) 法軍中軍繼續行動，將敵人驅逐至埃納河和艾萊特河以北；

(3) 美軍最遲應於1918年9月10日進攻聖米耶勒凸出部後，準備「向梅濟耶爾發動盡可能強大和猛烈的攻勢」；東側有默茲河屏障，左側將得到法軍第4集團軍（古羅）的進攻支援。

此外，根據1918年9月8日發布的通知，福煦還計劃在比利時以根特為主要目標發起第3次攻勢。計劃組建一個新的集團軍群，包括英軍第2集團軍（現已重新歸普盧默指揮）、比利時集團軍和一支法軍特遣隊，共計16個步兵師和7個騎兵師。這些部隊都將由比利時國王指揮，法國將軍德古特擔任參謀長。這次進攻原則上是以駐守阿爾芒蒂耶爾附近利斯河的英軍為樞紐，向左翼呈扇形推進。

這便是協約國的3大攻勢：法軍與美軍向梅濟耶爾發起進攻；英軍向莫伯日進攻；比利時軍隊、英軍和法軍特遣隊則向根特進攻。行動時間定在1918年9月底。在此之前的空隙期，協約國軍隊向新的主要攻擊線推進。這期間包括一些重要的預備性戰鬥，其中最著名的是美軍第1集團軍對聖米耶勒突出部的進攻。1918年9月11日上午，美軍9個師（每個步兵師人數相當於2個半法軍師或英軍師）和3個法軍師攻入聖米耶勒突出部。已經接到撤退命令的德、奧守軍在撤防早期階段就遭到攔截。美軍發

起的東側進攻以最猛烈的攻勢，在 11 英哩寬的防線上推進了將近 6 英哩。1918 年 9 月 12 日，他們穿過突出部與從西側進攻的美軍會師；到 1918 年 9 月 14 日，戰鬥結束時俘虜敵軍 16,000 人，繳獲大炮 450 門。1918 年 9 月 18 日，英軍第 4 和第 3 集團軍進攻以埃佩伊為中心的 17 英哩寬的敵軍防線，目的是使主力部隊進入攻擊興登堡防線的距離範圍內。這次預備戰鬥打得異常激烈。英軍推進了約 3 英哩，俘虜敵軍 12,000 人，繳獲大炮 100 門，但自身也損失慘重。同時，從英軍右側斜插過來的法軍，於 1918 年 9 月 8 日夜間突襲了克羅扎運河的各渡口，並繼續戰鬥，不僅加速了德軍的撤退，還擴大了我方的戰果。

道格拉斯·黑格爵士提供的地圖（見附圖），標示了這次最大規模戰鬥前夕西線各部隊的陣地。博拉斯頓上校在派遣軍隊攻擊 3 處前線時，完成了一項必要的任務。以下事實基於他獨自核查的陳述整理而成。南線戰事集結了 31 個法軍師和 13 個美軍師，後者步兵人數至少相當於 30 個法軍師，總數略多於 60 個協約國軍隊師團。這一路進攻的敵人包括 1 個奧地利師和 19 個德軍師，其中 6 個師屬戰鬥力一流的部隊。為北線戰事，協約國集結了比利時 8 個、英軍 5 個、法軍 3 個步兵師，以及比利時 1 個、英軍 3 個、法軍 3 個騎兵師。與這支大軍對峙的是 12 個德軍師，其中 4 個師為精銳部隊。但在中央戰區，德軍人數實際上較英軍占有優勢。在興登堡防線聞名遐邇的防禦工事後面的戰鬥區，集結了不下 57 個德軍師，其中 18 個是突擊師。為攻破這些防禦工事並擊敗防線上的大量德軍，道格拉斯·黑格爵士只能調集不超過 40 個英軍師和美軍 2 個軍。此外，北方運河和謝爾德運河穿插在進攻路線前方，幾乎完全剝奪了英軍進攻中的坦克支援。

每一個插曲都足以撰寫成引人入勝的專題作品，但本文只能簡要記錄最顯著的戰果。

1918 年 9 月 16 日黎明時分，珀欣和古羅並肩作戰：美軍對 20 英哩長

的敵人防線發起進攻，法軍則進攻 24 英哩的敵人防線。儘管美軍損失慘重，但依舊毫不畏懼，猛烈攻擊德軍的第一道防禦工事，並在某些地點推進了近 6.75 英哩。古羅的部隊也取得了 1.25 至 2.25 英哩的進展，不過隨後兩軍的攻勢均未取得顯著進展。美軍的補給系統癱瘓，數十英哩的道路被動彈不得的車輛徹底堵塞。美軍前線所需的糧食、彈藥和援軍補給困難重重，僅能運送一部分。德軍的反攻收復了部分失地，並在某些地段隔絕或擊潰了推進最遠的美軍。戰場上的困難極大，接下來的幾個星期意外地陷入了混亂的僵持局面。然而，在此期間，法軍和美軍俘獲了 39,000 名敵軍，繳獲了 300 門大炮，並牢牢牽制了人數占優勢的德軍。

北線的戰事頻傳捷報。德軍在強大攻勢下節節敗退，英軍和比利時軍數個師一邊作戰一邊推進，穿越了伊普爾帕——森達勒戰場那片令人望而卻步的荒涼地區，3 天內便抵達了距離出發地 10 英哩的梅嫩——魯萊斯公路，損失輕微，俘虜了近 11,000 名敵軍，並繳獲了 300 門大炮。而法軍特遣隊在這一階段則沒有遇到戰鬥。

1918 年 9 月 27 日，中心戰區爆發戰鬥，當天德軍北方運河這個深達 60 英呎的巨大障礙，遭到我方第 1 集團軍右翼（由霍恩指揮）和第 3 集團軍左翼（由賓將軍指揮）的猛烈進攻。我方在 13 英哩寬的戰線上推進了 4 英哩，俘虜了 10,000 名敵軍，並繳獲了 200 門大炮。這個行動使得第 3 集團軍的其餘部隊和第 4 集團軍（由羅林森指揮）能夠向南推進。羅林森的大量炮火對興登堡防線進行了持續 48 小時的傳統密集炮轟。然而，由於缺乏坦克支援，他的部隊在 1918 年 9 月 29 日的進攻中遭遇了頑強的抵抗。美軍在突擊戰的中心戰線領先，他們得到了澳洲部隊的支持，並與澳軍交替躍進攻擊。這些自豪的戰士之間充滿了崇高的競爭精神，美軍將這種精神發揮到捨生忘死的程度；他們來自同一民族，講同樣的語言，只是來自地球上不同的地方，走過了不同的歷史道路。前一天未能按計畫消除的德軍防線前端的幾個堅強據點，使得 2 個美軍師從掩護彈幕後 1,000

碼處發動衝鋒。在敵人機槍的掃射下，他們的屍體「整齊地排成三行」躺下。其他地方，高漲的戰鬥熱情鼓舞他們深入德軍防線。德軍的強大部隊從穿過運河的巨大隧道和準備已久的防禦工事、地下掩體中傾巢而出，從後方攻擊雄心勃勃向前推進的美軍，切斷了他們的退路，並導致大量傷亡。但全體美軍仍一往無前地殊死奮戰。久經沙場的澳洲部隊前出支援，經過進一步的短兵相接後，他們攻占並牢牢控制了全部敵方陣地。

這段悲壯而光榮的插曲僅是第 4 集團軍戰鬥的一部分；英軍的所有 3 個集團軍都持續不斷地投入戰鬥。到 1918 年 9 月 30 日夜間，興登堡防線長達 25 英哩的區域被摧毀，我方平均推進了 7 英哩；道格拉斯·黑格爵士接到報告，俘虜了 36,500 名敵軍，並繳獲了 380 門大炮。從 1918 年 9 月初到 10 月 9 日，在法國的英軍傷亡人數超過 200,000 人；其中 6,500 名軍官和 133,700 名士兵是在攻打興登堡防線的系列戰鬥，也稱康布雷——聖康坦戰役中犧牲的。上述數字中還需加上 6,000 名美軍，即美軍第 2 軍團步兵的五分之一。從 1918 年 10 月 8 日到 10 日，戰鬥和推進仍在繼續，到最後一天，在整個康布雷——聖康坦戰線上我方又推進了 20 英哩，俘虜了 12,000 名敵軍，並繳獲了 230 門大炮。由於這一猛烈的中心攻擊和南北兩線的夾擊，德軍被迫撤離了防線上所有被突破的地段。協約國軍緊隨其後發起追擊。

然而，對德國抵抗力量的最終打擊，只是間接來自西線的戰爭。自 1915 年夏季以來，戰爭消耗巨大而徒勞無功，失去活力的戰場，以及協約國最高軍事當局普遍指責的戰場，注定要發生結束戰爭的決戰。無論多麼粗大的鏈條，其承受的最大力量取決於它最薄弱的一環。保加利亞這一環即將斷裂，因此整個敵人聯盟的剩餘聚合力也將隨之消失。然而，這個結果並非由區域性形勢引起，而是由德軍在法國遭遇失敗引發的恐慌所造成的。1918 年 9 月 15 日，所謂薩洛尼卡集團軍，配合協約國軍在各戰線的總進軍，向保加利亞發動一場攻勢，中心目標是斯屈布這個重鎮和鐵路樞

勝利

紐。實際上這是一支混雜的軍隊，在薩拉伊的繼任者弗朗謝·德斯佩雷的命令下向前進軍，由8個法軍師、7個英軍師、6個希臘（韋尼澤洛斯派）師、6個塞爾維亞師和4個義大利師組成——全都編制不足，因熱病體質虛弱，裝備的大炮也不充足。17個保加利亞師和2個土耳其師，在率領幾個德軍步兵營和炮兵連參與抵抗的，赫赫有名的馬肯森指揮下，形成足以成功防守保加利亞這樣一個地勢險要國家的一支力量。但保加利亞人不願意繼續打仗。保加利亞退出戰場和他進入時一樣憂鬱、麻木和堅決。1918年6月的最後一個星期，溫和的馬利諾夫內閣上臺引起了柏林的不安，也為協約國的外交提供了良機。尤其是美國，他一直沒有向保加利亞宣戰，仍有代表常駐索菲亞，他以強而有力的手腕施展影響。

在短暫的抵抗之後（儘管他仍表現出防守者的優勢），保加利亞軍隊選擇撤退，停止戰鬥，並表示他們只是希望回家收割莊稼。這些性格堅毅的農民對德國人的警告置之不理。他們對逐步推進並支持防線的少量德軍表現得相當友好。撤退的保加利亞軍隊甚至抽出時間幫助德軍將大炮從深陷的車轍中拉出。然而，要讓他們重返前線、停止撤退或繼續戰鬥，這一切都是徒勞的！

1918年9月26日夜間，一名保加利亞參謀攜帶休戰旗來到米爾恩將軍指揮部，以其總司令名義請求停火48小時，稱和談代表稍後到達。1918年9月28日，保加利亞同意無條件復員其軍隊，歸還所有侵占的領土，交出全部運輸設施，退出戰爭，並允許協約國使用其鐵路和領土進行進一步軍事行動。

消息傳來時，我和盧舍爾在巴黎立即意識到，大戰的終結已經到來。1918年9月29日，魯登道夫提議在斯帕召開會議，並決定派人觀見威爾遜總統（他的「崇高理想」激勵他們產生希望）；他代表德國提出停戰建議。1918年10月1日，興登堡在3國戰爭的壓力下表示，停戰請求將在第2天上午送抵。1918年10月4日，保加利亞國王斐迪南遜位逃往維也納。

這個善施陰謀、生性殘暴、獨斷專行和估計錯誤的非同尋常的人物，現在銷聲匿跡了。他曾 2 度運用他的力量實現了他十分熱情地、為之奮鬥的、傲慢自負的、國家野心的大部分。無論是 1912 年第一次巴爾幹（對土耳其的）戰爭以後，還是在保加利亞 1915 年加入同盟國之前，他都認為，只要採取較簡便的做法，他就有可能使自己的國家上升為巴爾幹邦聯的領導者；但是，他的內心力量和邏輯都建立在完全排除道義因素的錯誤估計的基礎上，這促使他進行極大的個人冒險和鬥爭，讓他的國家兩次陷入極大的災難。

　　決定戰爭開始時間的人，從未能確定其結束時間。要求停戰是一回事，真正實現停戰則是另一回事。德國新任首相巴登於 1918 年 10 月 5 日向美國總統威爾遜發出照會，以「4 點」為基礎，代表德國表示願意議和。美國總統在 1918 年 10 月 8 日作出回應，提出一些問題，並要求德國撤出侵占的領土作為信守承諾的保證。1918 年 10 月 12 日，德國和奧地利宣布願意撤離所有占領的領土，作為停戰的第一步。1918 年 10 月 14 日，威爾遜總統指出，不可能與德國皇帝進行談判。至於停戰條件，必須由戰場上的指揮官們共同決定，但必須絕對保證「戰場上美軍和協約國軍的當前最高軍事優勢」。威爾遜先生特別擅長這種照會往來，在文書往返期間──可能會持續很長時間──協約國軍在法國境內的所有防線全面推進，以越來越強大的攻勢繼續戰鬥。阿登高原前方至關重要的德國橫向鐵路依然在執行；珀欣和古羅從南方穩步逼近鐵路，黑格的重炮已經將歐努瓦樞紐置於持續轟擊之下。在北翼，阿爾貝特國王的部隊向庫特賴進軍。德軍在這些突擊點之間的廣大地區，不斷隨著戰鬥結果而後撤。魯登道夫的後備部隊已耗盡。他的大部分野戰師已經不足以支撐他們繼續作戰的決心，全部嚴重減員到滿編的三分之一或五分之一。齊格菲防線多處崩潰。德軍以狂熱的努力加固安特衛普──默茲河陣地，魯登道夫出於本能，遲疑地決定開始巡視沿德國邊境的防線。軍事首腦和新上臺的政要之間多次舉行

勝利

爭吵極度激烈的會議。1918 年 10 月 20 日，德國政府宣布放棄潛艇戰。與此同時，在義大利境內，義大利全軍和協約國軍——卡萬勛爵所率英軍為先鋒——迅速越過皮亞韋河，向崩潰的奧匈帝國部隊發起猛攻，並於 1918 年 10 月最後一個星期徹底摧毀其軍事力量。梵蒂岡發出了哀求之聲。1918 年 11 月 4 日，我方剝奪了哈布斯堡帝國一切抵抗手段，並令其領土供盟軍進一步作戰使用，停戰終止了該戰場的敵對行動。

英軍如今已跨越塞勒河，在戰鬥中俘虜了 21,000 名敵人，繳獲了 450 門大炮，並迅速向瓦朗謝訥、蒙斯和莫伯日推進，追擊前方的敵軍。英軍的戰鬥熱情空前高漲，他們堅信，長期與他們交戰的強敵在他們的猛烈攻勢下正逐漸崩潰；被解放的民眾的歡呼和決心使他們在這些最後的日子裡比在戰爭最黑暗的時刻更願意犧牲自己的生命。每個士兵都覺得自己既是征服者又是解救者。美軍同樣士氣高昂。至於法軍，誰能描繪他們內心的疲憊和破碎的感情呢？在最後的幾個月（1918 年 7 月至 11 月）裡，他們的傷亡超過了 50 萬人，但他們仍然日復一日地擊退他們的宿敵，保衛法蘭西的神聖領土。

儘管興登堡和魯登道夫曾提倡停戰，但眼下的局勢卻是協約國要求無條件投降。因此，魯登道夫決定繼續戰鬥，並鄭重宣告，任何情況都不能迫使德國接受更為不利的條件。1918 年 10 月 27 日，德國政府已經決定完全屈服，並促使皇帝免去魯登道夫的職務。興登堡則繼續留任，直至與垮臺的政府一同退場。最後的痛苦掙扎與榮譽，屬於興登堡以及德軍的機槍手們。

當一個強大的組織在緊張到極限時，其結構總會在多個點上同時崩潰。即便是最明智的政策也離不開基礎的支持；美德與勇武無法找到立足點，救世主般的天才也失去了權威和動力。德意志帝國的強大機構，曾經讓世界各國相形見絀，卻在一瞬間分崩離析，化為無數碎片。他長期扶持的所有盟友紛紛倒戈離散，各自尋求和平。忠誠的陸軍不是在前線戰敗，

就是在後方士氣低落。曾經驕傲而高效的海軍也發生叛變。即便是最守紀律和最馴服的各州也爆發了革命。最高軍事指揮官紛紛逃脫。

這一景象使人類倍感震驚；在勝利的瞬間，勝利者的耳畔傳來了哀鳴。

在英國議會未獲悉停戰條款之前，心中一直充滿疑慮。然而，當文件被宣讀時，大家普遍感到欣慰和感激。沒有人能想到還有任何進一步的條款。同盟軍立即撤出占領的國家；讓所有居民返回家園；交出完好無損的 5,000 門大炮、300,000 挺機槍、3,000 門迫擊炮、2,000 架飛機；撤離萊茵河左岸；交出萊茵河上的 3 座橋頭堡；交出運轉正常的 5,000 臺火車機車，150,000 節車皮，5,000 輛卡車（連同配件）；公開所有地雷和定時引爆裝置的位置，並協助發現和銷毀；立即無條件遣返所有戰俘；放棄《布加勒斯特條約》和《布列斯特-立陶夫斯克條約》；交出 6 艘戰鬥巡洋艦、10 艘最佳戰鬥艦、8 艘輕型巡洋艦、50 艘最佳驅逐艦；交出所有潛艇；若未能履行上述任何條款，協約國有權在 48 小時內宣布停戰無效。以上便是停戰條款。因此，德國在無力抵抗的情況下，無奈地接受了這些由長期受其壓迫但最終取得勝利的敵國所設定的條件！

現在是 1918 年 11 月 11 日，時針即將指向 11 點。我站在房間的視窗，凝視著延伸至特拉法爾加廣場的諾森伯蘭大街，靜候大本鐘宣告戰爭結束。思緒飄回那些滿是傷痕的歲月，記起在海軍部那一夜的情景和感受，當時我側耳聆聽的正是這同樣的鐘聲，那是向我艦隊和遍布全球的艦艇中隊發布對德宣戰的訊號。現在一切都成為過去！這個赤手空拳、毫無訓練的島國人民，除了海軍之外再無其他防禦手段，無疑面對的是歷史上最強大的軍事力量，他們完成了自己的使命。我們的國家在磨難中安然生存，領土完整無缺，軍事力量不斷增強，制度穩如磐石，人民和帝國空前團結。經歷無數危險和極度心碎之後，勝利終於降臨。我們的敵人，所有的國王和皇帝不是逃亡就是流亡，他們的陸軍和海軍不是被摧毀就是投降。英國為爭取勝利承擔了重大責任，始終盡其所能。

勝 利

　　時光在一分一秒地流逝，我所思考的是反思而非歡樂。人們在工作中追求的物質目標，以及在生活中思考的每一個過程，如今都顯得毫無意義。整個龐大的軍需供應目標，永無止境的軍需產量增長，謹慎儲備的軍需物資，以及各種祕密的未來計畫，瞬間如夢魘般消散，留下了一片空白。我的腦海不斷機械地探討復員問題。我們的 300 萬軍需工人將何去何從？現在要他們生產什麼？那些機器轟鳴的工廠如何轉產？實際上就是如何化劍為犁？將駐外軍隊運回國內需要多長時間？他們回國後又該做什麼？我們當然得為軍需部制定復員計畫，這個計畫已經擬定，但在我們的思考中未占應有的位置。現在必須將它付諸實施。油門必須加大 ── 全速前進。軍需委員會必須刻不容緩地召開會議。

　　此時，第一聲鐘聲驟然響起。我再次俯視下方那條寬闊的街道，依舊是空無一人。就在這刻，從政府徵用的一家大旅館的大門口，一位年輕女職員身姿輕盈地奔出，她興奮地手舞足蹈。隨著另一聲鐘聲的響起，男女老少從四面八方蜂擁至大街。人流從各大建築物湧出。整個倫敦的鐘聲開始轟鳴，諾森伯蘭大街上人潮洶湧，不是數百，而是數千，他們瘋狂地來回跑動，欣喜若狂地尖叫；我看到特拉法加廣場已經是人山人海。在我們總部大都會飯店周圍，秩序開始混亂。門被猛烈敲擊，走道裡傳來急促的腳步聲。人們從辦公桌前站起，拋下手中的紙筆。一切束縛完全消解。喧鬧聲愈發響亮。人聲鼎沸，四面八方都充斥著聲音。街道現在成了沸騰的人海。彩旗彷彿魔術般出現。人流從泰晤士河堤方向湧來，匯入濱河大街的人潮，共同歡呼國王的勝利。幾乎就在最後一聲鐘聲消失前，戰時受嚴格管制的倫敦街道變成喧鬧的慶祝場所。無論如何，這一天人們顯然不會再做任何工作了。是的，困縛世界的鎖鏈已經斷開。強制的鎖鏈、紀律的鎖鏈、暴力的鎖鏈、自我犧牲的鎖鏈、恐怖的鎖鏈、榮譽的鎖鏈，這些迫使不列顛人民，不，迫使大部分人類忍受苦難，擔負強制性事業的種種鎖鏈，在幾聲鐘聲中噼噼啪啪碎裂了。安全、自由、和平、家園、親人團

聚 —— 在 52 個月令人憔悴的磨難之後全都指日可待了。52 個月的時間裡一直壓在人們背上的悲慘負擔，終於突然地被扔了下來；至少暫時看來是這樣。

我的妻子到了，我們決定去向首相表達祝賀，國內戰爭的主要壓力落在他的肩上，現在他應該得到回報。但我們剛一上車，立刻有 20 個人爬上車來，在瘋狂歡呼的人群中我們只能緩慢地駛過白廳。向德國發出最後通牒的那天下午，我們曾沿著相反的方向駕車行駛在同一條路上。當時街上也是人山人海，幾乎同樣激動人心。聽到英勇無畏人民的歡呼聲，我內心的感受難以言表：他們甘願承擔重擔，付出了一切，他們從未動搖過，他們從未失去對祖國及其命運的信心，當解放的時刻到來時，他們能寬容公僕們的過失。

對大戰作出最終裁決的責任，顯然不會由這一代人承擔。對德國人民的分析應當深入細緻，不能簡單地認為他們被政府的宣傳所矇蔽。如果宣傳確實發揮了作用，那是因為它觸動了德國人民內心的共鳴，同時也激發了他們心中原有的疑慮。因此，儘管在人數和資源上占有優勢，經過四年的戰爭和封鎖，德國人民的精力耗盡，當良心的低語變成了千百萬人的公開意見時，反叛便不可避免。

然而，在力量方面，人類歷史的記載中從未見過如德國火山爆發般的表現形式。有 4 年之久，德國目空一切，勇於在陸海空與世界五大洲交戰。德國陸軍支撐了那些搖搖欲墜的同盟，成功的介入每一個戰場，主宰著每一片被征服的土地，給敵人造成的傷亡是他們自身遭受的 2 倍有餘。為了摧毀他們的力量與科學，為了遏制他們的狂妄氣焰，全人類所有最強大的國家不得不動員民眾奔赴戰場。儘管我方擁有壓倒性的人口優勢、無限的資源、不計其數的犧牲和海上封鎖，但我們在 50 個月的時間裡未能占據上風。弱小國家在戰爭中慘遭蹂躪；一個強大的帝國被打得支離破碎，面目全非；近 2,000 萬人流血犧牲之後，才從這個強敵手中奪下屠刀。

勝利

德國人在歷史上造成的災難太多了！

法國和法蘭德斯漫長的戰線上，戰爭結束的帷幕終於落下。時間與命運之手迅速推動和平工業的復甦，幾乎撫平了從孚日山脈延伸到海邊彈坑纍纍的戰場和戰線。昔日的戰爭曾摧毀了法國充滿歡聲笑語的田園，如今，在戰爭廢墟上已重新出現房屋，伐盡的土地也變成了新的種植園。只有那些墓地、紀念碑和矮小教堂的尖塔，以及隨處可見的坍塌戰壕和地雷爆炸留下的巨大坑穴，勾起遊人對往事的煩惱和追憶：在不到 20 年前，人類歷史上最嚴重的衝突中，2,500 萬軍隊在此廝殺，1,200 萬人在此流血犧牲。仁慈的遺忘症使人淡忘歷史的痕跡，傷殘者已蹣跚離去；未亡人唯有憂傷記憶為伴。新一代青年在此要求自己的權利，即便在昔日的戰區，江河依然長年奔流，好似這些往事只是一場夢。

夢境就此終結了嗎？難道夢只是殘酷和愚蠢故事中的一章？當新一代接手時，他們會不會為清算德、法兩國的舊帳而彼此廝殺和犧牲？我們的後代會不會在荒涼的土地上再次流血呻吟？這場戰爭中的 3 大交戰國會實現和解，聯合起來嗎？會利用他們的才能，保證各國在安全與自由中共同分享重建歐洲的榮耀嗎？

世界危機，邱吉爾筆下的一戰黑幕：
從潛艇戰到全方位封鎖，各國勢力洗牌中！一個改變歷史的關鍵性決策

作　　者：	[英]溫斯頓・邱吉爾（Winston Churchill）
編　　譯：	伊莉莎
發行人：	黃振庭
出版者：	複刻文化事業有限公司
發行者：	複刻文化事業有限公司
E-mail：	sonbookservice@gmail.com
粉絲頁：	https://www.facebook.com/sonbookss
網　　址：	https://sonbook.net/
地　　址：	台北市中正區重慶南路一段61號8樓 8F., No.61, Sec. 1, Chongqing S. Rd., Zhongzheng Dist., Taipei City 100, Taiwan
電　　話：	(02)2370-3310
傳　　真：	(02)2388-1990

國家圖書館出版品預行編目資料

世界危機，邱吉爾筆下的一戰黑幕：從潛艇戰到全方位封鎖，各國勢力洗牌中！一個改變歷史的關鍵性決策 /[英]溫斯頓・邱吉爾(Winston Churchill) 著, 伊莉莎 編譯. -- 第一版. -- 臺北市：複刻文化事業有限公司, 2024.12
面；　公分
POD版
譯自：The World Crisis
ISBN 978-626-7620-12-0(平裝)
1.CST: 第一次世界大戰
740.272　　　　113018034

印　　刷：京峯數位服務有限公司
律師顧問：廣華律師事務所 張珮琦律師
定　　價：580元
發行日期：2024年12月第一版
◎本書以POD印製
Design Assets from Freepik.com

電子書購買

爽讀APP　　　臉書